W0084430

Bryan Stevenson
Ohne Gnade

Bryan Stevenson

Ohne Gnade

Polizeigewalt und Justizwillkür in den USA

Aus dem Amerikanischen von
Jürgen Neubauer

PIPER
München Berlin Zürich

Mehr über unsere Autoren und Bücher:
www.piper.de

Einige Namen und Details wurden aus persönlichkeitsrechtlichen
Gründen verändert.

Die Originalausgabe erschien 2014 unter dem Titel
»Just Mercy. A Story of Justice and Redemption« bei Spiegel & Grau,
einem Imprint von Random House/Random House LLC, New York.

MIX
Papier aus verantwor-
tungsvollen Quellen
FSC® C014496

ISBN 978-3-492-05722-6
3. Auflage 2015
© 2014 Bryan Stevenson
© der deutschsprachigen Ausgabe:
Piper Verlag GmbH, München/Berlin 2015
Satz: Kösel Media GmbH, Krugzell
Druck und Bindung: GGP Media GmbH, Pößneck
Printed in Germany

In Erinnerung an meine Mutter
Alice Golden Stevenson

Liebe ist der Grund,
Gerechtigkeit das Werkzeug.

Reinhold Niebuhr

Inhalt

Prolog

Auf die Begegnung mit einem zum Tode Verurteilten war ich nicht vorbereitet. Im Jahr 1983 war ich 23 Jahre alt, studierte Jura an der Harvard University und absolvierte in Georgia ein Praktikum. Ich war lernbegierig, aber unerfahren und fürchtete, dass ich der Situation nicht gewachsen war. Noch nie zuvor hatte ich einen Fuß in ein Hochsicherheitsgefängnis gesetzt, schon gar nicht in einen Todestrakt. Als ich erfuhr, dass ich dem Häftling ganz allein und ohne Begleitung eines Anwalts gegenübertreten würde, versuchte ich, mir meine Panik nicht anmerken zu lassen.

Der Todestrakt des Bundesstaates Georgia befindet sich in einem Gefängnis in Jackson, einer Kleinstadt weit draußen auf dem Land. Ich machte mich allein auf den Weg, und während ich auf der Interstate 75 von Atlanta nach Süden fuhr, schlug mir das Herz immer höher im Hals. Ich wusste so gut wie nichts über die Todesstrafe und hatte noch nicht einmal einen Kurs zur Strafprozessordnung belegt. Ich hatte nicht die geringste Ahnung von dem komplizierten Berufungsverfahren, mit dem die Todesstrafe angefochten werden muss und das ich später noch so gut kennenlernen sollte. Bei der Anmeldung zu diesem Praktikum hatte ich mir nicht allzu viel Gedanken darüber gemacht, dass ich einem Todeskandidaten begegnen könnte. Um ehrlich zu sein, wusste ich damals nicht einmal, ob ich überhaupt Rechtsanwalt werden wollte. Je näher ich dem Gefängnis kam, umso mehr war ich davon überzeugt, dass ich diesen Mann bitter enttäuschen würde.

Auf dem College hatte ich Philosophie studiert, und erst während des letzten Semesters war mir bewusst geworden, dass ich von der Philosophiererei nicht leben konnte. Auf der Suche nach einem Plan für die Zeit nach dem Bachelor verfiel ich auf den Gedanken, Jura zu studieren. Die meisten anderen Fächer schienen gewisse Grundkenntnisse vorauszusetzen, aber künftige Juristen mussten offenbar kein Vorwissen mitbringen. In Harvard hatte ich die Möglichkeit, Jura zu studieren und nebenher einen Studiengang in Public Policy zu absolvieren. Der Gedanke gefiel mir. Ich hatte keine Ahnung, was ich mit meinem Leben anfangen sollte, aber ich wusste, dass es etwas mit dem Alltag der Armen, der Geschichte des Rassismus in den Vereinigten Staaten und dem Kampf um Gleichberechtigung zu tun haben sollte. Es sollte mit den Dingen zu tun haben, denen ich bis dahin begegnet war und die mich beschäftigt hatten, doch daraus ergab sich für mich noch kein klares Berufsbild.

Schon bald nachdem ich mein Jurastudium angefangen hatte, begann ich zu zweifeln, ob ich mich für das richtige Fach entschieden hatte. Ich war von einem kleinen College in Pennsylvania gekommen und überglücklich, diesen Studienplatz bekommen zu haben, doch am Ende des ersten Jahres hatte ich viele meiner Illusionen verloren. Die juristische Fakultät von Harvard konnte damals sehr einschüchternd wirken, zumal auf einen 21-Jährigen. Viele der Professoren lehrten nach der sokratischen Methode, das heißt, sie setzten ihre Studenten bohrenden und konfrontativen Verhören aus, was auf unvorbereitete Studenten extrem demütigend wirken kann. Die Seminare schienen mir sehr theoretisch und hatten nur wenig mit den Themen Rasse und Armut zu tun, derentwegen ich mich für das Jurastudium entschieden hatte.

Viele Studenten brachten weiterführende Abschlüsse mit oder hatten bereits in renommierten Kanzleien als Anwaltsgehilfen gearbeitet. Ich konnte keinerlei Referenzen vorweisen und fühlte mich meinen Kommilitonen in Sachen Berufs- und Lebenserfahrung weit unterlegen. Als einen Monat nach Semesterbeginn Großkanzleien Vorstellungsgespräche auf dem Campus führten, legten meine Kommilitonen ihre teuren Anzüge an und rangelten um Praktika in New York, Los Angeles, San Francisco oder Washington D.C. Mir war es zu diesem Zeitpunkt noch immer ein Rätsel, worauf wir uns eigentlich vorbereiteten. Vor Beginn meines Jurastudiums hatte ich einen Rechtsanwalt noch nicht einmal von Weitem gesehen.

Im Sommer nach meinem zweiten Semester machte ich ein Praktikum bei einem Jugendstrafprojekt in Philadelphia. Abends belegte ich einen Mathematikkurs für das Public-Policy-Studium, das im September beginnen sollte. Aber auch zu diesem Studiengang konnte ich keine rechte Beziehung herstellen. Im Lehrplan waren viele Mathematik- und Statistikkurse vorgesehen, es ging vor allem um Effizienzsteigerung und Kostenreduzierung, und nicht darum, wofür man das Geld denn eigentlich ausgeben wollte. So anregend die Kurse zur Entscheidungstheorie oder Ökonometrie waren, so wenig konnte ich mit ihnen anfangen. Doch dann wurde mit einem Mal alles klarer.

Außer der Reihe bot die juristische Fakultät einen einmonatigen Intensivkurs zum Thema Rasse und Armut an. Die Dozentin war Betsy Bartholet, eine ehemalige Anwältin der legendären Bürgerrechtsbewegung NAACP (National Association for the Advancement of Colored People – Nationale Vereinigung für die Förderung farbiger Menschen). Anders als die meisten anderen Seminare führte uns dieser Kurs aus dem Campus heraus und für einen Monat in ein Praktikum bei einer sozialen Einrichtung. Begeistert meldete ich mich an, und so kam es, dass ich Ende Dezember 1983 im Flugzeug nach Atlanta saß, wo ich einige Wochen bei einer Organisation mit dem Namen Southern Prisoners Defense Committee (SPDC – Komitee zum Schutz der Häftlinge in den Südstaaten) hospitieren sollte.

Weil ich mir keinen Direktflug nach Atlanta leisten konnte, machte ich in Charlotte in South Carolina Zwischenstation. Dort lernte ich Steve Bright kennen, den Direktor des SPDC, der nach den Weihnachtsfeiertagen zurück nach Atlanta flog. Steve war Mitte dreißig und strahlte eine Leidenschaft und Selbstsicherheit aus, die das Gegenteil meiner eigenen Richtungslosigkeit zu sein schien. Er war auf einem Bauernhof in Kentucky aufgewachsen und nach dem Jurastudium in Washington D.C. gelandet. Danach war er zunächst ein glänzender Pflichtanwalt geworden und hatte erst vor Kurzem die Stelle als Leiter des SPDC angenommen, das sich die Unterstützung von Todeskandidaten in Georgia zur Aufgabe gemacht hatte. Anders als viele meiner Professoren schien er seine Überzeugungen in seiner Arbeit umzusetzen. Bei unserer ersten Begegnung umarmte er mich herzlich und fing sofort ein Gespräch an, das erst endete, als wir in Atlanta landeten.

»Todesstrafe ist eine Strafe für die Armen«, erklärte er mir während unseres kurzen Flugs. »Wenn es Leute wie dich nicht gäbe, könnten wir den Todeskandidaten nicht helfen.«

Ich war fast ein wenig erschrocken, weil er zu glauben schien, dass ich ihm helfen konnte. Er erklärte mir das

Thema Todesstrafe in einfachen, aber überzeugenden Worten, und ich hing an seinen Lippen, völlig gefesselt von seiner Hingabe und Ausstrahlung.

»Ich hoffe nur, du erwartest nicht allzu viel«, sagte er.

»Keine Angst«, versicherte ich ihm. »Ich bin dankbar für die Chance, für euch arbeiten zu können.«

»Ich glaube, es gibt nicht viele Leute, die die Arbeit bei uns als ›Chance‹ bezeichnen würden. Wir leben ziemlich einfach, und das Pensum ist gewaltig.«

»Kein Problem.«

»Wobei ›einfach‹ das falsche Wort ist. ›Arm‹ wäre wohl treffender. Wir wursteln uns so durch, wir sind auf die Unterstützung von Fremden angewiesen und wissen nie, wie es weitergeht.«

Ich sah ihn besorgt an, und er lachte.

»Das war nicht ernst gemeint. Nicht so ganz.«

Er wechselte das Thema, doch es war klar, dass er sich mit Leib und Seele für die Todeskandidaten und die Verbesserung der Haftbedingungen engagierte. Es war sehr motivierend, jemandem zu begegnen, der so sehr für seine Arbeit lebte.

In diesem Winter arbeiteten nur wenige Rechtsanwälte für das SPDC. Die meisten von ihnen waren Strafverteidiger und aus Washington D.C. nach Georgia gekommen, weil hier ein immer größerer Notstand herrschte: Todeskandidaten hatten keine Anwälte. Diese Juristen – Männer wie Frauen, Schwarze wie Weiße – waren sämtlich Mitte dreißig, und ihr kollegialer Umgang verriet, dass sie von ihrer Sache überzeugt waren und gemeinsam die damit verbundenen Anstrengungen auf sich nahmen.

Nachdem der Vollzug der Todesstrafe einige Jahre lang ausgesetzt gewesen war, wurde sie im tiefen Süden nun wieder vollstreckt, und die meisten Menschen in den überfüllten Todestrakten hatten keinen Rechtsbeistand. Die

Sorge war groß, dass bald Menschen hingerichtet würden, ohne dass ihr Fall noch einmal durch fähige Juristen überprüft worden wäre. Täglich erhielten wir panische Anrufe von Menschen, die keinen Anwalt hatten und deren Hinrichtungsdatum näher rückte. Noch nie zuvor hatte ich derart verzweifelte Stimmen gehört.

Während meines Praktikums waren alle ausgesprochen freundlich zu mir. Ich fühlte mich sofort zu Hause. Die Büros des SPDC befanden sich in der Innenstadt von Atlanta im Healey Building, einem sechzehnstöckigen neogotischen Gebäude, das Anfang des 20. Jahrhunderts errichtet worden war und wegen seines schlechten Zustands kaum noch Mieter hatte. Ich teilte mir einen überfüllten hufeisenförmigen Schreibtisch mit zwei anderen Anwälten und leistete Sekretariatsarbeit, das heißt, ich nahm Anrufe entgegen und recherchierte. Ich hatte mich kaum eingerichtet, als Steve mich bat, einen Todeskandidaten zu besuchen, weil keiner der Anwälte Zeit hatte. Er erklärte mir, dass der Mann seit mehr als zwei Jahren in der Todeszelle sitze und er noch keinen Anwalt für ihn habe. Ich sollte ihm eine einfache Nachricht überbringen: Sie werden dieses Jahr nicht hingerichtet.

Auf der Fahrt durch die Felder und Wälder Georgias überlegte ich, was ich dem Mann sagen würde, wenn ich ihm gegenüberstünde. Wieder und wieder studierte ich meine Begrüßung ein.

»Hallo, ich heiße Bryan. Ich studiere an …« Nein. »Ich bin Jurastudent.« Nein. »Hallo, ich heiße Bryan Stevenson. Ich bin Praktikant des Southern Prisoners Defense Committee, und ich soll Ihnen ausrichten, dass Sie nicht so bald hingerichtet werden.« – »Dass Sie nicht so schnell hingerichtet werden können.« – »Dass Sie nicht Gefahr laufen, bald hingerichtet zu werden.« Nein.

Ich war immer noch am Üben, während ich auf den Furcht einflößenden Stacheldrahtzaun und den weißen Wachturm zufuhr. Der offizielle Name der Haftanstalt lautete »Georgia Diagnostic and Classification Center«, aber im Büro nannten wir sie nur »Jackson«. Den wirklichen Namen auf dem Schild zu lesen war ein heilsamer Schock. Ich stellte mein Auto ab, ging zur Pforte und betrat das Hauptgebäude mit seinen dunklen Fluren und vergitterten Durchgängen. Die Einrichtung nahm mir jeden Zweifel, dass es sich um einen schrecklichen Ort handelte.

Durch einen Tunnel gelangte ich in den Besucherraum. Jeder Schritt hallte bedrohlich in dem gefliesten Gang wider. Als ich mich dem Wachbeamten als Rechtsanwaltsgehilfe vorstellte und ihm sagte, dass ich einen Todeskandidaten besuchen wolle, sah er mich misstrauisch an. Ich trug meinen einzigen Anzug, und es war unschwer zu erkennen, dass er seine besten Tage hinter sich hatte. Der Vollzugsbeamte schien sich meinen Ausweis besonders lange und gründlich anzusehen, dann beugte er sich zu mir vor.

»Sie sind nicht von hier.«

Es war mehr eine Feststellung als eine Frage.

»Nein, Sir. Ich arbeite in Atlanta.«

Nachdem er in der Verwaltung angerufen hatte, um sich zu versichern, dass der Besuch ordnungsgemäß angemeldet worden war, ließ er mich endlich ein und schickte mich mit barschem Ton in einen kleinen Raum, in dem die Unterredung stattfinden sollte. »Aber verlaufen Sie sich nicht«, warnte er mich noch. »Wir können Ihnen nicht versprechen, dass wir Sie suchen kommen.«

Der Besucherraum war sechs auf sechs Meter groß und mit einigen am Boden festgeschraubten Hockern möbliert. Alles im Raum war aus Metall und gesichert. Vor den Hockern verlief eine niedrige Wand, und darüber war ein

Eisengitter angebracht, das bis zur vier Meter hohen Decke reichte. Der Raum war nichts anderes als ein leerer Käfig. Bei Familienbesuchen waren Besucher und Häftlinge durch das Gitter getrennt. Anwaltsbesuche waren dagegen »Kontaktbesuche«, das heißt, wir saßen auf derselben Seite des Gitters und hatten mehr Privatsphäre. Dieser halbe Raum war klein und schien immer kleiner zu werden. Wieder sorgte ich mich über meine unzulängliche Vorbereitung. Das Treffen sollte eine Stunde dauern, aber ich fürchtete, dass ich mit dem wenigen, was ich mir zurechtgelegt hatte, nicht einmal eine Viertelstunde füllen konnte. Ich setzte mich auf einen der Hocker und wartete. Nach fünfzehn Minuten wachsender Nervosität hörte ich endlich das Klirren von Ketten auf der anderen Seite der Tür.

Der Mann, der hereinkam, schien noch nervöser zu sein als ich. Als er mich ansah, zuckte die Sorge über sein Gesicht, und als ich den Blick erwiderte, wandte er sich schnell ab. Er rührte sich nicht von der Tür weg, als wollte er den Besucherraum nicht betreten. Er war ein junger, mittelgroßer Afroamerikaner in leuchtend weißer Gefängniskleidung, der mit seinem glatt rasierten Gesicht und seinen kurz geschorenen Haaren einen gepflegten Eindruck machte. Er schien mir sofort vertraut, so als wäre ich mit ihm aufgewachsen, wie ein Schulfreund, jemand, mit dem ich Sport getrieben oder Musik gemacht hatte, oder jemand, mit dem ich auf der Straße über das Wetter gesprochen hatte. Der Wachmann nahm ihm langsam die Handschellen und Fußfesseln ab, dann erklärte er mir mit strengem Blick, dass ich eine Stunde Zeit hätte. Er schien unsere Nervosität zu spüren und seinen Spaß daran zu haben, denn er grinste mich an, ehe er sich umdrehte und den Raum verließ. Die Metalltür fiel krachend ins Schloss, sodass der kleine Raum bebte.

Der Mann kam nicht näher, und weil ich nicht wusste,

was ich tun sollte, ging ich auf ihn zu und gab ihm die Hand. Er schüttelte sie vorsichtig. Wir setzten uns hin, und er sprach als Erster.

»Ich bin Henry«, sagte er.

»Es tut mir leid«, war das Erste, was ich hervorstieß. Vergessen waren meine einstudierten Sätze, und ich hörte, wie die Entschuldigungen aus meinem Mund sprudelten.

»Es tut mir wirklich leid, äh, okay, ich weiß nicht, äh, ich bin nur Student, ich bin kein Anwalt. Es tut mir leid, dass ich Ihnen nicht viel sagen kann, aber ich weiß nicht viel.«

Der Mann sah mich besorgt an. »Ist was nicht in Ordnung mit meinem Fall?«

»Äh, ja, Sir. Nein, Sir. Die Anwälte vom SPDC haben mich geschickt, um Ihnen zu sagen, dass sie noch keinen Anwalt haben … Also, dass wir noch keinen Anwalt für Sie haben. Aber Sie müssen nicht befürchten, nächstes Jahr hingerichtet zu werden … Wir arbeiten daran, einen Anwalt für Sie zu finden, einen richtigen Anwalt, und wir hoffen, dass der Sie in ein paar Monaten besuchen kann. Ich bin nur ein Student. Ich helfe Ihnen gern, ich meine, wenn ich Ihnen helfen kann.«

Der Mann unterbrach mein Gestammel, indem er meine Hand ergriff.

»Das heißt, ich werde nächstes Jahr nicht hingerichtet?«

»Nein, Sir. Sie haben mir gesagt, dass mindestens ein Jahr vergeht, bis Sie einen Termin bekommen.« In meinen Ohren klangen diese Worte alles andere als tröstlich. Aber Henry drückte meine Hände immer fester.

»Ich bin seit zwei Jahren hier, und Sie sind der erste Mensch, den ich sehe, der kein Todeskandidat und kein Wärter ist. Ich bin so froh, dass Sie hier sind, ich freue mich so über diese Nachricht!« Er atmete tief aus und schien sich zu entspannen.

»Ich habe mit meiner Frau telefoniert, aber ich habe

nicht gewollt, dass sie mich mit den Kindern besuchen kommt. Ich habe Angst, dass sie herkommen, und ich habe einen Hinrichtungstermin. So will ich sie nicht hier haben. Jetzt kann ich ihnen sagen, dass sie mich besuchen können. Danke!«

Erstaunt stellte ich fest, wie glücklich er schien. Das entspannte mich, und allmählich kam ein Gespräch in Gang. Wir waren beide gleich alt. Henry stellte mir Fragen über mich, ich fragte ihn nach seiner Frau. Wir unterhielten uns über alles Mögliche und vergaßen darüber die Zeit. Er erzählte mir von seiner Familie und von seinem Prozess. Er fragte mich nach der Universität und meiner Familie. Wir sprachen über Musik, wir sprachen über das Gefängnis, und wir sprachen darüber, worauf es im Leben ankam und worauf nicht. Manchmal lachten wir, und manchmal waren wir bewegt und traurig. Wir redeten und redeten, und erst, als es laut an die Tür hämmerte, bemerkte ich, dass ich meine Zeit weit überzogen hatte. Ich sah auf die Uhr. Wir hatten uns drei Stunden lang unterhalten.

Der Wärter kam herein. Ärgerlich schnauzte er mich an: »Ihre Zeit ist schon lange um. Sie müssen jetzt gehen.«

Er legte Henry die Handschellen an, zog ihm die Hände auf den Rücken und zurrte sie zusammen. Ruppig legte er ihm die Fußfesseln an und zog in seinem Zorn zu fest zu. Ich sah, wie Henry vor Schmerzen das Gesicht verzog.

»Diese Fußfesseln sind zu fest«, sagte ich. »Könnten Sie sie bitte lockern?«

»Ich habe Ihnen doch gesagt, Sie müssen jetzt gehen. Sie brauchen mir nicht zu sagen, wie ich meinen Job zu machen habe.«

Henry lächelte mich an und sagte: »Es ist okay, Bryan. Mach dir keine Sorgen. Komm einfach wieder und besuch mich, okay?« Ich sah, wie er zusammenzuckte, als ihm die Ketten um den Leib gefesselt wurden.

Ich muss ihn entsetzt angesehen haben, denn Henry wiederholte: »Mach dir keine Sorgen, Bryan. Komm wieder, okay?«

Als ihn der Wärter in Richtung Tür stieß, drehte sich Henry noch einmal um.

Ich murmelte: »Es tut mir leid, Henry, es tut mir …«

»Keine Sorge, Bryan«, unterbrach er mich. »Komm einfach wieder.«

Ich sah ihn an und suchte nach den passenden Worten, ich wollte ihm gern etwas Aufmunterndes zurufen und meine Dankbarkeit für seine Geduld ausdrücken. Aber ich wusste nicht, was ich sagen sollte. Henry sah mich an und lächelte. Der Wärter stieß ihn grob vorwärts. Die grobe Behandlung missfiel mir, aber Henry lächelte ununterbrochen. Doch kurz bevor ihn der Wärter vollends aus dem Raum geschoben hatte, blieb er mit einem Mal stehen und widersetzte sich dem Stoß. Er wirkte ganz ruhig. Dann geschah etwas Unerwartetes. Ich sah, wie er die Augen schloss und den Kopf zurücklegte. Ich war verwirrt, doch als Henry den Mund öffnete, verstand ich. Er begann zu singen. Er hatte einen vollen Bariton, seine Stimme war kräftig und klar. Der Wärter war genauso überrascht wie ich und stieß ihn nicht weiter.

I'm pressing on, the upward way,
New heights I'm gaining every day,
Still praying as I'm onward bound,
Lord, plant my feet on Higher Ground.

Es war ein altes Kirchenlied, das ich in meiner Kindheit im Gottesdienst gesungen hatte. Seit Jahren hatte ich es nicht mehr gehört. Henry sang langsam und inbrünstig. Der Wärter brauchte einen Moment, um sich von der Überraschung zu erholen, dann schob er ihn weiter zur Tür hinaus. Mit seinen gefesselten Füßen wäre Henry beinahe gestrauchelt. Er watschelte, um sein Gleichgewicht zu halten, doch er sang immer weiter. Ich hörte ihn, während er den Gang hinunterging.

Lord, lift me up and let me stand,
By faith on Heaven's table land,
A higher plane than I have found,
Lord, plant my feet on Higher Ground.

Erschüttert setzte ich mich. Henrys Stimme war voller Sehnsucht. Das Lied war wie ein Geschenk für mich. Ich war nervös gewesen und hatte mir Sorgen gemacht, ob er mich in meiner Unzulänglichkeit akzeptieren würde. Ich hatte nicht erwartet, dass er mir mit diesem Mitgefühl und dieser Großzügigkeit begegnen würde. Ich hatte kein Recht, von einem Todeskandidaten etwas zu erwarten. Er gab mir einen erstaunlichen Beweis seiner Menschlichkeit, und mit einem Mal verstand ich, was menschliches Potenzial, Erlösung und Hoffnung bedeuten.

Am Ende meines Praktikums verspürte ich das tiefe Bedürfnis, den Todeskandidaten zu helfen, die ich in diesem Monat kennengelernt hatte. Die persönliche Begegnung mit den Häftlingen und den zum Tode Verurteilten machte die Frage nach ihrer und meiner Menschlichkeit dringlicher und bedeutsamer. Ich kehrte mit dem tiefen Bedürfnis an die Universität zurück, die Gesetze und Lehrmeinungen zu verstehen, mit denen die Todesstrafe und andere extreme Formen der Bestrafung begründet werden. Ich belegte Kurse zu Verfassungsrecht, Strafrecht, Strafprozessordnung, Berufungsverfahren und Bundesgerichten. Ich belegte zusätzliche Kurse, um die Rolle der Verfassungstheorie in Strafverfahren zu verstehen. Ich beschäftigte mich mit den juristischen und soziologischen Aspekten von

Rasse, Armut und Macht. Zuvor war mir das Jurastudium abstrakt und realitätsfern erschienen, doch nach meiner Begegnung mit verzweifelten Häftlingen wurde es umso relevanter und wichtiger. Selbst mein Public-Policy-Studium schien mir plötzlich sinnvoll. Ich wollte unbedingt die Fähigkeiten erwerben, die nötig waren, um die Diskriminierung und Ungleichbehandlung, die ich gesehen hatte, zu verstehen und zu bekämpfen.

Während meiner kurzen Begegnung mit Todeskandidaten hatte ich erkannt, dass unsere Justiz im Umgang mit Menschen viele Mängel hat. Je länger ich über meine Erfahrungen nachdachte, umso klarer wurde mir, dass mich diese Frage, warum manche Menschen ungerecht behandelt wurden, mein Leben lang beschäftigt hatte.

Ich bin in einem armen schwarzen Dorf in Delaware aufgewachsen, am Ostufer der Halbinsel Delmarva, einer Gegend, auf der damals noch der Schatten der rassistischen Geschichte unseres Landes lastete. Die Küstenregion zwischen Virginia und Delaware hing unverhohlen dem Traum der alten Südstaaten nach, und viele Menschen hielten an der alten rassistischen Ordnung mit all ihren Symbolen, Ritualen und Gepflogenheiten fest, wohl auch wegen der Nähe der Gegend zu den einstigen Nordstaaten. Überall wehte die Flagge der alten Südstaaten, das blaue Sternenkreuz auf rotem Grund, als unübersehbares und trotziges Symbol der kulturellen, gesellschaftlichen und politischen Abgrenzung.

In Kleinstädten lebten Afroamerikaner in Gettos jenseits der Eisenbahnschienen oder auf dem Land in eigenen »schwarzen Siedlungen«. In meinem Dorf wohnten die Menschen in Hütten, viele hatten kein fließendes Wasser und benutzten Plumpsklos. Wir Kinder spielten im Hof zwischen den Hühnern und Schweinen.

Die Schwarzen in unserem Dorf waren starke und beharrliche Menschen, doch sie lebten ausgeschlossen am Rande der Gesellschaft. Jeden Morgen brachte ein Bus die Erwachsenen zu einer Geflügelfabrik, wo sie täglich Tausende Hühnchen rupften, zerlegten und verarbeiteten. Mein Vater hatte das Dorf als Jugendlicher verlassen, weil es für schwarze Kinder nur eine einfache Grundschule gab. Später war er mit meiner Mutter zurückgekommen und hatte Arbeit in einer Fabrik gefunden. An den Wochenenden arbeitete er als Gärtner und Hausmeister in den Strandhäusern der Weißen. Meine Mutter bekam eine Stelle in einem Stützpunkt der Air Force. Es war, als würden wir in das verhasste Gewand der Rassenunterschiede gezwängt, das uns überall behinderte und einschränkte.

Obwohl meine Verwandten hart arbeiteten, schienen sie es nie zu etwas zu bringen. Mein Großvater wurde ermordet, als ich noch ein Junge war, aber außer unserer Familie schien das niemanden zu interessieren.

Die Eltern meiner Großmutter waren im Osten Virginias Sklaven gewesen. Meine Großmutter war in den Achtzigerjahren des 19. Jahrhunderts zur Welt gekommen, ihre Eltern in den Vierzigern. Ihr Vater hatte ihr immer vom Leben in der Sklaverei erzählt und ihr geschildert, wie er sich heimlich selbst das Lesen beigebracht hatte. Er durfte nicht zeigen, was er gelernt hatte – bis zur Befreiung. Das Erbe der Sklaverei prägte meine Großmutter und die Art, wie sie ihre neun Kinder erzog. Ich spürte es auch noch in unseren Gesprächen und ihren Warnungen, mich immer in ihrer Nähe aufzuhalten.

Wenn ich sie besuchte, schloss sie mich zur Begrüßung so fest in ihre Arme, dass ich kaum atmen konnte. Wenn sie mich wenig später wiedersah, fragte sie mich: »Bryan, spürst du meine Umarmung noch?« Wenn ich Ja sagte, dann ließ sie mich gehen, und wenn ich Nein sagte, dann nahm sie mich noch einmal fest in die Arme. Ich sagte oft Nein, denn es gefiel mir, von ihren starken Armen umschlungen zu werden. Sie wurde nie müde, mich zu umarmen.

»Die wichtigsten Dinge kann man nicht aus der Distanz verstehen, Bryan«, erklärte sie mir oft. »Das geht nur aus der Nähe.«

In der Distanz, die ich in den ersten beiden Semestern meines Jurastudiums erlebte, fühlte ich mich verloren. Erst die Nähe zu den Todeskandidaten und den zu Unrecht Verurteilten vermittelte mir ein Gefühl der Vertrautheit.

Dieses Buch ist der Versuch, sich dem Phänomen der Masseninhaftierung und der Todesstrafe in den Vereinigten Staaten zu nähern. Es geht der Frage nach, mit welcher Leichtfertigkeit wir in diesem Land Menschen verurteilen und welches Unrecht wir begehen, wenn wir den Schwächsten unserer Gesellschaft mit Angst, Zorn und Distanz begegnen. Außerdem handelt es von einer dramatischen Phase unserer jüngsten Geschichte, die das Leben von Millionen von Amerikanern unabhängig von Hautfarbe, Alter und Geschlecht unauslöschlich geprägt und tiefe Spuren in der amerikanischen Psyche hinterlassen hat.

Als ich im Dezember 1983 zum ersten Mal einen Todestrakt betrat, hatte in den Vereinigten Staaten gerade ein radikaler Umbruch begonnen. In den nächsten Jahrzehnten sollte das Land zu einer harschen und strafenden Nation werden und eine Inhaftierungswelle erleben, die in der Geschichte ihresgleichen sucht. In den Vereinigten Staaten lebt ein größerer Prozentsatz der Bevölkerung hinter Gittern als in irgendeinem anderen Land der Welt. Seit Anfang der Siebzigerjahre stieg die Zahl der Häftlinge von 300 000 auf heute 2,3 Millionen an. Fast sechs Millionen Menschen sind nur zur Bewährung auf freiem Fuß. Schätzungen gehen davon aus, dass von den 2001 Geborenen jeder Fünfzehnte ins Gefängnis kommen wird.[1] Von den in diesem Jahrhundert geborenen schwarzen Männern wird es sogar jeder Dritte sein.[2]

Wir haben Hunderte Menschen erschossen, erhängt, vergast, vergiftet oder auf dem elektrischen Stuhl getötet, um die von unserem Rechtsstaat gebilligte Todesstrafe zu vollstrecken. Tausende warten in Todeszellen auf ihre Hinrichtung. Einige Bundesstaaten haben kein Jugendstrafrecht und machen vor Gericht keinen Unterschied zwischen Kindern und Erwachsenen; wir haben eine Viertelmillion Kinder, einige davon unter zwölf Jahren, in Erwachsenengefängnisse gesperrt, wo sie lange Haftstrafen verbüßen.[3] Lange Zeit waren die Vereinigten Staaten das einzige Land der Welt, in dem Kinder zu lebenslangen Freiheitsstrafen ohne Aussicht auf vorzeitige Haftentlassung verurteilt wurden, und rund 3000 Jugendliche wurden dazu verdammt, im Gefängnis zu sterben.

Hunderttausende kommen wegen minderschwerer Vergehen für Jahrzehnte hinter Gitter. Wir haben neue Gesetze verabschiedet, die das Ausstellen eines ungedeckten Schecks, einen kleinen Diebstahl oder unbedeutende Eigentumsdelikte mit lebenslangem Freiheitsentzug bestrafen. Wir führen einen kostspieligen Krieg gegen Menschen mit Drogenproblemen. Heute sitzt mehr als eine halbe Million Menschen wegen Drogendelikten in Gefängnissen, während es 1980 gerade einmal 41 000 waren.[4]

In vielen Bundesstaaten haben wir vorzeitige Haftentlassungen abgeschafft. In anderen demonstrieren wir unsere Erbarmungslosigkeit mit Slogans wie »Drei Verfehlungen – und du bist raus«. Wir haben Wiedereingliederungsmaßnahmen, Bildungsprojekte und andere Unterstützungsleistungen für Häftlinge abgeschafft, weil wir diesen Menschen gegenüber weder Güte noch Mitgefühl zeigen wollen. Wir haben Verordnungen erlassen, die Menschen auf ihre schlimmsten Taten reduzieren und sie zeitlebens als »Krimineller«, »Mörder«, »Vergewaltiger«, »Dieb«, »Drogenhändler«, »Sexualstraftäter« oder »Gewaltverbrecher« brandmarken – Etiketten, die sie nie wieder loswerden, ganz unabhängig von den Umständen, unter denen sie ihre Straftaten begingen, und ganz unabhängig davon, ob sie sich später zum Besseren wandeln.

Die Masseninhaftierung hat jedoch noch weitere, mindestens ebenso gravierende Konsequenzen. Wegen Drogenvergehen verurteilten Frauen, und damit auch ihren Kindern, nehmen wir das Recht auf Lebensmittelbeihilfen und Sozialwohnungen.[5] Wir haben ein Kastenwesen geschaffen, das viele Menschen in die Beschäftigungs- und Obdachlosigkeit zwingt und ihnen das Zusammenleben mit ihren Familien und Gemeinschaften verbietet. Einige Bundesstaaten entziehen verurteilten Straftätern das Wahlrecht[6], weshalb in einigen südlichen Bundesstaaten die politische Entmündigung der männlichen schwarzen Bevölkerung heute wieder ein Niveau erreicht, das an die Zeiten vor ihrer Gleichstellung im Jahr 1965 erinnert.[7]

Daneben begehen wir schwere Fehler. Dutzende Menschen wurden zum Tode verurteilt und warteten schon auf ihre Hinrichtung, ehe ihre Unschuld bewiesen wurde.[8] Hunderte weitere wurden aus lebenslangen Haftstrafen entlassen, weil ihre Unschuld durch Gentests nachgewiesen wurde.[9] Armut, Rassismus, Schuldvermutung und eine ganze Reihe anderer gesellschaftlicher, struktureller und politischer Dynamiken haben ein Justizsystem entstehen lassen, das durch Irrtümer gekennzeichnet ist und Tausende Unschuldiger hinter Gitter gebracht hat.[10]

Schließlich kostet uns die Masseninhaftierung gewaltige Summen. Pro Jahr geben wir heute fast 80 Milliarden Dollar für Haftanstalten aus – 1980 waren es noch 6,9 Milliarden.[11] Private Gefängnisbetreiber spenden Millionen, damit Politiker in Washington und den Bundesstaaten neue Verbrechen erfinden, längere Haftstrafen verhängen und mehr Menschen einsperren, weil sie so höhere Profite erzielen. Diese privaten Gewinne bieten keinen Anreiz für eine Verbesserung der inneren Sicherheit, eine Reduzierung der Gefängniskosten und Wiedereingliederungsmaßnahmen für Häftlinge. Um ihre Haftanstalten bezahlen zu können, sparen die Bundesstaaten bei den staatlichen Dienstleistungen, der Bildung, der Gesundheit und der Sozialhilfe, was wiederum beispiellose wirtschaftliche Probleme zur Folge hat. Die Privatisierung der Krankenversicherungen für Häftlinge, der private Warenverkauf in Gefängnissen und eine Reihe anderer Dienstleistungen haben die Masseninhaftierung zu einem lukrativen Geschäft für einige wenige gemacht. Für den Rest der Gesellschaft ist sie ein teurer Albtraum.

Nachdem ich mein Jurastudium abgeschlossen hatte, ging ich zurück in den Süden, um als Rechtsanwalt für die Armen, die Häftlinge und die Todeskandidaten zu arbeiten. In den vergangenen dreißig Jahren bin ich Menschen begegnet, die Opfer von Justizirrtümern wurden und in der Todeszelle auf ihre Hinrichtung warteten. Einer davon war Walter McMillian, den Sie in diesem Buch kennenlernen werden. Walters Geschichte hat mir drastisch vor Augen geführt, mit welch bestürzender Gleichgültigkeit unser Justizsystem Fehlurteile hinnimmt, wie fest rassistische Vorurteile verankert sind und wie leichtfertig wir über ungerechte Gerichtsverfahren und Verurteilungen hinweggehen. Walters Erfahrung hat mir auch gezeigt, wie Menschen durch verantwortungslose Prozesse und Urteile traumatisiert und stigmatisiert werden – und zwar nicht nur die

Verurteilten selbst, sondern auch ihre Angehörigen, ihre Gemeinschaften und selbst die Opfer des Verbrechens. Aber Walters Fall hat mich auch noch etwas anderes gelehrt: Es gibt Hoffnung.

Walters Geschichte ist eine von vielen, die ich in diesem Buch erzähle. Vor Gericht habe ich auch misshandelte und vernachlässigte Kinder vertreten, die nach dem Erwachsenenstrafrecht verurteilt und in Erwachsenengefängnissen weiter misshandelt und vernachlässigt wurden. Ich habe Frauen vertreten und miterlebt, wie wir in unserer Feindseligkeit gegenüber den Armen und in unserer Drogenhysterie sozial schwache Frauen kriminalisieren und verfolgen, wenn eine Schwangerschaft fehlschlägt. Ich habe Menschen mit geistigen Behinderungen vertreten, die aufgrund ihrer Krankheit oft über Jahrzehnte hinweg in Haftanstalten eingesperrt werden. Aber ich habe auch die Opfer von Gewaltverbrechen und ihre Familien kennengelernt, und ich habe beobachtet, dass selbst viele der Gefängnismitarbeiter leiden und gewalttätiger, zorniger, ungerechter und unbarmherziger geworden sind.

Ich habe auch Menschen vertreten, die schreckliche Verbrechen begangen haben und nun versuchen, ein neues Leben zu führen. In den Herzen vieler Inhaftierter und Todeskandidaten habe ich Spuren der Hoffnung und Menschlichkeit gefunden – die Saat einer Erneuerung, die auf erstaunliche Weise aufblüht, wenn sie nur ein wenig genährt wird.

Durch die Nähe habe ich einige einfache Wahrheiten gelernt, die demütig machen, darunter diese entscheidende Lektion: *Jeder von uns ist mehr als seine schlimmste Tat.* Meine Arbeit mit den Armen und Inhaftierten hat mich gelehrt, dass das Gegenteil von Armut nicht Reichtum ist: Das Gegenteil von Armut ist Gerechtigkeit. Und schließlich bin ich zu der Überzeugung gelangt, dass sich unser Bekenntnis zu Rechtsstaatlichkeit, Gerechtigkeit und Gleichberechtigung nicht daran messen lässt, wie wir die Reichen und Mächtigen behandeln. Unser Charakter lässt sich nur daran messen, wie wir mit den Armen, Benachteiligten, Angeklagten, Eingesperrten und Verurteilten umgehen.

Wir machen uns alle schuldig, wenn wir zulassen, dass Menschen misshandelt werden. Mangelndes Mitgefühl kann eine ganze Gesellschaft und ein ganzes Land zersetzen. Angst und Zorn machen uns rachsüchtig und niederträchtig, ungerecht und unfair, bis wir alle unter dem Mangel an Mitgefühl leiden und uns selbst genauso verurteilen wie unsere Opfer. Je näher wir den Inhaftierten und Todeskandidaten kommen, umso mehr werden wir erkennen, dass wir alle Mitgefühl und Gerechtigkeit nötig haben – und vielleicht auch ein bisschen unverdiente Gnade.

1 Im Reich der Nachtigall

Die neue Rezeptionistin war eine Afroamerikanerin in einem dunklen Kostüm. Mit ihrer Eleganz stach sie unter den Mitarbeitern des Southern Prisoners Defense Committee in Atlanta heraus, wohin ich als fertiger Jurist zurückgekehrt war. An ihrem ersten Arbeitstag ging ich in meiner üblichen Uniform aus Jeans und Turnschuhen auf sie zu und bot ihr an, ihr bei jeder ihrer Fragen gern behilflich zu sein und ihr bei der Einarbeitung zu helfen. Sie sah mich kühl an und wimmelte mich mit dem Hinweis ab, sie sei schließlich eine erfahrene Anwaltssekretärin. Als ich am nächsten Tag wieder in Jeans und Turnschuhen zur Arbeit kam, sah sie mich verwundert an, so als hätte sich ein Vagabund ins Büro verirrt. Sie musste sich sichtlich zusammenreißen, dann winkte sie mich zu sich und gestand mir, dass sie in einer Woche gehen und in einer »richtigen Anwaltskanzlei« anfangen werde. Ich wünschte ihr alles Gute. Eine Stunde später rief sie mich in meinem Büro an und informierte mich, »Robert E. Lee«* sei am Apparat. Ich

---

* Robert E. Lee (1807–1870) war während des Amerikanischen Bürgerkriegs General und später Oberbefehlshaber der Südstaaten. Es hieß, die Konföderierten hätten es nur ihm zu verdanken gehabt, dass sie den Krieg nicht schon in den ersten Monaten verloren. (Anm. d. Übers.)

grinste und freute mich, dass ich sie falsch eingeschätzt hatte. Offenbar hatte sie Sinn für Humor.

»Das ist komisch.«

»Das ist kein Witz. So hat er sich vorgestellt«, antwortete sie gelangweilt. »Apparat zwei.«

Ich nahm ab.

»Hallo, hier ist Bryan Stevenson. Womit kann ich Ihnen helfen.«

»Bryan, Robert E. Lee Key hier. Warum zum Teufel wollen Sie diesen Walter McMillian vertreten? Wissen Sie nicht, dass der einer der größten Drogendealer in ganz Südalabama sein soll? In den Unterlagen habe ich gesehen, dass Sie in dem Fall auftreten wollen. Sie sollten die Finger davon lassen.«

»Wie bitte?«

»Hier spricht Richter Key, und ich sage Ihnen, lassen Sie die Finger von dem Fall. Niemand weiß genau, wie krank die Geschichte ist, ich auch nicht, aber sie ist wirklich hässlich. Diese Leute sind vielleicht sogar so was wie die Dixie-Mafia.«

Ich staunte über diese Belehrungen eines Richters, den ich noch nicht einmal persönlich kennengelernt hatte. Dixie-Mafia? Vor zwei Wochen war ich Walter McMillian zum ersten Mal begegnet, als ich einen Tag im Todestrakt verbracht hatte, um mit fünf Hinrichtungskandidaten zu arbeiten. Ich hatte noch nicht einmal die Prozessakte eingesehen, aber ich erinnerte mich, dass der Richter mit Nachnamen Key hieß, die Sache mit Robert E. Lee hatte ich nicht mitbekommen. Ich versuchte, meinen Eindruck von Walter McMillian mit einer »Dixie-Mafia« in Einklang zu bringen.

»Dixie-Mafia?«, fragte ich den Richter.

»Ja, und wer weiß was sonst noch alles. Mein Sohn, bei einem Todeskandidaten werde ich keinen auswärtigen Anwalt ernennen, der nicht der Anwaltskammer von Alabama angehört, deswegen treten Sie am besten selber von dem Fall zurück.«

»Ich bin Mitglied der Kammer von Alabama.«

Ich lebte zwar in Atlanta im Bundesstaat Georgia, doch ich war ein Jahr zuvor in die Anwaltskammer des Nachbarstaats Alabama eingetreten, nachdem ich mehrfach an Klagen gegen die Haftbedingungen in den Gefängnissen des Bundesstaates mitgewirkt hatte.

»Ich bin jetzt in Mobile, nicht mehr in Monroeville. Wenn wir eine Anhörung haben, dann müssen Sie von Atlanta eben nach Mobile kommen. Ich werde Ihnen da nicht entgegenkommen.«

»Das verstehe ich, Sir. Wenn es sein muss, komme ich auch nach Mobile.«

»Ich werde Sie trotzdem nicht ernennen. Der Mann ist nicht bedürftig. Er hat angeblich in ganz Monroe County Geld vergraben.«

»Euer Ehren, ich bewerbe mich nicht um eine Ernennung als Pflichtanwalt. Ich habe Mr. McMillian gesagt ...« Das Freizeichen unterbrach meine erste zusammenhängende Aussage in diesem Telefonat. Zunächst dachte ich, es habe eine technische Störung gegeben, doch nach einigen Minuten dämmerte es mir, dass der Richter einfach aufgelegt hatte.

Ich war Ende zwanzig und in meinem vierten Jahr beim SPDC, als ich Walter McMillian kennenlernte. Sein Fall gehörte zu einer ganzen Flut von Fällen, die ich übernommen hatte, seit wir von einer Krise in Alabama erfahren hatten. Dort warteten damals fast hundert Todeskandidaten auf ihre Hinrichtung, und es wurden mehr Menschen verurteilt als in jedem anderen Bundesstaat. Da es jedoch kein System der Pflichtverteidigung gab, hatten viele von ihnen keinen Anwalt. Meine Freundin Eva Ansley leitete ein Gefängnisprojekt in Alabama, das die Fälle verfolgte und einen Rechtsbeistand für die Betroffenen suchte. Im Jahr 1988 fanden wir eine Möglichkeit, mit staatlichen Fördermitteln eine Kanzlei zu gründen, die zum Tode Verurteilte vertrat. Aus denselben Geldern wollte Eva eine weitere gemeinnützige Einrichtung ins Leben rufen. Wir beabsichtigten, diese Organisation in Tuscaloosa zu gründen und im folgenden Jahr die ersten Fälle zu übernehmen. Ich hatte bereits in einigen Südstaaten mit Todeskandidaten gearbeitet und manchmal wenige Minuten vor der Hinrichtung einen Aufschub erwirken können. Trotzdem fühlte ich mich noch nicht in der Lage, die Verantwortung für eine gemeinnützige Anwaltskanzlei zu übernehmen. Ich hatte vor, bei der Gründung zu helfen, eine Leitung zu finden und dann nach Atlanta zurückzukehren.

Bei meinem letzten Besuch im Todestrakt von Alabama hatte ich fünf verzweifelte Todeskandidaten kennengelernt: Willie Tabb, Vernon Madison, Jesse Morrison, Harry Nicks und Walter McMillian. Es war ein anstrengender, emotional belastender Tag gewesen, und auf der langen Rückfahrt nach Atlanta verschmolzen die Fälle und Mandanten miteinander. Aber an Walter erinnerte ich mich noch genau. Er war mindestens 15 Jahre älter als ich, nicht besonders gebildet und stammte aus einem kleinen Dorf. Besonders war mir die Hartnäckigkeit im Gedächtnis haften geblieben, mit der er wiederholt hatte, dass er zu Unrecht verurteilt worden sei.

»Mr. Bryan, ich weiß, dass Ihnen das egal ist. Aber Sie müssen wissen, dass ich unschuldig bin und dass ich nichts von dem getan habe, was sie mir vorwerfen, gar nichts«, hatte er mir im Besucherraum gesagt. Seine Stimme war ruhig, aber emotionsgeladen. Ich nickte. Ich hatte gelernt, alles zu akzeptieren, was mir die Mandanten sagten, bis die Tatsachen einen anderen Schluss zuließen.

»Natürlich. Ich verstehe. Aber wenn ich die Akte einsehe, bekomme ich einen besseren Eindruck von der Beweislage. Dann können wir uns weiter darüber unterhalten.«

»Schauen Sie. Ich bin wahrscheinlich nicht der erste Todeskandidat, der Ihnen sagt, dass er unschuldig ist. Aber Sie müssen mir glauben. Mein Leben ist ruiniert! Ich halte diese Lüge nicht aus, die sie mir angehängt haben, und wenn mir niemand hilft, der mir glaubt …«

Seine Lippen bebten, und er ballte die Faust, um nicht in Tränen auszubrechen. Ich schwieg, während er um Fassung rang.

»Es tut mir leid. Ich weiß, dass Sie alles tun, um mir zu helfen«, sagte er schließlich etwas ruhiger. Instinktiv wollte ich ihn trösten, sein Schmerz schien so ehrlich. Aber ich konnte nicht viel für ihn tun, und nach einem langen Tag mit Todeskandidaten hatte ich nur noch die Kraft, ihm zu versichern, dass wir uns die Akten sehr genau ansehen würden.

Auf dem Schreibtisch in meinem kleinen Büro in Atlanta hatte ich verschiedene Prozessakten aufgestapelt, die ich in unsere Kanzlei nach Tuscaloosa mitnehmen wollte. Mit dem sonderbaren Anruf von Richter Robert E. Lee Key im Kopf, ging ich den Stapel durch, bis ich die Akte von Walter McMillian fand. Sie bestand aus lediglich vier Mappen, der Prozess musste also kurz gewesen sein. Nach den dramatischen Warnungen des Richters und McMillians emotionalen Unschuldsbeteuerungen machte mich der Fall besonders neugierig. Ich begann zu lesen.

Walter McMillian hatte zwar sein Leben lang in Monroe County gelebt, doch er hatte weder von Harper Lee noch von ihrem Roman *Wer die Nachtigall stört* gehört. Nachdem dieses Buch in den Sechzigerjahren mit Preisen überhäuft und zum internationalen Bestseller geworden war, nutzte Lees Geburtsstadt Monroeville in Alabama den Ruhm ihrer Tochter schamlos. Harper Lee kehrte nach Monroe County zurück, lebte jedoch zurückgezogen und ließ sich nur selten blicken. Ihre Öffentlichkeitsscheu hinderte den Ort jedoch nicht daran, den Klassiker für seine Vermarktung einzuspannen. Für die Verfilmung der berühmten Gerichtsszenen kam Gregory Peck, der später für seine Rolle mit einem Oscar ausgezeichnet werden sollte, nach Monroeville. Regionalpolitiker ließen das Gerichtsgebäude später zu einem »Nachtigall-Museum« umbauen, und Laiendarsteller führten den Roman als Theaterstück auf. Ihre Bühnenfassung war so erfolgreich, dass Besucher aus dem In- und Ausland anreisten, um eine authentische Darbietung der fiktiven Geschichte zu sehen.

Trotz des Rummels zog niemand die Konsequenzen aus den unangenehmen Wahrheiten, die das Buch darstellte. *Wer die Nachtigall stört* ist die Geschichte des unschuldigen Schwarzen Tom Robinson, der in den Dreißigerjahren angeklagt wird, eine weiße Frau vergewaltigt zu haben, und von einem mutigen weißen Anwalt verteidigt wird. Lees sympathische Protagonisten, der Rechtsanwalt Atticus Finch und seine frühreife Tochter Scout, fesselten Millionen von Lesern und konfrontierten sie gleichzeitig mit der schmerzhaften Realität des Rassismus und des Rechts in den Südstaaten. Eine ganze Generation von Anwälten wuchs mit dem Vorbild des couragierten Atticus Finch auf, der an einer Stelle des Romans sogar zur Waffe greift, um den schutzlosen schwarzen Angeklagten vor einem wütenden weißen Lynchmob zu schützen.

Heute vergeben Dutzende juristische Einrichtungen Preise im Namen dieses fiktiven Anwalts und des Ideals, das er verkörpert. Dabei wird oft vergessen, dass es Atticus nicht gelingt, den fälschlich Angeklagten erfolgreich zu verteidigen. Tom Robinson wird schuldig gesprochen und kommt später bei einem verzweifelten Fluchtversuch ums Leben. Von siebzehn Kugeln seiner Verfolger durchsiebt, stirbt er schändlich – aber im Namen des Gesetzes.

Walter McMillian wuchs wie Tom Robinson in einem der schwarzen Dörfer in der Umgebung von Monroeville auf und arbeitete schon als kleiner Junge auf den Feldern seiner Familie. Die Kinder der Kleinbauern in Alabama lernten »pflügen, pflanzen und pflücken«, sobald sie alt genug waren, um auf dem Acker helfen zu können. In den Fünfzigerjahren hatten schwarze Kinder kaum Bildungschancen, doch Walters Mutter schickte ihn immerhin ein paar Jahre lang in eine heruntergekommene »farbige Schule«. Als er acht oder neun Jahre alt war, wurde er jedoch beim Baumwollpflücken gebraucht, und der Nutzen der Bildung war zu ungewiss, um ihn weiter auf die Schule schicken zu können. Im Alter von elf Jahren konnte Walter genauso gut mit dem Pflug umgehen wie seine älteren Geschwister.

Die Zeiten änderten sich – zum Guten wie zum Schlechten. Im 19. Jahrhundert hatten Großgrundbesitzer den Baumwollanbau nach Monroe County gebracht. Mit ihrer fruchtbaren schwarzen Erde zog die Region in der Küstenebene im Südwesten des Bundesstaates weiße Siedler aus North und South Carolina an, die erfolgreiche Plantagen aufbauten und große Mengen von Sklaven hielten. Noch viele Jahrzehnte nach dem Amerikanischen Bürgerkrieg bestellte die afroamerikanische Bevölkerung des alten Südens die Felder als Pächter und bezahlte die weißen Grundbesitzer in Naturalien. In den Vierzigerjahren des 20. Jahrhunderts verließen Tausende die Region und zogen auf der Suche nach Arbeit an die Westküste oder in den Mittleren Westen. Die Verbliebenen arbeiteten weiter in der

Landwirtschaft, doch durch die Abwanderung der Afroamerikaner und einige andere Faktoren verlor die traditionelle Landwirtschaft ihre Bedeutung als Wirtschaftsgrundlage der Region.

In den Fünfzigerjahren wurde der Baumwollanbau in Kleinbetrieben trotz der billigen schwarzen Arbeitskräfte und Pächter immer unrentabler. Der Bundesstaat Alabama unterstützte die weißen Landbesitzer beim Übergang zur Forstwirtschaft und subventionierte Papiermühlen. In dieser Zeit wurden dreizehn der sechzehn Papiermühlen des Bundesstaates eingerichtet.[1] In den ehemaligen Südstaaten wurden immer größere Flächen mit Nadelbäumen aufgeforstet, um Papier und andere Holzprodukte herzustellen. Die Afroamerikaner, die gerade die Bürgerrechte erkämpft hatten, waren von dieser neuen Branche weitgehend ausgeschlossen und standen vor neuen wirtschaftlichen Herausforderungen. Die brutale Zeit der Rassentrennung ging zwar zu Ende, doch nun folgten Dauerarbeitslosigkeit und immer größere Armut. Die Region im Süden Alabamas gehörte zu den ärmsten der Vereinigten Staaten.

Walter war weitsichtig genug, um diese Entwicklung abzusehen. In den Siebzigerjahren begann er mit seinem eigenen Holzbetrieb, der mit der Branche wuchs. Mutig lieh er sich Geld für eine Motorsäge, einen Traktor und einen Kleinlaster. Anfang der Achtziger hatte er ein Unternehmen aufgebaut, das zwar nicht viel Gewinn abwarf, ihm aber ein befriedigendes Maß an Unabhängigkeit sicherte. Wenn er wie die meisten anderen Schwarzen als ungelernter Arbeiter in einem Sägewerk oder einer Papiermühle gearbeitet hätte, dann hätte er unweigerlich für weiße Fabrikbesitzer gearbeitet und wäre dem rassistischen Druck ausgesetzt gewesen, wie er für das Alabama der Siebziger- und Achtzigerjahre typisch war. Als Kleinunternehmer in einer florierenden Branche entging Walter diesem Rassismus zwar nicht, doch er genoss einige Freiräume, die andere Afroamerikaner nicht hatten.

Durch seine Unabhängigkeit verdiente sich Walter ein gewisses Maß an Anerkennung und Bewunderung, aber er erntete auch Ablehnung und Misstrauen, vor allem unter den Weißen von Monroeville. In den Augen einiger weißer Mitbürger hatte Walter mehr Freiheiten, als ein Afroamerikaner ohne Schulabschluss mit legalen Mitteln erreichen konnte. Doch mit seiner freundlichen, respektvollen, großzügigen und entgegenkommenden Art gewann er die Sympathie seiner schwarzen und weißen Geschäftspartner.

Walter hatte durchaus auch seine Schwächen. Seit Langem war er als Schürzenjäger bekannt. Er hatte früh geheiratet und mit seiner Frau Minnie drei Kinder bekommen, doch er hatte auch Beziehungen zu anderen Frauen. Die Arbeit im Wald ist anstrengend und gefährlich. Walter hatte kaum andere Freuden im Leben und konnte den Frauen nur schwer widerstehen. Und mit seinem rauen Äußeren – seinen struppigen Haaren und seinem wilden Bart –, seiner Großzügigkeit und seinem Charme wirkte er auf einige Frauen unwiderstehlich.

In seiner Jugend hatte Walter gelernt, dass er sich als Schwarzer keiner weißen Frau nähern durfte. Doch in den Achtzigern gab er sich der Illusion hin, dass sich die Dinge geändert hatten. Wäre er mit seinem Unternehmen weniger erfolgreich gewesen, dann hätte er die Rassengrenzen möglicherweise nicht vergessen. So dachte sich Walter jedoch nur wenig bei seinen Flirts mit Karen Kelly, einer jungen weißen Frau, die er in seinem Frühstücksrestaurant kennenlernte. Sie war attraktiv, doch er nahm sie nicht weiter ernst. Als sie ihre Annäherungsversuche hartnäckig fortsetzte, zögerte er zunächst, doch dann kam er zu dem Schluss, dass das Abenteuer sowieso nie herauskommen würde.

Nach einigen Wochen wurde ihm klar, dass die Beziehung zu Karen eine Menge Probleme mit sich brachte. Mit ihren 25 Jahren war Karen 18 Jahre jünger als Walter. Außerdem war sie verheiratet. Als das Gerücht umging, dass die beiden »befreundet« waren, schien sie einen zusätzlichen Kitzel aus der Beziehung zu Walter zu ziehen. Als ihr Mann Joe die Wahrheit erfuhr, nahm die Affäre schnell eine hässliche Wende. Die Ehe von Karen und Joe war seit Längerem unglücklich, und die beiden hatten bereits über ihre Scheidung gesprochen, doch ihre skandalöse Beziehung zu einem Schwarzen verbitterte ihn und seine gesamte Familie. Joe reichte die Scheidung ein und verlangte vor Gericht das Sorgerecht für die Kinder. Außerdem legte er es darauf an, seine Frau an den Pranger zu stellen, indem er ihre Untreue und ihre Beziehung zu einem Schwarzen öffentlich machte.

Walter war zuvor nur ein einziges Mal mit dem Gesetz in Berührung gekommen. Viele Jahre zuvor war er in eine Kneipenschlägerei verwickelt gewesen und hatte wegen Erregung öffentlichen Ärgernisses eine Nacht im Gefängnis verbracht. Es war das erste und einzige Mal gewesen, dass er Ärger mit den Gesetzeshütern gehabt hatte.

Als Walter von Joe als Zeuge benannt und zu einer Anhörung vorgeladen wurde, in der es um das Sorgerecht der Kinder ging, wusste er, dass ihm Ärger blühte. Da er nicht mit seiner Frau sprechen konnte, die in solchen Dingen klüger war als er, machte er sich nervös auf den Weg zum Gerichtsgebäude. Joes Anwalt rief Walter in den Zeugenstand, und Walter räumte ein, dass er Karens »Freund« war. Der Anwalt bohrte weiter und stellte intime Fragen zur Natur der Freundschaft, bis Karens Anwalt Einspruch einlegte und Walter weitere Einzelheiten ersparte. Doch als Walter das Gerichtsgebäude verließ, waren die Feindseligkeit und der Hass gegen ihn mit Händen greifbar. Walter hätte die Peinlichkeit gern schnell vergessen, doch die Geschichte machte die Runde, und sein Ruf litt. Für die Weißen war er nun nicht mehr der erfolgreiche Holzunternehmer, sondern stellte eine Bedrohung dar.

Die Angst vor Mischehen und Intimbeziehungen zwischen Menschen unterschiedlicher Hautfarbe ist in den Vereinigten Staaten tief verwurzelt. Sie war ein Grund dafür, dass viele der Errungenschaften aus der Zeit der »Rekonstruktion«* wieder zurückgenommen wurden, sie stand hinter den diskriminierenden »Jim Crow«-Gesetzen, mit denen fast ein Jahrhundert lang die Rassentrennung festgeschrieben wurde, und sie motivierte die rassistische Politik des 20. Jahrhunderts. Nach der Abschaffung der Sklaverei entstand eine Rassenhierarchie und -trennung, die vor allem Intimbeziehungen wie die zwischen Walter und Karen verhindern sollte. Es wurden eigene Gesetze zum Verbot von Mischehen erlassen; das Schlagwort der »Vermischung der Rassen« wurde in den 1860er-Jahren zum Kampfbegriff, mit dem Befürworter der Sklaverei die Angst vor deren Abschaffung schürten. Mehr als ein Jahrhundert lang sahen es die Gesetzeshüter in den ehemaligen Südstaaten als ihre Pflicht an, gegen schwarze Männer zu ermitteln, die intime Beziehungen zu weißen Frauen unterhielten, und sie zu bestrafen.

In der kurzen Phase der Rekonstruktion hatte die Bundesregierung den befreiten Sklaven zwar Gleichberechtigung versprochen, doch die Militärverwaltung hatte Ala-

---

* Als Ära der »Rekonstruktion« bezeichnet man das Jahrzehnt nach dem Amerikanischen Bürgerkrieg (1861–1865). Die unterlegenen Südstaaten wurden einer Militärverwaltung unterstellt, die die Gleichstellung der befreiten Sklaven vorantrieb. Im Jahr 1877 erhielten die Staaten der ehemaligen Konföderation ihre Souveränität zurück, und die Truppen wurden abgezogen. (Anm. d. Übers.)

bama kaum verlassen, als die weiße Vorherrschaft und die Rassenunterdrückung zurückkehrten. Die Weißen nahmen den Afroamerikanern das Wahlrecht und verabschiedeten eine Reihe von Gesetzen, mit denen sie die rassistische Ordnung zementierten. Mit Gesetzen zur Wahrung der »Rassenintegrität« wurde die Hierarchie aus den Tagen der Sklaverei wiederhergestellt und die Unterordnung der Afroamerikaner gesichert. Nachdem Mischehen und Intimbeziehungen zwischen Angehörigen unterschiedlicher Rassen unter Strafe gestellt worden waren, nutzten viele Staaten des alten Südens diese Gesetze, um die Zwangssterilisierung von Frauen aus armen Schichten zu rechtfertigen. Das Verbot des sexuellen Kontakts zwischen weißen Frauen und schwarzen Männern nahm im ganzen Süden die Form eines kollektiven Wahns an.

In den Achtzigerjahren des 19. Jahrhunderts – kurz bevor Beziehungen zwischen Menschen unterschiedlicher Hautfarbe mit Lynchmord geahndet wurden, und ein Jahrhundert vor der Beziehung zwischen Walter McMillian und Karen Kelly – verliebten sich der Schwarze Tony Pace und die Weiße Mary Cox aus Alabama. Die beiden wurden verhaftet und zu zwei Jahren Zuchthaus verurteilt, weil sie gegen die Gesetze zur Reinhaltung der Rassen verstoßen hatten. John Tompkins, der als einer der wenigen weißen Anwälte die Rassengesetze für verfassungswidrig hielt, vertrat Tony und Mary in einem Berufungsverfahren. Im Jahr 1882 kam der Fall vor den Obersten Gerichtshof von Alabama. In Sätzen, die in den nächsten Jahrzehnten immer wieder zitiert werden sollten, bestätigte das Gericht das Urteil und brachte seine tiefe Verachtung gegenüber Mischehen zum Ausdruck:

Dieses Verbrechen [Ehebruch oder außerehelicher Geschlechtsverkehr] wird umso verwerflicher, wenn es von Angehörigen

unterschiedlicher Rassen begangen wird ... Das Ergebnis wäre
die Vermischung der beiden Rassen, eine Mischlingsbevölke-
rung und der Verfall der Kultur. Dies zu verhindern ist das
Gebot einer gesunden Politik, die dem vornehmsten Interesse
der Gesellschaft und des Staates dient.[2]

Der Oberste Gerichtshof der Vereinigten Staaten unterzog
das Urteil einer Revision. Einstimmig bestätigte er die Rassengesetze des Bundesstaates Alabama und die Gefängnisstrafe für Tony Pace und Mary Cox. Mit der Formulierung
der »getrennten, aber gleichen« Rassen nahm er sein berüchtigtes Urteil im Fall *Plessy v. Ferguson* aus dem Jahr 1896
vorweg. Nach dieser Entscheidung verabschiedeten weitere
Bundesstaaten Rassengesetze, die Intimkontakt und Ehe-
schließungen zwischen Afroamerikanern (manchmal auch
Ureinwohnern und Asiaten) und Weißen unter Strafe stellten. Im Süden wurde die Einhaltung dieser Gesetze aggressiv überwacht, aber auch im Mittleren Westen und an der
Westküste waren sie verbreitet. Der Bundesstaat Idaho erließ 1921 ein Verbot von Mischehen und Intimbeziehungen zwischen Afroamerikanern und Weißen, obwohl der
schwarze Anteil der Bevölkerung dort gerade einmal 0,2
Prozent ausmachte.[3]

Erst 1967, im Prozess *Loving v. Virgina*, erklärte der Oberste
Gerichtshof der Vereinigten Staaten die Gesetze zum Verbot von Mischehen für verfassungswidrig, doch auch nach
diesem wegweisenden Urteil blieben bestimmte Einschrän-
kungen bestehen.[4] Noch 1986, als Walter und Karen sich
kennenlernten, sah die Verfassung des Bundesstaates Alabama ein Verbot von Mischehen vor. In Artikel 102 hieß es:

Die Legislative wird niemals ein Gesetz erlassen, das Eheschlie-
ßungen zwischen Weißen und Negern oder Nachfahren von
Negern zulässt oder legalisiert.[5]

Niemand hätte erwartet, dass sich ein relativ erfolgreicher und unabhängiger Mann wie Walter an sämtliche Regeln hielt. Ein gelegentlicher Alkoholrausch, Streit oder Seitensprung konnte dem Ruf und Ansehen eines anständigen und fleißigen Mannes nichts anhaben. Aber eine Beziehung zu einer weißen Frau – das war für viele Weiße ein sittenwidriger Akt. Für Verbrechen wie Mord oder Raub kam man im Süden ins Gefängnis, aber Verkehr mit einer weißen Frau fiel in eine ganz eigene Kategorie und hatte entsprechende Konsequenzen. Hunderte schwarzer Männer wurden allein aufgrund des leisen Verdachts einer solchen Beziehung gelyncht.

Walter hatte keine Ahnung von der juristischen Situation, aber wie jeder schwarze Mann in Alabama wusste er nur zu gut, wie gefährlich eine Beziehung zu einer weißen Frau war. Seit der Gründung von Monroe County waren hier fast ein Dutzend Männer gelyncht worden, und in benachbarten Countys hatten Dutzende weitere Lynchmorde stattgefunden.[6] Doch die Lynchjustiz hatte weit mehr Macht, als die bloßen Zahlen vermuten lassen. Es handelte sich um Terrorakte, die Schrecken verbreiteten und die Botschaft vermittelten, dass jeder Kontakt mit Weißen, jeder Fehltritt, jede noch so kleine Zurückweisung, jeder falsche Blick oder Kommentar tödliche Folgen haben konnte.

Als Kind hatte Walter immer wieder von Freunden und Verwandten Erzählungen von Lynchmorden gehört. Als er zwölf Jahre alt war, wurde Russell Charley, ein Schwarzer aus Monroe County und ein Bekannter der McMillians, in Vredenburgh in einem Baum hängend gefunden. Es hieß, Charley sei wegen einer Beziehung zu einer Weißen umgebracht worden. Walter erinnerte sich nur zu gut an den Schrecken, der die Schwarzen von Monroe County erfasste, als Charleys lebloser, von Kugeln durchsiebter Körper entdeckt wurde.

Und nun kam es Walter so vor, als würde ganz Monroe County über seine Beziehung zu Karen Kelly sprechen. Das machte ihm mehr Sorgen als die meisten anderen Dinge, die er bis dahin erlebt hatte.

Einige Wochen später wurde Monroeville von einer weit schrecklicheren Tat erschüttert. Am späten Vormittag des 1. November 1986 wurde Ronda Morrison, die hübsche junge Tochter einer angesehenen Familie des Orts, tot in der Wäscherei Jackson Cleaners aufgefunden, wo die achtzehnjährige Studentin gearbeitet hatte. Ihr war dreimal in den Rücken geschossen worden.

Mord war in Monroeville ungewöhnlich. Ein Raubmord in einem beliebten Geschäft in der Innenstadt war vollkommen unerhört. Der Mord an der jungen Ronda war ein Verbrechen, wie es der Ort noch nie erlebt hatte. Die junge Frau, das einzige Kind ihrer Eltern, war beliebt, und niemand hätte etwas Schlechtes über sie sagen können. Zunächst ging die Polizei davon aus, dass niemand aus dem Ort, egal, ob schwarz oder weiß, zu einem derart schrecklichen Verbrechen fähig gewesen wäre.

Am Tag des Mordes waren in Monroeville zwei Arbeit suchende Latinos gesehen worden, die rasch als verdächtig galten. Die Polizei spürte die Männer in Florida auf, kam aber zu dem Schluss, dass die beiden den Mord nicht begangen haben konnten. Der Verdacht fiel kurz auf den Vorbesitzer der Reinigung, einen älteren Mann namens Miles Jackson, doch es gab keinen Hinweis darauf, dass er der Täter hätte sein können. Der gegenwärtige Besitzer Rick Blair galt nach einem Verhör ebenfalls als unwahrscheinlicher Verdächtiger. Nach einigen Wochen hatte die Polizei in alle möglichen Richtungen ohne Erfolg ermittelt.

Hinter vorgehaltener Hand warfen die Einwohner von Monroe County der Polizei Unfähigkeit vor. Als einige Monate später noch immer niemand verhaftet worden war, wurden die Anschuldigungen lauter, und Zeitungen und Radio kritisierten die Polizei, den Sheriff und den Staatsanwalt. Wenige Tage nach dem Mord war Tom Tate zum neuen Sheriff gewählt worden, und die Bürger begannen sich zu fragen, ob er seiner Aufgabe gewachsen war. Die Kriminalpolizei von Alabama, das ABI, wurde hinzugezogen, konnte jedoch genauso wenig Erfolge vorweisen wie die Behörden von Monroeville. Die Einwohner der Stadt wurden nervös. Geschäftsleute boten eine Belohnung von 1000 Dollar für Hinweise, die zur Ergreifung des Täters führten. Die Verkäufe von Waffen, schon immer ein gutes Geschäft, stiegen.

Walter hatte inzwischen ganz andere Probleme. Seit Wochen versuchte er, seine Beziehung zu Karen Kelly zu beenden. Der Scheidungsprozess und der öffentliche Skandal hatten die junge Frau stark mitgenommen. Sie nahm Drogen und schien zu zerbrechen. Immer mehr Zeit verbrachte sie mit Ralph Myers, einem Weißen mit einem furchtbar entstellten Gesicht und einem langen Vorstrafenregister, der ihren Absturz perfekt zu verkörpern schien. Ralph war ein mehr als ungewöhnlicher Partner für Karen, doch ihr Verfall hatte derart drastische Formen angenommen, dass ihre Freunde und Verwandten sie nicht mehr verstanden. Mit dieser Beziehung kam Karen ganz unten an. Sie stürzte noch tiefer, als sie es durch die Skandale und ihren Drogenkonsum ohnehin schon war, bis in die Kriminalität. Gemeinsam mit Myers betätigte sie sich im Rauschgifthandel und wurde in den Mord an Vickie Lynn Pittman verwickelt, eine junge Frau aus dem benachbarten Escambia County.

Bei der Ermittlung im Fall Pittman kam die Polizei schnell voran und stellte rasch eine Verbindung zu Ralph Myers her. In den Verhören begegneten die Beamten einem

Mann, dessen Psyche genauso vernarbt war wie sein Gesicht. Myers war labil und hysterisch und sehnte sich nach Aufmerksamkeit – seine einzig wirkungsvolle Verteidigungsstrategie bestand darin, die Polizei zu manipulieren und in die Irre zu führen. Ralph meinte, seine Beschreibungen möglichst schockierend und barock gestalten zu müssen. Er war in einem Waisenhaus aufgewachsen und hatte bei einem Brand furchtbare Verbrennungen erlitten. Dabei waren sein Hals und Gesicht derart entstellt worden, dass mehrere Operationen nötig gewesen waren, nur um die grundlegenden Funktionen wiederherzustellen. Er hatte sich daran gewöhnt, dass Fremde ihn entsetzt anstarrten. Myers war ein tragischer Außenseiter, der diesen Mangel kompensieren wollte, indem er vorgab, den Schlüssel zu allen möglichen Geheimnissen zu besitzen.

Nachdem er zunächst jede Beteiligung an der Ermordung von Vickie Lynn Pittman abgestritten hatte, räumte er schließlich ein, dass er eine Nebenrolle gespielt haben könnte, nur um den Mord selbst einigen halbseidenen Gestalten der Gegend in die Schuhe zu schieben. Zunächst beschuldigte er einen übel beleumundeten Schwarzen namens Isaac Dailey, doch die Polizei stellte schnell fest, dass der Mann die fragliche Nacht in einer Zelle verbracht hatte. Myers gestand prompt, dass er die Geschichte erfunden hatte, weil der Täter in Wirklichkeit kein Geringerer war als der Sheriff eines benachbarten Countys.

So verrückt seine Behauptungen waren, die ABI-Ermittler gingen ihnen offenbar nach. Sie stellten weitere Fragen, doch je mehr Myers aussagte, desto unglaubwürdiger wurde seine Geschichte. Die Beamten nahmen an, dass Myers der einzige Täter war und verzweifelt versuchte, zur Minderung seiner eigenen Schuld andere mit hineinzuziehen.

Der Mord an Vickie Pittman machte zwar Schlagzeilen, war aber nicht zu vergleichen mit dem rätselhaften Tod von Ronda Morrison. Vickie stammte aus einer armen weißen Familie, mehrere ihrer Angehörigen saßen im Gefängnis, und sie genoss nicht annähernd Rondas gesellschaftlichen Status. Deren Ermordung blieb über Monate hinweg Tagesgespräch.

Ralph Myers hatte nie lesen gelernt, doch er wusste, dass der Mord an Ronda Morrison die Ermittler beschäftigte. Als seine Anschuldigungen gegen den Sheriff nicht verfingen, erfand er eine neue Geschichte und erzählte den Beamten, neben ihm seien auch Karen Kelly und ihr Freund Walter McMillian an dem Pittman-Mord beteiligt gewesen. Mehr noch, er beschuldigte McMillian außerdem, den Mord an Ronda Morrison begangen zu haben. Damit war ihm die Aufmerksamkeit der Ermittler sicher.

Es wurde schnell deutlich, dass Walter McMillian Ralph Myers nie begegnet war, geschweige denn zwei Morde mit ihm begangen hatte. Um zu beweisen, dass die beiden Komplizen waren, baten die ABI-Beamten Myers, sich mit Walter McMillian in einem Laden zu treffen, während sie die Begegnung beobachteten. Seit dem Mord an Ronda Morrison waren inzwischen einige Monate vergangen.

Als Myers den Laden betrat, war er nicht in der Lage, Walter McMillian unter mehreren anwesenden Schwarzen zu identifizieren, und musste den Ladenbesitzer bitten, ihm McMillian zu zeigen. Dann übergab er dem Gesuchten eine Nachricht, die angeblich von Karen Kelly stammte. Zeugen sagten aus, Walter habe verwundert auf den unbekannten Myers und seine Nachricht reagiert, er habe den Zettel weggeworfen und sich wieder seiner Beschäftigung zugewandt. Die merkwürdige Begegnung schien ihn nicht sonderlich zu interessieren.

Die ABI-Ermittler, die den Vorgang beobachteten, konnten keinen Hinweis erkennen, dass zwischen Myers und McMillian eine Beziehung bestand, und hatten im Gegenteil zahlreiche Beweise, dass die beiden einander nie zuvor begegnet waren. Trotzdem verfolgten sie die Anschuldigung weiter. Die Wochen gingen ins Land, seit dem Mord an Ronda Morrison waren inzwischen sieben Monate verstrichen, und die Bürger von Monroeville waren nervös und verärgert. Die Kritik wurde immer lauter. Die Polizei musste dringend einen Verdächtigen präsentieren.

Der neue Sheriff Tom Tate hatte nicht allzu viel Erfahrung. Seiner Selbstbeschreibung zufolge war er ortsverbunden und stolz darauf, nie aus Monroeville herausgekommen zu sein. Nun war er mit einem scheinbar unlösbaren Verbrechen konfrontiert und stand unter Druck. Als Myers den Beamten von McMillians Beziehung zu Karen Kelly erzählte, ist es durchaus denkbar, dass Tate aufgrund des Scheidungsverfahrens und des Klatsches bereits von der berüchtigten Beziehung wusste. Es gab jedoch nicht den geringsten Beweis gegen McMillian – außer dass er ein Schwarzer war, der eine Beziehung zu einer verheirateten Weißen gehabt hatte. Das allein wies ihn als verantwortungslosen und potenziell gefährlichen Mann aus, auch wenn er keine Vorstrafen hatte und einen guten Ruf genoss. Vielleicht reichte das schon als Beweis.

2 Verdächtig

Nachdem ich die ersten anderthalb Jahre meiner An-
waltslaufbahn auf Steve Brights Couch in Atlanta geschlafen hatte, war es Zeit, mir eine eigene Wohnung zu
suchen. Als ich in Atlanta angefangen hatte, waren die Mitarbeiter vollkommen überarbeitet und hangelten sich von
einer Krise zur nächsten. Ich wurde sofort in einen Prozess mit dringenden Terminen geworfen und hatte keine
Zeit, mir eine Wohnung zu suchen, und da ich mit meinem Jahresgehalt von 14 000 Dollar nicht allzu viel Geld
für Miete übrig hatte, nahm Steve mich bei sich auf. Das
enge Zusammenleben hatte den Vorteil, dass ich jeder-
zeit die komplexen Zusammenhänge und Schwierigkeiten
unserer Mandanten und Fälle mit ihm besprechen konnte.
Von morgens bis Mitternacht diskutierten wir große und
kleine Fragen. Die Arbeit machte mir Spaß. Als jedoch mein
Kommilitone Charles Bliss nach Atlanta zog, um eine Stelle
bei der Atlanta Legal Aid Society anzutreten, legten wir
unsere mageren Gehälter zusammen und mieteten uns
eine billige Wohnung. Charlie und ich hatten zusammen
in Harvard angefangen und im ersten Jahr in demselben
Wohnheim gelebt. Er war ein Weißer aus North Carolina,
den das Jurastudium genauso zu verwirren schien wie
mich. Wir trafen uns oft in der Turnhalle, um zusammen

Basketball zu spielen und Ordnung in unsere Gedanken zu bringen.

Charlie und ich fanden eine Wohnung in der Nähe des Inman Park in Atlanta. Nach einem Jahr zwang uns eine Mieterhöhung, nach Virginia Highlands zu ziehen, ehe uns ein Jahr später eine weitere Mieterhöhung nach Midtown trieb. Unsere Zweizimmerwohnung in Midtown war bislang unsere schönste Wohnung im schönsten Stadtteil, aber weil ich immer mehr in Alabama zu tun hatte, war ich so gut wie nie zu Hause.

Das geplante Projekt für die Todeskandidaten in Alabama nahm Gestalt an. Ich hoffte, die Kanzlei mit auf den Weg zu bringen und schließlich wieder nach Atlanta zurückzukehren. Mein Terminkalender war inzwischen derart voll mit neuen Fällen aus Alabama, dass ich dauernd zwischen Atlanta und Alabama hin- und herpendelte, während ich gleichzeitig Klagen wegen unzureichender Haftbedingungen verfolgte, die ich in verschiedenen Südstaaten eingereicht hatte.

Die Haftbedingungen verschlechterten sich überall. In den Siebzigerjahren hatte die Häftlingsrevolte im Gefängnis Attica im Bundesstaat New York die öffentliche Aufmerksamkeit auf die unerträgliche Situation im Strafvollzug gelenkt. Die Bürger erfuhren von grausamen Praktiken wie der wochen- oder gar monatelangen Isolationshaft. In einigen Anstalten wurden Häftlinge in die »Schwitzkiste« gesteckt, ein sarggroßes Loch oder ein Kasten, der so aufgestellt wurde, dass die Betroffenen über Tage und Wochen hinweg großer Hitze ausgesetzt waren. Andere Gefangene wurden für Verstöße gegen die Gefängnisordnung mit Elektroschockern gezüchtigt. Andere wurden mit den Armen über dem Kopf an eine Stange gekettet und mussten stundenlang so stehen. Diese Praxis, die erst im Jahr 2002 für verfassungswidrig erklärt wurde, war nur eine von vielen menschenunwürdigen und lebensbedrohlichen Formen der Bestrafung, mit denen die Häftlinge misshandelt wurden. Schlechte Ernährung und Unterbringung waren verbreitet.

Die Revolte von Attica kostete 42 Menschenleben und zeigte die Gefahren der Gewalt in Gefängnissen und der unmenschlichen Haftbedingungen. In der Folge fällte der Oberste Gerichtshof der Vereinigten Staaten einige Urteile, mit denen die Grundrechte von Häftlingen sichergestellt werden sollten. Aus Sorge vor weiteren Revolten führten einige Bundesstaaten Gefängnisreformen durch und schafften die schlimmsten Praktiken ab. Doch als ein Jahrzehnt später die Zahl der Häftlinge rapide anstieg, führte dies unweigerlich zu einer neuerlichen Verschlechterung der Haftbedingungen.

Wir erhielten Dutzende Briefe von Häftlingen, die über die unzumutbare Situation in den Haftanstalten klagten. Sie berichteten, dass sie nach wie vor geschlagen, angekettet und mit anderen Strafen gedemütigt wurden. Bei einer erschreckenden Anzahl der Fälle, die wir behandelten, waren Gefangene tot in ihrer Zelle aufgefunden worden.

Einer der vielen Fälle, um die ich mich kümmerte, führte mich nach Gadsden in Alabama. Dort behaupteten Gefängniswärter, ein 39-jähriger Schwarzer sei eines natürlichen Todes gestorben. Seine Angehörigen gaben dagegen an, er sei nach einer Verkehrswidrigkeit festgenommen und von der Polizei verprügelt worden. Außerdem habe ihm das Gefängnispersonal sein Asthmaspray und seine Medikamente verweigert, obwohl er ausdrücklich darum gebeten habe. Ich verbrachte viel Zeit mit der trauernden Familie von Lourida Ruffin und hörte, dass er ein liebevoller Vater und gütiger Mensch gewesen sei, auch wenn einige Menschen einen ganz anderen Eindruck von ihm haben konnten. Mit seinen

1,95 Meter und 115 Kilogramm konnte er zwar ein wenig Furcht einflößend wirken, seine Frau und seine Mutter beschrieben ihn jedoch als sanften Riesen.

Eine Polizeistreife aus Gadsden hatte Mr. Ruffin eines Abends angehalten und behauptet, er fahre Schlangenlinien. Die Beamten stellten fest, dass sein Führerschein einige Wochen zuvor abgelaufen war, und nahmen ihn fest. Mr. Ruffin traf verletzt und blutend im städtischen Gefängnis ein und erzählte seinen Mithäftlingen, er sei brutal zusammengeschlagen worden und brauche dringend sein Asthmaspray und andere Medikamente. Als ich den Fall übernahm, berichteten mir Gefängnisinsassen, sie hätten gesehen, wie Mr. Ruffin von Polizeibeamten geschlagen und in eine Einzelzelle gesperrt worden sei. Einige Stunden später sahen sie, wie Rettungsleute den Körper auf einer Trage aus der Zelle brachten.

Trotz der Gefängnisreformen der Siebziger- und Achtzigerjahre waren Todesfälle von Häftlingen nach wie vor ein gravierendes Problem. Selbstmorde, Gewalt zwischen Häftlingen, unzureichende medizinische Versorgung, Misshandlungen durch Personal und Gewaltanwendung durch Wärter kosteten jedes Jahr Hunderte Gefängnisinsassen das Leben.[1]

Wenig später erhielt ich weitere Beschwerden aus Gadsden. Die Eltern eines schwarzen Jugendlichen, der von der Polizei erschossen worden war, berichteten mir, ihr Sohn sei angehalten worden, nachdem er eine rote Ampel überfahren gehabt habe. Der junge Mann unternahm gerade seine ersten Fahrten und wurde nervös, als einer der Polizeibeamten auf ihn zukam. Seine Angehörigen erklärten, er habe in seine Sporttasche auf dem Boden des Wagens gegriffen, um seinen neuen Führerschein herauszuholen. Die Beamten behaupteten dagegen später, er habe nach einer Waffe gegriffen (die nie gefunden wurde), und er-

53

schossen den Jugendlichen in seinem Auto. Der Schütze behauptete, der junge Mann habe bedrohlich gewirkt und sich hastig bewegt. Die Eltern erklärten mir, ihr Sohn sei in der Tat generell nervös und ängstlich, aber folgsam gewesen und hätte nie einem Menschen etwas zuleide getan. Er sei ein frommer Junge und ein guter Schüler gewesen, und aufgrund dieser Unstimmigkeiten beschloss die Familie, die Todesumstände von einer Bürgerrechtsgruppe überprüfen zu lassen. So kam der Fall zu uns, und ich untersuchte ihn zusammen mit den Haftbedingungen in Gadsden.

Ich hatte alle Hände voll damit zu tun, mich in das Zivil- und Strafrecht von Alabama einzuarbeiten und gleichzeitig in mehreren Bundesstaaten die Fälle von Todeskandidaten zu betreuen. Wegen der zusätzlichen Prozesse zu den Haftbedingungen fuhr ich lange Strecken und arbeitete bis spät in die Nacht. Mein klappriger, zehn Jahre alter Honda Civic ächzte unter dem Pensum. Seit einem Jahr funktionierte das Radio nur noch sporadisch und sprang nur an, wenn ich durch ein Schlagloch rumpelte oder so scharf bremste, dass der Wagen durchgerüttelt wurde und der Wackelkontakt zustande kam.

An einem Abend war ich nach einer dreistündigen Fahrt aus Gadsden zurückgekommen und direkt ins Büro gefahren. Als ich mich auf den Heimweg machte, war es schon wieder kurz vor Mitternacht. Ich stieg ins Auto, und zu meiner Freude sprang das Radio sofort an, als ich den Zündschlüssel umdrehte. Nach nur drei Jahren als Anwalt gehörten Kleinigkeiten wie diese zu meinen Glücksmomenten. An diesem Abend funktionierte nicht nur das Radio, sondern der Sender strahlte ein Special zu Sly and the Family Stone aus. Ich war mit dem Soul und Funk von Sly aufgewachsen, und als ich durch die nächtlichen Straßen von Atlanta fuhr, wippte ich fröhlich zu »Dance to the Music«, »Everybody Is a Star« und »Family Affair«.

Unsere Wohnung befand sich an einer dicht bebauten Straße von Midtown. Oft fand ich vor dem Haus keinen Platz und musste ein paar Hundert Meter weit weg parken. An diesem Abend hatte ich Glück: Während Sly »Hot Fun in the Summertime« anstimmte, stellte ich den klappernden Honda wenige Meter vor unserer neuen Haustür ab. Es war spät, ich musste ins Bett, aber der Moment war einfach zu gut, weshalb ich im Auto sitzen blieb und der Musik lauschte. Bei jedem Lied sagte ich mir, dass ich jetzt aber ins Bett gehen würde, doch dann begann ein neuer unwiderstehlicher Song, und ich konnte einfach nicht aussteigen. Laut sang ich bei der berauschenden Hymne »Stand!« mit, als sich ein Polizeiwagen näherte. Ich stand in Sichtweite unserer Haustür und nahm an, dass der Polizeiwagen auf einer dringenden Mission vorbeifahren würde. Als er fünf Meter vor mir stehen blieb, fragte ich mich, was da los war.

Unsere Straße war eine Einbahnstraße. Ich hatte in Fahrtrichtung geparkt, das Polizeiauto kam entgegen der Fahrtrichtung von vorn. Als ich genauer hinsah, erkannte ich, dass es kein gewöhnlicher Streifenwagen war, sondern ein Fahrzeug der Einsatzpolizei. Es hatte einen Suchscheinwerfer, den die Polizisten nun direkt auf mich richteten. In diesem Moment schoss es mir durch den Kopf, dass sie vielleicht nach mir suchen könnten, auch wenn ich keine Ahnung hatte, warum. Ich hatte eine Viertelstunde im Auto gesessen und Musik gehört. Nur eine der Boxen funktionierte, und das auch nicht sonderlich gut. Die Musik war draußen nicht zu hören.

Eine gute Minute lang hielten die Polizisten ihren Scheinwerfer auf mich gerichtet. Ich stellte das Radio ab, ehe »Stand!« zu Ende war. Auf dem Beifahrersitz hatte ich die Akten zu Lourida Ruffin und dem jungen Mann, der von der Polizei in Gadsden erschossen worden war. Schließlich stiegen die beiden Beamten aus. Ich sah sofort, dass sie nicht die übliche Dienstkleidung der Polizei von Atlanta trugen, sondern bedrohlich wirkende militärische Uniformen mit schwarzen Stiefeln und Westen.

Ich beschloss, ebenfalls auszusteigen und nach Hause zu gehen. Obwohl die beiden nach wie vor intensiv meinen Wagen anstarrten, hoffte ich noch immer, dass sie jemand anderen suchten. Oder dass ich sie von ihrem Irrtum überzeugen konnte, wenn sie tatsächlich etwas von mir wollten. Es kam mir nie in den Sinn, dass es gefährlich sein könnte, den Wagen zu verlassen.

Kaum hatte ich die Fahrertür geöffnet, als der Polizist, der auf mein Auto zukam, seine Waffe zog und auf mich richtete. Ich muss vollkommen verdutzt gewirkt haben.

Mein Instinkt riet mir, die Beine in die Hand zu nehmen. Aber ich merkte schnell, dass das nicht sonderlich klug war. Dann dachte ich einen Moment lang, dass es sich vielleicht nicht um echte Polizisten handelte.

»Rühr dich nicht, oder ich blas dir den Kopf weg!«, brüllte er. Ich verstand nicht. Ich versuchte, ruhig zu bleiben. Es war das erste Mal in meinem Leben, dass jemand eine Pistole auf mich richtete.

»Hände über den Kopf!« Der Polizist war ein Weißer und hatte ungefähr meine Statur. Im Dunkeln sah ich nur seine schwarze Uniform und seine Waffe.

Ich hob die Hände und sah, dass er nervös war. Ich erinnere mich nicht, dass ich etwas sagen wollte, die Worte kamen einfach so aus meinem Mund: »Es ist okay. Alles okay.«

Vermutlich schwang in meiner Stimme die Angst mit, die ich spürte. Wieder und wieder sagte ich die Worte: »Es ist okay. Es ist okay.« Schließlich erklärte ich: »Ich wohne hier. Das ist meine Wohnung.«

Ich sah den Beamten an, der keine fünf Meter von mir

entfernt stand und die Pistole auf meinen Kopf richtete. Ich meinte zu sehen, dass seine Hand zitterte.

So ruhig es eben ging, wiederholte ich: »Es ist okay. Es ist alles okay.«

Der zweite Polizist hatte seine Waffe nicht gezogen. Nun ging er langsam und vorsichtig auf mich zu. Er trat auf den Gehsteig, ging um meinen geparkten Wagen herum und kam von hinten auf mich zu, während der andere die Pistole auf mich gerichtet hielt. Er packte mich an den Armen und drückte mich gegen das Heck meines Autos. Endlich ließ sein Kollege die Waffe sinken.

»Was machst du hier draußen?«, herrschte er mich an. Er schien älter zu sein als sein Kollege mit der Waffe, seine Stimme klang aggressiv.

»Ich wohne hier. Ich bin vor ein paar Monaten in das Haus da vorn eingezogen. Mein Mitbewohner ist da. Sie können ihn fragen.« Es war mir unangenehm, wie ängstlich ich klang und wie sehr meine Stimme bebte.

»Was machst du hier draußen auf der Straße?«

»Ich habe Radio gehört.«

Er legte meine Hände auf das Wagendach und drückte mich nach vorn. Der helle Scheinwerfer des Polizeifahrzeugs war noch immer auf mich gerichtet. Ich sah, wie in den Häusern weiter vorn die Lichter angingen und die Nachbarn in ihren Türen erschienen. Das Haus neben uns erwachte, ein älterer weißer Mann trat mit seiner Frau in die Tür und starrte mich an.

Der Polizist, der mich festhielt, forderte mich auf, ihm meinen Führerschein zu zeigen, aber er erlaubte mir nicht, meine Arme zu bewegen, um ihn herauszuziehen. Ich sagte ihm, dass er sich in meiner Gesäßtasche befinde, und er angelte ihn heraus. Sein Kollege beugte sich inzwischen in den Wagen und stöberte in meinen Akten herum. Er hatte keinen Grund, meinen Wagen zu durchsuchen, und die

Durchsuchung verstieß gegen jedes Gesetz. Ich wollte etwas sagen, doch als ich sah, dass er das Handschuhfach öffnete, hielt ich den Mund. Das Öffnen von Gegenständen in geparkten Fahrzeugen war noch illegaler als alles andere, und mir wurde klar, dass er sich nicht um die Regeln scherte.

In meinem Auto gab es nichts Interessantes zu entdecken – keine Drogen, kein Alkohol, nicht einmal Zigaretten. Im Handschuhfach hatte ich eine Riesentüte M&Ms und Kaugummis verstaut, um auf meinen langen Fahrten den schlimmsten Hunger zu stillen. In der Tüte waren noch ein paar M&Ms, die der Beamte genauestens inspizierte. Er steckte seine Nase in die Tüte und schnüffelte, dann warf er die Tüte zurück. Diese M&Ms würde ich bestimmt nicht mehr essen.

Da mein Führerschein schon etwas älter war, stand darin noch eine alte Anschrift. Es gab kein Gesetz, das die Aktualisierung des Führerscheins vorschrieb, doch es war Grund genug für den Beamten, mich weitere zehn Minuten lang festzuhalten und zum Streifenwagen zu gehen, um über Funk meine Daten zu überprüfen. Während sich die Situation hinzog, wurden meine Nachbarn mutiger. Trotz der späten Stunde kamen einige heraus auf die Straße, um sich die Sache aus der Nähe anzusehen. Ich hörte, wie sie sich über Einbrüche in der Straße unterhielten. Eine ältere weiße Frau verlangte lautstark, mich nach einigen Gegenständen zu befragen, die sie vermisste.

»Fragen Sie ihn nach meinem Radio und meinem Staubsauger!« Eine andere Frau fragte nach ihrer Katze, die seit drei Tagen verschwunden war. Ich hoffte, dass auch in unserer Wohnung das Licht angehen und Charlie herauskommen würde, um mir aus der Patsche zu helfen. Seine Freundin arbeitete bei Legal Aid, und er war oft bei ihr. Mir fiel ein, dass er vielleicht gar nicht zu Hause war.

Schließlich kam der Beamte zurück und sagte zu seinem Kollegen: »Sie haben nichts über ihn.« Er klang enttäuscht.

Meine Geistesgegenwart kehrte zurück, und ich nahm die Hände vom Dach des Wagens. »Das ist nicht in Ordnung. Ich wohne hier. Das hätten Sie nicht tun dürfen. Warum haben Sie das getan?«

Der ältere der beiden runzelte die Stirn. »Wir haben einen Hinweis auf einen möglichen Einbrecher bekommen. Hier hat es in letzter Zeit einige Einbrüche gegeben.« Er grinste. »Wir lassen dich laufen. Du solltest froh sein.«

Damit stiegen die beiden in ihren Wagen und fuhren davon. Die Nachbarn nahmen mich noch einmal genau in Augenschein, ehe sie wieder nach drinnen gingen. Ich konnte mich nicht entscheiden, ob ich schnell nach Hause gehen sollte, damit sie sehen konnten, dass ich hier wohnte, oder ob ich warten sollte, bis alle verschwunden waren, damit keiner mitbekam, wo der »Verdächtige« wohnte. Ich wartete.

Zunächst sammelte ich meine Akten ein, die der Polizist über die Sitze und den Gehsteig verstreut hatte. Traurig warf ich meine M&Ms in eine Mülltonne am Straßenrand, dann ging ich nach Hause. Zu meiner Erleichterung war Charlie da. Ich weckte ihn auf, um ihm die Geschichte zu erzählen.

»Sie haben sich nicht einmal entschuldigt«, sagte ich immer wieder. Charlie verstand meine Wut, doch ihm fielen schnell die Augen zu. Ich jedoch konnte nicht schlafen.

Am nächsten Morgen erzählte ich Steve von dem Vorfall. Er war wütend und drängte mich, eine Beschwerde bei der Polizei einzureichen. Einige Kollegen meinten, wenn ich mich beschwerte, sollte ich betonen, dass ich Bürgerrechtsanwalt sei und gegen Übergriffe der Polizei ermittelte. Ich meinte jedoch, dass es keines solchen Ausweises bedürfen sollte, um sich über das Fehlverhalten von Polizeibeamten zu beschweren.

Als ich meine Beschwerde schrieb, beschloss ich, mich nicht als Anwalt zu erkennen zu geben. Als ich die Situation rekapitulierte, beschäftigte mich der Moment am meisten, in dem der Polizist seine Pistole zog und ich daran dachte wegzulaufen. Ich war ein 28-jähriger Anwalt, der sich mit polizeilichen Übergriffen beschäftigte. Ich war geistesgegenwärtig genug, einigermaßen ruhig auf den Polizisten einzureden, als er drohte, mich zu erschießen. Aber als ich daran dachte, was ich als 16-, 19- oder selbst noch als 24-Jähriger getan hätte, wurde mir mit Schrecken bewusst, dass ich vermutlich weggelaufen wäre. Je mehr ich darüber nachdachte, umso mehr Sorgen machte ich mir um die vielen schwarzen Jugendlichen und Männer in diesem Viertel. Würden sie stehen bleiben? Würden sie ruhig bleiben und sagen: »Es ist okay«?

In meiner Beschwerde äußerte ich meine Besorgnis. Ich zitierte Statistiken des Justizministeriums, aus denen hervorging, dass schwarze Männer achtmal so häufig von Polizisten erschossen wurden wie weiße.[2] Ende des 20. Jahrhunderts hatten sich die Zahlen ein wenig verbessert – nun wurden Schwarze »nur noch« viermal so häufig von der Polizei getötet.[3] Andererseits verschlimmerte sich das Problem, weil einige Bundesstaaten Gesetze verabschiedet hatten, die den Bürgern das Recht gaben, in Notwehr von der Schusswaffe Gebrauch zu machen.[4]

Ehe ich es mich versah, war meine Beschwerde an die Polizei von Atlanta neun Seiten lang. Auf zwei Seiten schilderte ich die vollkommen illegale Durchsuchung meines Autos. Als ich den Bericht noch einmal durchlas, stellte ich fest, dass ich eigentlich nur noch mit »Ich bin Anwalt« unterzeichnen musste.

Ich reichte meine Beschwerde ein und versuchte, die Angelegenheit zu vergessen, doch sie ging mir nicht aus dem Kopf. Ich schämte mich, dass ich während des Geschehens nicht mehr Selbstbeherrschung unter Beweis gestellt hatte. Weder hatte ich die Polizeibeamten darüber informiert, dass ich Anwalt war, noch hatte ich sie darauf hingewiesen, dass die Durchsuchung meines Autos gegen das Gesetz verstieß. Hätte ich mehr sagen sollen? Trotz all meiner Arbeit mit Todeskandidaten fragte ich mich, wie gut ich eigentlich auf wirklich schwierige Aufgaben vorbereitet war. Ich fragte mich sogar, ob es sinnvoll war, ein Büro in Alabama einzurichten. Und ich musste immer wieder daran denken, in welcher Gefahr sich junge Schwarze befinden, wenn sie von der Polizei angehalten werden.

Meine Beschwerde durchlief mehrere Stationen. Alle paar Wochen bekam ich von einer anderen Stelle ein Schreiben, in dem man mir erklärte, die Beamten hätten sich vollkommen korrekt verhalten und ihre Arbeit sei eben sehr schwierig. Erfolglos reichte ich Widerspruch um Widerspruch ein. Schließlich verlangte ich ein Gespräch mit dem Polizeichef und den beiden Beamten, die mich angehalten hatten. Mein Gesuch wurde abgelehnt, doch immerhin gewährte mir der stellvertretende Polizeichef einen Termin. Ich hatte eine Entschuldigung verlangt und vorgeschlagen, die Beamten in einer Schulung auf solche Situationen vorzubereiten. Der stellvertretende Polizeichef nickte höflich, während ich ihm die Ereignisse der Nacht schilderte. Als ich fertig war, entschuldigte er sich, doch ich nahm an, dass er mich einfach abwimmeln wollte. Er versprach, die Beamten bekämen ein paar »Hausaufgaben in Gemeindearbeit«, wie er sich ausdrückte. Es war ein sehr unbefriedigendes Erlebnis.

Meine Arbeitsbelastung hatte inzwischen unerträgliche Ausmaße angenommen. Die Anwälte des städtischen Gefängnisses von Gadsden räumten schließlich ein, dass das Personal die Rechte von Mr. Ruffin missachtet und ihm widerrechtlich seine Asthmamedikamente vorenthalten hatte. Die Familie erhielt eine Entschädigung. Andere Missbrauchsfälle musste ich an Kollegen abgeben, weil ich mit den Todeskandidaten alle Hände voll zu tun hatte.

Ich hatte keine Zeit, mich mit der Polizei von Atlanta anzulegen, während meine Mandanten auf ihre Hinrichtung warteten. Trotzdem musste ich immer wieder daran denken, wie gefährlich und ungerecht die Situation war und dass ich überhaupt nichts Unrechtes getan hatte. Was wäre passiert, wenn ich Drogen im Auto gehabt hätte? Ich wäre verhaftet worden und hätte meinem Anwalt nachher erklären müssen, dass die Polizei kein Recht gehabt hatte, meinen Wagen zu durchsuchen. Hätte ich einen Anwalt bekommen, der diese Behauptung ernst nahm? Hätte mir ein Richter abgenommen, dass ich nichts falsch gemacht hatte? Würde man einem Schwarzen glauben, der kein Anwalt war? Würde man einem Arbeitslosen oder Vorbestraften glauben?

Ich beschloss, mit Jugendgruppen, Kirchen und sozialen Organisationen über die Gefahren zu sprechen, die sich daraus ergeben, dass Arme und Nichtweiße automatisch als Täter angesehen werden. Auf Versammlungen sprach ich darüber, wie wichtig es sei, von der Polizei Rechenschaft zu verlangen. Ich argumentierte, dass die Polizei die öffentliche Ordnung wahren könne, ohne Menschen zu misshandeln. Auch in Alabama nahm ich so oft wie möglich Einladungen zu Vorträgen auf Gemeindeveranstaltungen an.

Nach einem meiner Termine in Alabama sprach ich in einer Kleinstadt vor einer afroamerikanischen Kirchengemeinde. Nur gut zwei Dutzend Zuhörer waren gekommen. Einer der Gemeindeoberen stellte mich vor, und ich betrat das Podium, um meinen Vortrag über die Todesstrafe, die Inhaftierungswelle, den Machtmissbrauch in Gefängnissen, polizeiliche Diskriminierungen und die Notwendigkeit von Reformen zu halten. Im Laufe meiner Ausführungen beschloss ich, auch mein Erlebnis mit der Polizei von Atlanta zu schildern, und wurde ein wenig emotional. Meine Stimme bebte, und ich musste mich zusammenreißen, um den Vortrag zu beenden.

Während ich sprach, bemerkte ich einen alten Mann im Rollstuhl, der kurz vor Beginn der Veranstaltung gekommen war. Er musste so um die siebzig Jahre alt sein und trug einen abgewetzten braunen Anzug. Sein graues Haar war kurz geschoren, aber hier und da stand eine störrische Locke hoch. Während des gesamten Vortrags starrte er mich an, ohne irgendeine Gefühlsregung zu zeigen. Sein Blick machte mich nervös. Ein vielleicht zwölf Jahre alter Junge, vermutlich ein Enkel, hatte ihn in die Kirche geschoben. Hin und wieder sah ich, wie der alte Mann den Jungen fortschickte, um ihm etwas zu bringen. Wortlos nickte er, und der Junge schien immer zu wissen, ob er einen Fächer oder ein Gesangbuch holen sollte.

Zum Abschluss der Veranstaltung sangen die Besucher ein Kirchenlied. Der alte Mann sang nicht mit, er lehnte sich nur mit geschlossenen Augen in seinem Rollstuhl zurück. Danach kamen die Zuhörer auf mich zu und dankten mir, dass ich mir die Zeit genommen hatte, vor ihnen zu sprechen, und einige schwarze Jungs schüttelten mir die Hand. Ich freute mich, dass die Leute meinen Vortrag zu schätzen schienen. Währenddessen wartete der Mann im Rollstuhl hinten in der Kirche und starrte mich die ganze Zeit über an. Als alle gegangen waren, nickte er dem Jungen zu, der ihn rasch nach vorn rollte.

Sein Gesichtsausdruck blieb völlig unverändert, als er auf mich zurollte. Er hielt vor mir an, beugte sich in seinem Rollstuhl vor und sagte laut: »Wissen Sie, was Sie da tun?« Er schaute mich ernst an, ohne zu lächeln.

Seine Frage erwischte mich auf dem falschen Fuß. Ich wusste nicht, ob das eine Frage oder eine Anklage war und

63

hatte keine Antwort. Dann drohte er mir mit dem Finger und wiederholte seine Worte. »Wissen Sie, was Sie da tun?«

Ich versuchte, die Situation zu entspannen, doch ich war vollkommen ratlos. »Ich glaube schon …«

Dröhnend unterbrach er mich: »Ich werde Ihnen sagen, was Sie da tun. Sie schlagen die Trommel der Gerechtigkeit!«

Er lehnte sich in seinem Rollstuhl zurück, und ich lächelte nicht mehr. Seine Worte ernüchterten mich. Ich antwortete leise: »Ja, Sir.«

Dann beugte er sich erneut vor und sagte mit heiserer Stimme: »Sie müssen die Trommel der Gerechtigkeit weiter schlagen.« Er machte eine Geste, und nach einer ganzen Weile wiederholte er: »Schlagen Sie die Trommel der Gerechtigkeit.«

Er lehnte sich wieder zurück und wirkte mit einem Mal müde und außer Atem. Freundlich sah er mich an, dann bedeutete er mir, näher zu kommen. Er sprach leise, fast flüsternd, doch mit einer Heftigkeit, die ich nie vergessen werde.

»Sehen Sie die Narbe hier auf meinem Kopf?« Er neigte den Kopf, um sie mir zu zeigen. »Diese Narbe habe ich in Greene County, Alabama, bekommen, 1964, als ich mich ins Wahlregister eintragen wollte. Sehen Sie die Narbe hier an meiner Schläfe?« Er drehte seinen Kopf zur Seite, und ich sah eine ungefähr zehn Zentimeter lange Narbe knapp über dem rechten Ohr. »Diese Narbe habe ich in Mississippi bekommen, weil ich Bürgerrechte eingefordert habe.«

Seine Stimme wurde lauter. Er fasste meinen Arm fester und senkte den Kopf ein wenig weiter. »Sehen Sie dieses Mal?« Knapp über dem Genick hatte er einen kreisförmigen dunklen Fleck. »Das habe ich in Birmingham beim Kinderkreuzzug* bekommen.«

---

* Während der Bürgerrechtsproteste fand Anfang Mai 1963 in Birmingham, Alabama, der »Kinderkreuzzug« statt, ein mehrtägiger Marsch mehrerer Hundert Schüler gegen die Rassentrennung. (Anm. d. Übers.)

Er lehnte sich wieder zurück und sah mich an. »Die Leute meinen, das sind Narben, Schnitte, Wunden. Aber das sind meine Orden.«

Dann warf er mir einen langen ernsten Blick zu, fuhr sich über die Augen und nickte dem Jungen zu, der ihn hinausrollte.

Mit einem Kloß im Hals sah ich ihm nach.

In diesem Moment wusste ich, dass die Zeit gekommen war, unser Büro in Alabama zu eröffnen.

3 Der Prozess

Nach Monaten der Frustration, Erfolglosigkeit und öffentlichen Kritik beschlossen Sheriff Thomas Tate, ABI-Chefermittler Simon Benson und der Ermittler der Staatsanwaltschaft Larry Ikner, Walter McMillian aufgrund der Aussage von Ralph Myers zu verhaften. Da sie kaum gegen McMillian ermittelt hatten, mussten sie ihn unter einem Vorwand festnehmen, während sie noch nach Beweisen suchten. Myers gab vor, sich vor McMillian zu fürchten, und einer der Beamten mutmaßte gegenüber Myers, McMillian könne ihn sexuell missbraucht haben. Dieser Gedanke war derart provokant und prickelnd, dass Myers seine Nützlichkeit sofort erkannte und mit traurigem Blick behauptete, dass es genau so sei. Da das Gesetz von Alabama jeden Geschlechtsverkehr verbot, der nicht der Fortpflanzung diente, wollten die Beamten McMillian wegen Sodomie verhaften.

Am 7. Juni 1987 führte Sheriff Tate eine kleine Armee von mehr als einem Dutzend Polizeibeamten auf einen Feldweg, den Walter auf dem Weg nach Hause nehmen musste. Mit vorgehaltenen Waffen hielten die Beamten seinen Wagen an, zwangen ihn zum Aussteigen und umstellten ihn. Während Walter den Sheriff erschrocken fragte, wessen er sich denn schuldig gemacht habe, eröffnete ihm dieser, er sei wegen Sodomie festgenommen. Walter kannte das Wort nicht und sagte das auch. Als der Sheriff ihm mit kruden Worten die Anklage erklärte, lachte Walter, weil er glaubte, dass es sich um einen Scherz handeln müsse. Damit provozierte er Tate zu einer Flut von rassistischen Schmähungen und Drohungen. Noch Jahre später berichtete Walter, das Einzige, was er bei seiner Verhaftung wieder und wieder gehört habe, sei das Wort »Nigger« gewesen. »Nigger dies«, »Nigger jenes«, gefolgt von weiteren Beleidigungen und der Drohung, ihn am nächsten Baum aufzuknüpfen.

»Wir werden euch Niggern schon zeigen, was es heißt, an weißen Frauen herumzufummeln. Ich sollte dich mitnehmen und aufhängen, wie wir das mit diesem Nigger in Mobile gemacht haben«, soll Tate zu Walter gesagt haben.[1]

Damit bezog er sich auf einen Lynchmord an einem Afroamerikaner namens Michael Donald in der 100 Kilometer südlich gelegenen Stadt Mobile. Donald war eines Abends aus seinem Geschäft nach Hause gegangen, wenige Stunden nachdem ein Schwarzer in einem Prozess um die Ermordung eines weißen Polizeibeamten freigesprochen worden war. Viele Weiße waren entsetzt über das Urteil und gaben die Schuld den wenigen afroamerikanischen Geschworenen. Eine Gruppe wütender weißer Männer, die dem Ku-Klux-Klan angehörten, rottete sich vor dem Gerichtsgebäude zusammen, verbrannte ein Kreuz und machte sich auf die Suche nach einem Opfer. Als ihnen Donald über den Weg lief, fielen sie über ihn her, misshandelten ihn und knüpften ihn an einem nahen Baum auf. Dort wurde der leblose Körper Stunden später entdeckt.

Die Polizei von Mobile ignorierte sämtliche Hinweise, dass es sich um ein Hassverbrechen handelte, und behauptete, Donald sei an Drogengeschäften beteiligt gewesen. Das stritt seine Mutter jedoch vehement ab. Erzürnt über das Desinteresse der örtlichen Behörden, schalteten Angehörige der schwarzen Gemeinde und Bürgerrechtler das Justizministerium ein. Zwei Jahre später wurden drei Weiße festgenommen, und endlich wurden auch Einzelheiten des Lynchmords bekannt.

Die Verhaftungen lagen drei Jahre zurück, und als Tate und die anderen Beamten ihm drohten, bekam es Walter mit der Angst zu tun. Vor allem verstand er nicht, was vor sich ging. Einerseits warf ihm der Sheriff die Vergewaltigung eines Mannes vor, andererseits stellte er ihm Fragen über den Mord an Ronda Morrison. Walter wies sämtliche Anschuldigungen entschieden zurück. Als klar war, dass Walter ihnen nicht bei den Ermittlungen helfen würde, sperrten sie ihn ein und setzten ihre Ermittlungen fort.

Als Bezirksstaatsanwalt Ted Pearson die Beweise gegen Walter McMillian sah, muss er ziemlich enttäuscht gewesen sein. Ralph Myers' Geschichte vom Hergang des Mordes an Ronda Morrison war unglaubwürdig, sein Hang zur dramatischen Ausschmückung machte selbst die einfachsten Aussagen unnötig kompliziert.

Myers behauptete, am Tag des Mordes habe er sein Auto betankt, als Walter McMillian ihn an der Tankstelle gesehen und mit vorgehaltener Pistole gezwungen habe, in Walters Wagen zu steigen und ihn nach Monroeville zu fahren. Myers habe Walter zuvor kaum gekannt. Im Wagen habe Walter ihm erklärt, Myers müsse fahren, weil er selbst am Arm verletzt sei. Myers habe sich zwar gesträubt, doch keine andere Wahl gehabt. Walter habe ihn angewiesen, zu Jackson Cleaners im Zentrum von Monroeville zu fahren und dann dort vor der Tür zu warten, während Walter die Wäscherei betrat. Nachdem er eine Zeit lang gewartet habe, sei er zu einem nahe gelegenen Lebensmittelladen gefahren, um Zigaretten zu kaufen. Zehn Minuten später habe er wieder vor der Reinigung gestanden. Wieder sei einige Zeit vergangen, dann sei Walter herausgekommen und in den Wagen gestiegen. Er habe Myers eröffnet, dass er die Mitarbeiterin erschossen habe. Myers habe McMillian zurück zur Tankstelle gefahren, wo Myers seinen eigenen Wagen bestiegen habe. Zuvor habe Walter jedoch gedroht, er werde ihn umbringen, wenn er irgendjemandem erzähle, was er gesehen und gehört habe.

Mit anderen Worten sollte also ein Schwarzer, der am hellichten Tag einen Raub mitten in der Innenstadt von Monroeville plante, an einer Tankstelle angehalten, nach dem Zufallsprinzip einen Weißen aufgegriffen und zu seinem Komplizen gemacht haben. Er sollte ihn aufgefordert haben, ihn an den Tatort zu fahren, weil sein Arm verletzt war, und das, obwohl er bestens in der Lage gewesen war, selbst zur Tankstelle zu fahren, und obwohl er auch weiterfuhr, nachdem er Myers wieder an der Tankstelle abgesetzt hatte.

Weil die Ermittler wussten, dass Myers' Geschichte kaum zu beweisen war, verhafteten sie Walter wegen Sodomie, was die Gemeinde schockierte und gegen ihn aufbrachte. Außerdem hatte die Polizei so die Möglichkeit, Walters Kleinlaster zum Gefängnis zu bringen und Bill Hooks einen Blick darauf werfen zu lassen.

Bill Hooks war ein junger Schwarzer und als Gefängnisspitzel bekannt. Einige Tage vor McMillians Verhaftung war er eingesperrt worden, weil ihm ein Einbruch zur Last gelegt wurde. Beamte versprachen Hooks, sie würden ihn freilassen und ihm Geld geben, wenn er McMillians Wagen mit dem Mord an Ronda Morrison in Verbindung bringen würde. Hooks gab daher sehr bereitwillig zu Protokoll, dass er etwa zur Tatzeit an der Reinigung vorbeigefahren sei und gesehen habe, wie ein Pick-up mit zwei Insassen davongerast sei. Im Gefängnis identifizierte Hooks Walters Kleinlaster zweifelsfrei als denjenigen, den er sechs Monate zuvor vor der Reinigung gesehen haben wollte.

Dieser zweite Zeuge gab den Ermittlern, was sie brauchten, um Walter McMillian des Mordes an Ronda Morrison anzuklagen.

Als die Verhaftung bekannt gegeben wurde, machten sich in Monroeville Freude und Erleichterung breit. Sheriff Tate, der Bezirksstaatsanwalt und andere Beamte, die zuvor kritisiert worden waren, wurden nun als Helden gefeiert. Die Ungewissheit hatte das Leben in der Stadt aufgewühlt, nun konnte wieder Ruhe einkehren. Menschen, die Walter kannten, mochten nicht glauben, dass er einen derart spektakulären Mord begangen haben sollte. In seinem ganzen Leben hatte er sich kein Verbrechen zuschulden kommen lassen, und seine Bekannten konnten diese Tat nicht mit dem Bild des fleißigen Menschen vereinbaren, das sie von Walter hatten.

Schwarze Bürger sagten dem Sheriff, dass er den falschen Mann verhaftet habe. Tate hatte noch keine Untersuchungen über das Leben und den Hintergrund McMillians angestellt und noch nicht einmal ermittelt, wo er sich zum Zeitpunkt des Mordes aufgehalten hatte. Er wusste von der Affäre mit Karen Kelly und hatte Gerüchte gehört, wonach Walter mit Drogen handele, weil sein relativer Wohlstand für manche nicht anders erklärbar war. Angesichts der Eile, mit der Tate die Verhaftung vornehmen ließ, scheint ihm dies schon genügt zu haben, um Myers' Anschuldigungen Glauben zu schenken. Es stellte sich jedoch heraus, dass am Tag des Mordes vor Walters Haus ein großes Grillfest stattgefunden hatte. Die Familienmitglieder hatten den ganzen Tag im Vorgarten gestanden und Essen an die Passanten verkauft. Walters Schwester Evelyn Smith war Predigerin, und sie und ihre Angehörigen sammelten regelmäßig mit Aktionen wie dieser Geld für die Kirchengemeinde. Da Walter näher an der Landstraße wohnte als die anderen, bauten sie ihren Stand oft vor seinem Haus auf. Just an dem Morgen, an dem Ronda Morrison ermordet wurde, grillten mindestens ein Dutzend Gemeindemitglieder mit Walter und seiner Familie Fisch.

An diesem Tag fuhr Walter nicht in den Wald. Er hatte beschlossen, das Getriebe seines Kleinlastwagens zu reparieren, und einen befreundeten Mechaniker namens Jimmy Hunter um Hilfe gebeten. Um 9:30 Uhr hatten sie den Wagen aufgebockt und das Getriebe ausgebaut. Um 11 Uhr kamen die Verwandten und begannen, den Fisch zu grillen und zu verkaufen. Andere Gemeindemitglieder trafen erst später ein.

Später erinnerte sich Evelyn Smith an die Entschuldigungen der Zuspätkommenden: »Schwester, wir wären schon lange hier, aber der Verkehr in Monroeville war furchtbar. Polizei und Feuerwehr waren überall, es sieht so aus, als wäre in der Reinigung was passiert.«

Die Polizei gab an, dass Ronda Morrison gegen 10:15 Uhr ermordet worden sein musste, und zwar knapp 20 Kilometer von McMillians Haus entfernt. Zu dieser Zeit stand ein Dutzend Gemeindemitglieder vor Walters Haus und verkaufte Fisch, während er selbst und Jimmy unter dem aufgebockten Pick-up lagen. Am frühen Nachmittag kam ein Weißer namens Ernest Welch, den die Schwarzen des Viertels nur den »Möbelmann« nannten, weil er in einem Möbelgeschäft arbeitete, um bei Walters Mutter eine fällige Rate zu kassieren. Welch erzählte den Besuchern, dass seine Nichte am Vormittag in der Reinigung ermordet worden sei, und er unterhielt sich geraume Zeit mit den Anwesenden über das schreckliche Ereignis.

Zählt man die Gemeindemitglieder, Walters Angehörige und die vielen Kunden zusammen, dann gab es Dutzende Zeugen, die bestätigen konnten, dass Walter den Mord nicht begangen haben konnte. Unter den Besuchern war auch ein Polizeibeamter, der ein Fischbrötchen gekauft und in seinem Tagesbericht festgehalten hatte, dass er vor McMillians Haus gegessen habe und dass Walter und eine Reihe von Mitgliedern der Kirchengemeinde anwesend gewesen seien.

Da seine Angehörigen, die Gemeindemitglieder und die Pastoren wussten, wo sich Walter zum Tatzeitpunkt aufgehalten hatte, baten sie Sheriff Tate um McMillians Freilassung. Doch Tate weigerte sich. Die Ermittlungen hatten sich zu lange hingezogen, als dass er nun einen weiteren Fehler eingestehen konnte. Nach einer Lagebesprechung beschlossen der Bezirksstaatsanwalt, der Sheriff und der ABI-Ermittler, an der Anklage festzuhalten.

Walters Alibi war nicht das einzige Problem für die Ermittler. Auch Ralph Myers rückte plötzlich von seinen Anschuldigungen gegen McMillian ab. Er selbst musste nun wegen der Ermordung von Ronda Morrison mit einer Anklage rechnen. Man hatte ihm zwar zugesagt, dass er nicht die Todesstrafe zu befürchten habe und aufgrund seiner Aussage mit einer milderen Strafe rechnen könne, doch allmählich fiel ihm auf, dass es nicht sonderlich geschickt gewesen war, eine Beteiligung an einem aufsehenerregenden Mord zu gestehen, mit dem er gar nichts zu tun hatte.

Einige Tage bevor die Anklage gegen McMillian erhoben wurde, rief Myers die Ermittler zu sich und erklärte ihnen, dass er die Anschuldigungen gegen McMillian frei erfunden hatte. Doch Tate und seine Kollegen interessierten sich inzwischen nicht mehr für Myers' Widerruf. Vielmehr drängten sie ihn, weitere belastende Details preiszugeben. Als Myers erklärte, es gebe keine belastenden Details, weil seine Geschichte falsch sei, wollten die Ermittler nichts davon wissen. Es ist nicht bekannt, wer von den Beteiligten die Entscheidung traf, Myers und McMillian vor dem Prozess in den Todestrakt zu verlegen, um zusätzlichen

Druck auszuüben. Doch diese beispiellose Maßnahme zeigte Wirkung.

Es verstößt gegen jedes Gesetz, Untersuchungshäftlinge wie Walter und Myers vor einem Prozess in einer Strafanstalt unterzubringen. In der Regel werden sie in örtlichen Gefängnissen verwahrt, wo sie mehr Rechte und Freiheiten genießen als verurteilte Straftäter in Zuchthäusern. Es ist verboten, Untersuchungshäftlinge zusammen mit verurteilten Straftätern unterzubringen, doch es ist vollkommen unerhört, sie in die Todeszelle zu sperren. Selbst die Todeskandidaten waren entsetzt. Der Todestrakt ist die schwerste zulässige Form der Inhaftierung: Die Gefangenen werden in kleine Einzelzellen gesperrt und dürfen sie am Tag nur für eine Stunde verlassen. Die Bewegungs- und Besuchsmöglichkeiten sind stark eingeschränkt, und die Gefangenen leben in erschreckender Nähe zum elektrischen Stuhl.

Sheriff Tate brachte Walter in die Holman Correctional Facility in der Nähe von Atmore, Alabama – nicht ohne ihn zuvor erneut mit rassistischen Beleidigungen und schrecklichen Drohungen traktiert zu haben. Es bleibt unklar, wie Tate die Gefängnisleitung dazu brachte, zwei Untersuchungshäftlinge aufzunehmen, doch aus seiner Zeit als Bewährungshelfer kannte er viele Holman-Mitarbeiter. Am 1. August 1987 wurden Myers und McMillian vom Gefängnis in Monroeville in den Todestrakt verlegt – weniger als einen Monat vor der Hinrichtung von Wayne Ritter.

Als Walter McMillian in den Todestrakt von Alabama eingeliefert wurde, erwartete ihn eine ganze Schar von Todeskandidaten. In Alabama war die Todesstrafe erst 1975, also gut zehn Jahre zuvor, wieder eingeführt worden, und die meisten der gut einhundert seither gefällten Todesurteile trafen Schwarze. Zu Walters Überraschung waren jedoch rund 40 Prozent der Insassen weiß. Alle waren sie arm, und alle fragten ihn, warum er hier sei.

In Alabama werden zum Tode Verurteilte in einem fensterlosen, heißen und stickigen Betonbunker untergebracht. Die jeweils 1,50 Meter auf 2,50 Meter großen Zellen sind mit einer Stahltür verriegelt und nur mit einem Waschbecken, einer Toilette und einem Stahlbett möbliert. Im August herrschen hier oft tage- und wochenlang Temperaturen von mehr als 38 Grad Celsius. Die Insassen vertreiben sich die Zeit damit, Ratten, Giftspinnen und Schlangen zu fangen, die sich im Gefängnis tummeln. Sie leben isoliert, bekommen kaum Besuch und haben noch weniger Rechte.

Im Mittelpunkt des Lebens in Holman stand der elektrische Stuhl. Das große Holzgestell war in den Dreißigerjahren errichtet worden, und die Häftlinge hatten es gelb angestrichen, ehe sie die Lederriemen und Elektroden anbrachten. Sie nannten den Stuhl nur die »gelbe Mama«. Erst wenige Jahre vor Walters Ankunft hatte man die Exekutionen wiederaufgenommen, und kurz vorher waren John Evans und Arthur Jones hingerichtet worden. Russell Canan vom Southern Prisoners Defense Committee in Atlanta war Evans' Anwalt gewesen. Der Verurteilte hatte in einem Fernsehfilm für Schüler mitgewirkt, in dem er Jugendlichen von seinem Leben erzählte und sie beschwor, nicht dieselben Fehler zu begehen wie er.

Trotz zahlreicher Eingaben verweigerten die Gerichte eine Begnadigung. Auf Bitten des Verurteilten wohnte Canan der Hinrichtung bei. Sie war schlimmer als alles, was er befürchtet hatte. Später beschrieb er das schreckliche Ereignis in einer viel beachteten eidesstattlichen Erklärung:

Um 20:30 Uhr fuhr der erste 1900-Volt-Stromstoß durch den Körper von Mr. Evans. Er dauerte dreißig Sekunden. Aus der Elektrode an Mr. Evans linkem Bein schlugen Funken und

Flammen. Sein Körper riss an den Gurten, die ihn an den elektrischen Stuhl fesselten, und seine Hand verkrampfte sich zur Faust. Offenbar wurde dabei die Elektrode von dem Gurt gerissen, an dem sie befestigt war. Eine graue Rauchwolke und Funken stiegen unter der Haube auf, die das Gesicht von Mr. Evans bedeckte. Ein penetranter Geruch von verbranntem Fleisch und Stoff drang in den Beobachtungsraum. Zwei Ärzte untersuchten Mr. Evans und erklärten, dass er noch am Leben sei.

Die Elektrode am linken Bein wurde erneut befestigt. Um 20:30 Uhr [sic] wurde Mr. Evans einem zweiten, dreißig Sekunden dauernden Stromstoß ausgesetzt. Der Gestank von verbranntem Fleisch war zum Erbrechen. Neue Rauchwolken stiegen vom Bein und Kopf auf. Wieder untersuchten die Ärzte Mr. Evans und gaben an, dass sein Herz noch schlage und er noch am Leben sei.

In diesem Moment bat ich den Hinrichtungsleiter, der in direkter Telefonverbindung zu Gouverneur George Wallace stand, diesen um eine Begnadigung zu ersuchen, da die Strafe für Mr. Evans grausam und unverhältnismäßig sei. Das Gnadengesuch wurde abgelehnt.

Um 8:40 Uhr wurde Mr. Evans ein dritter dreißigsekündiger Stromstoß verabreicht. Um 8:44 Uhr erklärten ihn die Ärzte für tot. Die Hinrichtung von John Evans dauerte 14 Minuten.[2]

Von alledem wusste Walter nichts, ehe er in Holman ankam. Doch da bei seiner Ankunft eine weitere Hinrichtung bevorstand, war der elektrische Stuhl ein ständiges Gesprächsthema unter den Todeskandidaten. Während der ersten drei Wochen im Todestrakt hörte Walter kaum etwas anderes.

Die surrealen Ereignisse der vorangegangenen Wochen hatten Walter zugesetzt. Nachdem er sein Leben lang frei und unabhängig gewesen war, wurde er plötzlich auf eine

Weise festgehalten und bedroht, die er sich nie hatte ausmalen können. Der Hass der Polizeibeamten, die ihn verhaftet hatten, und die rassistischen Drohungen von Uniformierten, die ihn gar nicht kannten, hatten ihn schwer erschüttert. Selbst von Mithäftlingen schlug ihm eine Verachtung entgegen, wie er sie nie zuvor erlebt hatte, denn er war ein beliebter Mann gewesen und mit den meisten seiner Mitmenschen gut ausgekommen. Walter war überzeugt, dass die Anschuldigungen gegen ihn auf einem schrecklichen Missverständnis beruhten und er in wenigen Tagen wieder freigelassen werden würde, sobald die Beamten mit seinen Verwandten gesprochen und sein Alibi überprüft hatten. Doch aus Tagen wurden Wochen, und Walter versank in tiefer Verzweiflung. Seine Familie versicherte ihm, dass er bald freikommen würde, doch nichts geschah.

Sein Körper reagierte auf den Schock. Als lebenslanger Raucher versuchte er, seine Nerven mit Nikotin zu beruhigen, doch in Holman widerten ihn die Zigaretten an, und er hörte schlagartig mit dem Rauchen auf. Tagelang hatte er keine Geschmacksempfindung, konnte sich nicht orientieren oder beruhigen. Wenn er morgens aufwachte, fühlte er sich einige Minuten lang normal, doch als er sich daran erinnerte, wo er sich befand, verfiel er wieder in Panik. Das Gefängnispersonal hatte ihm den Kopf geschoren und den Bart abrasiert, und beim Blick in den Spiegel erkannte er sich selbst nicht mehr.

Das erste Gefängnis, in dem Walter untergebracht wurde, war schon furchtbar genug gewesen, doch es war nichts im Vergleich zu den kleinen, stickigen Todeszellen von Holman. Walter war es gewohnt, im Wald an der frischen Luft zu arbeiten, umgeben vom Duft der Nadelbäume. Nun starrte er an die nackten Wände des Todestrakts. Er lebte in einer ständigen Unruhe und Angst, wie er sie noch nie gekannt hatte.

Die Todeskandidaten überhäuften ihn mit Ratschlägen, doch er wusste nicht, wem er Glauben schenken konnte. Bereits vor Walters Unterbringung in Holman hatte der Richter einen Pflichtverteidiger ernannt, doch der Mann war weiß, und Walter vertraute ihm nicht. Seine Familie hatte Geld gesammelt, um die einzigen schwarzen Strafverteidiger der Gegend, J.L. Chestnut und Bruce Boynton aus Selma, zu verpflichten. Chestnut, ein Mann mit einem leidenschaftlichen Temperament, hatte lange mit der schwarzen Gemeinde um die Durchsetzung von Bürgerrechten gekämpft. Boyntons Mutter, Amelia Boynton Robinson, war eine legendäre Aktivistin, und auch Boynton selbst genoss einen ausgezeichneten Ruf als Bürgerrechtsanwalt.

Trotz ihrer Erfahrung gelang es Chestnut und Boynton nicht, Walter freizubekommen und seine Verlegung nach Holman zu verhindern. Im Gegenteil, dass auswärtige Anwälte mit dem Fall betraut wurden, schien die Verantwortlichen von Monroe County zusätzlich zu provozieren. Auf der Fahrt nach Holman regte sich Sheriff Tate furchtbar darüber auf, dass McMillian ortsfremde Anwälte mit seiner Verteidigung beauftragt hatte, und mokierte sich darüber, dass Walter glaubte, das werde ihm helfen. Obwohl die Anwaltshonorare von Angehörigen bezahlt wurden, die in der Kirche Spenden sammelten und ihre bescheidene Habe verpfändeten, betrachteten die Strafverfolger die Verpflichtung als Beweis für Walters geheimen Reichtum und sein Doppelleben, und das wiederum bestätigte sich in der Vermutung, dass er nicht so unschuldig sein konnte, wie er vorgab.

Walter versuchte, sich in Holman einzuleben, doch es wurde nur schlimmer. Angesichts der bevorstehenden Hinrichtung waren die Todeskandidaten unruhig und wütend. Mithäftlinge rieten ihm, etwas zu unternehmen und eine Beschwerde bei einer Bundesbehörde einzureichen, da er gesetzeswidrig im Todestrakt festgehalten wurde. Als es der kaum des Lesens und Schreibens mächtige Walter versäumte, die nötigen Eingaben, Formulare und Anträge zu schreiben und einzureichen, warfen ihm die anderen Häftlinge vor, an seiner Situation selbst schuld zu sein.

»Kämpf für dich selbst! Trau deinen Anwälten nicht! Die können dich nicht in den Todestrakt sperren, solange du nicht verurteilt bist!« Das hörte Walter von allen Seiten, doch er hatte keine Ahnung, wie er selbst eine solche Eingabe machen sollte.

»An manchen Tagen hatte ich das Gefühl, keine Luft mehr zu bekommen«, erinnerte sich Walter später. »Ich hatte so etwas noch nie erlebt. Ich war zwischen all diesen Mördern, aber manchmal kam es mir so vor, dass sie die Einzigen waren, die mir helfen wollten. Ich habe gebetet. Ich habe in der Bibel gelesen. Und ich würde lügen, wenn ich sagen würde, dass ich nicht jeden Tag furchtbare Angst hatte.«

Ralph Myers erging es nicht besser. Auch er war wegen Mordes an Ronda Morrison angeklagt, und weil er nicht mehr mit den Ermittlern kooperierte, wurde auch er in den Todestrakt verlegt. Um eine Kontaktaufnahme zu McMillian zu verhindern, brachte man ihn in einem anderen Flügel unter. Wenn Myers gemeint hatte, sich mit seinen Aussagen über die Ermordung von Ronda Morrison einen Vorteil zu verschaffen, dann sah er sich nun getäuscht. Er war deprimiert und versank in einer tiefen emotionalen Krise. Seit er als Kind die Verbrennungen erlitten hatte, fürchtete er sich vor Feuer, Hitze und engen Räumen. Je mehr die Häftlinge über die Hinrichtung von Evans und die bevorstehende Hinrichtung von Wayne Ritter sprachen, umso mehr schien Myers den Verstand zu verlieren.

In der Nacht vor Ritters Hinrichtung schluchzte Myers vollkommen aufgelöst in seiner Zelle. In Alabamas Todestrakt gibt es die Tradition, dass die Todeskandidaten zum Zeitpunkt der Hinrichtung aus Protest mit ihren Blechtassen gegen die Zellentüren schlagen. Um Mitternacht, während die anderen an die Türen hämmerten, kauerte Myers hyperventilierend auf dem Boden seiner Zelle und zuckte bei jedem Schlag zusammen. Als er meinte, den Geruch von verbranntem Fleisch zu riechen, von dem viele der Insassen sprachen, zerbrach er. Am nächsten Morgen wollte er Tate sprechen: Er werde alles gestehen, wenn er nur aus dem Todestrakt entlassen werde.

Tate hatte immer behauptet, er habe Myers und McMillian im Todestrakt unterbringen lassen, weil er sonst nicht für ihre Sicherheit garantieren könne. Doch nun holte er Myers unverzüglich ab und brachte ihn schon am Tag nach Ritters Hinrichtung ins Gefängnis von Monroe County. Diese Entscheidung hatte er offenbar mit niemandem abgesprochen. Normalerweise kann die Gefängnisleitung nicht einfach ohne Gerichtsbeschluss Menschen in den Todestrakt aufnehmen oder wieder freigeben, und das Wachpersonal war schon gar nicht dazu befugt. Aber am Prozess gegen Walter McMillian war gar nichts normal.

Zurück im Gefängnis von Monroe County, wiederholte Myers seine ursprünglichen Anschuldigungen gegen McMillian. Da Myers wieder als Belastungszeuge zur Verfügung stand und Bill Hooks aussagen wollte, er habe Walters Pickup am Tatort gesehen, war der Bezirksstaatsanwalt bereit, formell Anklage zu erheben. Die Gerichtsverhandlung wurde für Februar 1988 angesetzt.

Ted Pearson war seit fast zwanzig Jahren Bezirksstaatsanwalt. Er stammte aus einer alteingesessenen Familie im Süden Alabamas. Daher kannte er die örtlichen Gepflogenheiten und Vorstellungen gut und wusste sie vor Gericht zu nutzen. Pearson stand kurz vor der Pensionierung, doch es missfiel ihm, dass die Staatsanwaltschaft kritisiert worden war, weil sie den Mord an Morrison nicht schneller aufgeklärt hatte. Er wollte mit einem Erfolg abtreten und betrachtete die Ermittlungen gegen Walter als einen der wichtigsten Fälle seiner Laufbahn.

Im Jahr 1987 waren sämtliche 40 Bezirksstaatsanwälte von Alabama weißer Hautfarbe, obwohl in 16 der Countys die Mehrheit der Einwohner schwarz war.[3] Als Afroamerikaner in den Siebzigerjahren verstärkt von ihrem Wahlrecht Gebrauch machten, fürchteten einige der Staatsanwälte und Richter, dass die demografische Zusammensetzung einiger Bezirke ihre Wiederwahl verhindern würde. Daher zogen die Gesetzgeber die Grenzen der Gerichtsbezirke so, dass selbst mehrheitlich schwarze Countys in mehrheitlich weiße Gerichtsbezirke fielen. Trotzdem musste Pearson die Interessen schwarzer Bürger stärker berücksichtigen als zu Beginn seiner Laufbahn, was sein Vorgehen jedoch nicht wesentlich beeinflusste.

Wie Tate hatte Pearson von den schwarzen Bürgern gehört, dass sie Walter McMillian für unschuldig hielten. Doch trotz der erheblichen Zweifel der schwarzen Bevölkerung und trotz der zweifelhaften Aussagen von Ralph Myers und Bill Hooks war Pearson zuversichtlich, dass er einen Schuldspruch erreichen konnte. Seine einzige Sorge mag ein neues Urteil des Obersten Gerichtshofs der Vereinigten Staaten gewesen sein, das eine feste gerichtliche Institution des Südens gefährdete: die weiße Jury.

In Bezirken wie Monroe County, wo 40 Prozent der Einwohner Afroamerikaner waren, war es nicht ungewöhnlich, dass bei Strafprozessen kein einziger Schwarzer unter die Geschworenen berufen wurde. Selbst zwanzig Jahre nach der Bürgerrechtsrevolution blieben die Geschworenengerichte weitgehend unberührt vom gesetzlichen Gebot der Gleichstellung und Vielfalt. Schon in den Achtzigerjahren des 19. Jahrhunderts hatte der Oberste Gerichtshof der Vereinigten Staaten im Prozess *Strauder v. West Virginia* den Ausschluss von Schwarzen aus dem Gremium für verfassungswidrig erklärt, doch das änderte nichts daran, dass die Geschworenen noch jahrzehntelang ausschließlich Weiße waren. Im Jahr 1945 bestätigte der Oberste Gerichtshof der Vereinigten Staaten eine Regelung aus Texas, mit der die Zahl der schwarzen Geschworenen pro Prozess auf einen beschränkt wurde.[4] In den Südstaaten wurden die Geschworenen aus dem Wahlregister ausgewählt, und da Afroamerikaner nicht wählen durften, wurden sie auch nicht zum Geschworenendienst berufen. Doch selbst nachdem die Schwarzen das Wahlrecht erhalten hatten, ersannen Gerichte verschiedene Strategien, um die Gesetze auszuhebeln und sie vom Geschworenendienst auszuschließen. Beispielsweise verlangten sie, dass Geschworene »intelligente und ehrenwerte Bürger« sein müssten und verwendeten dies als Rechtfertigung, um Afroamerikaner und Frauen auszuschließen.[5]

In den Siebzigerjahren entschied der Oberste Gerichtshof der Vereinigten Staaten, dass der Ausschluss von Schwarzen und Frauen bei der Auswahl von Geschworenen gegen die Verfassung verstieß.[6] Das hatte zur Folge, dass in einigen Orten zumindest ein paar Schwarze auf die Auswahlliste gesetzt wurden, auch wenn sie am Ende nicht ernannt wurden. Nach dem Urteil der Verfassungsrichter durfte niemand aufgrund von Hautfarbe oder Geschlecht von der Auswahl ausgeschlossen werden, doch von einer paritätischen Auswahl der Geschworenen hatten sie nicht gesprochen.

Für viele Afroamerikaner stellte das Auswahlverfahren der zwölf Geschworenen nach wie vor ein Hindernis dar. Mitte der Sechzigerjahre hatte der Oberste Gerichtshof rassistische Ausschlusskriterien zwar für verfassungswidrig erklärt, doch für eine Beschwerde waren derart strenge Nachweise erforderlich, dass das Urteil in zwanzig Jahren nicht ein einziges Mal zur Anwendung gekommen war.[7] Daher änderte es nichts an der gängigen Praxis, Afroamerikaner vom Dienst als Geschworene auszuschließen.[8]

So kam es, dass sich Angeklagte wie Walter McMillian selbst in Bezirken, in denen 40 oder 50 Prozent der Einwohner Afroamerikaner waren, ausschließlich weißen Geschworenen gegenübersahen, vor allem bei Strafverfahren. Im Jahr 1986 erließ der Oberste Gerichtshof im Fall *Batson v. Kentucky* schließlich ein Urteil, das den Einspruch gegen die diskriminierende Auswahl von Geschworenen erleichterte. Das gab schwarzen Angeklagten neue Hoffnung – und zwang Staatsanwälte zu größerem Erfindungsreichtum, um die Ernennung von schwarzen Geschworenen zu verhindern.

Im Laufe der kommenden Monate sollte Walter erfahren, was das bedeutete. Sämtliche Todeskandidaten hatten Ratschläge parat, alle wollten ihm ihre Geschichte erzählen. Dass ein Untersuchungshäftling im Todestrakt saß, war derart unerhört, dass offenbar einige von ihnen meinten, jeden Tag auf ihn einreden zu müssen. Walter hörte höflich zu, doch er hatte bereits beschlossen, die Verteidigung seinen Anwälten zu überlassen. Was nicht bedeutete, dass ihm die Geschichten der Mithäftlinge nicht immer neue Sorgen bereiteten, vor allem, wenn es um die Auswahl der Geschworenen ging.

Fast alle Insassen waren von ausschließlich oder mehrheitlich weißen Geschworenen verurteilt worden. Jesse Morrison erzählte Walter, sein Staatsanwalt in Barbour County habe alles getan, um alle 21 zur Auswahl stehenden schwarzen Kandidaten von der Liste zu streichen. Im Fall von Vernon Madison aus Mobile waren es zehn schwarze Kandidaten gewesen. Willie Tabb aus Lamar County, Willie

Williams aus Houston County, Claude Raines aus Jefferson County, Gregory Acres aus Montgomery County, Neil Owens aus Russell County und andere waren von ausschließlich weißen Geschworenen verurteilt worden, nachdem die Staatsanwaltschaft sämtliche afroamerikanischen Kandidaten abgelehnt hatte. Earl McGhee war es in Dallas County nicht anders ergangen, obwohl dort 60 Prozent der Einwohner Afroamerikaner waren. Im Fall von Albert Jefferson hatte der Staatsanwalt eine Kandidatenliste in vier Gruppen mit jeweils etwa 25 Namen eingeteilt und sie nach »stark«, »mittel«, »schwach« und »schwarz« geordnet. Alle 26 afroamerikanischen Kandidaten standen auf der »schwarzen Liste« und wurden ausgeschlossen. Joe Duncan, Grady Bankhead und Colon Guthrie waren weiße Todeskandidaten, aber auch sie konnten ähnliche Geschichten erzählen.

Bezirksstaatsanwalt Ted Pearson machte sich Sorgen wegen des *Batson*-Urteils. Er wusste, dass erfahrene Bürgerrechtsanwälte wie Chestnut und Boynton nicht zögern würden, Einspruch gegen eine diskriminierende Auswahl der Geschworenen zu erheben, auch wenn er vermuten durfte, dass Richter Robert E. Lee Key diesen Einspruch nicht sonderlich ernst nehmen würde. Doch angesichts des Presserummels um den Fall Morrison kam Pearson eine andere Idee.

In Prozessen, die großes öffentliches Interesse erregen, beantragt die Verteidigung oft eine Verlegung des Verhandlungsorts, um den Fall in einem weniger emotional aufgeladenen Umfeld verhandeln zu lassen. Dem Antrag wird selten stattgegeben, doch hin und wieder kommen Berufungsgerichte zu dem Schluss, dass die Atmosphäre in einem Bezirk kein faires Verfahren ermöglichte. In Alabama war es generell zwecklos, eine Verlegung des Verhandlungsorts zu beantragen, und in Alabama hatte auch noch kein Berufungsgericht ein Urteil aufgehoben, weil der Richter den Verhandlungsort nicht verlegt hatte.

Als Chestnut und Boynton im Oktober 1987 zur ersten Anhörung in Walters Fall nach Monroe County kamen, gingen sie nicht davon aus, dass Richter Key auch nur einem ihrer Anträge stattgeben würde. Sie konzentrierten sich vor allem auf den Prozess, der für Februar 1988 angesetzt war. Die Anhörung war eher Formsache.

Chestnut und Boynton beantragten eine Verlegung der Verhandlung. Pearson erhob sich und erklärte, aufgrund des ungewöhnlichen öffentlichen Interesses habe er keine Einwände. Richter Key nickte zustimmend. Chestnut hatte seine Erfahrungen mit den Gerichten von Alabama gemacht und wusste, dass dies nichts Gutes bedeuten konnte. Er war sich außerdem sicher, dass sich der Richter und der Staatsanwalt abgesprochen hatten.

»Dem Antrag der Verteidigung auf Verlegung des Verhandlungsorts wird stattgegeben«, verkündete der Richter.

Als er vorschlug, einen benachbarten County zu wählen, damit die Zeugen nicht weit zu fahren hatten, war Chestnut noch optimistisch. Die meisten der umliegenden Countys hatten einen hohen schwarzen Bevölkerungsanteil: in Wilcox County 72 Prozent, in Conecuh 46, in Clarke County 45, in Butler 42 und in Escambia 32 Prozent. Die einzige Ausnahme war der reiche Baldwin County im Süden mit seinen schönen Stränden am Golf von Mexiko; hier waren nur 9 Prozent der Einwohner Afroamerikaner.

Der Richter musste nicht lange überlegen, wohin er den Prozess verlegen würde.

»Wir gehen nach Baldwin County.«

Chestnut und Boynton legten umgehend Einspruch ein, doch Richter Key erinnerte sie daran, dass sie selbst den Antrag eingebracht hatten. Als sie den Antrag zurückziehen wollten, erklärte der Richter, er könne den Prozess doch nicht in einer Stadt abhalten, in der so viele Menschen gegen den Angeklagten voreingenommen seien. Der Prozess werde in Bay Minette, dem Gerichtssitz von Baldwin County, abgehalten.

Die Verlegung des Verhandlungsorts war eine Katastrophe für Walter. Chestnut und Boynton wussten, dass unter den Geschworenen wenige oder gar keine Schwarzen sein würden. Die Einwohner von Baldwin County hatten zwar weniger persönlichen Bezug zu Ronda Morrison und ihrer Familie, doch es handelte sich um einen extrem konservativen Bezirk, in dem die Durchsetzung von Bürgerrechten für Schwarze noch langsamer vorangekommen war als andernorts.

Nach den vielen Geschichten seiner Zellennachbarn über weiße Geschworene war auch Walter über die Verlegung des Verhandlungsortes beunruhigt. Doch er glaubte noch immer daran, dass er angesichts der zahlreichen Beweise für seine Unschuld einfach nicht schuldig gesprochen werden konnte. Er glaubte nicht, dass ihn Geschworene, egal welcher Hautfarbe, aufgrund eines absurden Lügenmärchens, wie es Ralph Myers erzählt hatte, verurteilen konnten. Er hatte schließlich ein wasserdichtes Alibi und ein Dutzend Zeugen.

Der Verhandlungstermin wurde verschoben, denn wieder waren Ralph Myers Zweifel gekommen. Nach Monaten im Gefängnis von Monroeville, weit weg vom Todestrakt, wurde ihm erneut klar, dass er nicht in einen Mordfall hineingezogen werden wollte, mit dem er nichts zu tun hatte. Er wartete bis zum Morgen des ersten Verhandlungstages, um die Ermittler zu informieren, dass er nicht aussagen würde, weil das, was er sagen sollte, nicht stimmte. Er hatte noch mit dem Staatsanwalt verhandeln wollen, doch er war zu dem Schluss gekommen, dass er nicht für einen Mord eingesperrt werden wollte, den er gar nicht begangen hatte.

Weil Myers die Zusammenarbeit mit den Ermittlern verweigerte, wurde er ein zweites Mal nach Holman verlegt. Es dauerte nicht lange, ehe er erneut unter der emotionalen und psychischen Belastung zusammenbrach. Nach zwei Wochen war das Gefängnispersonal derart besorgt um seinen Zustand, dass er in die staatliche Psychiatrie in Tuscaloosa überführt wurde. Dort wurde er mit den üblichen Methoden auf seine Verhandlungsfähigkeit untersucht. Diese Verfahren werden immer wieder kritisiert, weil die Ärzte nur selten Hinweise auf gravierende psychische Störungen finden, die Angeklagte von der Verhandlung ausnehmen.

In der psychiatrischen Klinik änderte sich Myers' Zustand kaum. Er hoffte, dass er wieder in das Gefängnis von Monroeville überführt werden würde, doch nach dreißig Tagen in der Psychiatrie kam er stattdessen wieder in den Todestrakt. Als er einsah, dass es keinen Ausweg für ihn gab, erklärte er sich schließlich erneut bereit, gegen McMillian auszusagen.

Für August 1988 wurde ein neuer Gerichtstermin angesetzt. Inzwischen saß Walter seit fast einem Jahr in der Todeszelle. So sehr er sich bemühte, sich an die Umstände zu gewöhnen, er war einfach nicht in der Lage, den Albtraum zu akzeptieren. Er war zwar von Beginn an nervös gewesen, doch überzeugt, nach der ursprünglich für Februar angesetzten Verhandlung wieder nach Hause gehen zu können. Seine Anwälte schienen zufrieden, dass Myers seine Aussage widerrufen hatte, und sagten Walter, es sei ein gutes Zeichen, dass er nicht aussagen werde. Doch durch die Verschiebung des Termins musste Walter weitere sechs Monate im Todestrakt zubringen, und das empfand er ganz und gar nicht als gutes Zeichen. Als er schließlich zu Prozessbeginn im August in das Gefängnis von Baldwin County in Bay Minette überführt wurde, war er sich sicher, dass er nie wieder nach Holman zurückkehren würde. Er hatte sich mit einigen Insassen angefreundet und war überrascht, wie schwer es ihm fiel, sie zurückzulassen, weil er wusste, was ihnen bevorstand. Doch als er ins Büro gerufen wurde, packte er eilig seine Sachen zusammen und begab sich zum Transporter.

Eine Woche später saß Walter mit eng angelegten Fußfesseln und Ketten um die Hüfte wieder im Transporter. Er fühlte seine Füße anschwellen, weil die Fesseln ins Fleisch schnitten und ihm das Blut abschnürten. Auch die Handschellen waren zu eng angelegt. Er wurde für seine Verhältnisse sehr ärgerlich.

»Warum haben Sie mir die Fesseln so fest angelegt?«

Die beiden Polizisten hatten ihn schon bei der Hinfahrt begleitet. Auf dem Weg von Holman zum Gericht hatten sie sich ausgesprochen unfreundlich verhalten, doch jetzt, nach seiner Verurteilung, waren sie geradezu feindselig. Einer schien zu lachen.

»Die Ketten sind genauso eng wie an dem Tag, an dem wir dich abgeholt haben. Die fühlen sich nur enger an, weil wir dich jetzt haben.«

»Lockern Sie die Ketten, Mann, ich kann so nicht fahren.«

»Das gibt's nicht, also vergiss es.«

Plötzlich erkannte Walter den Mann. Nach dem Prozess, nach dem Schuldspruch durch die Geschworenen, waren seine Angehörigen und einige der schwarzen Prozessbesucher starr vor Fassungslosigkeit gewesen. Sheriff Tate hatte behauptet, Walters 24-jähriger Sohn Johnny habe gerufen: »Dafür wird irgendjemand büßen!« Daraufhin hatte Tate die Polizisten aufgefordert, Johnny zu verhaften, und es war zu einem Handgemenge gekommen. Walter hatte mit ansehen müssen, wie sein Sohn zu Boden gerungen worden war und wie man ihm Handschellen angelegt hatte. Je länger er die beiden im Transporter ansah, umso sicherer war er sich, dass einer der beiden seinen Sohn angegriffen hatte.

Der Transporter fuhr los. Die beiden Beamten verrieten Walter nicht das Ziel ihrer Fahrt, doch sobald sie auf die Landstraße bogen, war ihm klar, dass sie ihn zurück in die Todeszelle bringen würden. Am Tag seiner Verhaftung im Wald war er außer sich gewesen, doch er hatte das Gefühl gehabt, dass er bald freikommen würde. Während der Tage und Wochen im Gefängnis von Monroeville war seine Frustration immer größer geworden, und in den Wochen und Monaten in der Todeszelle hatte er nichts als Schmerz und Angst verspürt. Als er schließlich nach 15 Monaten des Wartens den Schuldspruch der zwölf weißen Geschworenen gehört hatte, war er schockiert und gelähmt gewesen. Doch jetzt kam er allmählich wieder zu sich, und das Einzige, was er verspürte, war kochende Wut. Die Polizisten, die ihn auf der Rückfahrt in die Todeszelle begleiteten, sprachen von einer Waffenmesse, die sie besuchen wollten. Walter erkannte, wie naiv er gewesen war, als er annahm, dass ihm irgendjemand glauben werde. Er wusste, dass Tate ein hinterhältiger und schlechter Mensch war, doch er vermutete, dass die anderen nur nach Befehlen handelten. Nun spürte er etwas, das man nur als überschäumende Wut bezeichnen kann.

»Ich verklage euch alle!«, brüllte er.

Er wusste, dass sein Geschrei vollkommen zwecklos war.

»Ich verklage euch alle!«, brüllte er wieder. Die Polizisten beachteten ihn gar nicht.

»Macht die Ketten los! Macht die Ketten los!«

Er konnte sich nicht erinnern, wann er das letzte Mal die Beherrschung verloren hatte. Nun glaubte er zu zerbrechen. Nach einem inneren Kampf schwieg er. Die Erinnerung an den Prozess kehrte zurück. Die Verhandlung war kurz und nüchtern verlaufen. Die Auswahl der Geschworenen hatte nur einige Stunden in Anspruch genommen. Pearson hatte alle afroamerikanischen Kandidaten von der Liste gestrichen, Walters Anwälte hatten Einspruch eingelegt, der Richter hatte den Einspruch abgelehnt. Der Staatsanwalt hatte Myers in den Zeugenstand gerufen und ihn seine hanebüchene Geschichte erzählen lassen, wie Walter ihn mit vorgehaltener Pistole gezwungen habe, ihn zur Wäscherei zu fahren, weil sein Arm geschmerzt habe. Nach der neuen Version wollte Myers die Reinigung betreten und gesehen haben, wie Walter sich über die Leiche von Ronda Morrison beugte. Auf unerklärliche Weise war ein weiterer Täter hinzugekommen, ein mysteriöser Weißer mit grau meliertem Haar, der Drahtzieher des Ganzen, der Walter nun angewiesen habe, auch ihn, Myers, zu töten; das sei nur daran gescheitert, dass Walter seine Waffe schon leer geschossen habe. In Walters Ohren hatte die Aussage derart unsinnig geklungen, dass er sich gewundert hatte, wie jemand sie ernst nehmen konnte. Warum hatte niemand gelacht?

In Chestnuts Kreuzverhör war offensichtlich geworden, dass Myers gelogen hatte. Als Chestnut seine Befragung beendet hatte, war Walter überzeugt gewesen, dass der Staatsanwalt seine Anklage einfach zurückziehen würde. Stattdessen hatte der Ankläger Myers zurück zu seiner Aussage gebracht, als ob die Widersprüche vollkommen irrelevant wären und die Lügen wahr würden, wenn man sie nur oft genug wiederholte.

Bill Hooks hatte erklärt, er habe gesehen, wie Walters Pick-up zur Tatzeit vor der Wäscherei davongerast sei; er habe den Wagen erkannt, weil er tiefergelegt sei. Walter hatte seinen Anwälten sofort zugeflüstert, dass er seinen Kleinlaster erst Monate nach dem Verbrechen habe tieferlegen lassen. Auf diese Information waren seine Verteidiger allerdings nicht eingegangen, was Walter enttäuscht hatte.

Dann war Joe Hightower in den Zeugenstand getreten, ein weiterer Weißer, den Walter nie zuvor gesehen hatte; auch er wollte Walters Pick-up zur Tatzeit vor der Reinigung gesehen haben.

Ein Dutzend Leute hätten von der Grillveranstaltung berichten und bestätigen können, dass Walter zur Zeit von Ronda Morrisons Ermordung zu Hause gewesen war. Seine Anwälte hatten jedoch nur drei von ihnen aufgerufen. Offenbar hatten es alle eilig gehabt, was Walter nicht hatte verstehen können. Dann hatte der Staatsanwalt einen weiteren Weißen als Zeugen befragt: den Möbelmann Ernest Welch, der am Tag des Grillfests zu den McMillians gekommen war. Welch hatte behauptet, der Fischverkauf könne gar nicht am Tag von Ronda Morrisons Ermordung stattgefunden haben; er müsse es besser wissen als jeder andere, denn das Opfer sei schließlich seine Nichte gewesen. An diesem Tag sei er so erschüttert gewesen, dass er den Besuch bei den McMillians auf einen anderen Tag verschoben habe.

Anklage und Verteidigung hatten ihre Plädoyers gehalten, die Geschworenen hatten sich zur Beratung zurückgezogen und waren keine drei Stunden später wieder in den Gerichtssaal zurückgekommen. Mit versteinerter Miene hatte einer nach dem anderen Walter McMillian für schuldig erklärt.

4 Das alte Kreuz

Im Februar 1989 eröffneten Eva Ansley und ich unsere neue gemeinnützige Anwaltskanzlei in Tuscaloosa, die den Todeskandidaten von Alabama kostenlosen Rechtsbeistand bieten sollte. Wir waren nie davon ausgegangen, dass es einfach werden würde, aber es wurde noch schwieriger, als wir erwartet hatten.

Schon nach wenigen Monaten kündigte unser erster Leiter. Die juristische Fakultät der University of Alabama, die uns Räume zugesagt hatte, entzog uns die Unterstützung. Wir mussten feststellen, wie schwierig es war, Anwälte zu finden, die sich für ein Jahresgehalt von weniger als 25 000 Dollar rund um die Uhr um Todeskandidaten kümmern.

Die Hindernisse wurden nicht kleiner. Der Bundesstaat Alabama verweigerte uns Fördergelder, die wir wiederum brauchten, um Bundesmittel beantragen zu können. Nach einigen entmutigenden Treffen unseres Aufsichtsrats war klar, dass die Behörden unser Projekt nicht unterstützen wollten. Vertreter der Anwaltskammer wünschten unserem Projekt viel Erfolg – die einen, weil sie es als Skandal ansahen, dass Todeskandidaten keinen Rechtsbeistand hatten, die anderen, weil sie mehr Hinrichtungen wollten und meinten, der fehlende Rechtsbeistand verlangsame den Prozess –, aber uns wurde rasch klar, dass wir auf uns gestellt waren und selbst für unsere Finanzierung sorgen mussten. Eva und ich beschlossen, in der Hauptstadt Montgomery neu anzufangen. Unser Projekt sollte schließlich Equal Justice Initiative (EJI) heißen.

Ich fand Büroräume in der Nähe des Stadtzentrums, und im Sommer 1989 unterschrieben wir den Mietvertrag. Das Haus war ein guter Anfang: Es war ein neoklassizistischer Bau aus dem Jahr 1882 in der Nähe der historischen Altstadt »Old Alabama Town«. Es war in einem fröhlichen Gelb gestrichen, und seine charmante Veranda wirkte offen und einladend – ein hübscher Kontrast zu den Furcht einflößenden Gerichtssälen, Warteräumen und Gefängnismauern, die das Leben der Familien unserer Mandanten bestimmten. Im Winter war es kalt, im Dachboden raschelten die Eichhörnchen, und die Stromkabel waren so schwach, dass die Sicherung herausflog, wenn wir gleichzeitig Fotokopien machten und Kaffee kochten. Aber es war ein Zuhause und ein angenehmer Arbeitsplatz, und angesichts der vielen Stunden, die wir dort verbringen würden, war es ein bisschen von beidem.

Eva übernahm die Verwaltung unseres neuen Projekts, was keine kleine Aufgabe war, da die wenigen staatlichen Fördermittel, die wir bekamen, mit allen möglichen Berichts- und Bilanzverpflichtungen verbunden waren. Eva war furchtlos und intelligent und sorgte dafür, dass ein paar Dollar in unsere Kasse kamen. Wir stellten eine Sekretärin ein und überlegten, wie wir überleben konnten. Beim Southern Prisoners Defense Committee hatte ich mich fast vom ersten Tag an auch um die Akquise von Fördergeldern gekümmert und hatte daher eine gewisse Erfahrung darin. Ich war mir sicher, dass wir für unser neues Büro in Alabama genug Geld auftreiben würden, um schließlich auch Subventionen aus dem Bundestopf zu bekommen. Wir brauchten nur ein bisschen Zeit – doch die bekamen wir nicht.

Uns erwartete eine Welle von Hinrichtungsterminen. Seit der Wiedereinführung der Todesstrafe im Jahr 1975 hatte es in Alabama nur drei Hinrichtungen gegeben. Doch die politische Situation befand sich im Umbruch. Im Jahr 1989 modifizierte der Oberste Gerichtshof der Vereinigten Staaten seinen Umgang mit Einsprüchen gegen die Vollstreckung von Todesurteilen, und das Justizministerium von Alabama begann, Hinrichtungen zu forcieren. Allein in diesem Jahr wurden drei weitere Häftlinge hingerichtet.

Schon einige Monate vor Eröffnung unserer Kanzlei begann ich mit monatlichen Besuchen im Todestrakt von Alabama. Damals reiste ich aus Atlanta an, um eine Handvoll neuer Mandanten zu besuchen, darunter auch Walter McMillian. Sie dankten uns sehr für unsere Hilfe, aber im Frühjahr 1989 gaben uns alle dieselbe Bitte mit auf den Weg: Helft Michael Lindsey. Lindseys Hinrichtung war für Mai 1989 angesetzt. Später baten sie mich, Horace Dunkins zu helfen, der im Juli 1989 hingerichtet werden sollte. Mit großem Bedauern schilderte ich ihnen, wie wenig Ressourcen wir zur Verfügung hatten und wie sehr wir damit beschäftigt waren, in Alabama Fuß zu fassen. Dafür hatten sie zwar Verständnis, doch es war ihnen sichtlich unangenehm, dass sie Rechtsbeistand erhielten, während andere Männer vor ihrer Hinrichtung standen.

Lindsey und Dunkins wurden von freiwilligen Anwälten vertreten, die mich um Unterstützung gebeten hatten, weil ihnen die Fälle über den Kopf wuchsen. Lindseys Anwalt, ein gewisser David Bagwell, war ein angesehener Bürgerrechtsanwalt aus Mobile; er hatte auch Wayne Ritter vertreten, der ein Jahr zuvor hingerichtet worden war. Nach dieser Erfahrung war Bagwell desillusioniert und wütend. Er schrieb einen flammenden Brief an die Zeitschrift der Anwaltskammer, in dem er schwor, »nie wieder einen Todeskandidaten zu vertreten, auch wenn ich dafür meine Zulassung verliere«. Außerdem drängte er andere Anwälte, keine Todeskandidaten zu akzeptieren. Nach Bagwells Beschwerde fanden Gerichte kaum noch Anwälte für Einsprüche gegen die Vollstreckung von Todesurteilen. Die Todeskandidaten erfuhren von dem Brief und sprachen darüber, vor allem über einen besonders schaurigen Satz: »Ich bin im Allgemeinen für die Todesstrafe, weil ich der Ansicht bin, dass tolle Hunde sterben sollten.« Danach brachten die Häftlinge den Rechtsanwälten noch größeres Misstrauen entgegen, auch denen, die versprachen, ihnen zu helfen.

Nach weiteren Bitten meiner Mandanten beschlossen wir, uns für Michael Lindsey einzusetzen, dessen Hinrichtungsdatum rasch näher rückte. Wir versuchten, eine Besonderheit seines Falls auszunutzen: Die Geschworenen hatten nie entschieden, dass Michael Lindsey hingerichtet werden sollte.

Die Geschworenen hatten auf lebenslange Haft ohne die Möglichkeit der vorzeitigen Entlassung entschieden, doch der Richter hatte das Urteil aufgehoben und eigenmächtig die Todesstrafe festgesetzt. Dass Richter eine Freiheitsstrafe aufhoben, um ein Todesurteil zu verhängen, war selbst 1989 ungewöhnlich. In fast jedem Bundesstaat trafen die Geschworenen die Entscheidung zwischen Todesstrafe und lebenslanger Haft. Das Urteil der Geschworenen war endgültig. Nur in Florida und Alabama hatten die Richter die Möglichkeit, es aufzuheben, und in Florida wurde dieses Recht inzwischen erheblich eingeschränkt. Allein in Alabama haben die Richter dieses Recht bis heute, und sie nutzen es fast ausschließlich, um lebenslange Haftstrafen in Todesurteile umzuwandeln, obwohl sie dieses Recht auch umgekehrt ausüben könnten. Seit 1976 haben Richter in Alabama 111 Urteile von Geschworenen aufgehoben, und in 91 Prozent der Fälle haben sie lebenslange Haftstrafen in Todesurteile umgewandelt.[1]

Diese Praxis hängt unter anderem mit der Tatsache zusammen, dass die Wahlen um Richterämter zunehmend umkämpft sind. In Alabama werden die Kandidaten von den Parteien nominiert (außer in Alabama ist dies nur noch in fünf anderen Bundesstaaten der Fall, in den übrigen sind die Kandidaten parteilos).[2] Die Richterkandidaten erhalten Spenden von Unternehmen, die sich bestimmte Reformen wünschen, oder von Anwälten, die Bürgerrechte schützen wollen, aber da die wenigsten Wähler mit den Feinheiten des Richteramts vertraut sind, wird der Wahlkampf von den Themen Verbrechen und Strafen beherrscht. Jeder Kandidat will der härteste Hund sein. Den Spendern ist dieses Thema in der Regel egal, doch mit Härte lassen sich Wählerstimmen gewinnen. Richterliche Todesurteile sind ein starkes politisches Argument.[3] Kein Richter möchte von Gegenkandidaten dafür angegriffen werden, bei einem grausigen Mordfall nicht die Höchststrafe verhängt zu haben. Deshalb ist es nicht verwunderlich, dass in Wahljahren besonders viele lebenslange Haftstrafen in Todesurteile umgewandelt werden.[4]

In einem Brief baten wir Guy Hunt, den damaligen Gouverneur von Alabama, die Hinrichtung von Lindsey auszusetzen, weil die Geschworenen sich in ihrem Urteil gegen die Todesstrafe ausgesprochen hatten. Der Gouverneur wies unsere Eingabe prompt zurück und erklärte, er werde sich »nicht gegen den Wunsch der Gesellschaft nach einer Tötung von Mr. Lindsey stellen, wie sie im Urteil der Geschworenen zum Ausdruck kam« – und das, obwohl wir ihn gerade darauf hingewiesen hatten, dass die Vertreter dieser Gesellschaft, also die Geschworenen, Lindsey ausdrücklich nicht hatten hinrichten wollen. Doch das spielte keine Rolle. So sonderbar diese Praxis auch war, der Oberste Gerichtshof hatte sie in einem früheren Fall in Florida bestätigt, weshalb wir keine verfassungsrechtliche Handhabe hatten, um die Hinrichtung zu verhindern.[5] Lindsey wurde am 26. Mai 1989 auf dem elektrischen Stuhl getötet.

Kurz darauf stand die Hinrichtung von Horace Dunkins an. Wieder versuchten wir alles in unserer Macht Stehende, um zu helfen, doch die Zeit wurde knapp, und wir hatten wenig Hoffnung. Mr. Dunkins war geistig behindert, und der Richter konnte Schulzeugnissen und früheren Intelligenztests entnehmen, dass er »geistig zurückgeblieben« war.[6] Kurz vor seiner Hinrichtung hatte der Oberste Gerichtshof die Praxis der Hinrichtung von geistig Behinderten noch einmal bestätigt. Erst dreizehn Jahre später, im Fall *Atkins v. Virginia*, erkannte das Gericht an, dass die Hinrichtung von Menschen mit geistigen Behinderungen eine besonders grausame und unverhältnismäßige Strafe darstellte, und erklärte sie daher für verfassungswidrig.[7] Doch für viele zum Tode verurteilte Behinderte wie Horace Dunkins kam dieses Urteil zu spät.

Dunkins' Angehörige riefen mich häufig an, um mit mir zu besprechen, was man in den wenigen verbleibenden Tagen unternehmen könne, doch uns blieben nur wenige Optionen. Als klar wurde, dass sich die Hinrichtung nicht verhindern ließ, konzentrierte sich die Familie auf die Frage, was nach dem Tod mit dem Leichnam passieren sollte. Aus religiösen Gründen waren sie besonders besorgt, dass der Staat eine Autopsie anordnen könnte. Als es so weit war, wurde Horace Dunkins in einer stümperhaften Hinrichtung getötet, die im ganzen Land für Schlagzeilen sorgte. Die Gefängnisbeamten schlossen die Elektroden falsch an, weshalb der Stromstoß nicht die vorgesehene Spannung erreichte. Als der Strom nach langen und quälenden Minuten schließlich abgeschaltet wurde, war Mr. Dunkins noch am Leben – er hatte zwar das Bewusstsein verloren, doch er atmete noch. Die Beamten warteten eine Weile, bis sich der Körper »abgekühlt hatte«, um dann festzustellen, dass die Elektroden nicht korrekt angebracht waren. Sie schlossen sie erneut an, und diesmal gelang die Tötung.[8] Nach dieser besonders grausamen Hinrichtung führten Mediziner außerdem eine Obduktion durch, gegen den ausdrücklichen Willen der Angehörigen.

Nach der Hinrichtung erhielt ich einen Anruf von Dunkins' Vater, der vollkommen aufgelöst war. »Sie können ihn umbringen, obwohl er nicht mal einen fairen Prozess bekommen hat und obwohl er es nicht verdient hat. Aber sie hatten kein Recht, seinen Körper und seine Seele zu schänden. Ich werde sie vor Gericht bringen.« Wir unterstützten den freiwilligen Anwalt, der sich des Falls annahm, aber wir hatten kaum Hoffnung. Am Ende wurden ein paar Leute entlassen, das war alles. Das Verfahren war kein Hindernis für den Bundesstaat Alabama, der aggressiv immer weitere Hinrichtungen anberaumte.

Unser Umzug in unsere neuen Büros in Montgomery wurde von diesen beiden Hinrichtungen überschattet. Die Todeskandidaten waren nervöser denn je. Als Herbert Richardson im Juli erfuhr, dass seine Hinrichtung für den 18. August angesetzt war, rief er mich aus der Todeszelle an. »Mr. Stevenson, hier spricht Herbert Richardson. Ich habe gerade erfahren, dass mich der Staat am 18. August hinrichten wird. Ich brauche Ihre Hilfe. Sie können nicht ablehnen. Ich weiß, dass Sie einigen von den Jungs helfen, und Sie machen ein Büro hier auf. Bitte helfen Sie mir.«

Ich erwiderte: »Es tut mir sehr leid, von Ihrer Hinrichtung zu erfahren. Es war ein schwieriger Sommer. Was sagt Ihr freiwilliger Anwalt?« Ich wusste noch immer nicht, was ich Verurteilten antworten sollte, die ihren Hinrichtungstermin erhalten hatten. Ich wollte gern etwas Aufmunterndes sagen, zum Beispiel: »Machen Sie sich keine Sorgen«, aber das wäre ziemlich viel verlangt – wann sollte man sich

denn noch Sorgen machen, wenn nicht nach der Mittei-
lung des eigenen Todesdatums? »Tut mir leid« schien mir
keine sonderlich gute Reaktion, aber mir fiel einfach nichts
Besseres ein.

»Ich habe keinen Anwalt, Mr. Stevenson. Ich habe gar niemanden. Mein Anwalt hat mir vor einem Jahr gesagt, dass
er nichts mehr für mich tun kann. Ich brauche Ihre Hilfe.«

Zu diesem Zeitpunkt hatten wir weder Computer noch
Gesetzestexte, und ich hatte auch noch keine anderen Anwälte eingestellt. Ich hatte einen Kommilitonen von Harvard gewinnen können, der aus Boston nach Alabama gekommen war. Ich hatte mich gefreut, endlich Unterstützung
zu bekommen. Wenige Tage nachdem er bei uns angefangen hatte, war ich verreist, um Gespräche mit möglichen
Geldgebern zu führen. Als ich wiederkam, war er nicht
mehr da. Auf einem Zettel erklärte er mir, er habe sich
nicht klargemacht, wie schwer ihm der Wechsel nach Alabama fallen würde. Er hatte es nicht einmal eine Woche
ausgehalten.

Eine Hinrichtung aufzuhalten bedeutete, einen Monat
lang in 18-Stunden-Tagen zu versuchen, ein Gericht zur Anordnung eines Hinrichtungsstopps zu bewegen. Die Wahrscheinlichkeit war gering, aber nur so hatten wir überhaupt eine Chance. Als ich schwieg, fuhr Richardson fort:
»Mr. Stevenson, ich habe nur noch dreißig Tage. Bitte sagen
Sie mir, dass Sie mir helfen.«

Mir blieb nichts anderes übrig, als ihm die Wahrheit zu
sagen. »Mr. Richardson, es tut mir sehr leid. Wir haben
keine Gesetzestexte, keine Mitarbeiter, keine Computer, wir
haben gar nichts, um neue Mandanten annehmen zu können. Wir haben noch nicht mal Anwälte eingestellt. Wir
sind noch dabei, uns zu organisieren ...«

»Aber ich habe einen Hinrichtungstermin. Sie müssen
mich vertreten. Was soll dieser ganze andere Kram, wenn

Sie Leuten wie mir nicht helfen?« Ich hörte, wie sein Atem schneller ging.

»Die bringen mich um«, keuchte er.

»Ich verstehe Sie. Lassen Sie mich überlegen, wie ich Ihnen helfen kann. Wir haben nur so viel zu tun …« Ich wusste nicht, was ich sagen sollte. Wir schwiegen. Ich hörte seinen schnellen Atem am anderen Ende und konnte mir vorstellen, dass er extrem frustriert war. Ich bereitete mich darauf vor, dass er wütend oder enttäuscht reagieren würde, und stählte mich, um seinen verständlichen Zorn zu ertragen. Doch dann wurde es mit einem Mal still in der Leitung. Er hatte aufgelegt.

Der Anruf beschäftigte mich den ganzen Tag, und nachts fand ich keinen Schlaf. Die hilflosen bürokratischen Einwände, mit denen ich auf seine Verzweiflung und sein Schweigen reagiert hatte, verfolgten mich.

Am nächsten Tag rief er zu meiner Erleichterung wieder an.

»Mr. Stevenson, es tut mir leid, aber Sie müssen mich vertreten. Sie müssen mir nicht sagen, dass Sie die Hinrichtung verhindern können oder dass Sie einen Aufschub bekommen. Aber ich habe nur noch 29 Tage, und ich glaube, die überlebe ich nicht, wenn ich keine Hoffnung habe. Sagen Sie einfach irgendwas, geben Sie mir ein bisschen Hoffnung.«

Weil ich unmöglich Nein sagen konnte, sagte ich Ja.

»Ich kann Ihnen nichts versprechen«, erwiderte ich nüchtern. »Aber wir tun unser Möglichstes.«

»Wenn Sie irgendwas tun könnten … ich wäre Ihnen dankbar.«

Herbert Richardson war ein Veteran des Vietnamkrieges, der von den furchtbaren Erfahrungen und brutalen Bedingungen traumatisiert und zerstört worden war. Er hatte sich 1964 im Alter von achtzehn Jahren zur Armee gemeldet, einer Zeit, in der die Vereinigten Staaten in heftige Kämpfe verwickelt waren. Er wurde der 1. Kavalleriedivision zugeteilt und kam nach Camp Radcliff bei An Khe in Vietnam. Das Lager befand sich in der Nähe von Pleiku, wo Mitte der Sechzigerjahre schwere Gefechte stattfanden. Herbert nahm an gefährlichen Missionen teil und musste mit ansehen, wie Freunde getötet oder schwer verwundet wurden. Einmal geriet seine Einheit in einen Hinterhalt, den er als Einziger schwer verletzt überlebte. Als er aus der Bewusstlosigkeit erwachte, lag er im Blut seiner gefallenen Kameraden, er wusste nicht, wo er war, und konnte sich nicht bewegen. Wenig später erlebte er einen völligen psychischen Zusammenbruch, litt unter rasenden Kopfschmerzen und versuchte, sich das Leben zu nehmen. Obwohl ihn seine Vorgesetzten mehrmals zu psychiatrischen Untersuchungen schickten, blieb er weitere sieben Monate lang im Kampfeinsatz. Erst dann wurde er wegen seiner Schreikrämpfe und Selbstabschottung im Dezember 1966 ehrenhaft entlassen. Es ist nicht verwunderlich, dass ihn das Trauma auch in Brooklyn verfolgte, wo er unter Albträumen und lähmenden Kopfschmerzen litt und manchmal mit dem Schrei »Sie kommen!« aus dem Haus rannte. Er heiratete und hatte Kinder, doch aufgrund der anhaltenden posttraumatischen Belastungsstörung war er nicht in der Lage, sein Verhalten zu kontrollieren. Schließlich landete er in einer Veteranenklinik in New York City, wo er sich langsam von den schweren Kopfschmerzen erholte, die in Zusammenhang mit seinen Kriegsverletzungen standen.

Herbert wurde einer von Tausenden Veteranen, die nach ihrem Militärdienst im Gefängnis enden. Das ist eines der am wenigsten diskutierten Probleme eines Krieges. Mitte der Achtzigerjahre waren fast 20 Prozent der Insassen amerikanischer Gefängnisse ehemalige Soldaten. Als der Schatten des Vietnamkriegs in den Neunzigerjahren kürzer wurde, verringerte sich dieser Anteil, doch in Folge der Kriege in Afghanistan und dem Irak ist er in letzter Zeit wieder gestiegen.

In der Veteranenklinik von New York City erholte sich Herbert allmählich. Schließlich lernte er dort eine Pflegerin aus Dothan in Alabama kennen, deren Mitgefühl ihm Hoffnung machte und ihm vielleicht zum ersten Mal im Leben ein Gefühl der Geborgenheit vermittelte. In ihrer Gegenwart fühlte er sich wieder lebendig und glaubte, dass nun alles gut werden würde. Sie hatte ihm das Leben gerettet. Als sie nach Alabama zurückging, folgte ihr Herbert.

Er versuchte, sie zum Abendessen oder ins Kino einzuladen, und erklärte ihr, er wolle sie heiraten. Sie sperrte sich zunächst, da sie wusste, dass er noch immer unter dem Kriegstrauma litt, doch schließlich gab sie nach. Sie führten eine kurze Beziehung, und es war die glücklichste Zeit in Herberts Leben. Er verspürte vor allem den Wunsch, seine neue Freundin zu beschützen. Doch die Frau erkannte, dass seine Fixierung auf sie mehr mit Besessenheit als mit Liebe zu tun hatte, und wollte die Beziehung beenden. Nachdem sie über Monate hinweg erfolglos versucht hatte, auf Distanz zu gehen, erklärte sie ihm schließlich, dass er sie nicht mehr sehen dürfe.

Doch er hielt sich nicht daran und zog stattdessen noch näher an ihr Zuhause in Dothan, was ihr Angst machte. Irgendwann verbot sie ihm, sie zu besuchen, mit ihr zu sprechen oder sich ihr auch nur zu nähern. Herbert war überzeugt, dass sie einfach verwirrt war und irgendwann zu ihm zurückkommen würde. Er war geblendet von seiner Besessenheit, sein Denken war irrational, wirr und zunehmend gefährlich.

Herbert war nicht dumm, im Gegenteil, er war ein intelligenter Mann und hatte besonderes Talent für Elektronik und Technik. Und er hatte ein großes Herz. Doch er litt noch immer unter dem Kriegstrauma und Erlebnissen aus seiner Kindheit und Jugend. Seine Mutter war gestorben, als er drei Jahre alt war, und er hatte vor seinem Eintritt in die Armee Alkohol- und Drogenprobleme. Durch die Schrecken des Krieges hatte seine ohnehin beschädigte Psyche noch weiter gelitten.

Ihm kam eine Idee, wie er seine Freundin zurückgewinnen könnte, denn er glaubte, wenn sie sich bedroht fühle, werde sie ihn um Schutz bitten. Daher ersann er einen tragischen Plan: Er wollte eine kleine Bombe bauen und auf ihrer Veranda zünden, um ihr dann zu Hilfe zu eilen. Danach würden sie glücklich bis ans Ende ihrer Tage zusammenleben. Dieses Spiel mit Sprengstoffen wäre selbst im Kriegsgebiet nicht ratsam gewesen, und in einem armen schwarzen Viertel von Dothan, Alabama, war es noch viel leichtsinniger. Eines Morgens setzte Herbert seine Bombe zusammen und legte sie auf die Veranda seiner Exfreundin. Doch statt der Frau kamen ihre kleine Nichte und deren Freundin aus der Tür und inspizierten das seltsame Paket.

Neugierig näherte sich die zehnjährige Nichte dem sonderbaren Päckchen mit dem Wecker und hob es auf. Um zu sehen, ob die Uhr tickte, schüttelte sie es, und damit löste sie eine gewaltige Explosion aus. Die Kleine war auf der Stelle tot, und ihre zwölfjährige Freundin, die neben ihr stand, erlitt ein schweres Trauma. Herbert kannte die beiden Kinder. In diesem Viertel spielten die Kinder auf den Straßen und suchten nach Gelegenheitsjobs. Herbert liebte Kinder, lud sie in seinen Hof ein, gab ihnen Geld für Besorgungen und unterhielt sich mit ihnen. Die beiden Mädchen hatten schon bei ihm gefrühstückt.

Als Herbert das Geschehen von der gegenüberliegenden Straßenseite aus beobachtete, war er schockiert. Er hatte vorgehabt, seiner Exfreundin zu Hilfe zu eilen, sobald die

Bombe explodierte, um sich als ihr Beschützer zu erweisen. Als die Bombe in der Hand des Kindes hochging, lief er über die Straße und fand sich umringt von entsetzten Nachbarn.

Die Polizei brauchte nicht lange, um den Täter zu ermitteln und zu verhaften. Sie fand Rohre und anderes Material zum Bombenbau in Herberts Auto und in seinem Garten. Da die Opfer arm und schwarz waren, wäre das Verbrechen wahrscheinlich nicht mit der Todesstrafe geahndet worden, doch Herbert war ein Fremder. Dass er aus dem Norden kam, schien ihm zusätzliche Verachtung der Ermittler einzubringen. Seine Bombe fiel nicht unter die »übliche« häusliche Gewalt, auch nicht in einem Armenviertel. In den Augen des Staatsanwalts handelte es sich nicht um eine tragische Fehleinschätzung, sondern um einen Akt des Bösen. Daher beantragte er die Todesstrafe. Nachdem er sämtliche schwarze Kandidaten von der Liste gestrichen hatte, erklärte er den weißen Geschworenen, die Hinrichtung sei angemessen, da Herbert »mit Angehörigen der Black Muslims[*] aus New York City in Kontakt« stehe und keine Gnade verdient habe.

Das Gesetz von Alabama rechtfertigt die Todesstrafe nur für einen geplanten Mord, doch es war klar, dass Herbert den Tod des Kindes eben nicht geplant hatte. Daher erfand der Staatsanwalt die Figur der »übertragenen Absicht«, um in diesem Fall die Todesstrafe fordern zu können. Aber Herbert hatte nicht die Absicht gehabt, irgendjemanden zu töten. Sein Anwalt riet ihm, jede Verantwortung abzustreiten, doch er plädierte schließlich auf fahrlässige Tötung, die mit »lebenslänglich« bestraft werden konnte, aber nicht mit dem Tod.

---

[*] Die Organisation Nation of Islam, auch Black Muslims genannt, wurde 1930 gegründet und trat unter anderem für einen eigenen afroamerikanischen Staat ein. (Anm. d. Übers.)

Während des Prozesses legte der Verteidiger allerdings kein Beweismaterial vor, das Herberts Hintergrund, seinen Militärdienst, sein Kriegstrauma, seine Beziehung zu dem Opfer, seine krankhafte Besessenheit mit seiner Exfreundin beleuchtet hätte – nichts. Damals erhielten Pflichtanwälte pro Mandant höchstens 1000 Dollar, weshalb Herberts Verteidiger so gut wie keine Zeit auf den Fall verwendete. Der Prozess dauerte etwas über einen Tag, und der Richter verurteilte Herbert rasch zum Tode.

Nach der Verkündung des Todesurteils erklärte der Verteidiger, der später wegen Vernachlässigung seiner Pflichten in anderen Fällen seine Anwaltslizenz verlor, er sehe keinen Grund für eine Berufung, da der Prozess fair verlaufen sei. Herbert erinnerte ihn daran, dass er zum Tode verurteilt worden war. Er wollte Berufung einlegen, auch wenn die Erfolgschancen gering waren, doch sein Anwalt unternahm nichts.

Elf Jahre lang saß Herbert in der Todeszelle, dann wurde ein Termin für die »gelbe Mama« bestimmt. In einem verzweifelten Versuch hatte ein freiwilliger Anwalt sich bemüht, die Exekution zu verhindern, indem er die Tötungsabsicht hinterfragte, doch ohne Erfolg. Herberts Hinrichtungstermin wurde auf den 18. August gelegt, und der war inzwischen nur noch drei Wochen entfernt.

Nach meinem Gespräch mit Herbert hatte ich eilig eine Reihe von Anträgen an verschiedene Gerichte geschickt. Ich wusste, dass die Erfolgsaussichten gering waren. Ende der Achtzigerjahre hatte der Oberste Gerichtshof wenig Interesse, sich mit Anfechtungen von Todesurteilen auseinanderzusetzen. Mitte der Siebziger hatte er die Wiedereinführung der Todesstrafe mit dem Versprechen verknüpft, man werde die Prozesse genauestens beobachten, doch nun begann sich der Gerichtshof von bestehenden Kontrollverfahren zu distanzieren. Die Urteile fielen zunehmend negativ für Todeskandidaten aus, und der Leitgedanke, dass Todesurteile »anders« sind und eine sorgfältige Überprüfung erfordern, geriet in Vergessenheit.

Der Oberste Gerichtshof ließ Einsprüche nur noch dann zu, wenn die Fälle zuvor dem Verfassungsgericht des jeweiligen Bundesstaates vorgelegt worden waren.[9] Bundesgerichte durften neue Beweise nur dann untersuchen, wenn diese zuvor einem Gericht des Bundesstaates vorgelegt worden waren. Der Oberste Gerichtshof verlangte immer häufiger von den Bundesgerichten, sich den Urteilen der Gerichte des jeweiligen Bundesstaates unterzuordnen, die leichter über Verfahrensfehler hinwegsahen.

In den Achtzigerjahren lehnte der Oberste Gerichtshof eine Beschwerde gegen Todesurteile für Minderjährige ab und bestätigte die Todesstrafe für geistig Behinderte.[10] In einem weithin kritisierten Gutachten konnte er keinen Verfassungsbruch darin erkennen, dass, gemessen an ihrem Bevölkerungsanteil, deutlich mehr Schwarze als Weiße zum Tode verurteilt wurden.

Gegen Ende des Jahrzehnts standen einige Verfassungsrichter dem Überprüfungsverfahren von Todesurteilen offen kritisch gegenüber. Der Vorsitzende Richter William Rehnquist drängte darauf, die Einspruchsmöglichkeiten zu reduzieren. »Lassen wir uns nicht aufhalten!«, sagte er bekanntermaßen auf der Veranstaltung einer Anwaltskammer im Jahr 1988.[11] Wenn es um Todesurteile ging, war das neue Ziel nicht Fairness, sondern Vollzug.

Zwei Wochen nach meinem ersten Gespräch mit Herbert Richardson versuchte ich verzweifelt, einen Aufschub für die Hinrichtung zu erwirken. Obwohl wir spät dran waren, machte ich mir Hoffnungen, nachdem ich einige vielversprechende Aspekte in Herberts Fall gesehen hatte. Seine Schuld stand nicht zur Diskussion, doch es gab gute

Gründe, warum das Todesurteil nicht infrage kam, auch ohne die Tötungsabsicht. Selbst wenn man diesen Punkt außer Acht ließ, sprachen sein Kriegstrauma, der Militärdienst und seine schwierige Kindheit gegen die Todesstrafe. Keiner dieser strafmindernden Umstände war während des Gerichtsverfahrens zur Sprache gekommen, obwohl man sie hätte einbeziehen müssen. Die Todesstrafe kann nur dann verhängt werden, wenn alle Gründe, die gegen sie sprechen, sorgfältig erörtert wurden, und das war bei Herbert nicht der Fall gewesen. Ich war zunehmend überzeugt, dass er hingerichtet werden sollte, weil er ein leichtes Ziel war. Er war auf sich allein gestellt und leichtfertig von einem System verurteilt worden, das es mit den exakten Anforderungen für die Todesstrafe nicht allzu genau nahm. Ich war erschüttert, dass Herbert jetzt nicht in der Todeszelle auf seine Hinrichtung warten würde, wenn er rechtzeitig die richtige Unterstützung bekommen hätte.

Bei verschiedenen Gerichten stellte ich einen Antrag auf Aufschub der Hinrichtung und begründete dies mit der mangelhaften juristischen Vertretung, dem diskriminierenden Verfahren, der Aufhetzung durch den Staatsanwalt und den nicht vorgelegten Entlastungsbeweisen. Jedes Gericht beschied mir, es sei »zu spät«. Vor dem Gericht von Dothan erwirkten wir eine eilig einberufene Anhörung, und ich legte Beweise vor, dass die Bombe nicht bei Kontakt explodieren sollte, sondern zu einem bestimmten Zeitpunkt. Ein Experte bestätigte, dass es sich um eine Zeitbombe handelte. Obwohl mich das Gericht mit ziemlicher Wahrscheinlichkeit darauf hinweisen würde, dass diese Beweise in den Prozess oder spätere Verfahren gehört hätten, hoffte ich, dass ich den Richter überzeugen konnte.

Herbert befand sich mit mir im Gerichtssaal, wir beide sahen den gelangweilten Gesichtsausdruck des Richters. Herbert wurde immer nervöser. Er flüsterte auf mich ein, der Experte solle etwas über seine Absicht aussagen, doch das überstieg dessen Kompetenz. Er stritt mit mir und machte Bemerkungen, die auch der Richter hörte. Derweil hatte der Richter erklärt, die Beweise seien nicht neu und hätten im Prozess vorgelegt werden müssen, weshalb sie kein Grund seien, die Hinrichtung aufzuschieben. Ich bat um eine kurze Verhandlungspause, um Herbert zu beruhigen.

»Er sagt nicht, was er sagen muss!«

Er atmete panisch, hielt sich den Kopf und klagte über rasende Kopfschmerzen. »Ich hatte nicht die Absicht, jemanden umzubringen, das muss er doch erklären!«, schrie er.

Ich versuchte, ihn zu beruhigen. »Mr. Richardson, wir haben darüber gesprochen. Der Experte darf nichts über Ihren Geisteszustand aussagen. Er hat ausgesagt, dass die Bombe gezündet werden musste, aber er kann nichts über Ihre Motive sagen. Das Gericht lässt das nicht zu, und er kann auch gar nichts dazu sagen.«

»Sie hören mir nicht mal zu«, sagte er traurig und massierte sich die Schläfen.

»Ich weiß, aber erinnern Sie sich, das ist erst der erste Schritt. Wir erwarten nicht viel von diesem Richter, aber das hilft uns beim Einspruch. Ich weiß, wie frustrierend das für Sie ist.« Er sah mich besorgt an, dann seufzte er resigniert. Während der restlichen Anhörung starrte er dumpf vor sich hin und hielt sich den Kopf, was mich noch mehr entmutigte als seine Einwände und seine Bestürzung.

Da ich noch keine Anwälte eingestellt hatte, konnte mir während der Anhörung niemand mit den Papieren oder dem Angeklagten helfen. Am Ende der Anhörung wurde Herbert wieder in Ketten zurück in die Todeszelle gebracht, verärgert, enttäuscht und unglücklich. Ich fühlte mich nicht viel besser, während ich meine Sachen zusammenpackte und mich auf den Weg nach draußen machte. Ich hätte mich gern mit jemandem besprochen, um zu hören, ob die von mir vorgelegten Beweise ausreichen könnten. Ich ging nicht davon aus, dass der Richter einen Aufschub gewähren würde, aber ich hoffte, die nächste Instanz werde erkennen, dass mein Mandant nicht in Mordabsicht gehandelt hatte, und einen Aufschub gewähren. Es passierte so viel, dass ich nicht mehr objektiv einschätzen konnte, ob ich genügend Beweise vorgelegt hatte, um den Fall in einem neuen Licht erscheinen zu lassen. Vor allem fühlte ich mich schlecht, dass ich Herbert in solcher Verzweiflung zurückgelassen hatte.

Auf dem Weg nach draußen bemerkte ich im hinteren Teil des Gerichtssaals eine Gruppe von schwarzen Frauen und Kindern. Sieben oder acht Augenpaare waren auf mich gerichtet. Die Anhörung hatte am späten Nachmittag stattgefunden, es war der letzte Termin des Tages gewesen. Ich fragte mich, wer diese Leute waren, aber ich war zu erschöpft, als dass es mich wirklich interessiert hätte. Ich lächelte müde und nickte den drei Frauen zu, die mich am intensivsten zu beäugen schienen. Das nahmen sie als Zeichen, sich mir zu nähern.

Die Frau, die mich ansprach, schien nervös und ein wenig ängstlich. Zögernd sagte sie: »Ich bin die Mutter von Rena Mae – die Mutter des Opfers. Man hat uns gesagt, dass man uns helfen würde, aber es ist nichts passiert. Mary Lynn hört nicht richtig, seit der Bombe hört sie schlecht, und ihre Schwester hat Probleme mit den Nerven. Ich auch. Wir haben gehofft, dass Sie uns helfen können.«

Als sie meinen erschrockenen Gesichtsausdruck sah, fuhr sie fort: »Ich weiß, dass Sie viel zu tun haben. Aber wir brauchen Hilfe.« Zögernd hielt sie mir ihre Hand hin, während sie dies sagte, und ich reichte ihr meine.

»Es tut mir sehr leid, dass Sie die versprochene Hilfe

nicht bekommen haben. Aber in diesem Fall vertrete ich Herbert Richardson«, sagte ich, so freundlich ich konnte.

»Das wissen wir. Ich weiß, dass Sie nicht jetzt gleich etwas tun können. Aber wenn das hier vorbei ist, können Sie uns dann helfen? Man hat uns gesagt, dass wir Geld bekommen für Ärzte und für die Behandlung des Gehörs meiner Tochter.«

Während sie dies sagte, näherte sich eine junge Frau und umarmte sie. Obwohl ich sie auf Anfang zwanzig schätzte, verhielt sie sich in jeder Hinsicht wie ein kleines Mädchen. Wie ein Kind drückte sie ihrer Mutter den Kopf in die Seite und sah mich traurig an. Eine andere Frau trat hinzu und sagte ein wenig trotzig: »Ich bin ihre Tante. Wir finden das nicht gut, dass Leute umgebracht werden.«

Ich verstand nicht, was sie damit sagen wollte, doch ich sah sie an und erwiderte: »Ja, ich finde es auch nicht gut, dass Menschen umgebracht werden.«

Die Tante schien sich ein wenig zu entspannen. »Diese ganze Trauer, das ist schwer. Wir können uns nicht für den Mann freuen, dem Sie helfen. Aber wir wollen auch nicht um ihn trauern. Es sollte niemand mehr umgebracht werden.«

»Ich weiß nicht, was ich für Sie tun kann, aber ich möchte Ihnen gern helfen. Kontaktieren Sie mich doch bitte nach dem 18. August, dann werde ich sehen, was ich für Sie herausfinden kann.«

Dann fragte mich die Tante, ob ihr Sohn mir einen Brief schreiben dürfe, da er im Gefängnis sei und einen Anwalt brauche. Sie seufzte erleichtert, als ich ihr meine Karte gab. Als wir das Gerichtsgebäude verließen, verabschiedeten wir uns feierlich.

»Wir beten für Sie«, sagte die Tante zum Abschied.

Auf dem Weg zum Auto überlegte ich: Sollte ich sie bitten, dem Staatsanwalt zu sagen, dass sie gegen Mr. Richardsons Hinrichtung waren? Aber natürlich handelten die Ankläger im Auftrag des Bundesstaates, nicht im Auftrag der von der Tat Betroffenen. Während der Anhörung waren einige Vertreter der Staatsanwaltschaft im Gerichtssaal gewesen, doch ohne ein Wort für diese geschundenen Seelen übrig zu haben. Es war eine tragische Ironie, dass sie ausgerechnet in mir die einzige Hoffnung auf Hilfe sahen.

Als ich in Montgomery ankam, hatte der Richter den Aufschub bereits abgelehnt. Die Beweise seien zu spät eingereicht worden, weshalb er sie nicht mehr zur Kenntnis nehmen würde. Damit blieb uns weniger als eine Woche, und in dieser Zeit schob ich hektisch einen Antrag nach dem anderen nach. Am Tag vor der Hinrichtung bat ich schließlich das Oberste Gericht der Vereinigten Staaten um Aufschub und Revision des Verfahrens. Selbst bei Todesurteilen gibt der Oberste Gerichtshof nur in einem Bruchteil der Fälle dem Antrag auf Revision statt, doch das war noch unsere beste Chance, einen Aufschub für die Hinrichtung zu erwirken. Wenn untergeordnete Gerichte die Hinrichtung ausgesetzt hätten, hätte der Staatsanwalt Einspruch eingelegt, und am Ende musste so oder so die letzte Instanz eine Entscheidung fällen.

Die Hinrichtung war für den 18. August um 0:01 Uhr angesetzt. Am späten Abend des 16. August hatte ich meine Eingabe fertiggestellt und an den Obersten Gerichtshof gefaxt; nun wartete ich unruhig auf eine Entscheidung. Weil ich mich irgendwie beschäftigen wollte, studierte ich gleichzeitig die Akten anderer Fälle, unter anderem von Walter McMillian. Eine Antwort erwartete ich erst gegen Nachmittag, doch das änderte nichts daran, dass ich schon den ganzen Morgen über auf das Telefon starrte. Jedes Mal, wenn es klingelte, beschleunigte sich mein Puls. Eva und unsere Rezeptionistin Doris wussten, dass ich auf den Anruf wartete. Wir hatten ein ausführliches Gnadengesuch an den Gouverneur geschickt, mit Farbfotos und eidesstatt-lichen Erklärungen von Angehörigen, doch im Grunde er-warteten wir gar keine Antwort von ihm. Das Gesuch be-schrieb unter anderem Herberts Militärdienst und erklärte, warum ehemalige Soldaten mit posttraumatischen Belas-tungsstörungen unser Mitgefühl verdienten.

Ich machte mir keine Hoffnungen. Michael Lindsey war von den Geschworenen zu lebenslanger Haft verurteilt und trotzdem hingerichtet worden. Horace Dunkins war geistig behindert und trotzdem nicht begnadigt worden. Herbert konnte vermutlich mit noch weniger Mitgefühl rechnen.

Im Laufe des Tages telefonierte ich immer wieder mit Herbert, um ihm zu sagen, dass wir noch nichts gehört hat-ten. Da ich mich nicht darauf verlassen konnte, dass das Gericht ihm das Urteil persönlich zustellen würde, bat ich ihn, mich alle zwei Stunden anzurufen. Egal, wie die Nach-richt ausfiel, er sollte sie von einem Menschen erhalten, der ihm wohlgesonnen war.

Herbert hatte eine Frau aus Mobile kennengelernt, und die beiden hatten sich über Jahre Briefe geschrieben. Eine Woche vor der Hinrichtung heirateten sie. Herbert besaß zwar kein Geld und konnte ihr im Falle seiner Hinrichtung auch sonst nichts hinterlassen, aber er war ein Kriegsvete-ran, und seine Angehörigen hatten ein Recht auf die Flagge, die auf seinen Sarg gelegt werden würde. Seine frisch ange-traute Frau sollte diejenige sein, der das Sternenbanner nach seiner Beisetzung übergeben werden sollte. In den Tagen vor der Hinrichtung schien sich Herbert mehr Sor-gen um die Flagge zu machen als um seinen bevorstehen-den Tod. Immer wieder bat er mich, dafür zu sorgen, dass sie tatsächlich ausgehändigt würde, und drängte mich, mir dies schriftlich bestätigen zu lassen.

Die Familie seiner Frau erklärte sich bereit, die letzten Stunden vor der Hinrichtung mit ihm zu verbringen. Die

Gefängnisleitung gestattete Besucher bis 22 Uhr, danach wurde der Verurteilte auf die Hinrichtung vorbereitet. Ich war noch immer im Büro und wartete auf eine Antwort des Obersten Gerichtshofs. Als ich nach 17 Uhr noch immer nichts gehört hatte, gestattete ich mir ein wenig Hoffnung. Wenn das Gericht nicht an irgendeinem Punkt der Eingabe hängen geblieben wäre, so sagte ich mir, dann hätte ich vermutlich längst eine Antwort erhalten. Je später es wurde, desto mehr Hoffnung schöpfte ich. Gegen 18 Uhr tigerte ich in meinem Büro auf und ab und ging nervös verschiedene Möglichkeiten durch, was das Gericht so kurz vor der Hinrichtung erörtern könnte. Eva und unsere neue Rechercheassistentin Brenda Lewis warteten gemeinsam mit mir. Endlich, kurz vor 19 Uhr, klingelte das Telefon. Es war der Sprecher des Obersten Gerichts.

»Mr. Stevenson, ich rufe Sie an, um Ihnen mitzuteilen, dass das Gericht in Fall 89–5395 soeben einen Beschluss gefasst hat. Dem Antrag auf eine Aussetzung der Hinrichtung und eine Revision des Gerichtsverfahrens wurde nicht stattgegeben. In Kürze faxen wir Ihnen eine Kopie des Urteils zu.«[12]

Damit war das Gespräch zu Ende. Als ich auflegte, konnte ich nur denken: Wozu brauche ich eine Kopie des Beschlusses? Wem soll ich sie zeigen? In wenigen Stunden war Herbert tot. Es gab keine weiteren Eingaben mehr, wir brauchten keine Akten mehr. Ich weiß nicht, warum ich mich mit diesen sonderbaren Details aufhielt. Vielleicht weil es einfacher war, sich über die Absurditäten der Bürokratie Gedanken zu machen als über die Bedeutung des Urteils. Ich hatte Herbert versprochen, bei der Hinrichtung dabei zu sein, und brauchte einige Minuten, um mir klarzumachen, dass ich mich sputen musste, denn das Gefängnis war zwei Stunden entfernt.

Ich sprang in den Wagen und raste Richtung Atmore. Auf

der Autobahn fuhr ich in die immer länger werdenden Schatten der Abendsonne hinein, während die Sommerhitze von Alabama unvermindert weiter drückte. Als ich in Holman ankam, war bereits die Nacht hereingebrochen. Entlang der Straße zum Parkplatz standen Lastwagen, auf deren Ladeflächen Dutzende bewaffnete Männer saßen: Soldaten, Polizeibeamte, Sheriffs und offenbar eine Einheit der Nationalgarde. Ich habe keine Ahnung, warum der Staat meint, in der Nacht vor einer Hinrichtung den Eingang zu einem Gefängnis durch ein derartiges militärisches Aufgebot bewachen zu müssen. Es war surreal, all diese Bewaffneten zu sehen, die sich kurz vor Mitternacht versammelten, damit es bei der Tötung eines Menschen nicht zu Zwischenfällen kam. Eigentlich war es faszinierend, dass jemand glauben konnte, die Hinrichtung eines armen Schwarzen könnte einen Aufstand provozieren.

Als ich das Gefängnis betrat, begegnete ich einer älteren weißen Frau, die für den Besucherbereich zuständig war. Da ich meine Mandanten mindestens einmal im Monat besuchte, war ich ein Stammgast im Todestrakt geworden. Sie sah mich häufig, behandelte mich aber deshalb keinen Deut freundlicher. An diesem Abend kam sie mit ungewohnter Herzlichkeit auf mich zu, und einen Moment lang meinte ich, sie wolle mich umarmen.

Männer in Anzug und Krawatte lungerten im Eingangsbereich herum und beäugten mich misstrauisch, als ich kurz vor 21 Uhr eintrat. Der Besucherbereich von Holman ist ein runder gläserner Raum, der es den Wachen erlaubt, von jedem Punkt aus alles zu überblicken. Er ist mit einem Dutzend kleinen Tischen und Stühlen möbliert, für die Angehörigen, die zwei- oder dreimal pro Monat zu Besuchen kommen. In der Woche vor einer Hinrichtung darf nur der Todeskandidat selbst Besuch empfangen.

Als ich den Raum betrat, blieb der Familie weniger als

eine Stunde mit Herbert. Er war gefasster, als ich ihn bis dahin erlebt hatte. Er lächelte mir entgegen und umarmte mich.

»Das ist mein Anwalt«, stellte er mich vor.

Er sagte das mit einem Stolz, der mich überraschte und berührte.

»Hallo zusammen«, grüßte ich. Herbert hatte noch immer seinen Arm um meine Schulter gelegt. Ich wollte gern etwas Tröstliches sagen, aber mir fiel nichts ein. Herbert kam mir zuvor.

»Ich habe den Gefängnisleuten gesagt, wenn sie meine Sachen nicht so verteilen, wie ich das will, dann verklagt euch mein Anwalt, bis ihr alle für ihn arbeitet.« Er grinste, und seine Besucher lachten.

Ich lernte Herberts Angetraute und ihre Familie kennen und verbrachte die kommenden 45 Minuten mit dem Blick auf die Uhr, weil ich wusste, dass die Wachen ihn um 22 Uhr abholen kämen. Danach würden wir ihn nicht mehr lebend wiedersehen. Herbert bemühte sich, die Situation zu entspannen. Er erzählte seiner Familie, wie er mich überredet hatte, seinen Fall zu übernehmen, und prahlte augenzwinkernd, ich verträte nur intelligente und charmante Mandanten.

»Bei meinem Prozess war er leider zu jung, um mich zu vertreten. Aber wenn er mein Anwalt gewesen wäre, dann wäre ich jetzt nicht hier.« Er lächelte, als er das sagte, doch mir ging es sehr nahe. Mir fiel auf, wie sehr er sich darum bemühte, den anderen angesichts seines bevorstehenden Todes die Situation so angenehm wie möglich zu machen. Ich hatte ihn nie so lebhaft und charmant erlebt. Wir lächelten, und wir lachten, doch alle spürten wir die Anspannung. Mit jeder Minute liefen seiner Frau mehr Tränen die Wangen hinunter. Kurz vor 22 Uhr begannen der Gefängnisbeauftragte des Bundesstaates, der Direktor und einige andere Anzugträger, der Leiterin der Besucherabteilung Zeichen zu geben. Zögernd betrat die Frau den Raum und sagte mit einem Ton des Bedauerns in der Stimme: »Es ist Zeit. Wir müssen den Besuch jetzt leider beenden. Verabschieden Sie sich bitte.«

Ich sah die Männer im Gang; sie hatten offenbar ein entschiedeneres Auftreten der Dame erwartet. Sie wollten ihren Zeitplan einhalten und warteten darauf, die Hinrichtung in die Wege leiten zu können. Einer der Beamten trat auf die Frau zu, als sie den Raum verließ, und deutete auf seine Uhr. Herberts Frau begann zu schluchzen. Sie legte die Arme um seinen Hals und weigerte sich, ihn loszulassen. Nach einigen Minuten ging ihr Schluchzen in lautes und verzweifeltes Stöhnen über.

Auf dem Gang wurden die Wartenden ungeduldig und bedeuteten der Besuchsleiterin, zurückzugehen und die Besucher entschiedener zum Gehen aufzufordern. »Es tut mir leid«, sagte die Frau mit aller Entschlossenheit, die sie aufbringen konnte. »Aber Sie müssen nun gehen.« Sie sah mich an, doch ich wandte den Blick ab. Herberts Frau schluchzte wieder. Auch ihre Schwester und andere Angehörige weinten. Herberts Frau klammerte sich fester an ihn. Ich hatte mir keine Vorstellung davon gemacht, wie schwierig dieser Moment werden würde. Die Situation kam mir völlig unwirklich vor. In einem einzigen Augenblick waren alle von einer überwältigenden Trauer ergriffen worden, und ich dachte, dass es unmöglich sein würde, die Familie von Herbert zu trennen.

Die Beamten waren verärgert. Durch die Scheibe sah ich, wie der Direktor über Funk mehr Wachen anforderte. Jemand bedeutete der Besuchsleiterin, ein weiteres Mal in den Besucherraum zu gehen und die Angehörigen herauszuholen. Ich hörte, wie sie ihr erklärten, sie solle nicht ohne die Familie zurückkommen. Die Frau machte einen panischen Eindruck. Trotz ihrer Uniform hatte sie in dem Gefängnis immer ein wenig fehl am Platz gewirkt, und nun schien sie sich deplatzierter zu fühlen denn je. Sie hatte mir einmal erzählt, ihr Enkel wolle Anwalt werden. Nervös blickte sie sich im Raum um und kam schließlich auf mich zu. Sie hatte Tränen in den Augen und sah mich voller Verzweiflung an.

»Bitte, bitte helfen Sie mir, diese Leute hier rauszubekommen, bitte.« Ich befürchtete, die Situation könnte außer Kontrolle geraten, aber ich wusste nicht, was ich tun sollte. Sie schienen nicht verstehen zu wollen, dass jemand nicht einfach ruhig einen geliebten Menschen zurücklässt, damit dieser zur Hinrichtung geführt werden kann. Ich wollte verhindern, dass die Situation aus dem Ruder lief, doch ich fühlte mich völlig machtlos.

Inzwischen rief Herberts Frau immer wieder: »Ich lasse dich nicht allein!«

In der Woche vor der Hinrichtung hatte Herbert eine sonderbare Bitte an mich gerichtet. Wenn er wie geplant hingerichtet werde, dann solle auf seinem Weg zum elektrischen Stuhl das Kirchenlied »The Old Rugged Cross« für ihn gespielt werden. Es war mir ein wenig peinlich, diese Bitte an die Gefängnisleitung zu richten, doch zu meiner Überraschung erklärte sie sich umstandslos dazu bereit.

Ich erinnerte mich an meine Kindheit und daran, dass dieses Lied immer zu besonders feierlichen Anlässen gesungen wurde, zum Beispiel beim Abendmahl oder an Karfreitag. Es war vielleicht das traurigste Kirchenlied, das ich kannte. Ich weiß nicht, warum, aber als ich sah, wie immer mehr Uniformierte in den Gang um den Besucherraum traten, fing ich an, dieses Lied zu summen. Es schien, als könnte das helfen. Aber wobei?

Wenig später stimmte die Familie ein. Ich ging zu Herberts Frau, die ihn immer noch fest umklammert hielt und leise schluchzte. »Wir müssen ihn jetzt gehen lassen«, flüsterte ich ihr zu. Herbert sah, wie sich die Uniformierten draußen aufstellten. Langsam befreite er sich aus ihren Armen und bat mich, sie hinauszubegleiten.

Herberts Frau klammerte sich an mich und weinte hysterisch, als ich sie aus dem Raum führte und ihre Familie weinend folgte. Das Erlebnis brach mir fast das Herz, und ich wollte ebenfalls weinen. Stattdessen summte ich immer weiter.

Die Gefängnisleitung hatte mir erlaubt, in etwa einer Stunde wieder zu Herbert zu gehen und ihn bis zur Hinrichtung zu begleiten. Ich hatte zwar mit einigen Todeskandidaten zusammengearbeitet, doch einer Hinrichtung hatte ich nie beigewohnt. In Georgia hatte ich jedes Mal einen Aufschub erwirken können. Der Gedanke, dass ich Zeuge werden würde, wie ein Mann vor meinen Augen getötet und buchstäblich vom Strom verbrannt würde, machte mich zunehmend nervös. Ich hatte mich derart auf meine Anträge konzentriert, und dann darauf, was ich Herbert bei meiner Ankunft im Gefängnis sagen würde, dass ich nicht darüber nachgedacht hatte, was es bedeutete, Zeuge einer Tötung zu werden. Ich wollte nicht länger hier sein, aber ich wollte Herbert auch nicht allein lassen. Ich konnte ihn nicht allein in einem Raum mit Menschen lassen, die ihn umbringen wollten, und deshalb konnte ich nicht zurück. Plötzlich schien mir der Raum unerträglich heiß und stickig. Nachdem ich die Familie nach draußen geleitet hatte, kam die Besuchsleiterin auf mich zu und flüsterte mir ins Ohr: »Danke.« Ich war verärgert, dass sie mich als einen Komplizen betrachten könnte, und wusste nicht, was ich erwidern sollte.

Weniger als dreißig Minuten vor der Hinrichtung wurde ich in die Zelle neben dem elektrischen Stuhl geführt, in der Herbert wartete. Sie hatten seinen Kopf und seinen gesamten Körper rasiert, um eine »saubere« Hinrichtung zu ermöglichen. Nach dem grausamen Tod von John Evans hatte der Staat alles getan, um den elektrischen Stuhl zu modifizieren. Als ich an die stümperhafte Hinrichtung von Horace Dunkins einen Monat zuvor dachte, wuchs meine Bestürzung.[13] Ich hatte mich darüber informiert, wie die Tötung ablaufen würde, und hegte die irrige Vorstellung, dass ich mich einschalten konnte, falls etwas schiefging.

Herbert wirkte deutlich aufgewühlter als bei unserer Begegnung im Besucherraum. Die Rasur musste demütigend für ihn gewesen sein. Er schien erregt, und als ich den Raum betrat, ergriff er meine Hände und bat mich, mit ihm zu beten. Das taten wir. Nach dem Gebet lag auf seinem Gesicht ein Blick, als würde er in die Ferne schauen. Dann drehte er sich zu mir.

»Mann, ich danke Ihnen. Ich weiß, dass das für Sie auch nicht leicht ist, aber ich bin Ihnen dankbar, dass Sie bei mir sind.«

Ich lächelte und umarmte ihn. Ein Ausdruck unaussprechlicher Trauer legte sich auf sein schlaffes Gesicht.

»Es war ein seltsamer Tag, Bryan. Wirklich seltsam. Wenn es einem gut geht, dann denkt man nicht den ganzen Tag, dass es der letzte ist und dass man sicher stirbt. Es ist ganz anders als Vietnam … viel seltsamer.«

Er nickte den Beamten zu, die nervös um uns herumschwirrten.

»Für die war es auch seltsam. Den ganzen Tag über haben mich Leute gefragt: ›Kann ich dir irgendwie helfen?‹ Als ich heute morgen aufgewacht bin, haben sie mich gefragt: ›Können wir dir ein Frühstück bringen?‹ Mittags haben sie mich gefragt: ›Sollen wir dir das Essen bringen?‹ Heute Abend: ›Was willst du essen, können wir dir behilflich sein? Brauchst du Briefmarken? Willst du was zu trinken? Möchtest du einen Kaffee? Möchtest du telefonieren? Können wir etwas für dich tun?‹«

Herbert seufzte und wandte den Blick ab.

»Es war so seltsam. In den letzten vierzehn Stunden haben mich mehr Leute gefragt, ob sie etwas für mich tun können, als in meinem ganzen Leben.« Es sah mich an, und in seinem Gesicht spiegelte sich seine Verwirrung wider.

Ein letztes Mal umarmte ich Herbert und dachte darüber nach, was er gesagt hatte. Ich dachte an all die Ereignisse aus seiner Kindheit, mit denen sich das Gericht nie beschäftigt hatte. Ich dachte an all die Traumata und Probleme, die er aus Vietnam mitgebracht hatte. Unwillkürlich fragte ich mich, wo denn all diese Leute waren, als er sie wirklich gebraucht hätte? Wo waren all diese hilfsbereiten Menschen, als Herbert drei Jahre alt war und seine Mutter starb? Wo waren sie, als er sieben Jahre alt war und sich von körperlichen Misshandlungen erholen musste? Wo waren sie während seiner Jugend, als er mit Drogen und Alkohol kämpfte? Wo waren sie, als er traumatisiert und versehrt aus Vietnam zurückkam?

Ich sah den Kassettenrekorder, der im Gang aufgestellt worden war, und beobachtete, wie einer der Uniformierten eine Kassette brachte. Zu den traurigen Klängen von »The Old Rugged Cross« zogen sie ihn aus meinen Armen.

Herberts Hinrichtung hatte etwas Beschämendes, das ich nicht abschütteln konnte. Es schien, als wären alle Menschen, denen ich im Gefängnis begegnete, in eine Wolke aus Reue und Trauer gehüllt. Die Beamten hatten sich aufgeputscht, um die Hinrichtung entschlossen durchzuführen, doch selbst sie fühlten sich extrem unwohl. Vielleicht bildete ich mir das nur ein, doch ich hatte den Eindruck, dass alle im Gefängnis wussten, wie falsch das war, was da geschah. Abstrakte Überlegungen zur Todesstrafe sind eine

Sache, doch die Einzelheiten der gezielten Tötung eines Menschen sind eine ganz andere.

Auf der Fahrt nach Hause konnte ich an nichts anderes denken. Ich dachte an Herbert und daran, wie wichtig es ihm gewesen war, mit dem Sternenbanner geehrt zu werden, das er sich durch seinen Dienst in Vietnam verdient hatte. Ich dachte an seine Familie, an die Familie der Opfer und daran, welche Tragödie das Verbrechen für sie bedeutete. Ich dachte an die Besuchsleiterin, das Wachpersonal, die Männer, die bezahlt wurden, um Herbert zu rasieren, damit er effizienter getötet werden konnte. Ich dachte an die Beamten, die ihn an den Stuhl geschnallt hatten. Keiner dieser Menschen konnte überzeugt gewesen sein, dass das, was sie da taten, richtig und notwendig war.

Am nächsten Tag berichtete die Presse über die Hinrichtung. Einige Politiker äußerten sich zufrieden und sogar begeistert über den Vollzug der Todesstrafe, aber natürlich war keiner von ihnen an der Tötung Herberts beteiligt gewesen. In Debatten um die Todesstrafe gab ich zu bedenken, dass wir es für unmenschlich halten würden, Vergewaltiger mit Vergewaltigung zu bestrafen oder Gewalttäter mit körperlicher Gewalt. Aber es macht uns nichts aus, Mörder zu ermorden. Dahinter steckt die irrige Vorstellung, dass wir jemandem das Leben nehmen können, ohne damit unsere eigene Menschlichkeit zu beflecken, so wie das der Fall wäre, wenn wir jemanden vergewaltigen oder körperlich züchtigen würden. Wir machen uns keine Gedanken darüber, was der Akt der Tötung alles beinhaltet.

Am nächsten Tag ging ich mit frischer Energie ins Büro. Ich sah die Akten meiner anderen Fälle durch und machte neue Pläne, wie ich jedem meiner Mandanten helfen wollte, um eine Hinrichtung abzuwenden. Doch schließlich erkannte ich, dass dies kaum etwas ändern würde – es war lediglich der Versuch, über Herberts Tod hinwegzukommen. Trotzdem hatte die Arbeit etwas Tröstliches. Ich verspürte eine neue Entschlossenheit, weitere Mitarbeiter einzustellen und Mittel aufzutun, um den zum Tode Verurteilten juristisch beistehen zu können. Mit Eva sprach ich über einige Leute, die sich bei uns beworben hatten. Eine Stiftung bot eine Aussicht auf finanzielle Unterstützung, und am Nachmittag trafen endlich die Büromöbel ein, die wir bestellt hatten. Am Abend war ich überzeugt, dass sich die Situation bessern würde, auch wenn ich eine schwere Last auf den Schultern spürte.

5 Die Seelen der Schwarzen

Es wäre so viel einfacher, wenn er allein draußen im Wald auf der Jagd gewesen wäre, als das Mädchen ermordet wurde.« Armelia Hand, Walter McMillians ältere Schwester, machte eine Pause, während die übrigen Anwesenden im kleinen Wohnzimmer zustimmend murmelten. Ich saß auf einem Sofa und blickte in die Gesichter der fast zwei Dutzend Angehörigen, die mich ansahen.

»Dann könnten wir wenigstens verstehen, wie er das getan haben soll.« Sie blickte zu Boden.

»Aber wir haben den ganzen Morgen neben ihm gestanden ... Wir wissen, wo er war ... Wir wissen, was er gemacht hat!« Ihre Stimme wurde immer lauter und verzweifelter, und wieder murrten die Anwesenden zustimmend. Es war das wortlose Zeugnis der Trauer und des inneren Kampfes, das ich als Kind in ländlichen schwarzen Kirchengemeinden so oft gehört hatte.

»Fast alle, die wir heute hier sind, haben neben ihm gestanden, wir haben mit ihm gesprochen, mit ihm gelacht, mit ihm gegessen. Dann kommt Monate später die Polizei und behauptet, dass er kilometerweit entfernt jemanden umgebracht hat, während wir neben ihm gestanden haben. Und dann nehmen sie ihn mit, obwohl wir wissen, dass es eine Lüge ist.«

Sie rang mit der Fassung. Ihre Hände zitterten, sie war so aufgewühlt, dass sie kaum ein Wort hervorbrachte.

»Wir waren den ganzen Tag bei ihm! Was sollen wir tun, Mr. Stevenson? Sagen Sie uns, was sollen wir damit tun?«

Ihr Gesicht war verzerrt vor Schmerz.

»Ich fühle mich, als wäre ich auch verurteilt worden.«

Die kleine Gruppe antwortete auf jeden Satz mit Ausrufen wie »Ja!« und »So ist es!«.

»Ich fühle mich, als hätten sie auch mich zum Tode verurteilt. Warum sagen wir diesen Kindern, sie sollen auf sich aufpassen, wenn man zu Hause sein kann, bei der Familie, und sich um seine Angelegenheit kümmert und sie einem trotzdem einen Mord anhängen, den man gar nicht begangen hat, und einen zum Tode verurteilen?«

Ich saß im Anzug auf dem überfüllten Sofa und blickte in schmerzerfüllte Gesichter. Ich hatte nicht erwartet, dass das Treffen so emotional verlaufen würde. Aber die Anwesenden wollten Antworten und versuchten, sich mit einer Situation zu arrangieren, die vollkommen absurd war. Während ich noch über eine angemessene Antwort nachdachte, ergriff eine junge Frau das Wort.

»Johnny D hätte so etwas nie tun können, egal, ob wir bei ihm waren oder nicht«, sagte sie. Johnny D war der Spitzname, den die Familie Walter gegeben hatte. »So etwas tut er nicht.«

Die junge Frau war Walters Nichte. Sie erklärte weiter, warum ihr Onkel kein Alibi brauche, und stieß damit auf große Zustimmung in der Gruppe.

Ich war erleichtert, dass der Druck für den Moment gewichen war und die große Familie darüber debattierte, ob Walter überhaupt ein Alibi brauchte oder ob nicht allein schon der Gedanke daran eine Beleidigung war. Es war ein langer Tag gewesen. Ich wusste nicht, wie viel Uhr es war, aber es war sehr spät, und ich fühlte mich erschöpft. Ich hatte einige intensive Stunden im Todestrakt mit Walter verbracht und war mit ihm die Prozessakte durchgegangen. Davor hatte ich mit anderen Todeskandidaten gesprochen. Deren Fälle waren weniger dringlich, es gab keine Termine, doch da ich sie seit Herbert Richardsons Hinrichtung nicht gesehen hatte, waren sie begierig auf ein Gespräch.

Da Walters Fall abgeschlossen war, rückten Einspruchstermine näher. Die Zeit wurde knapp. Ich hätte nach dem Besuch im Gefängnis direkt nach Montgomery zurückfahren sollen, doch die Familie wollte mich kennenlernen, und da sie weniger als eine Stunde entfernt wohnte, hatte ich versprochen, nach Monroeville zu kommen.

Walters Frau Minnie Belle McMillian und seine Tochter Jackie erwarteten mich bereits, als ich in Repton vor ihrem heruntergekommenen Haus vorfuhr. Das Haus stand unweit der Landstraße nach Monroeville. Walter hatte mir gesagt, wenn ich an einer Reihe von Schnapsläden an der Grenze von Conecuh und Monroe vorbeikäme, dann wisse ich, dass es nicht mehr weit sei. Monroe County war »trocken«, das heißt, es durften keine alkoholischen Getränke verkauft werden; dafür wartete gleich hinter der Grenze zum Nachbar-County der Alkohol auf die durstigen Bürger. Walter lebte eine paar Kilometer hinter der Grenze.[1]

Als ich in die Einfahrt fuhr, staunte ich über den schlechten Zustand des Hauses – es war das Heim einer armen Familie. Die Veranda stand auf einem Stapel von Hohlblocksteinen, ihre Dielen wirkten morsch. Die blauen Fensterrahmen mussten dringend gestrichen werden, und die wackelige Treppe zur Veranda war der einzige Zugang zum Haus. Im Garten lagen Autoteile, Reifen, zerbrochene Möbel und anderer Schrott herum. Ehe ich ausstieg, beschloss ich, mein Jackett anzuziehen, obwohl es abgetragen war und an beiden Ärmeln Knöpfe fehlten.

Minnie kam mir entgegen. Während ich vorsichtig die Treppe hinaufbalancierte, entschuldigte sie sich für den Zustand des Hauses. Sie bat mich herein, während eine Frau Anfang zwanzig hinter ihr herging.

»Ich werde Ihnen etwas zu essen machen. Sie waren den ganzen Tag im Gefängnis.« Minnie wirkte müde, doch sie sah genauso geduldig und stark aus, wie ich sie mir nach Walters Beschreibungen und unseren Telefongesprächen vorgestellt hatte. Da es der Staatsanwalt für nötig befunden hatte, Walters Beziehung zu Karen Kelly in seine Beweis-führung einzubeziehen, war der Prozess für Minnie beson-ders schmerzhaft gewesen. Doch sie wirkte noch immer stark.

»Nein danke. Danke für das Angebot, aber ich brauche nichts. Ich habe mit Walter im Besucherraum gegessen.«

»Aber da gibt es doch nichts als Kartoffelchips und Limo. Ich koche Ihnen was Gutes.«

»Das ist wirklich sehr freundlich, aber ich brauche nichts. Sie haben doch auch den ganzen Tag gearbeitet.«

»Ja, ich arbeite jetzt Zwölfstundenschichten in der Fab-rik. Diese Leute interessieren sich nicht dafür, ob Sie krank sind, ob Sie nervös sind, ob gerade Gäste zu Besuch sind, und schon gar nicht, ob Sie familiäre Probleme haben.« Sie klang nicht verbittert oder ärgerlich, sondern bloß traurig. Sie hakte sich bei mir unter und führte mich ins Haus. Wir setzten uns auf das Sofa ihres chaotischen Wohnzimmers. Auf einem bunten Durcheinander von Stühlen stapelten sich Papiere und Kleider, die Spielsachen der Enkel waren über den Boden verstreut. Minnie saß dicht neben mir und drückte sich beinahe an mich. Leise sprach sie weiter.

»Die Leute auf der Arbeit sagen, du musst da sein, und dann musst du da sein. Ich versuche, sie durch die Uni zu bringen, aber das ist nicht einfach.« Sie nickte in Richtung ihrer Tochter Jackie auf der anderen Seite, die den Blick ihrer Mutter mitfühlend erwiderte und sich daraufhin zu uns setzte. Walter und Minnie hatten ihre Kinder Jackie, Johnny und »Boot« mehrmals erwähnt. Jackies Name wurde stets mit dem Hinweis, »sie studiert«, begleitet. Für mich hieß sie nur noch Jackie »sie studiert« McMillian. Alle Kinder waren Anfang bis Mitte zwanzig und schienen ihrer Mutter sehr nahezustehen.

Ich schilderte ihnen meinen Besuch bei Walter. Minnie war seit einigen Monaten nicht mehr im Gefängnis gewesen und schien dankbar, dass ich einige Zeit mit ihrem Mann verbracht hatte. Ich erklärte ihnen das Berufungsverfahren und sprach über die nächsten Schritte. Sie bestätigten Walters Alibi und erzählten mir von Gerüchten, die über den Fall zirkulierten.

»Ich glaube, es war dieser alte Miles Jackson«, stieß Minnie hervor.

»Und ich glaube, es war der neue Besitzer, Rick Blair«, sagte Jackie. »Alle wissen, dass man unter den Fingernägeln des Mädchens weiße Haut gefunden hat, weil sie mit ihrem Mörder gekämpft hat.«

»Wir werden die Wahrheit herausfinden«, versicherte ich ihnen. Ich versuchte, Zuversicht zu verbreiten, obwohl ich nach der Lektüre der Prozessakten daran zweifelte, dass mir die Polizei Einblick in ihre Unterlagen oder die am Tatort gefundenen Beweise gewähren würde. Selbst den Prozessakten konnte man entnehmen, dass die Ermittler gegen jedes Recht und Gesetz gehandelt hatten. Schon als Untersuchungshäftling hatten sie Walter in eine Todeszelle gesperrt, und ich musste befürchten, dass sie sich nicht an die Gesetze halten würden, die vorschrieben, ihm entlastendes Material auszuhändigen, mit dem er seine Unschuld beweisen konnte.

Wir unterhielten uns eine gute Stunde lang, das heißt, sie sprachen, und ich hörte zu. Es war nicht zu übersehen, welches Trauma die letzten achtzehn Monate seit Walters Verhaftung gewesen waren.

»Das Schlimmste war der Prozess«, sagte Minnie. »Wir haben ihnen gesagt, dass Johnny D zu Hause war, aber das haben sie einfach ignoriert. Niemand hat mir erklärt, warum. Warum haben sie das gemacht?« Sie sah mich an, als würde sie von mir eine Antwort erwarten.

»Der ganze Prozess ist auf Lügen aufgebaut«, stimmte ich ihr zu. Normalerweise war ich vor Walters Familie vorsichtig mit derart eindeutigen Meinungen, weil ich mich noch nicht intensiv genug in den Fall eingearbeitet hatte und nicht sicher sein konnte, ob nicht doch noch belastende Beweise auftauchen würden. Doch allein die Lektüre der Prozessakten hatte mich wütend gemacht, und ich spürte, wie diese Wut wieder in mir aufstieg – nicht nur über das Unrecht, das an Walter begangen worden war, sondern auch über das Leid, das dieses Unrecht über die gesamte Gemeinschaft gebracht hatte. Alle Schwarzen, die sich mit mir über den Fall unterhielten, brachten ihre Hoffnungslosigkeit zum Ausdruck. Dieses massive Justizversagen hatte die ganze Gemeinschaft in Verzweiflung gestürzt, weshalb es mir schwerfiel, meine Gefühle zu unterdrücken.

»Eine Lüge nach der anderen«, fuhr ich fort. »Die haben den Geschworenen so viele Lügen aufgetischt, und als Sie endlich die Wahrheit gesagt haben, war es einfacher, zu glauben, dass *Sie* lügen. Es ist schon frustrierend, allein die Prozessakte zu lesen. Ich kann gut nachvollziehen, wie Sie sich fühlen.«

Das Telefon klingelte, und Jackie sprang auf. Wenige Minuten später kam sie wieder. »Eddie sagt, die Leute werden unruhig. Sie wollen wissen, wann er kommt.«

Minnie stand auf und richtete ihr Kleid. »Dann sollten wir jetzt wahrscheinlich los. Sie warten schon den ganzen Tag.«

Als ich sie verwundert ansah, lächelte Minnie. »Ach, ich habe dem Rest der Familie gesagt, dass ich Sie mitbringe, weil es so schwer zu finden ist, wenn man den Weg nicht kennt. Seine Schwestern, Neffen, Nichten und ein paar andere Leute wollen Sie kennenlernen.« Ich versuchte, meinen Schrecken zu verbergen, aber angesichts der fortgeschrittenen Zeit wurde ich etwas unruhig.

Wir stiegen in meinen kleinen Zweitürer, in dem sich Papiere, Akten und Berichte stapelten. »Sie geben Ihr Geld vermutlich lieber für andere Sachen aus«, witzelte Jackie, als wir losfuhren.

»Stimmt, bei mir stehen teure Anzüge ganz oben auf der Liste«, erwiderte ich.

»Ihr Anzug und Ihr Auto sind völlig in Ordnung«, nahm mich Minnie in Schutz.

In der anbrechenden Dunkelheit fuhren wir einen kurvigen Waldweg entlang. Nach einigen Kilometern im dichten Wald kamen wir an eine schmale Brücke, die gerade breit genug für ein Auto war. Da sie baufällig wirkte, hielt ich an.

»Kein Problem. Es hat nicht viel geregnet. Schwierig wird es erst, wenn es regnet«, erklärte Minnie mir.

»Was heißt schwierig?« Ich wollte nicht beunruhigt klingen, aber wir waren mitten in der Wildnis, und in der Dunkelheit konnte ich nicht erkennen, ob unter der Brücke ein Sumpf oder ein Bach lag.

»Es ist okay. Hier fahren dauernd Leute entlang«, versicherte mir Jackie.

Da es mir peinlich gewesen wäre umzukehren, fuhr ich langsam über die Brücke und war erleichtert, als wir sicher auf der anderen Seite angelangt waren. Knapp zwei Kilometer weiter öffnete sich der Wald. Wir fuhren an ein paar Hütten und Häuschen vorüber, bis wir schließlich in eine Siedlung kamen.

Wir fuhren einen Hügel hinauf zu einer Hütte, die im Dunkeln leuchtete, erhellt von einem brennenden Fass vor der Tür. Sechs oder sieben Kinder spielten draußen, doch als sie unser Auto sahen, liefen sie nach drinnen. Wir stiegen aus, und ein großer Mann kam aus der Hütte auf uns zu. Er umarmte Minnie und Jackie, ehe er mir die Hand gab.

»Sie warten schon auf Sie«, erklärte er mir. »Sie haben wahrscheinlich viel zu tun, aber wir sind Ihnen sehr dankbar, dass Sie zu uns gekommen sind. Ich bin Giles, ein Neffe von Walter.«

Giles begleitete mich hinein. In dem kleinen Raum drängten sich mehr als dreißig Leute, deren Gespräche sofort verstummten, als ich hereinkam. Ich staunte über die Zahl der Anwesenden, die mich erst musterten und dann einer nach dem anderen anlächelten. Es waren ältere und jüngere Frauen, einige Männer in Walters Alter und einige deutlich ältere Männer. In ihre Gesichter hatte sich der Ausdruck der Sorge eingegraben, den ich inzwischen so gut kannte. Zu meiner großen Überraschung applaudierten plötzlich alle. Die Geste war überwältigend – mir hatte noch nie jemand applaudiert, bloß weil ich einen Raum betreten hatte. Dann sprach ich ein paar Worte.

»Danke, das ist sehr freundlich von Ihnen«, begann ich. »Ich freue mich sehr, Sie alle kennenzulernen. Mr. McMillian hat mir erzählt, dass er eine große Familie hat, aber ich habe nicht damit gerechnet, dass so viele von Ihnen kommen würden. Ich habe ihn heute getroffen, und er hat mich gebeten, Ihnen für Ihren Beistand zu danken. Ich hoffe, Sie wissen, wie viel ihm Ihre Unterstützung bedeutet. Er muss jeden Morgen in der Todeszelle aufwachen, und das ist nicht einfach. Aber er weiß, dass er nicht allein ist. Er spricht die ganze Zeit von Ihnen.«

»Setzen Sie sich doch, Mr. Stevenson«, rief jemand. Ich nahm auf der Couch Platz, die für mich reserviert zu sein schien. Minnie setzte sich neben mich. Die anderen standen und sahen mich an.

»Wir haben kein Geld. Das haben wir alles dem ersten Anwalt gezahlt«, rief einer der Männer.

»Das verstehe ich, und ich nehme keinen Cent. Ich arbeite für eine gemeinnützige Kanzlei, und wir bieten unseren Mandanten kostenlosen Rechtsbeistand«, beruhigte ich.

»Aber wie zahlen Sie denn Ihre Rechnungen?«, fragte eine junge Frau. Die Anwesenden lachten.

»Wir bekommen Spenden von Stiftungen und von Privatpersonen, die unsere Arbeit unterstützen.«

»Wenn Sie Johnny D nach Hause bringen, dann spende ich Ihnen, was Sie wollen«, sagte eine der Frauen schüchtern. Einige lachten, und ich lächelte sie an.

Eine ältere Frau meldete sich zu Wort. Es war Armelia Hand. »Wir haben nicht viel. Aber Sie haben jemanden in Ihrer Obhut, den wir sehr lieben. Was uns gehört, gehört auch Ihnen. Diese Leute haben uns das Herz gebrochen.«

Ich beantwortete Fragen und hörte mir Kommentare über Walter, die Stadt, die Hautfarbe, die Polizei, den Prozess und die Behandlung der Familie durch die Gemeinde an. Die Stunden vergingen, und ich hatte vermutlich alle nützlichen Informationen erhalten, die ich von Walters Familie erwarten konnte, doch die Angehörigen verspürten großen Gesprächsbedarf. Es war wie eine Gruppentherapie. Bald hörte ich Hoffnung aus ihren Fragen und Anmerkungen heraus. Ich erklärte ihnen das Berufungsverfahren und sprach über alle möglichen Themen. Es freute mich, dass einige meiner Informationen ihre Sorgen ein wenig beruhigt haben könnten. Wir machten einige Witze, und ich fühlte eine große Geborgenheit, die mir Kraft verlieh.

Eine ältere Frau reichte mir ein großes Glas mit süßem Eistee. Durstig leerte ich es in einem Zug, während mir die Frau zufrieden zusah. Sie füllte das Glas rasch wieder und behielt es den ganzen Abend über im Auge. Nach drei Stunden nahm mich Minnie bei der Hand und verkündete, dass sie mich nun gehen lassen sollten. Es war kurz vor Mitternacht, und ich brauchte mindestens zwei Stunden, um zurück nach Montgomery zu fahren. Ich verabschiedete mich und umarmte praktisch sämtliche Anwesenden, ehe ich hinaus in die Dunkelheit trat.

Tagsüber sind die Dezembertage in Alabama angenehm mild, doch nachts können die Temperaturen spürbar fallen, und man wird daran erinnert, dass es selbst im Süden Winter wird. Da ich keinen Mantel dabeihatte, drehte ich die Heizung auf, nachdem ich Minnie und Jackie zu Hause abgesetzt hatte. Die Begegnung mit der Familie hatte mich beflügelt. Offenbar gab es eine Menge Leute, denen Walter und damit auch meine Arbeit viel bedeutete. Aber es wurde auch deutlich, wie sehr diese Leute durch die Geschehnisse stark mitgenommen waren. Einige der Besucher in der Hütte waren keine Angehörigen Walters, aber sie hatten das Grillfest besucht. Walters Verurteilung beunruhigte sie derart, dass sie ebenfalls gekommen waren, als sie von meinem Besuch gehört hatten. Sie brauchten einen Ort, an dem sie ihren Schmerz und ihre Verwirrung mit anderen teilen konnten.

Im Jahr 1903 schrieb der schwarze Denker und Schriftsteller W.E.B. Du Bois eine ebenso geniale wie bewegende Erzählung, an die ich auf der Heimfahrt denken musste. In »Johns Heimkehr«, die Du Bois in seinem Buch *Die Seelen der Schwarzen* veröffentlichte, wird ein junger Schwarzer namens John von seinem Heimatort an der Küste von Georgia an ein Hunderte Kilometer entferntes College geschickt, das schwarze Lehrer ausbildet. Das ganze Dorf, in dem er zur Welt gekommen ist, sammelt Geld, um sein Studium zu bezahlen. Die Menschen investieren in John, damit er in Zukunft ihre Kinder unterrichtet, die keine staatlichen

Schulen besuchen können. John ist ein lebenslustiger junger Mann und fällt beinahe durch die Prüfungen. Dann wird ihm jedoch klar, welches Vertrauen in ihn gesetzt wurde und welche Schande es wäre, wenn er ohne Abschluss nach Hause käme. Ernüchtert und entschlossen, widmet er sich seinem Studium, schließt mit Auszeichnung ab und kehrt mit der Absicht nach Hause zurück, in seiner Gemeinde etwas zu bewegen.

John überzeugt den Richter, der über den Ort herrscht, ihn eine Schule für schwarze Kinder eröffnen zu lassen. Sein Studium hat ihn selbstbewusst gemacht, doch mit seinen Ansichten zu Gleichheit und Gleichberechtigung handelt er sich und der schwarzen Gemeinde Ärger ein. Als der Richter hört, was John unterrichtet, lässt er die Schule schließen. Frustriert und verzweifelt, macht sich John auf den Nachhauseweg. Unterwegs wird er Zeuge, wie seine Schwester von dem erwachsenen Sohn des Richters belästigt wird, und in seiner Wut nimmt er ein Stück Holz und schlägt es dem Mann über den Kopf. John geht weiter nach Hause, um sich von seiner Mutter zu verabschieden. Du Bois lässt seine tragische Geschichte damit enden, dass John von dem zornigen Richter und seinem Lynchmob eingeholt wird.

Während meines Studiums las ich diese Geschichte mehrmals, weil ich mich mit John identifizierte. John war die Hoffnung einer ganzen Gemeinde. In meiner Familie war niemand zur Universität gegangen, viele hatten nicht einmal die Schule abgeschlossen. Die Mitglieder der Kirchengemeinde sprachen mir immer Mut zu und erwarteten nie eine Gegenleistung, doch ich spürte, dass ich ihnen etwas schuldig war. Du Bois verstand diese Dynamik nur zu gut und machte sie auf eine Weise lebendig, die mich faszinierte. (Ich hoffte nur, dass die Parallelen zu John nicht bis zum bitteren Ende reichen würden.)

Auf der Heimfahrt sah ich die Geschichte jedoch plötzlich in einem ganz neuen Licht. Ich hatte nie darüber nachgedacht, wie verheerend Johns Tod für seine Gemeinde gewesen sein musste. Für die Menschen, die alles gegeben hatten, um John zum Lehrer ausbilden zu lassen, würde das Leben nun noch schwieriger werden. Der schwarzen Gemeinde stellten sich nun noch mehr Hindernisse in den Weg, und der Schmerz war noch größer. Johns Studium hatte nicht zu Befreiung und Fortschritt geführt, sondern zu Gewalt und einer Tragödie. Das Misstrauen, die Feindseligkeit und das Unrecht würden sogar noch größer.

Walters Familie und die meisten schwarzen Menschen in seiner Gemeinde wurden durch seine Verurteilung ähnlich belastet. Auch wenn sie Walter am Tag des Verbrechens nicht selbst gesehen hatten, kannten die meisten Schwarzen von Monroeville jemanden, der an diesem Tag bei ihm gewesen war. Der Schmerz in der Hütte war mit Händen zu greifen gewesen. Die Gemeinde schien verzweifelt auf Gerechtigkeit zu hoffen. Diese Erkenntnis machte mich nervös, doch sie bestärkte mich auch in dem, was ich tat.

Ich hatte mich daran gewöhnt, dass mich Leute in Walters Fall anriefen. Die meisten waren arm und schwarz, sie sprachen mir Mut zu und boten ihre Hilfe an. Nach meinem Besuch bei der Familie nahm die Zahl dieser Anrufe noch zu. Hin und wieder erhielt ich aber auch Anrufe von Weißen, für die Walter gearbeitet hatte. Einer davon war Sam Crook, der darauf bestand, dass ich ihn bei meiner nächsten Fahrt nach Monroeville besuchen solle.

»Ich bin ein Rebell«, erklärte er gegen Ende seines Anrufs. »Ich gehöre zur 117. Division der Konföderiertenarmee.«

»Wie bitte?«

»Meine Vorfahren waren Helden der Konföderierten. Ich habe ihr Land, ihren Rechtsanspruch und ihren Stolz geerbt. Ich liebe mein Land, aber ich weiß, dass das, was sie mit Walter gemacht haben, nicht in Ordnung ist.«

»Ich danke Ihnen für Ihren Anruf.«

»Sie brauchen ein bisschen Unterstützung, jemanden, der weiß, wie diese Leute ticken, mit denen Sie es zu tun bekommen. Da kann ich Ihnen helfen.«

»Dafür wäre ich Ihnen sehr dankbar.«

»Ich sag Ihnen noch etwas.« Er senkte die Stimme. »Glauben Sie, dass Ihr Telefon angezapft wird?«

»Nein, ich glaube, mein Telefon ist okay.«

Sam sprach wieder etwas lauter.

»Ich habe beschlossen, dass wir denen nicht erlauben, Walter aufzuknüpfen. Ich organisiere ein paar Leute, und wir holen ihn da raus. Ich werde nicht zulassen, dass sie einen guten Mann umbringen für etwas, das er nicht getan hat.«

Sam Crook liebte große Worte. Ich zögerte einen Moment, ehe ich antwortete.

»Ja, äh, danke«, sagte ich. Mehr fiel mir nicht ein.

Als ich Walter später nach Sam Crook fragte, lächelte er nur. »Ich habe viel für ihn gearbeitet. Er war immer gut zu mir. Ein sehr interessanter Typ.«

In den ersten Monaten besuchte ich Walter etwa zweimal im Monat und wurde mit einigen seiner Gewohnheiten vertraut. »Interessant« war ein Euphemismus für »sonderbar«, und da er im Laufe der Jahre für Hunderte Kunden gearbeitet hatte, kannte er eine ganze Menge »interessanter« Leute. Je seltsamer jemand war, umso »interessanter« war er in Walters Darstellung. »Sehr interessant«, »wirklich interessant« und »der ist nun aber echt interessant« waren seine Vokabeln für immer verschrobenere Typen. Walter sprach offenbar nicht gern schlecht von anderen Menschen. Wenn er jemanden sonderbar fand, dann kicherte er bloß leise in sich hinein.

Im Laufe meiner Besuche wurde Walter viel entspannter. Als wir uns besser kannten, schweifte er manchmal zu Themen ab, die nichts mit seinem Fall zu tun hatten. Wir sprachen über die Gefängniswachen und seine Erfahrungen im Umgang mit anderen Häftlingen. Wir sprachen über die Leute zu Hause, von denen er einen Besuch erwartete, die aber nicht gekommen waren. In diesen Gesprächen legte Walter ein bemerkenswertes Mitgefühl an den Tag. Er sann über die möglichen Gedanken und Gefühle anderer nach, und wie sie vielleicht deren Handlungen beeinflussten. Er spekulierte über die Frustrationen, mit denen die Wachleute lebten, um zu erklären, warum sie ihn beleidigten. Er dachte laut darüber nach, wie schwer es sein musste, jemanden in der Todeszelle zu besuchen.

Wir sprachen über sein Lieblingsessen und über frühere Jobs. Wir sprachen über Hautfarbe und Macht, über Dinge, die uns belustigten, und über Dinge, die uns traurig stimmten. Es munterte ihn auf, mit jemandem sprechen zu können, der kein Todeskandidat und kein Wachmann war, und ich nahm mir immer Zeit, um mich mit ihm über Dinge zu unterhalten, die nichts mit seinem Prozess zu tun hatten. Nicht nur um seinet-, sondern auch um meinetwillen.

Ich hängte mich so rein, um die Equal Justice Initiative auf den Weg zu bringen, dass mein Leben schon bald fast nur noch aus meiner Arbeit bestand. Umso erfrischender waren die Momente, in denen ich meine Mandanten nicht als Mandanten, sondern als Freunde erlebte. Walters Fall war komplizierter und nahm mehr Zeit in Anspruch als jeder frühere Fall, und die Zeit, die ich mit ihm verbrachte, hatte etwas Wohltuendes, auch wenn ich sein Leid nun immer persönlicher erlebte.

»Mann, die Jungs erzählen mir, wie Sie für sie schuften. Sie kommen doch gar nicht mehr zur Ruhe«, meinte er einmal zu mir.

»Na ja, die brauchen alle Hilfe, und wir tun unser Bestes.«
Er sah mich mit einem seltsamen Blick an, den ich noch
nicht von ihm kannte. Ich war mir nicht sicher, ob er mir
einen Rat geben wollte. Schließlich schien er mit dem her-
auszurücken, was ihn beschäftigte.

»Sie können nicht allen helfen«, sagte er und sah mich
ernst an. »Damit bringen Sie sich nur selbst um.« Er sah
mich weiter besorgt an.

Ich lächelte. »Ich weiß.«

»Mir müssen Sie natürlich helfen. Da müssen Sie alles
geben.« Er grinste. »Um mich hier rauszuholen, müssen Sie
es mit allen aufnehmen.«

»Genau. Mit Riesen kämpfen, mit Alligatoren ringen,
wilde Tiere zur Strecke bringen …«, lachte ich.

»Ja, und Sie brauchen auch noch jemanden, der weiter-
kämpft, wenn die Ihnen den Kopf abschlagen, denn wenn
Sie ausfallen, brauche ich ja einen Neuen.«

Je mehr Zeit ich mit Walter verbrachte, umso mehr lernte
ich ihn als freundlichen, anständigen und großzügigen
Menschen kennen. Er gab freimütig zu, dass er Fehler gemacht hatte, vor allem, was Frauen anging. Aber Angehörige, Freunde und Bekannte wie Sam Crook bestätigten
mir, dass Walter stets versucht hatte, das Richtige zu tun.
Die Zeit, die ich mit ihm verbrachte, schien mir nie verloren oder unproduktiv.

Es ist wichtig, Zeit mit den zum Tode Verurteilten zu verbringen. Ein vertrauensvolles Verhältnis ist natürlich entscheidend, um mit den Belastungen des Verfahrens und
der möglichen Hinrichtung umzugehen, aber es ist auch
entscheidend für eine wirkungsvolle Verteidigung. Das
Leben des Mandanten hängt oft davon ab, dass der Anwalt
eine Geschichte erzählen kann, die schlechte Entscheidungen und Gewalttaten in einen Zusammenhang stellt und
sich mildernd auswirkt. Um Dinge über den Hintergrund

eines Menschen zu erfahren, für die sich bis dahin niemand interessiert hat, ist Vertrauen nötig. Damit ein Verurteilter zugeben kann, dass er als Kind sexuell missbraucht, vernachlässigt oder verlassen wurde, ist ein großes Maß an Vertrauen nötig, das über viele Stunden und zahlreiche Besuche hinweg wachsen muss. Man muss sich mit dem Mandanten auch über Sport, Fernsehen, Popkultur oder was auch immer ihn interessiert unterhalten, um eine Beziehung aufzubauen, die nicht nur eine wirkungsvolle Arbeit ermöglicht, sondern auch authentisch ist. Und genau diese Art von Beziehung verband mich mit Walter.

Kurz nach meinem ersten Besuch bei Walters Familie erhielt ich einen Anruf von einem gewissen Darnell Houston. Der junge Mann behauptete, er könne beweisen, dass Walter unschuldig sei. Seine Stimme zitterte vor Nervosität, doch er war entschlossen, mit mir zu sprechen. Am Telefon wollte er nichts sagen, also fuhr ich nach Monroe County, um ihn zu treffen. Er lebte in einem Dorf auf einem kleinen Bauernhof, den seine Familie seit dem Ende der Sklaverei bewirtschaftete. Darnell war ein ehrlicher junger Mann, und ich sah, dass er vor seinem Anruf lange mit sich gerungen hatte.

Als ich vor dem Haus vorfuhr, kam er heraus, um mich zu begrüßen. Er war Mitte zwanzig und Anhänger der »Jehri Curl«-Mode. Ich hatte schon bemerkt, dass viele Schwarze in Monroeville ihre Haare chemisch behandelten, um sie lockerer zu machen und eine Frisur zu bekommen, wie sie Michael Jackson zu »Thriller«-Zeiten trug. Die fröhliche Frisur stand jedoch in deutlichem Gegensatz zu seinem sorgenvollen Blick. Kaum hatten wir uns hingesetzt, da kam er schon zur Sache.

»Mr. Stevenson, ich kann beweisen, dass Walter McMillian unschuldig ist.«

»Wirklich?«

»Bill Hooks lügt. Ich habe nicht einmal gewusst, dass er mit dem Fall zu tun hat. Dann habe ich gehört, dass er geholfen hat, Walter McMillian in die Todeszelle zu bringen. Erst habe ich es gar nicht glauben wollen, dass Bill da mitgemacht hat. Aber dann habe ich gehört, wie er ausgesagt hat, dass er an der Reinigung vorbeigefahren ist, als das Mädchen umgebracht worden ist. Das ist eine Lüge.«

»Woher wissen Sie das?«

»Wir haben den ganzen Tag zusammen gearbeitet. Wir haben letzten November im NAPA-Auto-Shop gearbeitet. Ich erinnere mich an den Samstag, an dem das Mädchen umgebracht worden ist, weil die Krankenwagen und Polizeiautos die Straße runtergerast sind. Das ist eine halbe Stunde so gegangen. Ich habe ein paar Jahre in der Stadt gearbeitet, aber so was hatte ich noch nie erlebt.«

»Sie haben an dem Samstagmorgen gearbeitet, an dem Ronda Morrison ermordet wurde?«

»Ja, mit Bill Hooks. So von acht Uhr morgens an. Zur Mittagspause haben wir zugemacht, da waren die Krankenwagen schon lange wieder weg. Das mit den Sirenen ist so gegen elf losgegangen. Da war Bill mit mir in der Werkstatt, wir haben an einem Auto gearbeitet. Der Laden hat nur einen Ausgang, und er war den ganzen Morgen da. Wenn er gesagt hat, dass er an der Reinigung vorbeigefahren ist, als das Mädchen umgebracht wurde, dann lügt er.«

Was mich bei der Lektüre des Verhandlungsprotokolls am meisten frustriert hatte, war, dass die Zeugen der Anklage – Ralph Myers, Bill Hooks und Joe Hightower – ganz offensichtlich gelogen hatten. Es war lachhaft, wie widersprüchlich und unglaubwürdig ihre Aussagen waren, und Myers' Behauptung, Walter habe ihn entführt, um sich zum Tatort fahren zu lassen, und dass er ihn später wieder an der Tankstelle abgesetzt habe, war völlig absurd. Hooks, ein weiterer wichtiger Belastungszeuge, erschien in der Prozessakte alles andere als vertrauenswürdig und wiederholte lediglich immer wieder, er sei zur Tatzeit an der Reinigung vorbeigefahren. Auf jede Frage der Anwälte wiederholte er, dass er gesehen habe, wie Walter mit einer Tasche aus dem Laden gekommen, in seinen »tiefergelegten« Pick-up gestiegen und von einem Weißen davongefahren worden sei. Als Chestnut nachhakte, was er an diesem Tag außerdem gesehen und was er in der Gegend getan hatte, wusste er keine Antwort. Er habe McMillian aus der Reinigung kommen sehen, mehr konnte er offenbar nicht sagen. Aber der Staatsanwalt stützte seine Anklage auf diese Aussage.

Ich hatte vorgehabt, Walters Verurteilung sofort am Berufungsgericht von Alabama anzufechten. Der Staatsanwalt hatte so wenig unternommen, um Walters Schuld zu beweisen, dass es kaum juristisch anfechtbare Punkte gab. Doch die Beweise gegen Walter waren so fadenscheinig, dass ich hoffte, das Gericht könne das Urteil allein aufgrund dieser Mängel aufheben. Sobald das Verfahren in die Berufung ging, konnten wir keine neuen Beweise mehr vorlegen. Die Frist für einen Antrag auf eine Neuverhandlung – die letzte Möglichkeit, um vor Beginn der Berufung neue Beweise zu präsentieren – war bereits verstrichen. Chestnut und Boynton, die Walter im ersten Prozess vertreten hatten, hatten zwar einen entsprechenden Antrag gestellt, der jedoch von Richter Key prompt abgelehnt worden war. Darnell sagte mir, er habe Walters Anwälte informiert und die beiden hätten seine Aussage in ihrem Antrag auf eine Neuverhandlung angeführt, doch das habe offenbar niemand ernst genommen.

Wenn ein Todesurteil verhängt wird, beantragen die Anwälte in der Regel eine Neuverhandlung, doch dem Antrag wird nur selten stattgegeben. Kann der Angeklagte allerdings neue Beweise vorlegen, die zu einem anderen Urteil führen könnten oder die Glaubwürdigkeit der ersten Verhandlung infrage stellen, wird in der Regel eine Anhörung durchgeführt. Nach dem Gespräch mit Darnell zog ich in Erwägung, den Beweis erneut vorzulegen, ehe ich die Berufung anstrengte, in der sehr vagen Hoffnung, die Staatsanwaltschaft zu einem Rückzug zu bewegen. Ich beantragte, die Ablehnung einer Neuverhandlung zu überdenken. Darnell gab mir eine eidesstaatliche Versicherung, dass Hooks' Aussage falsch war. Ich ging das Risiko ein, mit einigen Anwälten vor Ort darüber zu sprechen, wie wahrscheinlich es war, dass der neue Bezirksstaatsanwalt die Prozessmängel einräumen und bei Vorlage stichhaltiger neuer Beweise eine Neuverhandlung befürworten würde.

Einige Kollegen waren der Ansicht, dass der neue Bezirksstaatsanwalt Tom Chapman, ein früherer Strafverteidiger, möglicherweise fairer und mitfühlender gegenüber einem irrtümlich Verurteilten sein könnte als Ted Pearson, der sein Leben lang die Anklage vertreten hatte. Nach Pearsons langer Amtszeit war Chapmans Wahl so etwas wie ein Neuanfang. Chapman war Mitte vierzig und hatte davon gesprochen, die Strafverfolgung in der Region modernisieren zu wollen. Einige hielten ihn für einen Ehrgeizling, der nach höheren Weihen strebte. Außerdem fand ich heraus, dass er in einer früheren Anhörung Karen Kelly vertreten hatte, woraus ich schloss, dass er mit dem Fall vertraut war. Ich hatte gewisse Hoffnungen.

Während ich mein weiteres Vorgehen überdachte, erhielt ich einen Anruf von Darnell.

»Mr. Stevenson, Sie müssen mir helfen. Die haben mich heute morgen verhaftet und eingesperrt. Ich bin gerade auf Kaution rausgekommen.«

»Wie bitte?«

»Ich habe sie gefragt, was ich verbrochen habe. Sie haben

mir gesagt, dass sie mich wegen Meineid vor Gericht stellen wollen.« Er klang entsetzt.

»Meineid? Wegen dem, was Sie Mr. McMillians Anwalt vor einem Jahr gesagt haben? Haben sie Sie noch mal verhört, seit Sie Ihre Erklärung abgegeben haben? Sie sollten mich doch informieren, wenn Sie von denen hören.«

»Nein, Sir. Ich habe nichts mehr von denen gehört. Die sind nur heute morgen gekommen und haben mich verhaftet. Und dann haben sie mir gesagt, dass sie mich wegen Meineid anklagen wollen.«

Als ich auflegte, war ich schockiert und wütend. Es war ein unerhörtes Vorgehen, jemanden wegen Meineids anzuklagen, ohne Ermittlungen durchzuführen und stichhaltige Beweise vorzulegen, dass seine Aussage falsch war. Die Polizei und die Staatsanwaltschaft hatten offenbar von meinem Gespräch mit Darnell erfahren und wollten ihm eine Lektion erteilen.

Einige Tage später rief ich den neuen Bezirksstaatsanwalt an, um einen Termin zu vereinbaren.

Auf meinem Weg zu seinem Büro beschloss ich, dass ich mir zunächst seine Sicht der Dinge anhören wollte, statt mich wütend zu beschweren, dass jemand wegen Meineids angeklagt wurde, weil er einem Zeugen der Anklage widersprochen hatte. Ich wollte erst unser Gespräch abwarten, ehe ich meinen Stapel von Eingaben einreichte. Es war meine erste persönliche Begegnung mit einem von Walters Anklägern, und ich wollte nicht gleich mit zornigen Anschuldigungen beginnen. Ich hatte mich zu der Annahme hinreißen lassen, dass die Menschen, die Walter angeklagt hatten, möglicherweise falsch beraten oder einfach inkompetent waren. Mir war klar, dass einige von ihnen Rassisten waren und ihr Amt missbraucht hatten, aber ich hegte die vage Hoffnung, dass sie sich vielleicht von Argumenten überzeugen ließen. Die Anklage gegen Darnell war allerdings ein besorgniserregendes Signal, dass sie auch bereit waren, ihre Gegner zu bedrohen und einzuschüchtern.

Das Gerichtsgebäude von Monroe County liegt mitten in Monroeville. Ich fuhr in den Ort, stellte mein Auto ab und betrat das Gebäude, um nach dem Büro des Bezirksstaatsanwalts zu suchen. Bei meinem ersten Besuch einen Monat zuvor hatte ich ein paar Akten abgeholt, und eine der Mitarbeiterinnen hatte mich gefragt, woher ich denn käme. Als ich »Montgomery« sagte, hielt sie mir einen Vortrag darüber, dass Monroeville durch den berühmten Roman von Harper Lee bekannt geworden sei.

»Haben Sie das Buch gelesen?«, fragte sie mich. »Eine wunderbare Geschichte. Das ist ein sehr berühmter Ort. Das alte Gerichtsgebäude ist heute ein Museum, und als sie den Film gedreht haben, war Gregory Peck hier. Das sollten Sie mal besuchen, stellen Sie sich dahin, wo Gregory Peck gestanden hat, ich meine, wo Atticus Finch gestanden hat.«

Sie kicherte aufgeregt. Vermutlich beglückte sie alle auswärtigen Anwälte, die sich hierher verirrten, mit derselben Geschichte. Begeistert erzählte sie mir von dem Roman, bis ich versprach, dem Museum so bald wie möglich einen Besuch abzustatten. Ich sagte ihr nicht, dass ich einen unschuldigen Schwarzen vertrat, der nach einem rassistischen Prozess hingerichtet werden sollte.

Auf meiner zweiten Reise war meine Stimmung eine andere. Das Letzte, was mich interessierte, waren Märchen von Gerechtigkeit. Ich ging durch das Gerichtsgebäude, bis ich das Büro des Bezirksstaatsanwalts gefunden hatte. Dort meldete ich mich bei seiner Sekretärin an, die mich misstrauisch beäugte, ehe sie mich in Chapmans Büro begleitete. Er kam sofort auf mich zu und schüttelte mir die Hand.

Chapman begann unser Gespräch mit den Worten: »Mr. Stevenson, es gibt viele Leute, die Sie gern kennenlernen wollen. Ich habe ihnen von Ihrem Besuch erzählt, aber ich halte es für besser, wenn wir erst einmal unter vier Augen miteinander sprechen.« Es wunderte mich nicht, dass die Nachricht die Runde gemacht hatte und Walters neuer Anwalt für Gesprächsstoff sorgte. Ich hatte inzwischen mit so vielen Menschen gesprochen, dass meine Anstrengungen in Walters Fall natürlich Thema waren. Ich nahm an, dass Richter Key mich bereits als verwirrt und verbohrt beschrieben hatte, nur weil ich nicht, wie von ihm angewiesen, den Fall abgegeben hatte.

Chapman war mittelgroß, hatte lockiges Haar und trug eine Brille, was darauf schließen ließ, dass es ihm nichts ausmachte, auf Anhieb als Intellektueller erkannt zu werden. Ich hatte Staatsanwälte kennengelernt, die sich kleideten, als würden sie lieber auf Entenjagd gehen, als in einem Büro zu sitzen, doch Chapman wirkte professionell und höflich und verhielt sich mir gegenüber sehr zuvorkommend. Ich war ein wenig verwundert, dass er sofort die Interessen anderer Strafverfolger ansprach, und hielt es zunächst für ein gutes Zeichen, dass er ein offenes Gespräch ohne Ablenkungen suchte.

»Ich danke Ihnen«, erwiderte ich. »Der Fall McMillian macht mir große Sorgen. Ich habe die Akte gelesen und, ehrlich gesagt, ernsthafte Zweifel an der Schuld des Angeklagten und an der Seriosität des Urteils.«

»Ja, das war ein großer Fall, keine Frage. Ich nehme an, Sie wissen, dass ich nichts mit den Ermittlungen zu tun hatte?«

»Ja, das weiß ich.«

»Es war eines der abscheulichsten Verbrechen in der Geschichte von Monroe County, und Ihr Mandant hat viele Menschen gegen sich aufgebracht. Die Menschen sind immer noch wütend, Mr. Stevenson. Einige meinen, Walter McMillian könnte gar nicht hart genug bestraft werden.«

Das war ein enttäuschender Beginn – er schien restlos überzeugt von Walters Schuld. Trotzdem fuhr ich fort.

»Es war sicher ein abscheuliches und tragisches Verbrechen, und die Wut ist verständlich. Aber es ist niemandem gedient, wenn man den Falschen dafür verurteilt. Ob McMillian etwas verbrochen hat oder nicht, muss ein Prozess beweisen. Aber wenn der Prozess nicht fair verläuft oder Zeugen falsche Aussagen machen, dann können wir nicht wissen, ob er schuldig ist oder nicht.«

»Nun, momentan sind Sie vermutlich der Einzige, der den Prozess für unfair hält. Wie gesagt, ich war an den Ermittlungen nicht beteiligt.«

Ich war frustriert, und Chapman sah wahrscheinlich, dass ich unruhig auf meinem Stuhl hin und her rutschte. Ich dachte an die Dutzenden Schwarzen, die ich kennengelernt hatte und die sich bitter über die Ermittlungen gegen Walter beklagten. Chapman war entweder naiv, oder es war ihm einfach egal – oder Schlimmeres. Ich versuchte erfolglos, meine Enttäuschung zu verbergen.

»Ich bin nicht der Einzige, der an diesem Fall zweifelt, Mr. Chapman. Sehr viele Menschen glauben an Walter McMillians Unschuld, und viele dieser Leute behaupten, dass sie zur Tatzeit viele Kilometer entfernt mit ihm zusammen waren. Viele der Leute, für die er gearbeitet hat, sind fest davon überzeugt, dass er dieses Verbrechen nicht begangen hat.«

»Ich habe mit einigen dieser Leute gesprochen. Aber das sind bloß Meinungen, diese Leute kennen die Tatsachen nicht. Schauen Sie, ich kann Ihnen gleich sagen, dass sich niemand dafür interessiert, wer mit Karen Kelly geschlafen hat. Es gibt Beweise, dass Walter McMillian diesen Mord begangen hat, und meine Aufgabe ist es, dieses Urteil zu verteidigen.« Seine Stimme wurde lauter, sein Ton schärfer. Die Gelassenheit und Neugierde, mit der er mich begrüßt hatte, wich einem Ausdruck der Verärgerung und Abscheu.

»Nun, Sie haben jemanden wegen Meineids angeklagt, weil er einem Zeugen der Staatsanwaltschaft widersprochen hat. Haben Sie vor, jeden strafrechtlich zu belangen, der die Beweise in diesem Fall anzweifelt?«

So sehr ich das hatte vermeiden wollen, nun hob auch ich die Stimme. Seine Haltung provozierte mich. »Das Strafrecht von Alabama macht eindeutig klar, dass sich eine Anklage wegen Meineids nur dann erheben lässt, wenn stichhaltig bewiesen ist, dass es sich um eine Falschaussage handelt. Eine Anklage wegen Meineids soll offenbar Zeugen einschüchtern und davon abhalten, den Beweisen der Anklage zu widersprechen. Die Klage gegen Mr. Houston ist vollkommen unangemessen, Mr. Chapman, und rechtlich unhaltbar.«

Ich wusste, dass ich ihn belehrte und dass ihm das nicht gefallen konnte, aber ich wollte ihm klarmachen, dass es mir mit Walters Verteidigung ernst war.

»Vertreten Sie jetzt auch Darnell Houston?«

»Ja, das tue ich.«

»Ich bin mir nicht sicher, ob das möglich ist, Mr. Stevenson. Ich würde vermuten, dass hier ein Interessenkonflikt vorliegt«, erklärte er und sprach nun wieder sachlich. »Aber keine Sorge, ich werde die Meineidsklage gegen Houston vermutlich fallen lassen. Jetzt, da der Richter Ihren Antrag auf Wiedereröffnung des Verfahrens abgelehnt hat, habe ich kein Interesse daran, Darnell Houston strafrechtlich zu belangen. Aber die Leute sollen wissen, dass sie zur Rechenschaft gezogen werden, wenn sie in diesem Fall falsche Aussagen machen.«

Ich war verwirrt und ein wenig erschrocken.

»Wovon sprechen Sie? Der Antrag auf Wiederaufnahme ist abgelehnt?«

»Ja, der Richter hat Ihren Antrag zurückgewiesen. Sie haben vermutlich noch keine Kopie bekommen. Er ist in Mobile, und die Post braucht manchmal ein bisschen.«

Ich versuchte, meine Überraschung darüber zu verbergen, dass das Gericht den Antrag abgelehnt hatte, ohne auch nur eine Anhörung anzuberaumen. »Das heißt, Sie sind nicht daran interessiert, zu ermitteln, ob der wichtigste Zeuge der Anklage gelogen haben könnte?«

»Der wichtigste Zeuge der Anklage ist Ralph Myers.«

Offensichtlich hatte sich Chapman intensiver mit dem Fall befasst, als er eingangs zugegeben hatte.

»Ohne die Aussage von Hooks wäre das Urteil hinfällig«, sagte ich mit ruhiger Stimme. »So, wie die Staatsanwaltschaft den Fall dargestellt hat, ist Myers ein Komplize, und das Gesetz verlangt einen Beweis für die Aussage eines Komplizen. Der kann aber nur von Mr. Hooks kommen. Mr. Houston sagt, dass Hooks lügt, weshalb seine Aussage vor Gericht gehört werden sollte.«

Ich wusste, dass ich recht hatte. Das Gesetz war in dieser Hinsicht vollkommen eindeutig. Doch mir war inzwischen auch klar geworden, dass sich mein Gegenüber nicht für den Gesetzestext interessierte. Ich wusste, dass ich Chapman mit meinen Argumenten nicht überzeugen würde, aber ich hatte das Bedürfnis, sie trotzdem vorzubringen.

Chapman erhob sich. Er war offensichtlich verärgert, dass ich ihn in Rechtsfragen belehrte, und vermutlich kam ich ihm ziemlich penetrant vor. »Das sollten Sie in der Berufungsverhandlung ansprechen, Mr. Stevenson. Sie können Mr. Houston mitteilen, dass wir die Anklage gegen ihn fallen lassen. Mehr kann ich nicht für Sie tun«, meinte er abfällig.

Als er mir den Rücken zudrehte, wusste ich, dass unser Gespräch beendet war.

Extrem frustriert, verließ ich das Büro. Chapman war nicht direkt unfreundlich oder feindselig gewesen. Doch es fiel mir schwer, seine Gleichgültigkeit gegenüber Walters Unschuldsbehauptung einfach zu akzeptieren. Den Prozessakten hatte ich entnehmen können, dass einige Leute bereit waren, Beweise, Logik und den gesunden Menschenverstand beiseitezulassen, um jemanden zu verurteilen und der Gemeinde zu suggerieren, dass das Verbrechen aufgedeckt und der Mörder bestraft worden sei. Doch in der direkten Konfrontation mit einem der Beteiligten war diese Unvernunft viel schwerer zu ertragen.

Chapman war nicht der Ankläger gewesen, und ich hatte gehofft, dass er nicht bereit sei, ein derart unseriöses Urteil in Schutz zu nehmen. Doch nun war mir klar, dass er genauso in diesem Lügengespinst gefangen war wie alle anderen Beteiligten. Machtmissbrauch hatte ich schon oft erlebt, doch was diesen Fall besonders erschütternd machte, war die Tatsache, dass es hier nicht nur um einen einzelnen Angeklagten ging, sondern um eine ganze Gemeinde. Ich reichte meinen Stapel von Anträgen ein, um keinen Zweifel daran zu lassen, dass wir bis zum Schluss kämpfen würden. Auf meinem Weg nach draußen sah ich im Flur ein Plakat für die nächste Aufführung von *Wer die Nachtigall stört*, was mich nur noch wütender machte.

Nachdem Darnell die Kaution gezahlt hatte, war er zu Hause geblieben. Dort besuchte ich ihn, um mit ihm über meinen Besuch beim Bezirksstaatsanwalt zu sprechen. Er freute sich zwar, dass die Anklage fallen gelassen wurde, doch das Erlebnis hatte ihn erschüttert. Ich erläuterte ihm, dass die Verhaftung gegen das Gesetz verstoßen hatte und dass wir eine Klage einreichen konnten, doch daran war er nicht interessiert. Eine Klage wäre vermutlich sowieso unklug gewesen, denn damit hätte er sich nur noch mehr

Ärger eingehandelt, doch ich wollte ihm zumindest signalisieren, dass ich für ihn einstehen würde.

»Mr. Stevenson, ich will nur die Wahrheit sagen. Aber ich will nicht ins Gefängnis. Um ehrlich zu sein, diese Leute haben mir Angst gemacht.«

»Das verstehe ich«, antwortete ich. »Aber das, was die getan haben, war illegal. Sie müssen wissen, dass Sie nichts falsch gemacht haben. Die haben falsch gehandelt. Die haben versucht, Sie einzuschüchtern.«

»Das haben sie geschafft. Ich habe die Wahrheit gesagt, und dazu stehe ich. Aber ich will nicht, dass die mir hinterherkommen.«

»Der Richter hat unseren Antrag abgelehnt, deswegen müssen Sie momentan nicht aussagen oder vor Gericht gehen. Bitte lassen Sie es mich wissen, wenn Sie noch mal Probleme bekommen oder wenn die mit Ihnen über diese Sache sprechen. Sie können diesen Leuten sagen, dass ich Ihr Anwalt bin und sie sich an mich wenden sollen.«

»Okay. Heißt das, dass Sie wirklich mein Anwalt sind?«

»Ja, ich vertrete Sie, wenn jemand Ihnen wegen Ihrer Aussage Scherereien machen will.« Er schien erleichtert, doch als ich ging, wirkte er noch immer mitgenommen.

Ich stieg mit dem beklemmenden Gefühl ins Auto, dass es schwer werden würde, Walters Unschuld zu beweisen, wenn sämtliche seiner Zeugen bedroht wurden. Wenn das Urteil nicht in der Berufung aufgehoben wurde, dann hatten wir die Möglichkeit, eine Petition einzureichen, doch dazu brauchten wir neue Beweise, neue Zeugen und neue Tatsachen, um Walters Unschuld zu beweisen. Nach der Erfahrung mit Darnell würde das nicht einfach werden. Ich beschloss, mir jetzt keine Gedanken darüber zu machen und mich nun ganz auf die Berufung zu konzentrieren. Da die Wiederaufnahme des Verfahrens abgelehnt worden war, blieben mir 28 Tage, um die Berufung einzureichen. Allerdings wusste ich nicht, wie viel Zeit seit dem Bescheid des Richters vergangen war, da ich ihn nie erhalten hatte.

Auf der Heimfahrt war ich frustriert und besorgt. Auf der Strecke zwischen Monroeville und Montgomery betrachtete ich mir oft das Ackerland, die Baumwollfelder und die bewaldeten Hügel und stellte mir vor, wie das Leben hier vor einigen Jahrzehnten ausgesehen haben mochte. Diesmal musste ich es mir nicht ausmalen. Darnells Verzweiflung und seine traurige Erkenntnis, dass diese Leute ungestraft nach Belieben mit ihm verfahren konnten, hatte mich auf den Boden geholt. Nach allem, was ich sah, hielt sich hier niemand an das Gesetz, das Recht war nicht einklagbar, und die Verantwortlichen handelten ohne jedes Schamgefühl. Wie kamen sie dazu, jemanden zu verhaften, nur weil er glaubwürdig zeigen konnte, dass sie in einem Mordprozess falsche Beweise vorgelegt hatten? Je länger ich darüber nachdachte, umso mehr fühlte ich mich angestachelt. Gleichzeitig war es ernüchternd. Wenn diese Leute jemanden verhafteten, dessen Aussage ihnen nicht in den Kram passte, wie würden sie dann reagieren, wenn ich sie härter anging?

Als ich aus dem Ort herausfuhr, sah ich, wie die Sonne unterging und sich die Dunkelheit über die Landschaft legte, wie sie dies seit Jahrtausenden tat. Die Menschen machten sich auf den Heimweg, viele in ein behagliches Zuhause, in dem sie ein sicheres und entspanntes Leben führten und stolz auf ihre Gemeinschaft blickten. Andere, wie Darnell und Walters Familie, kehrten in ein weniger behagliches Zuhause zurück. Sie lebten weniger sicher und entspannt, vom Stolz auf ihre Gemeinschaft ganz zu schweigen. Für sie stellte sich mit der heraufziehenden Dunkelheit eine vertraute Unruhe ein, eine Ungewissheit, gemischt mit Wachsamkeit und einer schwelenden Furcht, die so alt war wie die Ortschaften selbst. Ein Unbehagen, das zu alt und selbstverständlich war, um es noch zu erwähnen, und zu bedrückend, um es zu vergessen. Ich fuhr so schnell fort, wie ich konnte.

6 Verloren

A ber er ist doch noch ein Junge.«
Es war schon spät, und ich war nur ans Telefon gegangen, weil außer mir niemand mehr im Büro war. Allmählich wurde das zur schlechten Angewohnheit. Die ältere Frau am anderen Ende der Leitung hatte mir gerade mit herzergreifenden Worten die Situation ihres Enkels geschildert, der gerade wegen Mordes verhaftet worden war.

»Er ist seit zwei Nächten im Gefängnis, und ich kann nicht zu ihm. Ich lebe in Virginia, und mir geht es nicht so gut. Bitte, versprechen Sie mir, dass Sie etwas für ihn tun.«

Ich zögerte mit einer Antwort. Nur in einigen wenigen Ländern konnten Minderjährige mit dem Tod bestraft werden, und eines davon waren die Vereinigten Staaten. Viele meiner Mandanten in Alabama waren wegen Verbrechen zum Tode verurteilt worden, die sie im Alter von sechzehn oder siebzehn Jahren begangen haben sollten. Viele Bundesstaaten hatten neue Gesetze erlassen, um Minderjährige vor Gericht als Erwachsene behandeln zu können, und meine Mandanten wurden immer jünger. In Alabama wurden anteilig mehr Jugendliche zum Tode verurteilt als in jedem anderen Bundesstaat oder in jedem anderen Land der Welt.[1] Wegen meiner immer größeren Arbeitsbelastung wollte ich neue Fälle nur dann annehmen, wenn die

Mandanten zum Tode verurteilt worden oder unmittelbar von der Hinrichtung bedroht waren.

Die Frau sagte mir, dass ihr Enkel erst vierzehn Jahre alt sei. Der Oberste Gerichtshof der Vereinigten Staaten hatte zwar in einem Urteil aus dem Jahr 1989 die Todesstrafe für Minderjährige für verfassungskonform erklärt, doch vor einem Jahr hatte das Gericht die Todesstrafe für Jugendliche unter fünfzehn Jahren verboten.[2] Das bedeutete, dass dieser Junge zumindest nicht zum Tode verurteilt werden konnte. Er konnte zu lebenslanger Freiheitsstrafe ohne Aussicht auf vorzeitige Entlassung verurteilt werden, doch angesichts der großen Zahl von Todeskandidaten in unserem Terminkalender konnte ich einfach keine Kapazitäten für diesen Fall aufbringen.

Während ich noch über die Bitte der Frau nachdachte, begann sie mit schneller, leiser Stimme zu beten: »Herr, steh uns bei. Führe diesen Mann, und behüte uns vor jeder Entscheidung, die nicht deine ist. Herr, hilf mir, die richtigen Worte zu finden …«

Da ich ihr Gebet nicht unterbrechen wollte, wartete ich, bis sie geendet hatte.

»Madam, ich kann diesen Fall nicht übernehmen. Aber ich werde morgen zum Gefängnis fahren und Ihren Enkel besuchen. Ich werde sehen, was ich für ihn tun kann. Wir werden ihn wahrscheinlich nicht vertreten können, aber ich werde mich informieren, und vielleicht kann ich einen Anwalt finden, der Ihnen hilft.«

»Mr. Stevenson, ich bin Ihnen so dankbar.«

Ich war müde und ächzte unter der Last der Prozesse, die wir übernommen hatten. Fälle mit Kindern sind für alle Beteiligten eine besondere emotionale Belastung. Aber da ich in der Nähe des Bezirks, in dem der Junge inhaftiert war, einen Gerichtstermin hatte, war es kein Problem, einen kleinen Umweg zu machen und mit ihm zu sprechen.

Am nächsten Morgen fuhr ich in den eine Stunde entfernt liegenden Bezirk. Im Gericht studierte ich die Akte und die ausführliche Beschreibung des Tathergangs. Als Anwalt der Familie durfte ich die Akte einsehen, aber da es sich um einen Minderjährigen handelte, durfte ich sie weder mitnehmen noch kopieren. Das Büro war klein, doch da nicht viel los war, setzte ich mich auf einen unbequemen Metallstuhl in einer Ecke und las den Bericht, der die Schilderung der Großmutter weitgehend bestätigte.

Charlie war vierzehn Jahre alt, keine 45 Kilogramm schwer und 1,50 Meter groß. Er hatte keine Vorstrafen, war noch nie verhaftet worden, war in der Schule unauffällig, hatte nie eine Straftat begangen und war nie vor einen Richter zitiert worden. Er war ein guter Schüler und hatte Auszeichnungen erhalten. Seine Mutter beschrieb ihn als »guten Jungen«, der immer tat, was man von ihm verlangte. Aber Charlie hatte, wie er selbst gestand, einen Mann namens George erschossen.

George war der Freund von Charlies Mutter. Sie bezeichnete die Beziehung als »Fehler«. George kam oft betrunken nach Hause und wurde dann gewalttätig. In den anderthalb Jahren, in denen sie zusammenlebten, hatte George die Frau dreimal so brutal zusammengeschlagen, dass sie ins Krankenhaus musste. Obwohl sie Bekannten immer wieder sagte, dass es eigentlich das einzig Richtige wäre, ihn zu verlassen oder vor die Tür zu setzen, hatte sie das nie getan.

Am Abend des Vorfalls war George noch betrunkener als üblich nach Hause gekommen. Charlie und seine Mutter spielten gerade Karten, als er das Haus betrat und brüllte: »Hey, wo bist du?« Charlies Mutter folgte ihm in die Küche und erklärte ihm, dass sie mit ihrem Sohn Karten spiele. Sie und George hatten sich am frühen Abend gestritten, und sie hatte ihn gebeten, zu Hause zu bleiben, weil sie Angst hatte, dass er wieder sternhagelvoll heimkommen würde. Voller Wut und Verachtung schaute sie ihn an, als er so, nach Alkohol stinkend, vor ihr stand. Er erwiderte ihren Blick – und schlug sie plötzlich mit der Faust mitten ins Gesicht. Von diesem brutalen und blitzartigen Schlag wurde sie völlig überrascht, denn trotz seiner Brutalität hatte er so etwas noch nie zuvor getan. Sie stürzte zu Boden.

Charlie stand hinter seiner Mutter und sah, wie sie im Fallen mit dem Hinterkopf gegen die Stahlplatte der Küchentheke schlug. George bemerkte den Jungen und starrte ihn nur eisig an. Dann schob er ihn beiseite und wankte ins Schlafzimmer, wo Charlie ihn aufs Bett krachen hörte. Seine Mutter lag bewusstlos auf dem Boden und blutete stark. Er kniete sich neben sie und versuchte, die Blutung zu stoppen. Ihr Gesicht war blutverschmiert, doch das Blut kam aus einer hässlichen Wunde am Hinterkopf. Verzweifelt versuchte Charlie, sie wieder zu Bewusstsein zu bringen. Er weinte, und in seiner Hilflosigkeit fragte er seine Mutter, was er tun solle. Er stand auf und drückte Küchenpapier auf ihren Hinterkopf, doch damit konnte er die Blutung nicht stillen. Panisch suchte er nach einem Geschirrtuch, weil er meinte, dass es damit besser gehen würde. Schließlich fand er eins um einen Topf auf dem Herd gewickelt; seine Mutter hatte zum Abendessen die Bohnen gekocht, die er so liebte. Sie hatten zusammen gegessen und dann Charlies Lieblingskartenspiel Binokel gespielt.

Charlie drückte das Geschirrtuch auf die Wunde und geriet in Panik, als er sah, wie viel Blut seine Mutter verlor. Er flehte sie an aufzuwachen, doch er hatte den Eindruck, dass sie nicht mehr atmete. Er dachte daran, einen Krankenwagen zu rufen, doch das Telefon befand sich im Schlafzimmer, in dem George lag. George hatte Charlie nie geschlagen, doch er machte dem Jungen Angst. Als Kind hatte

Charlie oft gezittert, wenn er nervös wurde oder Angst hatte, und auf dieses Zittern folgte fast immer Nasenbluten.

Während er auf dem Küchenboden im Blut seiner Mutter saß, spürte er, wie er zu zittern anfing, und kurz darauf, wie Blut aus seiner Nase tropfte. Seine Mutter hatte ihm immer eilig geholfen, das Nasenbluten zu stillen, aber nun lag sie bewusstlos auf dem Boden. Er wischte sich die Nase ab und konzentrierte sich auf die Tatsache, dass er irgendetwas tun musste. Er hörte auf zu zittern. Seine Mutter hatte sich seit einer Viertelstunde nicht mehr gerührt. Es war still im Haus. Das einzige Geräusch kam aus dem Nebenzimmer, wo George erst schwer atmete, dann schnarchte.

Charlie streichelte über das Haar seiner Mutter und hoffte verzweifelt, dass sie die Augen öffnen würde. Ihr Blut hatte das Geschirrtuch durchtränkt und floss über seine Hose. Charlie meinte, seine Mutter liege im Sterben oder sei vielleicht schon tot. Er musste einen Krankenwagen rufen. Voller Angst stand er auf und schlich sich ins Schlafzimmer. Als er George schlafend auf dem Bett liegen sah, spürte er, wie eine Woge des Hasses auf diesen Mann in ihm aufbrandete. Er hatte diesen Mann nie gemocht und nicht verstanden, warum seine Mutter ihn ins Haus geholt hatte. Die Antipathie beruhte auf Gegenseitigkeit, George hatte kaum ein freundliches Wort für den Jungen übrig gehabt. Auch in nüchternem Zustand war er ständig schlecht gelaunt. Seine Mutter behauptete zwar, George könne sehr liebenswürdig sein, aber diese Seite hatte Charlie nicht kennengelernt. Er wusste, dass George seine erste Frau und sein Kind bei einem Autounfall verloren hatte, und seine Mutter erklärte ihm, dass er deshalb so viel trinke. In den anderthalb Jahren seit dem Einzug von George hatte Charlie nichts als Gewalt, Geschrei, Stöße, Schläge, Drohungen und Chaos erlebt. Seine Mutter hatte ihr Lächeln verloren, sie war nervös, reizbar, und jetzt war sie vielleicht tot.

Charlie ging zur Kommode an der Rückwand des Schlafzimmers, auf der das Telefon stand. Vor einem Jahr hatte er schon einmal den Notruf gewählt, nachdem George seine Mutter geschlagen hatte, doch damals war sie bei Bewusstsein gewesen und hatte ihm gesagt, was zu tun war. Er griff nach dem Telefon, doch aus Gründen, die er selbst nicht verstand, nahm er den Hörer nicht ab. Stattdessen zog er die Schublade der Kommode auf, schob die Hand unter den Stapel weißer T-Shirts und suchte nach der Pistole, die George dort versteckte. Charlie hatte die Pistole entdeckt, als George ihm ein T-Shirt der Auburn University überlassen hatte, das ihm jemand geschenkt hatte. Das T-Shirt war George zu klein und Charlie zu groß, aber der Junge war dankbar – es war eine der wenigen freundlichen Gesten von George gewesen. Diesmal zog Charlie nicht wie beim ersten Mal die Hand zurück, sondern holte die Pistole heraus. Er hatte nie eine Waffe in der Hand gehabt, doch er wusste, dass er damit umgehen konnte.

Vom Bett kam Georges rhythmisches Schnarchen.

Charlie trat auf das Bett zu, streckte den Arm aus und richtete die Waffe auf Georges Kopf. Als Charlie auf ihn zielte, hörte das Schnarchen plötzlich auf. In diesem Moment drückte der Junge ab.

Das Krachen des Schusses war lauter, als Charlie erwartet hatte. Der Rückstoß war so stark, dass er fast das Gleichgewicht verloren hätte. Er sah George an und schloss die Augen – der Anblick war schrecklich. Er spürte, wie er wieder zu zittern begann, und in diesem Moment hörte er, wie seine Mutter in der Küche stöhnte. Er konnte nicht glauben, dass sie am Leben war. Er lief zum Telefon, wählte den Notruf und setzte sich neben seine Mutter, bis die Polizei kam.

Nachdem ich diese Schilderung gelesen hatte, ging ich davon aus, dass der Staatsanwalt Charlie nicht als Erwachsenen anklagen würde. Dann las ich die Anmerkungen über den Moment, in dem Charlie das erste Mal dem Richter vorgeführt worden war. Der Staatsanwalt hatte keinen Zweifel daran, dass die Aussagen von Charlie und seiner Mutter korrekt waren. Erst weiter unten las ich, dass George ein Polizeibeamter gewesen war. Lang und breit führte der Staatsanwalt aus, was für ein großartiger Mensch George gewesen und wie betroffen die Gemeinde von seinem Tod sei. »George war ein Polizeibeamter, der seinen Dienst mit Stolz versah«, erklärte der Staatsanwalt. »Es ist ein großer Verlust für den ganzen Bezirk und eine Tragödie, dass ein so guter Mensch in so kaltblütiger Weise von diesem jungen Mann getötet wurde.« Daher bestand er darauf, den Jungen als Erwachsenen vor Gericht zu stellen, und kündigte an, er werde auf die Todesstrafe plädieren. Der Richter schloss sich dem an, und Charlie wurde sofort in das Erwachsenengefängnis überführt.

Das Gefängnis befand sich gleich hinter dem Gericht. Wie in so vielen Städten der Südstaaten stand das Gerichtsgebäude an der Stirnseite des zentralen Platzes. Ich ging nach draußen und überquerte die Straße, um den Jungen zu besuchen. Offensichtlich kamen nur wenige auswärtige Anwälte hierher, weshalb mich der diensthabende Aufseher misstrauisch ansah, ehe er mich einließ. Im Gefängnis wurde ich in einen kleinen Besucherraum geführt, wo ich auf Charlie wartete. Nachdem ich die Akte gelesen hatte, konnte ich nicht umhin, zu denken, wie tragisch dieser Fall war. Meine düsteren Gedanken wurden unterbrochen, als ein Junge in den Raum gebracht wurde. Er schien mir viel zu klein, viel zu dünn und viel zu verschüchtert für einen Vierzehnjährigen. Ich sah zu dem Wachmann hinüber, den der Anblick des kleinen, ängstlichen Jungen genauso zu überraschen schien wie mich. Ich bat ihn, dem Jungen die Handschellen abzunehmen. In Provinzgefängnissen wie diesem weigern sich die Wachen oft, den Mandanten bei einem Anwaltsbesuch die Fesseln zu lösen, unter dem Vorwand, es sei nicht sicher oder nicht gestattet. Sie haben Angst, dass der Gefangene zornig oder gewalttätig werden und ohne Handschellen schwerer zu kontrollieren sein könnte.

Doch dieser Beamte zögerte keine Sekunde, dem Jungen die Handschellen abzunehmen, ehe er den Raum verließ.

Wie saßen an einem etwa anderthalb auf zwei Meter großen Holztisch, Charlie auf der einen Seite, ich auf der anderen. Seit seiner Verhaftung waren drei Tage vergangen.

»Charlie, ich heiße Bryan. Deine Oma hat mich angerufen und mich gebeten, dich zu besuchen. Ich bin Anwalt, und ich helfe Menschen, wenn sie Probleme haben oder vor Gericht gestellt werden. Ich würde dir gern helfen.«

Der Junge sah mich nicht an. Er war klein, aber er hatte große, hübsche Augen. Wie viele kleine Jungen trug er einen pflegeleichten Kurzhaarschnitt, und diese Frisur ließ ihn noch jünger aussehen. Ich dachte zunächst, im Nacken eine Tätowierung zu erkennen, aber bei genauerem Hinsehen sah ich, dass es blaue Flecken waren.

»Charlie, ist alles in Ordnung?«

Er starrte links an mir vorbei an die Wand, als wäre dort etwas Interessantes zu sehen. Dieser abwesende Blick war so beunruhigend, dass ich mich umdrehte, doch hinter mir war nur die nackte Wand. Diesen abwesenden, traurigen Blick und die völlige Teilnahmslosigkeit kannte ich von anderen jugendlichen Mandanten – das war der einzige Hinweis darauf, dass er tatsächlich vierzehn Jahre alt war. Ich wartete eine ganze Weile, in der Hoffnung, dass er irgendeine Reaktion zeigen würde, doch er schwieg. Charlie starrte nur unentwegt an die Wand, dann blickte er auf seine Handgelenke. Mit der rechten Hand hielt er sich das linke Handgelenk und massierte die Stelle, in die das Eisen geschnitten hatte.

»Charlie, ich möchte nur sicher sein, dass alles in Ordnung ist, deswegen möchte ich dich bitten, mir ein paar Fragen zu beantworten. Okay?« Ich wusste, dass er mich gehört hatte – immer wenn ich etwas sagte, hob er den Kopf und blickte an meinem Kopf vorbei an die Wand.

»Charlie, wenn ich an deiner Stelle wäre, dann hätte ich jetzt Angst und würde mir große Sorgen machen. Und ich würde mir wünschen, dass mir jemand hilft. Ich möchte dir helfen. Okay?« Ich wartete auf eine Reaktion, doch der Junge schwieg.

»Charlie, kannst du etwas sagen? Ist alles in Ordnung?« Er starrte an die Wand, während ich sprach, dann wieder auf seine Handgelenke und sagte kein Wort.

»Wir müssen nicht über George sprechen. Wir müssen nicht darüber sprechen, was passiert ist. Wir können über alles reden, was du willst. Gibt es etwas, über das du sprechen möchtest?« Nach jeder Frage ließ ich ihm mehr Zeit für eine Antwort, in der Hoffnung, dass er irgendwann etwas sagen würde, doch er schwieg hartnäckig.

»Möchtest du über deine Mutter sprechen? Es wird ihr wieder gut gehen. Ich habe mich erkundigt. Sie kann dich nicht besuchen, aber es wird ihr bald wieder besser gehen. Sie macht sich Sorgen um dich.«

Ich dachte, dass ich vielleicht einen Funken in Charlies Augen sehen würde, wenn ich seine Mutter erwähnte. Als er immer noch keine Reaktion zeigte, war ich ernstlich besorgt.

Neben Charlie bemerkte ich einen weiteren Stuhl. Offenbar saßen sonst die Anwälte auf seiner Seite, und die Mandanten auf meiner, wo nur ein Stuhl stand. Ich saß auf der falschen Seite.

Ich senkte meine Stimme und sagte leise: »Charlie, du musst mit mir sprechen. Ich kann dir nicht helfen, wenn du nichts sagst. Kannst du irgendetwas sagen, vielleicht einfach nur deinen Namen? Bitte.« Er starrte weiter an die nackte Wand. Er sah mich nicht an, als ich aufstand, um den Tisch herumging und mich neben ihn setzte, sondern blickte nur auf seine Handgelenke. »Charlie, es tut mir wirklich leid, wenn du mir böse bist. Aber bitte sprich mit mir. Ich kann dir sonst nicht helfen.« Zum ersten Mal lehnte er sich zurück und legte den Kopf an die Wand. Ich rückte meinen Stuhl näher heran und lehnte mich ebenfalls zurück. Schweigend saßen wir nebeneinander, bis ich irgendwann anfing, Unsinn zu reden, weil mir nichts Besseres einfiel.

»Wenn du mir nicht sagen willst, was du denkst, dann muss ich dir eben sagen, was ich denke. Ich wette, du glaubst, dass du weißt, was ich denke«, sagte ich in möglichst leichtem Ton. »Aber du kannst es dir nicht vorstellen. Du glaubst wahrscheinlich, ich denke an Gesetze, an den Richter, an die Polizei oder daran, warum dieser junge Mann nicht mit mir reden will. Aber ich denke nur ans Essen. So ist es, Charlie«, witzelte ich. »Ich denke an Grillhähnchen und Kohl mit Truthahnfleisch und Süßkartoffelbrötchen … Hast du schon mal Süßkartoffelbrötchen gegessen?«

Nichts.

»Das ist wirklich schade, du hast wahrscheinlich noch nie ein Süßkartoffelbrötchen gegessen.«

Immer noch nichts. Ich machte einfach weiter.

»Ich denke auch daran, dass ich ein neues Auto brauche, weil meins so alt ist.« Ich wartete. »Charlie, du musst jetzt sagen: ›Wie alt ist dein Auto, Bryan?‹ Und dann sage ich: ›Es ist so alt …‹«

Er lächelte nicht und zeigte keinerlei Regung, sondern starrte nur mit traurigem Blick an die Wand.

»Was meinst du, was für ein Auto sollte ich mir kaufen?«
Ich spann meine lächerlichen Gedanken immer weiter,
ohne dass Charlie auch nur die geringste Reaktion zeigte.
Er saß zurückgelehnt und schien ein wenig angespannt.
Unsere Schultern berührten sich fast.

Nach einer Weile unternahm ich einen weiteren Versuch.
»Komm schon, Charlie, was ist los? Du musst mit mir sprechen.« Ich lehnte mich leicht gegen ihn, bis er sich ein
wenig zu mir hinbeugte. Schließlich spürte ich, wie er sich
an mich lehnte. Ich legte meinen Arm um ihn, und er begann sofort zu beben. Sein Zittern wurde immer stärker, bis
er sich schließlich ganz an mich lehnte und weinte. Ich
drückte meinen Kopf an seinen und sagte: »Es ist okay. Es
ist gut.« Unter Schluchzen stieß er schließlich die ersten
Worte hervor. Mir wurde schnell klar, dass er nicht über das
sprach, was mit George oder seiner Mutter passiert war,
sondern darüber, was im Gefängnis passierte.

»Da waren drei Männer, die haben mir wehgetan in der
ersten Nacht. Sie haben mich angefasst und mich gezwungen, Sachen zu machen.« Die Tränen liefen ihm die Wangen hinunter. Seine Stimme klang schrill und ängstlich.

»In der nächsten Nacht sind sie wiedergekommen und
haben mir sehr wehgetan«, sagte er und wurde mit jedem
Wort hysterischer. Dann sah er mir zum ersten Mal in die
Augen.

»Es waren so viele letzte Nacht. Ich weiß nicht, wie viele,
aber sie haben mir so wehgetan ...«

Er weinte so heftig, dass er den Satz nicht zu Ende sprechen konnte. Dabei griff er meine Jacke mit einer Gewalt,
deren ich ihn nicht für fähig gehalten hätte.

Ich nahm ihn in den Arm und sagte, so ruhig ich konnte:
»Es wird gut. Es wird alles gut.« Ich hatte nie jemandem im
Arm gehalten, der sich so verzweifelt an mich klammerte
wie dieser Junge oder der so heftig und so lange geweint

hätte. Vor Erschöpfung macht er eine Pause, dann wurde er von einem neuen Weinkrampf erfasst. Ich beschloss, ihn so lange umarmt zu halten, bis er aufhörte. Es verging fast eine Stunde, ehe er sich ein wenig beruhigte und nicht mehr weinte. Ich versprach ihm, dass ich versuchen würde, ihn sofort dort herauszuholen. Er flehte mich an, ihn nicht alleinzulassen, doch ich versprach ihm, noch am selben Tag wiederzukommen. Über das Verbrechen verloren wir kein Wort.

Als ich den Jungen verließ, war ich weniger traurig als wütend. Ich fragte mich: Wer ist dafür verantwortlich? Wie können wir so etwas zulassen? Ich ging direkt zum Büro des Sheriffs im Gefängnis, erklärte dem übergewichtigen Beamten, was mir der Junge geschildert hatte, und bestand darauf, ihn unverzüglich in eine Einzelzelle zu verlegen. Der Sheriff hörte mit abwesendem Blick zu, doch als ich ihm drohte, zum Richter zu gehen, versprach er, den Jungen sofort in einen geschützten Raum zu verlegen. Ich ging zurück zum Gericht und suchte den Richter auf, der sich mit dem Staatsanwalt in Verbindung setzte. Als der Staatsanwalt eintraf, erklärte ich beiden, dass der Junge sexuell missbraucht und vergewaltigt worden war. Sie sagten zu, ihn umgehend in ein nahe gelegenes Jugendgefängnis zu überführen.

Ich entschloss mich, den Fall zu übernehmen. Schließlich erreichten wir eine Verhandlung vor einem Jugendgericht, wo die Tötung als Jugendstraftat verhandelt wurde. Das bedeutete, dass Charlie nicht in ein Erwachsenengefängnis gesperrt wurde und vermutlich noch vor seinem achtzehnten Lebensjahr freikam. Ich besuchte ihn regelmäßig, und allmählich fand er wieder zu sich. Er war ein intelligenter, sensibler Junge, der sehr unter dem litt, was er getan und erlebt hatte.

Bei einem Vortrag, den ich einige Monate später vor einer

Kirchengemeinde hielt, erwähnte ich auch Charlie und das Leid inhaftierter Kinder. Danach kam ein älteres Ehepaar auf mich zu und bestand darauf, Charlie helfen zu wollen. Ich versuchte, diese liebenswürdigen Menschen davon zu überzeugen, dass sie nichts tun konnten, aber ich gab ihnen mein Kärtchen und bot ihnen an, sie könnten mich anrufen. Ich ging davon aus, dass ich nicht wieder von ihnen hören würde, doch einige Tage später riefen sie mich an. Sie waren hartnäckig. Schließlich kamen wir überein, dass sie Charlie einen Brief schreiben würden, den ich ihm überbringen sollte. Als ich den Brief einige Wochen später erhielt, las ich ihn. Er war eindrucksvoll.

Mr. und Mrs. Jennings waren ein weißes Ehepaar aus einer kleinen Gemeinde nordöstlich von Birmingham. Sie waren bereits über siebzig und herzensgute, großzügige Menschen, die sich in ihrer Methodistengemeinde engagierten. Sie besuchten regelmäßig den Gottesdienst und hatten ein besonderes Interesse an notleidenden Kindern. Die beiden sprachen mit leiser Stimme, schienen immer zu lächeln und wirkten in jedem Moment authentisch und mitfühlend. Im Umgang miteinander legten sie eine einnehmende Zärtlichkeit an den Tag, sie hielten sich oft bei den Händen und lehnten sich aneinander. Sie lebten einfach, kleideten sich wie Bauern und hatten vier Hektar Land, auf denen sie Gemüse anbauten. Ihr einziger Enkel, den sie mit aufgezogen hatten, hatte als Jugendlicher Selbstmord begangen, und sie hatten diesen Verlust nie verwunden. Er hatte sein kurzes Leben lang mit psychischen Problemen gekämpft, doch er war ein intelligenter Junge gewesen. Sie hatten gespart, um ihn auf die Universität schicken zu können. In ihrem Brief erklärten sie, dass sie dieses Geld, das sie für ihren Enkel auf die Seite gelegt hatten, nun verwenden wollten, um Charlie zu helfen.

Charlie antwortete, es begann ein Briefwechsel, und

irgendwann besuchten die Jennings Charlie im Jugendgefängnis. Später erzählten sie mir, sie hätten sich »sofort in ihn verliebt«. Charlies Großmutter war einige Monate nach ihrem Anruf bei mir gestorben, und seine Mutter litt noch immer unter dem Tod von George und der Inhaftierung ihres Sohnes. Charlie war ein wenig bang vor dem Treffen mit den Jennings, weil er fürchtete, dass sie ihn ablehnen könnten, doch nach dem Besuch erzählte er mir, wie sehr sie ihn zu mögen schienen und wie tröstlich die Erfahrung für ihn gewesen war. Die Jennings wurden seine Familie.

Zu Beginn warnte ich die beiden, nach der Entlassung nicht zu viel von Charlie zu erwarten. »Er hat viel durchgemacht. Ich glaube nicht, dass er so weiterleben kann, als wäre nichts passiert. Sie müssen damit rechnen, dass er sich vielleicht anders verhält, als Sie von ihm erwarten.«

Doch sie hörten nicht auf mich. Mrs. Jennings war niemand, der leicht unfreundlich reagierte oder widersprach, aber ich musste lernen, dass sie ihren eigenen Kopf hatte. »Wir haben alle viel durchgemacht, Bryan«, antwortete sie. »Einige mehr als andere. Aber wenn wir nicht mehr voneinander erwarten, wenn wir nicht mehr füreinander erhoffen, wenn wir uns nicht von unserem Leid erholen, dann sind wir wahrhaftig verloren.«

Das Ehepaar Jennings half Charlie, noch im Gefängnis seinen Schulabschluss zu machen, und bestand darauf, ihm ein Studium zu bezahlen. Sie waren da, um ihn zusammen mit seiner Mutter nach Hause zu bringen, als er aus der Haft entlassen wurde.

7 Gnadenlos

Walters Berufung wurde abgelehnt.

Die 70-seitige Begründung, mit der das Berufungsgericht von Alabama das Todesurteil bestätigte, war vernichtend. In einem umfangreichen Dokument hatte ich die ungenügende Beweislage dargelegt und jeden Verfahrensfehler angeführt, den ich entdecken konnte. Ich hatte argumentiert, dass nach dem Gesetz des Bundesstaates Alabama die Aussage eines Komplizen nicht ausreiche und es keinen glaubwürdigen Beweis für Myers' Aussage gebe. Ich hatte Ermittlungsfehler dargelegt, die diskriminierende Auswahl der Geschworenen bemängelt und die Verlegung des Verhandlungsorts beanstandet. Ich hatte sogar Widerspruch eingelegt, dass Richter Robert E. Lee Key die von den Geschworenen festgesetzte lebenslange Haft in ein Todesurteil umgewandelt hatte, obwohl mir klar war, dass auch »lebenslänglich« für einen Unschuldigen ein unerträgliches Fehlurteil wäre. Das Gericht wies jedes meiner Argumente zurück.

Das hatte ich nicht erwartet. Monate zuvor war ich noch optimistisch in die mündliche Verhandlung in den eindrucksvollen Justizpalast von Alabama gegangen. Das Berufungsgericht befindet sich in einem ehemaligen Freimaurertempel mit Marmorfußböden und eindrucksvollen

Gewölben, der in den Zwanzigerjahren erbaut wurde, ehe Ende der Vierzigerjahre die Justiz einzog. Es steht am Ende der Dexter Avenue gegenüber der Baptistenkirche, in der Martin Luther King während des Busboykotts von Montgomery gepredigt hatte. Es ist nur eine Straße vom Parlament entfernt, vor dem drei Flaggen im Wind wehten: das Sternenbanner, die weiße Fahne mit dem roten Andreaskreuz von Alabama und die Kriegsflagge der Konföderierten.

Der Gerichtssaal befand sich in der zweiten Etage. Den Vorsitz führte der ehemalige Gouverneur John Patterson, der sich in den Sechzigern als erbitterter Gegner der Bürgerrechtsbewegung und der Gleichstellung der Schwarzen einen Namen gemacht hatte. Im Jahr 1958 hatte er mit Unterstützung des Ku-Klux-Klan die Gouverneurswahlen gegen George Wallace gewonnen. (Wallace war kaum weniger vehement für die Rassentrennung eingetreten als Patterson; nach der verlorenen Wahl hatte er seine Lektion gelernt und wurde zum berühmtesten Vertreter der Rassentrennung, als er 1963 ein paar Hundert Meter vom Gericht entfernt in seiner Antrittsrede als Pattersons Nachfolger verkündete: »Rassentrennung jetzt, Rassentrennung morgen, Rassentrennung auf ewig!«) Vor seiner Wahl zum Gouverneur war Patterson Generalstaatsanwalt gewesen; in dieser Funktion hatte er die Bürgerrechtsorganisation NAACP aus Alabama verbannt und in Tuskegee und Montgomery die Proteste gegen die Rassentrennung unterdrückt. Als Gouverneur erklärte er die »Freedom Riders« – schwarze und weiße Studenten und Aktivisten, die Anfang der Sechziger durch die Südstaaten reisten, um die Umsetzung der neuen Gleichstellungsgesetze zu überwachen – für vogelfrei. Als der Bus der Freedom Riders durch Alabama fuhr, bekam er keinerlei Polizeischutz. Derart im Stich gelassen, wurden die Aktivisten brutal verprügelt, und auf ihren Bus wurde ein Bombenanschlag verübt.

Trotzdem zwang ich mich zum Optimismus. Das war schließlich lange her. Während meines Plädoyers sahen mich die fünf Richter interessiert an, stellten aber kaum Fragen. Ich beschloss, ihr Schweigen als Zustimmung zu deuten. Ich hoffte, dass ihnen das Urteil unhaltbar schien und sie deswegen kaum nachhakten. Ganz zum Schluss meldete sich Richter Patterson zum ersten und einzigen Mal zu Wort. Er stellte mir eine einzige Frage, die laut durch den nahezu leeren Gerichtssaal schnitt.

»Woher kommen Sie?«

Die Frage erwischte mich auf dem falschen Fuß, und ich brauchte eine Weile, ehe ich antwortete.

»Ich lebe in Montgomery, Sir.«

Ich hatte den Fehler gemacht, McMillians Angehörigen von der Teilnahme an der mündlichen Verhandlung abzuraten, weil es in der Verhandlung nicht um Fakten, sondern um technische Fragen ging. Um an dem früh angesetzten Termin teilnehmen zu können, hätten sich die Unterstützer den Tag frei- und die lange Fahrt nach Montgomery auf sich nehmen müssen. Da jede Seite nur dreißig Minuten Zeit hatte, um ihre Argumente vorzutragen, schien es mir nicht der Mühe wert. Im Nachhinein bedauerte ich dies. Es wäre gut gewesen, einige mitfühlende Gesichter im Saal zu haben, die dem Gericht signalisierten, dass dieser Fall anders lag. Doch es war niemand da.

Die Anklage wurde durch einen Stellvertreter des Generalstaatsanwalts vertreten – Berufungen gegen Todesurteile übernahm der General-, nicht der Bezirksstaatsanwalt. Der Vertreter der Anklage argumentierte, es handele sich um einen alltäglichen Fall, in dem zu Recht die Todesstrafe verhängt worden sei. Nach dieser mündlichen Verhandlung hegte ich noch die Hoffnung, dass das Gericht das Urteil aufheben würde, weil es ganz offensichtlich nicht von den Fakten gestützt wurde. Die Gesetze des Bundesstaates verlangten, dass die Beweise für die Aussagen eines Mittäters glaubwürdig sein mussten, und dies war hier ganz offensichtlich nicht der Fall. Ich war überzeugt, das Gericht könne kaum ein Urteil bestätigen, das auf derart tönernen Füßen stand. Ich täuschte mich.

Ich fuhr ins Gefängnis, um die Nachricht zu überbringen. Walter schwieg, als ich ihm die Situation erklärte, doch er hatte einen sonderbaren, verzweifelten Blick. Ich hatte versucht, ihn darauf vorzubereiten, dass sich die Anfechtung seines Urteils über Jahre hinziehen könnte, doch er hatte sich Hoffnungen gemacht.

»Die werden nie zugeben, dass sie einen Fehler gemacht haben«, sagte er niedergeschlagen. »Die wissen doch, dass ich es nicht war. Die können nur nicht zugeben, dass sie unrecht haben, weil sie nicht schlecht dastehen wollen.«

»Wir stehen erst ganz am Anfang, Walter«, erwiderte ich. »Es gibt noch eine Menge zu tun, und wir werden sie zwingen, dafür geradezustehen.«

So war es auch: Wir mussten weitermachen. Unser Plan bestand darin, zunächst Widerspruch gegen das Urteil einzulegen, und wenn das nichts fruchtete, wollten wir eine Revision am Obersten Gericht von Alabama beantragen. Außerdem hatten wir neue Beweise für Walters Unschuld.

Nach Beginn des Berufungsverfahrens hatte ich weitere Ermittlungen angestellt. Wenn wir nicht so viele neue Beweise gefunden hätten, dann wäre das Urteil vermutlich noch deprimierender für uns gewesen. Ehe ich das Gefängnis verließ, sagte ich zu Walter: »Die wissen nicht, was wir über Ihre Unschuld wissen. Sobald wir die neuen Beweise vorlegen, werden sie die Sache anders sehen.« Trotz allem, was bisher geschehen war, hatte ich echte Hoffnung. Doch ich unterschätzte den Widerstand, auf den wir stoßen würden.

Endlich war ich in der Lage gewesen, weitere Anwälte anzustellen, und hatte nun mehr Zeit für die Nachforschungen in Walters Fall. Einer unserer Neuzugänge war Michael O'Connor, der gerade sein Jurastudium in Yale abgeschlossen hatte und aufgrund seiner persönlichen Erfahrung das Bedürfnis verspürte, Menschen in Not zu helfen. Michael war als Sohn irischer Einwanderer in einem Arbeiterviertel von Philadelphia aufgewachsen. Er und seine Schulfreunde experimentierten mit Drogen, und er wurde heroinsüchtig. Sein Leben wurde zu einem Albtraum aus Sucht, Chaos und der ständigen Gefahr, an einer Überdosis zu sterben. Einige Jahre lang trieb er von einer Krise in die nächste, bis der goldene Schuss eines guten Freundes ihn wach rüttelte und er mit den Drogen Schluss machte. In dieser gesamten leidvollen Zeit hatte ihn seine Familie nie im Stich gelassen. Nun half sie ihm, wieder auf die Beine zu kommen und ein Studium aufzunehmen. An der Pennsylvania State University erwies er sich als überdurchschnittlicher Student und schloss sein Studium mit Auszeichnung ab. Mit diesen akademischen Lorbeeren kam er für sein Jurastudium nach Yale, doch im Herzen blieb er immer mit dem Leid verbunden, das er in seinen Jahren auf der Straße erlebt hatte.

Während des Vorstellungsgesprächs waren ihm die dunkleren Episoden seines Lebens sichtlich peinlich, doch in meinen Augen war er damit wie geschaffen für das Team, das ich zusammenstellen wollte. Er unterschrieb, zog nach Montgomery und nahm sofort die Arbeit am Fall McMillian auf. Tagelang verfolgten wir Hinweise, sprachen mit Dutzenden Menschen, gingen wilden Gerüchten nach und untersuchten verschiedene Theorien. Zunehmend war ich überzeugt, dass wir den tatsächlichen Mörder von Ronda Morrison präsentieren mussten, um Walters Freispruch zu erwirken. Ich war nicht nur dankbar, in Michael eine Unterstützung bei den Ermittlungen gefunden zu haben, sondern auch froh, endlich mit jemandem über diesen Wahnsinn sprechen zu können – nur um dann zu erfahren, dass der Fall noch wahnsinniger war, als ich geahnt hatte.

Nach einigen Monaten der Ermittlungen hatten wir überzeugende Beweise für Walters Unschuld. Wir entdeckten, dass Bill Hooks von Sheriff Tate für seine Aussage gegen Walter Geld bekommen hatte – aus den Büchern der Bezirksregierung ging hervor, dass Hooks »Aufwandsentschädigungen« in Höhe von fast 5000 Dollar erhalten hatte. Zur Zeit des Prozesses zahlte der Sheriff seinem Zeugen außerdem Fahrten in andere Bezirke. Diese Information hätte vor dem Prozess an Walters Anwälte weitergegeben werden müssen, denn sie weckten Zweifel an Hooks' Glaubwürdigkeit.

Außerdem fanden wir heraus, dass Hooks sofort aus dem Gefängnis entlassen worden war, nachdem er erklärt hatte, er habe Walters »tiefergelegten« Pick-up zum Tatzeitpunkt vor der Reinigung gesehen. In den Prozessakten stießen wir auf Hinweise, dass der Bezirksstaatsanwalt und der Sheriff, die ja Angestellte des Bezirks waren, außerdem dafür gesorgt hatten, dass die Stadt Anklagen und Bußgeldbescheide gegen Hooks fallen ließ, obwohl die beiden vor den städtischen Gerichten keinerlei Befugnisse hatten.[1] Nach der Strafprozessordnung hätte die Staatsanwaltschaft die Verteidigung darauf hinweisen müssen, dass Verfahren gegen Hooks eingestellt worden waren, weil er mit den Behörden kooperierte. Aber die Anwälte hatten diese Information nie erhalten.

Wir machten auch den weißen Ladenbesitzer ausfindig, in dessen Geschäft die ABI-Ermittler eine Begegnung zwischen Ralph Myers und Walter inszeniert hatten und in dem Myers Walter eine Nachricht übergeben sollte. Walter hatte seine Anwälte gebeten, mit diesem Mann zu sprechen, doch das hatten sie versäumt. Unser Mandant gab uns die Adresse, und wir suchten den Mann auf. Der Ladenbesitzer erinnerte sich noch gut an den Tag: Myers habe ihn fragen müssen, welcher von einigen anwesenden Schwarzen Walter McMillian sei. Noch Monate nach dem Vorfall bestand der Ladenbesitzer darauf, dass Myers Walter nie zuvor gesehen haben konnte.

Im Keller einer Kirche fand Walters Schwester übrig gebliebene Flugblätter, die zum Grillfest in Walters Garten einluden; diese bestätigten eindeutig, dass die Veranstaltung am Tag des Mordes stattgefunden hatte. Ein weißer Ladenbesitzer, der Walter und seine Familie nicht kannte, hatte aus unerfindlichen Gründen einen der Flyer aufgehoben und konnte bestätigen, dass er ihn vor dem Mord erhalten hatte. Wir spürten sogar Clay Kast auf, den weißen Mechaniker, der Walters Kleinlastwagen tiefergelegt hatte; der Mann bestätigte uns, dass er diese Arbeit erst ein halbes Jahr nach dem Mord an Ronda Morrison durchgeführt hatte. Damit war bewiesen, dass McMillians Pick-up nicht mit den Beschreibungen von Hooks und Myers übereinstimmte.

Ich war zufrieden mit unseren Fortschritten, als ich einen Anruf erhielt, der einen wichtigen Durchbruch bedeutete.

»Mr. Stevenson, hier spricht Ralph Myers.«

Unsere Sekretärin hatte den Namen nicht richtig verstanden und mir einen Mr. Miles angekündigt. Deshalb war ich einigermaßen erschrocken, als ich Ralph Myers am anderen Ende der Leitung hatte. Ehe ich die Fassung wiedererlangte, sprach Myers weiter.

»Ich glaube, Sie sollten mich besuchen. Ich muss Ihnen etwas sagen«, verkündete er dramatisch.

Myers war im Gefängnis von Springville inhaftiert. Michael und ich trafen Vorbereitungen, ihn drei Tage später dort zu besuchen.

Abends joggten Michael und ich ein paar Kilometer zusammen, um nach unseren immer längeren Arbeitstagen ein wenig abzuschalten. Montgomery hat einen hübschen Park, in dem jedes Jahr ein Shakespeare Festival stattfindet; zu diesem Anlass kommen bekannte Dramatiker und Schauspieler nach Montgomery, um Stücke von Shakespeare und zeitgenössischen Autoren aufzuführen. Das Theater befindet sich in einer mehrere Hundert Hektar großen und gepflegten Parklandschaft mit Tümpeln und Teichen. Dort gibt es auch einige Wege für Jogger. An diesem Abend überlegten wir, was Myers uns wohl erzählen würde.

»Warum ruft Myers ausgerechnet jetzt an?«, fragte Michael. »Kannst du dir vorstellen, in einen Gerichtssaal zu spazieren und eine Geschichte zu erfinden, die jemanden direkt auf den elektrischen Stuhl setzt? Ich glaube nicht, dass wir diesem Mann irgendetwas glauben können.«

»Vielleicht hast du recht. Aber er hat bei seiner Aussage auch eine Menge Hilfe bekommen. Denk dran, dass sie Myers ebenfalls in die Todeszelle gesperrt haben, um seine Aussagen zu erpressen. Wer weiß? Vielleicht steht er ja jetzt wieder mit der Staatsanwaltschaft in Kontakt, und das Ganze ist eine Falle.«

Bis zu unserem abendlichen Lauf hatte ich nicht ernsthaft an diese Möglichkeit gedacht. Aber jetzt erinnerte ich mich daran, wie schmierig Myers sich während des Prozesses verhalten hatte. »Wenn wir versuchen, an Myers' Informationen heranzukommen, dürfen wir ihm auf keinen Fall verraten, was wir wissen. Aber wir müssen mit ihm sprechen, denn wenn er seine Aussage zurückzieht, hat die Staatsanwaltschaft nichts mehr gegen Walter in der Hand.«

Wir waren uns einig, dass Myers alles verändern konnte, je nachdem, was er uns erzählen würde. Wir hatten Fortschritte gemacht, die Aussage von Bill Hooks zu widerlegen; nach der Aussage von Darnell Houston, den neuen Beweisen über Walters Wagen und der Entdeckung, dass er selbst von der Polizei bezahlt worden war, hatte seine Erklärung den letzten Rest an Glaubwürdigkeit verloren. Aber wenn Myers seine Aussage widerrufen würde, dann wäre das ein viel größerer Schritt. Myers' bizarre Anschuldigungen waren schließlich der einzige Beweis der Anklage.

Nachdem ich Myers' Aussage und die verfügbaren Akten über ihn gelesen hatte, kannte ich seine tragische Lebensgeschichte und wusste von seiner komplizierten Persönlichkeit. Weil er dem Gericht eine erlogene Geschichte aufgetischt hatte, war er für Walter und seine Familie die Ausgeburt des Bösen. Dass ein völlig unbekannter Mensch im Zeugenstand mit derartiger Kaltblütigkeit derart abscheuliche Lügen über ihn verbreiten konnte, verstörte Walter an der ganzen Sache mit am meisten. Als er mich am Tag darauf im Büro anrief, erzählte ich ihm, dass wir Myers besuchen würden, um zu hören, was er zu sagen hatte. Walter warnte mich: »Er ist eine Schlange. Seien Sie vorsichtig.«

Michael und ich fuhren zum zwei Stunden entfernten Gefängnis in Springville in St. Clair County. Das Gefängnis befindet sich auf dem Land, in den Hügeln nordöstlich von Birmingham. Das Hochsicherheitsgefängnis war neueren Datums als die Zuchthäuser von Holman oder Donaldson, die beiden anderen Hochsicherheitsgefängnisse von Alabama, doch niemand wäre auf den Gedanken gekommen, St. Clair als moderne Haftanstalt zu bezeichnen. Der Wachmann, der uns in der Sicherheitsschleuse am Eingang abtastete, erzählte uns, er arbeite seit drei Monaten im Gefängnis, und es sei das erste Mal, dass während seiner Schicht Anwälte zu Besuch kämen. Wir gingen einen langen Gang entlang und schließlich eine Treppe hinunter, die uns in das Gefängnis führte. Durch einige Metalltüren gelangten wir in einen großen Raum. Er sah aus wie jeder andere Besucherraum: An den Wänden standen Verkaufsautomaten, an kleinen rechteckigen Tischen konnten die Häftlinge ihre Besucher empfangen. Die Vertrautheit der Umgebung wirkte allerdings kaum beruhigend auf uns. Michael und ich legten unsere Notizblöcke und Stifte auf einen der Tische und gingen im Raum auf und ab, während wir auf Myers warteten.

Als er schließlich den Besucherraum betrat, war ich erstaunt, wie alt er wirkte. Sein Haar war fast völlig grau, und er wirkte gebrechlich. Vor allem war er kleiner und schmaler, als ich erwartet hatte. Seine Aussage hatte so viel Leid über Walter und seine Familie gebracht, dass ich ihn mir als überlebensgroßen Hünen ausgemalt hatte. Myers kam auf mich zu, blieb aber plötzlich stehen, als er Michael sah. Nervös stieß er hervor: »Wer ist das? Sie haben mir nicht gesagt, dass Sie noch jemanden mitbringen.« Er sprach mit einem breiten Südstaatenakzent. Aus der Nähe erweckten seine Narben eher Mitgefühl als Abscheu.

»Das ist Michael O'Connor. Er ist Anwalt in meinem Büro und unterstützt mich in diesem Fall. Michael hilft mir nur, den Fall zu untersuchen.«

»Die Leute haben mir gesagt, dass ich Ihnen vertrauen kann. Von ihm weiß ich gar nichts.«

»Ich kann Ihnen versprechen, dass er in Ordnung ist.« Ich schaute hinüber zu Michael, der seinen vertrauenswürdigsten Blick aufsetzte. Dann wandte ich mich wieder Myers zu. »Bitte, nehmen Sie doch Platz.«

Er sah Michael skeptisch an und setzte sich vorsichtig an den Tisch. Ich hatte vorgehabt, ihm mögliche Hemmungen zu nehmen, indem ich ihm erklärte, dass wir nur an der Wahrheit interessiert seien. Aber ehe ich auch nur ein Wort sagen konnte, platzte Myers mit einem vollständigen Widerruf seiner Aussage heraus.

»Ich habe gelogen. Alles, was ich im Prozess gegen McMillian gesagt habe, war erfunden. Ich habe deswegen viel Schlaf verloren und eine Menge gelitten. Ich kann nicht länger schweigen.«

»Das, was Sie im Prozess über Walter McMillian gesagt haben, war eine Lüge?«, fragte ich vorsichtig nach.

Mein Herz pochte, aber ich versuchte, so ruhig wie möglich zu bleiben. Ich hatte Angst, dass er es sich anders überlegen könnte, wenn ich zu aufgeregt, zu überrascht oder zu heftig reagierte.

»Es war alles erlogen. Was ich Ihnen erzähle, wird Sie umhauen, Mr. Stevenson.«

Er sah mir mit dramatischem Blick in die Augen. Dann drehte er sich zu Michael um. »Sie auch, Jimmy Connors.« Man musste sich nicht oft mit Ralph Myers unterhalten, um zu bemerken, dass er keine Namen behalten konnte.

»Mr. Myers, Sie wissen, dass es nicht reicht, wenn Sie mir die Wahrheit sagen. Sie müssen sie auch vor Gericht sagen. Sind Sie dazu bereit?«

Es machte mich ein wenig nervös, ihn von Anfang an unter Druck zu setzen, aber ich musste Klarheit schaffen. An persönlichen Mitteilungen war ich nicht interessiert.

»Genau deswegen habe ich Sie angerufen.« Er schien überrascht, dass jemand an seinen Absichten zweifeln konnte. »Ich habe hier bei Gruppentherapien mitgemacht. Da soll man ehrlich sein. Wir haben drei Monate lang über Ehrlichkeit gesprochen. Letzte Woche haben die Leute über den ganzen Scheiß gesprochen, den sie als Kind erlebt haben, und die schlimmen Sachen, die sie gemacht haben.«

Myers redete sich in Fahrt.

»Am Ende hab ich gesagt, ich steck euch Penner alle in die Tasche. Ich hab einen Typen in die Todeszelle gebracht, weil ich vor dem beschissenen Gericht gelogen habe.«

Er legte eine dramatische Pause ein.

»Nachdem ich alles erzählt habe, haben mir alle gesagt, das musst du wiedergutmachen. Und das will ich jetzt.« Er machte eine weitere Pause, um seine Aussage auf uns wirken zu lassen. »Hey, wollt ihr mir nicht mal 'ne Limo kaufen, oder soll ich den ganzen Tag nur auf die Getränkeautomaten glotzen und euch hier mein Herz ausschütten?« Zum ersten Mal grinste er. Michael sprang auf und holte ihm eine Dose.

»Hey, Jimmy, 'ne Sunkist Orange, wenn sie welche haben!«

Mehr als zwei Stunden lang stellte ich Fragen, und Myers antwortete. Am Ende haute mich seine Aussage tatsächlich um. Er schilderte, wie ihn der Sheriff und die ABI-Ermittler unter Druck gesetzt und ihm mit der Todesstrafe gedroht hatten, wenn er nicht gegen McMillian aussagen würde. Er beschuldigte die Beamten der Korruption, sprach über seine Verwicklung in den Pittman-Mord und über frühere Versuche, seine Aussage zurückzuziehen. Schließlich gab er zu, dass er nicht das Geringste über den Mord an Ronda Morrison wusste. Er habe vielen Leuten erzählt, dass er zur Falschaussage gegen Walter gezwungen worden sei, unter anderem auch dem Bezirksstaatsanwalt. Wenn nur die Hälfte dessen stimmte, was er uns nun beschrieb, dann mussten eine Menge Beteiligte aus dem Mund des einzigen Zeugen erfahren haben, dass Walter McMillian nichts mit dem Mord an Ronda Morrison zu tun hatte.

Ralph saß an seiner dritten Limonade, als er seine Beichte unterbrach, sich vorbeugte und uns näher heranwinkte. Er flüsterte: »Man wird versuchen, Sie umzubringen, wenn Sie alles herausfinden.«

Wir lernten schnell, dass Ralph kein Treffen beenden konnte, ohne eine dramatische Erkenntnis oder Prophezeiung loszuwerden. Ich versicherte ihm, dass wir auf uns aufpassen würden.

Auf der Rückfahrt diskutierten Michael und ich, wie weit wir Myers vertrauen konnten. Was er uns über den Fall erzählt hatte, war absolut schlüssig. Die Geschichte, die er vor Gericht zum Besten gegeben hatte, war dagegen vollkommen hanebüchen, und man konnte ihm durchaus abnehmen, dass er zu einer falschen Aussage gezwungen worden war. Die Sache mit der Korruption, die er aufdecken wollte, war schon schwerer einzuschätzen. Myers behauptete, auf Anweisung eines anderen Sheriffs den Mord an Vickie Pittman begangen zu haben, und schilderte uns eine gewaltige Verschwörung zwischen Polizei, Drogenhändlern und Geldwäschern. Eine haarsträubende Geschichte.

In den nächsten Wochen gingen wir Myers' Hinweisen nach. Er hatte zugegeben, dass er Walter nie persönlich begegnet war und nur über Karen Kelly von seiner Existenz wusste. Er bestätigte außerdem, dass er Kelly kannte und sie in den Mord an Vickie Pittman verwickelt war. Also beschlossen wir, uns die Geschichte von Kelly selbst bestätigen zu lassen, die wegen des Pittman-Mordes eine zehnjährige Haftstrafe im Frauengefängnis von Tutwiler verbüßte.

Tutwiler ist eine der ältesten Haftanstalten des Bundesstaates und Alabamas einziges Frauengefängnis. Hier gibt es deutlich weniger Sicherheitsvorkehrungen als in den Hochsicherheitsgefängnissen für Männer. Als Michael und ich mit dem Auto vorfuhren, standen Häftlinge vor dem Eingang herum, weit und breit war kein Wachpersonal zu sehen. Die Frauen schauten uns misstrauisch an und grüßten uns dann mit neugierigem Lächeln. Im Eingangsbereich wurden wir kurz von einem Beamten abgetastet, dann traten wir durch eine Gittertür in den Gefängnisbereich. Dort wurden wir in einen kleinen Raum mit einem viereckigen Tisch geführt, wo wir auf Karen Kelly warteten.

Kelly war eine schlanke Mittdreißigerin, die ohne Handschellen oder sonstige Fesseln in den Raum kam. Sie wirkte erstaunlich ungezwungen, schüttelte mir selbstbewusst die Hand und nickte Michael zu. Sie war geschminkt und hatte einen grellgrünen Lidschatten aufgelegt. Nachdem sie sich gesetzt hatte, erklärte sie, Walter sei verleumdet worden, und sie sei froh, endlich mit jemandem darüber sprechen zu können. Auf unsere Fragen bestätigte sie, dass Myers Walter nie begegnet war.

»Ralph ist ein Idiot. Er hat geglaubt, dass er diesen korrupten Bullen vertrauen kann. Er hat sich bequatschen lassen und dann behauptet, dass er was mit einem Mord zu tun hatte, von dem er gar nichts gewusst hat. Der hat so viel verbrochen, dass er nicht auch noch andere Sachen erfinden muss.«

Zu Beginn unseres Gesprächs war sie ruhig gewesen, doch als sie die Einzelheiten des Falls schilderte, wurde sie immer aufgewühlter und brach mehr als einmal in Tränen aus. Voller Reue erzählte sie, wie sie ihr Leben nicht mehr in den Griff bekommen habe, nachdem sie mit dem Drogenkonsum begonnen hatte.

»Ich bin kein schlechter Mensch. Ich habe nur ein paar echt dumme Sachen gemacht.«

Vor allem war sie erschüttert, dass Walter zum Tode verurteilt worden war.

»Ich bin schuld, dass er im Knast sitzt. Er würde nie jemanden umbringen, das weiß ich.« Ihre Stimme bekam einen bitteren Ton. »Ich hab viel Mist gebaut, aber diese Leute sollten sich schämen. Die haben genauso schlimme Sachen gemacht wie ich. Sheriff Tate hat doch nur eins im Kopf gehabt. Der hat immer gesagt: ›Warum schläfst du mit Niggern? Warum schläfst du mit Niggern?‹ Es war schrecklich.« Sie unterbrach sich und blickte auf ihre Hände. »Aber ich bin ja auch schrecklich. Schauen Sie, was ich alles angerichtet habe«, sagte sie traurig.

Nach unserem Besuch erhielt ich mehrere Briefe von Karen Kelly. Sie bat mich, Walter auszurichten, wie leid ihr alles tue. Sie habe ihn noch immer sehr gern. Uns war nicht ganz klar, was wir bei einer Anhörung vor Gericht von Karen erwarten konnten, außer eine Bestätigung, dass Ralph und Walter einander nie begegnet waren. Sie sah Walter als einen Menschen, der niemals einen Mord begehen würde, und damit stimmte sie mit allen anderen überein, die ihn kannten. Im Zusammenhang mit dem Mord an Morrison hatte sie nicht allzu viel mit der Polizei zu tun gehabt und konnte keine nützlichen Informationen über ein mögliches Fehlverhalten der Beamten liefern, abgesehen davon, dass sie zeigen konnte, wie verärgert sie über ihre Beziehung zu Walter gewesen waren.

Michael und ich beschlossen, uns näher mit dem Pittman-Mord zu beschäftigen, um Aufschluss darüber zu bekommen, wie Myers unter Druck gesetzt worden war. Wir wussten jetzt, dass die Staatsanwaltschaft aufgrund seiner früheren Widerrufe nicht aus allen Wolken fallen würde, wenn Myers nun erklärte, dass McMillian nichts mit dem Mord zu tun hatte. Wir brauchten so viele objektive Beweise wie möglich, um Myers' neue Aussage zu bestätigen. Wenn wir den Pittman-Fall kannten und andere nachweislich falsche Aussagen Myers' dokumentieren konnten, dann würde das unser Beweismaterial stärken.

Der Mord an Vickie Pittman war inzwischen fast in Vergessenheit geraten. Wegen seiner Aussage gegen Walter hatte das Gericht von Monroe County mildere Strafen gegen Myers und Kelly verhängt. Dass ihnen das gelungen war, obwohl der Mord an Pittman vor einem anderen Bezirksgericht verhandelt wurde, war eine weitere Merkwürdigkeit dieses Falls. Myers wiederholte hartnäckig, dass außer ihm und Kelly weitere Personen an der Ermordung von Vickie Pittman beteiligt gewesen seien, darunter ein korrupter Sheriff. Außerdem waren die Motive für den Mord an Pittman nach wie vor unklar. Uns gegenüber hatte Myers behauptet, die Frau habe Drogenschulden gehabt und damit gedroht, über die Verwicklungen der Polizei zu sprechen.

Ersten Polizeiberichten entnahmen wir, dass Vickie Pittmans Vater Vic Pittman zunächst als einer der Verdächtigen gegolten hatte. Vickie Pittman hatte zwei Tanten namens Mozelle und Onzelle, die eigene Ermittlungen anstellten und verzweifelt versuchten, die vielen Rätsel um den Tod ihrer Nichte zu klären. Wir nahmen Kontakt zu den beiden auf, in der vagen Hoffnung, dass sie mit uns sprechen würden, und wir waren erstaunt, wie bereitwillig sie Auskunft gaben.

Mozelle und Onzelle waren Zwillingsschwestern und hielten mit ihrer Meinung nicht hinterm Berg. Die beiden weißen Frauen kamen vom Land und hatten so viel Zeit miteinander verbracht, dass jede die Sätze der anderen zu Ende sprechen konnte, ohne es zu bemerken. Sie beschrieben sich selbst als »vom Landleben gestählt« und präsentierten sich als furchtlose, hartnäckige Frauen, die sich durch nichts einschüchtern ließen.

»Damit Sie's gleich wissen: Wir sind bewaffnet. Also bringen Sie keinen Ärger mit, wenn Sie vorbeikommen.« Mit dieser Warnung beendete Mozelle unser erstes Telefonat.

Michael und ich fuhren aufs Land nach Escambia County, wo wir die Zwillingsschwestern trafen. Sie luden uns ins Haus ein, ließen uns am Küchentisch Platz nehmen und kamen ohne Umschweife zur Sache.

»Hat Ihr Mandant unser Baby umgebracht?«

»Nein, Ma'am, das hat er nicht.«

»Wissen Sie, wer es war?«

Ich seufzte. »Nicht ganz. Ich habe mit Ralph Myers gesprochen und glaube, dass er und Karen Kelly mit der Sache zu tun hatten, aber Myers behauptet, dass auch noch andere beteiligt waren.«

Mozelle sah Onzelle an und lehnte sich zurück.

»Wir wissen, dass mehr dahintersteckt«, sagte Onzelle. Die Schwestern brachten Verdächtigungen gegen ihren Bruder und die Polizei vor und beschwerten sich, dass der Staatsanwalt sie einfach ignoriert habe. (Vic Pittman wurde nie wegen Mordes angeklagt.) Sie klagten, dass nicht einmal die Opferschutzvereinigung des Bundesstaates sie angehört habe.

»Die haben uns wie Dreck behandelt. Die haben uns überhaupt nicht beachtet.« Mozelle war wütend. »Ich habe gedacht, die würden die Opfer besser behandeln. Ich habe immer gedacht, wir hätten da was mitzureden.«

Verbrechensopfer klagen zwar schon lange darüber, dass sie von der Justiz vernachlässigt werden, doch erst in den Achtzigerjahren formierte sich eine neue Bewegung, die Opfer und ihre Angehörigen stärker berücksichtigte. Leider wurden nicht alle Opfer gleich behandelt.

Vor einem halben Jahrhundert ging das Strafrecht der Vereinigten Staaten davon aus, dass bei einem Gewaltverbrechen die gesamte Gesellschaft das Opfer ist. Daher ist der Ankläger der Staat oder das Volk, denn wenn jemand ermordet, vergewaltigt, ausgeraubt oder überfallen wird, dann richtet sich das Verbrechen gegen die gesamte Gesellschaft. Anfang der Achtzigerjahre begannen Staatsanwälte jedoch, die Opfer stärker in den Prozess und die Darstellung des Falls einzubeziehen. In einigen Bundesstaaten durften Angehörige des Opfers während des Prozesses neben dem Staatsanwalt Platz nehmen.[2] In 36 Bundesstaaten wurden Gesetze erlassen, die Opfern besondere Rechte bei der Teilnahme am Prozess einräumten oder ihnen erlaubten, darzustellen, was das Verbrechen für sie persönlich bedeutete.[3] Vielerorts trat die Staatsanwaltschaft als Anwalt der Opfer auf und nicht als Vertreter der Gesellschaft oder der Behörden.

Im Jahr 1987 erklärte der Oberste Gerichtshof der Vereinigten Staaten die Praxis für verfassungswidrig, in Mordprozessen, in denen die Todesstrafe gefordert wurde, den Status, den Charakter, das Ansehen oder die Familie eines Mordopfers anzuführen. Seit Jahrzehnten galten alle Opfer als gleich, das heißt, der Mord an der vierjährigen Tochter einer wohlhabenden Familie war genauso zu behandeln wie der Mord an der vierjährigen Tochter eines Zuchthausinsassen. Im Urteil zu *Booth v. Maryland* verbot das Oberste Gericht, in Mordprozessen die Konsequenzen des Verbrechens für die Angehörigen des Opfers zur Sprache zu bringen, da dies die Geschworenen beeinflussen und der Willkür bei der Verurteilung Tür und Tor öffnen würde. Kritiker führten außerdem an, solche Beweise benachteiligten die Opfer aus armen Schichten und ethnischen Minderheiten sowie Familien, denen die Mittel fehlten, sich für ihre ermordeten Angehörigen einzusetzen.[4]

Viele Staatsanwälte und einige Politiker kritisierten die Entscheidung des Obersten Gerichtshofs, und die Opferschutzbewegung wurde stärker.[5] Kaum drei Jahre später ruderten die Verfassungsrichter zurück: Im Urteil zu *Payne v. Tennessee* erlaubten sie den Staatsanwaltschaften erneut, in Mordprozessen Beweise zum Ansehen und Charakter des Opfers zu präsentieren.

Mit dem neuerlichen Segen des Obersten Gerichtshofs nahm die Veränderung der Strafprozesse an Fahrt auf. Washington und die Bundesstaaten gaben Abermillionen zur Unterstützung von Opfervereinigungen aus. Die Staatsanwaltschaften fanden immer neue Möglichkeiten, Opfer in die Prozesse einzubeziehen.[6] Vertreter von Opferverbänden wurden bei Entscheidungen zu vorzeitiger Haftentlassung beteiligt und erhielten in den meisten Bundesstaaten offizielle Funktionen innerhalb der Staatsanwaltschaft. Die Staatsanwaltschaften wiederum übernahmen immer mehr Aufgaben in der Versorgung der Opfer und ihrer Angehörigen. Einige Bundesstaaten ließen sogar Angehörige der Opfer als Zuschauer bei Hinrichtungen zu.[7]

Viele Bundesstaaten verschärften ihre Strafen und benannten neue Gesetze nach prominenten Opfern. Ein Beispiel ist »Megan's Law«, ein Gesetz, mit dem Behörden Listen von Sexualstraftätern anlegen konnten. Benannt war es nach Megan Kanka, einem siebenjährigen Mädchen, das von einem vorbestraften Sexualstraftäter vergewaltigt und ermordet worden war.[8] Als Ankläger trat nicht mehr der gesichtslose Staat oder die abstrakte Gesellschaft auf, sondern die individuellen Verbrechensopfer. Strafprozesse nahmen immer mehr die Dynamik von Zivilverfahren an, indem sie die Familie des Opfers gegen den Täter in Stellung brachten. In der Presse wurde die persönliche Natur des Konflikts zwischen Täter und Opfer herausgestrichen.[9] In der Strafverfolgung, vor allem bei prominenten Fällen, entwickelte sich eine neue Formel, die Gefühle, Sichtweisen und Ansichten der Opfer in den Mittelpunkt des Verfahrens rückten.

Doch wie Mozelle und Onzelle feststellen mussten, wurden einige Menschen benachteiligt, wenn der Status des Opfers in den Vordergrund rückte. Opfer aus sozial schwachen und benachteiligten Bevölkerungsgruppen wurden nun zusätzlich vom System diskriminiert. Der Oberste Gerichtshof fällte seine Entscheidung im Prozess *Payne v. Tennessee* kurz nach seinem Urteil in einem anderen Fall, in dem mithilfe von Statistiken überzeugend nachgewiesen wurde, dass in den Vereinigten Staaten vor allem die Hautfarbe des Opfers darüber entscheidet, wer zum Tode verurteilt wird. Die Untersuchung, die für den Prozess *McCleskey v. Kemp* durchgeführt wurde, demonstrierte, dass in Georgia Mord an Weißen elfmal so oft mit dem Tode bestraft wurde wie Mord an Schwarzen.[10] Untersuchungen in anderen Bundesstaaten gelangten zu vergleichbaren Ergebnissen. In Alabama, wo 65 Prozent aller Mordopfer schwarz waren, waren rund 80 Prozent aller Todeskandidaten wegen Mordes an Weißen verurteilt worden.[11] War der Angeklagte schwarz und das Opfer weiß, war ein Todesurteil noch wahrscheinlicher.[12]

Andererseits klagten viele Opfer aus ärmeren Schichten und Minderheiten, dass sie nicht von der Polizei oder der Staatsanwaltschaft unterstützt würden. Bei Gesprächen über Strafmaß oder Strafminderung wurden sie nicht miteinbezogen. Wer selbst Verwandte im Gefängnis hatte, musste damit rechnen, nicht als Opfer behandelt zu werden, wenn Angehörige ermordet, vergewaltigt oder überfallen wurden. Der gesetzliche Opferschutz meißelte nur das in Stein, was ohnehin längst Realität war: Einige Opfer genießen mehr Schutz und sind wertvoller als andere.

Die Gleichgültigkeit der Polizei, der Staatsanwaltschaft und der Opferschützer schmerzte Mozelle und Onzelle mehr als alles andere. »Sie sind die Ersten, die zu uns kommen und mit uns über Vickie sprechen«, erklärte uns Onzelle. Nachdem wir uns fast drei Stunden lang ihre herzzerreißenden Überlegungen angehört hatten, versprachen wir ihnen, alles in unserer Macht Stehende zu tun, um herauszufinden, wer noch am Mord an ihrer Nichte beteiligt gewesen war.

Wir hatten den Punkt erreicht, an dem wir ohne Einsicht in die Polizeiakten nicht mehr weiterkamen. Da wir nun im Berufungsverfahren standen, war die Staatsanwaltschaft nicht mehr automatisch verpflichtet, uns Zugang zu diesen Akten zu gewähren. Daher beschlossen wir, einen

Antrag nach der sogenannten Rule 32 einzureichen, der die Möglichkeit zur Vorlage neuer Beweise bot und den Zugang zu den Akten der Behörden eröffnete.

In einem Antrag nach Rule 32 müssen Beweise vorgelegt werden, die im Prozess oder der Berufung nicht vorgelegt wurden. Das bietet die Möglichkeit, eine Verurteilung aufgrund unzureichender Verteidigung, mangelhafter Kooperation der Staatsanwaltschaft oder vor allem neuer Unschuldsbeweise anzufechten. Michael und ich verfassten die Petition, in der wir alle drei Punkte anführten, darunter auch Fehlverhalten der Polizei und der Staatsanwaltschaft, und reichten sie am Bezirksgericht von Monroe County ein.

Dieses Dokument, in dem wir behaupteten, dass Walter McMillian in einem unfairen Prozess angeklagt und zu Unrecht schuldig gesprochen und zum Tode verurteilt worden sei, erregte in Monroeville große Aufmerksamkeit. Seit dem Prozess waren inzwischen drei Jahre vergangen. Schon die Bestätigung des Urteils durch das Berufungsgericht war von der Presse zur Kenntnis genommen worden, und die meisten Bürger gingen nun davon aus, dass Walters Schuld eindeutig festgestellt war. Nun musste man nur noch auf ein Hinrichtungsdatum warten. Richter Key hatte sich in den Ruhestand verabschiedet, und keiner der neuen Richter schien sich mit unserem Antrag befassen zu wollen. Daher wurde er an Baldwin County weitergereicht, unter dem Vorwand, Neuverhandlungen müssten in demselben Bezirk durchgeführt werden wie der ursprüngliche Prozess. Das konnten wir zwar nicht nachvollziehen, da der prozessführende Richter aus Monroe County kam, doch wir konnten nichts dagegen unternehmen.

Erstaunlicherweise stimmte das Oberste Gericht von Alabama zu, die Revision des Verfahrens ruhen zu lassen, um den Antrag nach Rule 32 verfolgen zu können. Üblicherweise musste zuerst die Revision abgeschlossen sein, ehe ein Verfahren nach Rule 32 eingeleitet werden konnte. Indem es die Revision ruhen ließ, signalisierte das Oberste Gericht den Bezirksgerichten, dass es sich um einen ungewöhnlichen Fall handelte, der weitere Überprüfungen erforderlich machte. Der Bezirksrichter von Baldwin County war nun gezwungen, unseren Fall wiederaufzunehmen und unseren Anträgen auf Einsicht in die Akten der Polizei und Staatsanwaltschaft stattzugeben. Das war eine sehr positive Entwicklung.

Nun brauchten wir ein weiteres Treffen mit dem Bezirksstaatsanwalt Tom Chapman, wobei wir diesmal eine gerichtliche Anordnung in der Tasche hatten, die ihn zwang, uns sämtliche Dokumente der Polizei und der Staatsanwaltschaft auszuhändigen. Außerdem sollten wir endlich die Beamten kennenlernen, die in Walters Fall ermittelt hatten: den Ermittler der Staatsanwaltschaft Larry Ikner, den ABI-Beamten Simon Benson und Sheriff Tom Tate.

Chapman schlug vor, in sein Büro im Gericht von Monroe County zu kommen, um die Dokumente gemeinsam durchzugehen. Wir stimmten zu. Bei unserer Ankunft erwarteten uns die vier Männer bereits. Tate, ein großer, kräftiger Weißer, war in Stiefeln, Jeans und hellem Hemd zu unserem Termin erschienen. Ikner war ebenfalls weiß, Mitte vierzig und ähnlich leger gekleidet. Keiner von ihnen war sonderlich freundlich, alle grüßten Michael und mich mit der perplexen Neugierde, an die ich mich inzwischen gewöhnt hatte. Die Männer wussten, dass wir ihnen Verfehlungen im Amt vorwarfen, doch sie verhielten sich überwiegend höflich. Nur an einem Punkt ätzte Tate, er habe Michael doch gleich als »Yankee« erkannt.

Darauf lächelte Michael und meinte nur: »Eigentlich stehe ich nicht so auf die Yankees, und überhaupt mag ich Football lieber als Baseball. Ich bin bekennender Nittany Lion.«

Niemand lachte.

Unbeirrt fuhr Michael fort: »Ich habe an der Penn State studiert. Das Maskottchen der Football-Mannschaft ist der Berglöwe ...«

»'78 haben wir euch so richtig den Arsch versohlt«, verkündete Tate, als hätte er gerade im Lotto gewonnen. Die Football-Mannschaften der Pennsylvania State University und der University of Alabama waren in den Siebzigerjahren scharfe Rivalen gewesen, beide Universitäten hatten erfolgreiche Teams und gefeierte Trainer, Bear Bryant in Alabama und Joe Paterno an der Penn State. Im Endspiel der Universitätsmeisterschaften hatte Alabama 1978 die an Nummer eins gesetzte Mannschaft der Penn State mit 14:7 besiegt.

Michael, ein großer Football-Fan und Joe-Paterno-Anhänger, sah mich an, als wollte er meine Erlaubnis für eine freche Antwort. Ich sah ihn warnend an, und zum Glück schien er mich zu verstehen.

»Was zahlt euch Johnny D?«, fragte Tate und benutzte den Spitznamen, den Walters Freunde und Verwandte für ihn verwendeten.

»Wir arbeiten für eine gemeinnützige Organisation. Unsere Dienstleistungen sind kostenlos«, antwortete ich, so kühl und höflich wie ich konnte.

»Aber irgendwoher müsst ihr euer Geld doch bekommen.«

Ich beschloss, nicht darauf einzugehen.

»Ich fände es sinnvoll, wenn wir ein Papier unterschreiben könnten, dass diese Dokumente vollständig sind und dass Sie keine weiteren Akten zu dem Fall haben. Könnten wir eine Liste der Dokumente erstellen, die wir alle unterzeichnen?«

»So formal brauchen wir doch nicht vorzugehen, Bryan. Diese Männer sind doch Beamte. Nehmen Sie die Akten einfach mit«, erwiderte Chapman, offenbar aus Furcht, mein Vorschlag könne Tate und Ikner provozieren.

»Es könnte aber doch sein, dass einige Akten vergessen wurden oder Papiere herausgefallen sind. Ich möchte nur festhalten, dass wir alles bekommen, was Sie haben – dieselbe Anzahl von Seiten, dieselben Aktentitel, und so weiter. Ich möchte niemandem an den Karren fahren.«

»Das tun Sie aber.« Tate war sehr direkt. Er sah Chapman an. »Wir können etwas unterschreiben, das bestätigt, was wir ihm geben. Ich glaube, wir brauchen diese Liste mehr als er.«

Chapman nickte. Wir nahmen die Akten in Empfang und waren gespannt, was wir in den Hunderten Seiten finden würden. Wieder in Montgomery, begannen wir mit der Durchsicht, und zwar nicht nur der Dokumente der Polizei und der Staatsanwaltschaft. Mit der gerichtlichen Anweisung hatten wir außerdem Zugang zu den Akten von Taylor Hardin, der psychiatrischen Anstalt, in die Myers geschickt worden war, nachdem er zum ersten Mal seine Aussage zurückgezogen hatte. Wir erhielten die ABI-Akte von Simon Benson, dem einzigen schwarzen ABI-Beamten in Südalabama, wie er uns stolz mitteilte. Wir nahmen Einsicht in die Dokumente der Polizei von Monroeville und anderer Städte. Wir bekamen sogar Zugang zu den Akten aus Escambia County und den Beweisen aus dem Pittman-Mord. Was wir fanden, war erstaunlich.

Vielleicht standen wir unter dem Einfluss des Leids von Mozelle und Onzelle oder der Verschwörungstheorien von Ralph Myers. Wie dem auch sei, bald stellten wir Fragen über einige der Polizeibeamten, deren Namen rund um den Pittman-Mord immer wieder auftauchten. Wir beschlossen sogar, einige unsere Erkenntnisse an das FBI weiterzugeben.

Wenig später erhielten wir die ersten Bombendrohungen.

8 Gotteskinder

Trina Garnett war das jüngste von zwölf Geschwistern und kam aus einem der ärmsten Viertel von Chester, einem armen Vorort von Philadelphia. Die große Armut, Kriminalität und Arbeitslosigkeit von Chester trafen auf das schlechteste staatliche Schulsystem von ganz Pennsylvania.[1] Knapp 46 Prozent aller Kinder des Ortes lebten unterhalb der Armutsgrenze.[2]

Trinas Vater Walter Garnett war ein Boxer, der nach seiner gescheiterten Laufbahn zum gewalttätigen Alkoholiker wurde und bei der Polizei dafür bekannt war, bei der geringsten Provokation loszuprügeln. Trinas Mutter Edith Garnett litt an den gesundheitlichen Folgen ihrer vielen Geburten. Einige ihrer Kinder waren Produkte von Vergewaltigungen durch ihren Ehemann. Je älter und kränklicher Edith wurde, umso mehr wurde sie zur Zielscheibe von Walters Rage. Regelmäßig schlug, trat und beleidigte er sie in Gegenwart ihrer Kinder. Seine Gewalt nahm oft extreme Formen an: Er zog seine Frau nackt aus und schlug sie, bis sie sich vor Schmerzen auf dem Boden wand, während die Kinder voller Angst zusahen. Wenn sie unter den Schlägen ohnmächtig wurde, stieß er ihr einen Stock in den Hals, um sie wieder zu Bewusstsein zu bringen und weiter zu misshandeln. Im Haus der Garnetts war nichts und niemand sicher. Einmal musste Trina mit ansehen, wie ihr Vater den bellenden Hund der Familie zum Schweigen brachte, indem er ihm die Kehle zudrückte; dann nahm er einen Hammer, erschlug das Tier und warf es zum Fenster hinaus.

Trina hatte ein Jahr ältere Zwillingsschwestern namens Lynn und Lynda. Als sie noch klein war, brachten die beiden ihr bei, »unsichtbar« zu spielen, um sich vor dem Vater in Sicherheit zu bringen, wenn dieser besoffen und mit dem Gürtel in der Hand durchs Haus streifte, seine Kinder auszog und willkürlich verprügelte. Trina lernte, sich unter dem Bett oder in einem Schrank zu verstecken und keinen Mucks von sich zu geben.

Schon früh zeigte Trina Anzeichen einer geistigen Behinderung und andere Probleme. Als Kleinkind erkrankte sie schwer, nachdem sie in einem unbeobachteten Moment Feuerzeugbenzin getrunken hatte. Im Alter von fünf Jahren zündete sie sich versehentlich an und erlitt schwere Verbrennungen an Brust, Bauch und Rücken. Sie verbrachte einige Wochen im Krankenhaus und erduldete schmerzhafte Hauttransplantationen, die schreckliche Narben hinterließen.

Die Mutter starb, als Trina neun Jahre alt war. Trinas ältere Schwestern versuchten, sich um sie zu kümmern, doch als der Vater anfing, sie zu vergewaltigen, flohen sie. Kaum waren die älteren Geschwister aus dem Haus, richtete sich die Gewalt des Vaters gegen Trina, Lynn und Lynda. Schließlich liefen die Mädchen weg und streiften durch die Straßen von Chester. Sie ernährten sich von Essensresten, die sie aus Mülltonnen fischten, und manchmal hatten sie tagelang gar nichts zu essen. Sie schliefen in Parks und öffentlichen Toiletten. Eine Zeit lang lebten sie bei ihrer älteren Schwester Edy, bis Edys Mann anfing, sie sexuell zu belästigen. Hin und wieder konnten sie bei älteren Geschwistern und Tanten unterkommen, doch immer wieder brachen Gewalt und Tod in ihr Leben ein, und dann lebte Trina wieder auf der Straße.

Unter dem Eindruck des Todes der Mutter, des Missbrauchs und der schrecklichen Lebensumstände verschlimmerten sich ihre emotionalen und psychischen Probleme. Manchmal war sie so verstört und krank, dass ihre beiden Schwestern Verwandte finden mussten, die sie ins Krankenhaus brachten. Aber da sie kein Geld hatte, konnte sie nie so lange bleiben, bis sie genesen war oder sich auch nur stabilisiert hatte.

Eines späten Abends im August 1976 kletterte die inzwischen vierzehnjährige Trina mit ihrer sechzehnjährigen Freundin Francis Newsome durch das Fenster eines Reihenhauses in Chester. Die Mädchen wollten mit den beiden Jungs sprechen, die dort wohnten. Deren Mutter hatte ihren Söhnen den Umgang mit Trina verboten, doch das Mädchen wollte sie sehen. Nachdem sie in das Haus eingedrungen waren, zündete Trina Streichhölzer an, um das Zimmer der Jungs zu finden. Dabei steckte sie das Haus in Brand. Die Flammen griffen schnell um sich, und die beiden Söhne erstickten im Schlaf. Die Mutter warf Trina vor, das Feuer absichtlich gelegt zu haben, aber Trina und ihre Freundin bestanden darauf, dass es sich um einen Unfall gehandelt habe.

Trina stand nach dem Tod der beiden Jungen unter Schock und brachte kaum ein Wort heraus, als sie von der Polizei festgenommen wurde. Sie war derart apathisch, dass ihr Pflichtanwalt sie für nicht verhandlungsfähig hielt. Angeklagte, die als verhandlungsunfähig eingestuft werden, können nicht in einem Strafprozess angeklagt werden, das heißt, es kann erst Anklage erhoben werden, wenn sie so weit genesen sind, dass sie sich verteidigen können.[3] Strafrechtlich Verfolgte haben Anspruch auf medizinische

Behandlung. Leider versäumte es Trinas Anwalt, die entsprechenden Anträge einzureichen und Beweise vorzulegen, um eine Verhandlungsunfähigkeit zu erwirken. Der Mann, dem später in einem anderen Fall wegen krimineller Verletzung seiner Anwaltspflichten die Zulassung entzogen wurde, legte auch nie Einspruch dagegen ein, dass die Staatsanwaltschaft Trina nach Erwachsenenstrafrecht anklagte. So kam es, dass sich Trina vor einem normalen Gericht wegen bedingt vorsätzlichen Mordes verantworten musste. Dort sagte ihre Freundin Francis Newsome gegen sie aus und wurde dafür von der Tat freigesprochen. Trina dagegen wurde schuldig gesprochen.

Richter Howard Reed aus Delaware, der das Strafmaß festlegen musste, glaubte nicht, dass Trina vorsätzlich gehandelt hatte. Aber nach den Gesetzen des Bundesstaates Pennsylvania spielte dies keine Rolle. Auch Trinas Alter, ihre psychischen Probleme, ihre Armut, der erlittene Missbrauch oder die tragischen Umstände des Feuers konnte er nicht als mildernde Umstände heranziehen. Das Gesetzbuch von Pennsylvania kennt kein Erbarmen: Für das Urteil »bedingt vorsätzlicher Mord« gibt es nur eine einzige Strafe: »lebenslänglich« ohne Möglichkeit der vorzeitigen Haftentlassung.[4] Richter Reed äußerte schwere Bedenken gegen das Strafmaß, das er verhängen musste: »Das ist der traurigste Fall, der mir bislang untergekommen ist«, schrieb er.[5] Für ein tragisches Vergehen, das Trina im Alter von vierzehn Jahren begangen hatte, sollte sie ein Leben lang hinter Gitter.[6]

Nach der Verurteilung wurde Trina sofort in das Erwachsenengefängnis eingewiesen. Als die inzwischen Sechzehnjährige das Frauengefängnis von Muncy betrat, war sie verschüchtert, sie litt noch immer unter dem Trauma und ihren psychischen Problemen und wusste, dass sie das Gefängnis nie wieder verlassen würde. Im Gefängnis hatte sie zwar zumindest ein Dach über dem Kopf, doch sie war schutzlos neuen Gefahren ausgesetzt. Kurz nach ihrer Ankunft wurde sie von einem Wachmann in einen Nebenraum geführt und dort vergewaltigt.

Das Verbrechen wurde offensichtlich, als Trina schwanger wurde. Wie so oft in diesen Fällen wurde der Beamte entlassen, aber nicht für die Tat belangt. Im Gefängnis brachte Trina einen Jungen zur Welt. Wie Hunderte anderer Frauen, die in der Haft Kinder bekommen, war Trina nicht auf die Belastungen vorbereitet. Während der Entbindung war sie mit Handschellen ans Bett gefesselt. Erst 2008 verabschiedeten sich viele Staaten von der Praxis, inhaftierte Frauen während der Geburt zu fixieren.[7]

Trinas Sohn wurde in ein Waisenhaus gegeben. Nach dieser Abfolge von Ereignissen – dem Feuer, der Verurteilung, der Vergewaltigung, der traumatischen Geburt und der Wegnahme ihres Sohnes – verschlechterte sich Trinas psychischer Zustand rapide. Im Laufe der Jahre wurde ihre geistige Behinderung immer stärker. Sie litt unter unkontrollierbaren Zuckungen und Krämpfen, bis sie erst einen Stock, dann einen Rollstuhl benötigte. Als sie dreißig Jahre alt war, diagnostizierten die Gefängnisärzte Multiple Sklerose, geistige Behinderung und psychische Erkrankung im Zusammenhang mit einem Trauma.

Trina erhob Anklage gegen den Gefängnisbeamten, der sie vergewaltigt hatte, und die Geschworenen sprachen ihr eine Entschädigung von 62 000 Dollar zu. Der Mann legte Berufung ein, und das Gericht hob das Urteil auf, weil er den Geschworenen nicht hätte sagen dürfen, dass das Opfer wegen Mordes inhaftiert war.[8] So wurde Trina nie vom Staat dafür entschädigt, dass einer seiner Beamten sie vergewaltigt hatte.

Im Jahr 2014 wurde Trina 52 Jahre alt und befand sich seit 38 Jahren hinter Gittern. Sie ist eine von fast fünfhundert Häftlingen, die in Pennsylvania eine lebenslange Haftstrafe ohne Möglichkeit der vorzeitigen Entlassung verbüßen und wegen eines Vergehens verurteilt wurden, das sie im Alter zwischen 13 und 17 Jahren begangen haben.[9] In Pennsylvania werden mehr jugendliche Straftäter zu einem Leben hinter Gittern verdammt als irgendwo sonst in der Welt.

Im Jahr 1990 versuchten Ian Manuel und zwei ältere Jungs einen Überfall auf ein Ehepaar, das sich in Tampa, Florida, auf dem Weg zum Abendessen befand. Ian war dreizehn Jahre alt. Als Debbie Baigre Widerstand leistete, schoss Ian mit einer Pistole, die ihm die älteren Jungen gegeben hatten. Die Kugel durchschlug Baigres Wange, zerstörte einige Zähne und hinterließ schwere Verletzungen in ihrem Kiefer. Die drei Jungen wurden verhaftet und des bewaffneten Raubüberfalls und versuchten Mordes angeklagt.

Ians Pflichtanwalt riet ihm, seine Schuld einzugestehen, und versicherte ihm, er werde nicht mehr als fünfzehn Jahre Haft verbüßen müssen. Offenbar war dem Mann nicht klar, dass auf zwei der Anklagepunkte »lebenslänglich« ohne Möglichkeit der vorzeitigen Entlassung stand. Der Richter hörte sich Ians Schuldgeständnis an und verdammte den Jungen zu einem Leben hinter Gittern. Ian war noch ein Kind, und im Grunde verurteilte ihn der Richter, weil er auf der Straße gelebt hatte, weil er ohne elterliche Aufsicht aufgewachsen war, weil er zuvor wegen eines Ladendiebstahls und kleinerer Eigentumsdelikte festgenommen worden war. Ian kam in das Erwachsenengefängnis in Apalachee, eines der härtesten Zuchthäuser Floridas. Da die Gefängnismitarbeiter keine Sträflingsuniform fanden, die dem Jungen gepasst hätte, schnitten sie von den kürzesten vorhandenen Hosen einfach unten zwanzig Zentimeter ab.[10] In Erwachsenengefängnissen untergebrachte

Minderjährige werden fünfmal so häufig Opfer sexueller Gewalt, deshalb sperrte das Personal Ian, der für sein Alter sehr klein war, in eine Einzelzelle.[11]

In Apalachee ist die Einzelzelle nicht mehr als eine Betonkiste von der Größe einer Abstellkammer. Die Häftlinge bekommen die Mahlzeiten durch einen Schlitz und haben keinen Kontakt zu anderen Menschen. Wer »widerspenstig« ist und zum Beispiel aufsässige Bemerkungen macht oder sich nicht an die Anweisungen des Wachpersonals hält, muss ohne Matratze auf dem Fußboden der Zelle schlafen. Wer herumbrüllt, dessen Einzelhaft wird verlängert. Wer sich absichtlich verletzt oder die Nahrungsaufnahme verweigert, dessen Einzelhaft wird verlängert. Wer sich beschwert oder Wachpersonal bedroht oder beleidigt, dessen Einzelhaft wird verlängert. Die Einzelhäftlinge dürfen dreimal pro Woche duschen und ein paarmal pro Woche in ein kleines Gehege, in dem sie sich ein wenig bewegen können. Ansonsten sind sie allein in ihrer Betonkiste, Woche für Woche, Monat für Monat.

In der Einzelhaft wurde Ian zum »Ritzer« – er nahm jeden scharfen Gegenstand, den er mit seinen Mahlzeit bekam, um sich die Arme und Handgelenke aufzuschneiden und zuzusehen, wie er blutete. Seine Psyche zerfiel, und er beging mehrere Selbstmordversuche. Jedes Mal, wenn er sich verletzte oder widerspenstig war, wurde seine Einzelhaft verlängert.

Ian verbrachte achtzehn Jahre ununterbrochen in Einzelhaft.

Einmal im Monat durfte er telefonieren. Kurz nach seiner Inhaftierung, an Weihnachten 1992, rief er Debbie Baigre an, die Frau, die er bei dem Überfall verletzt hatte. Als sie an den Apparat ging, stieß Ian eine zutiefst empfundene Entschuldigung hervor, in der er sein Bedauern und seine Reue zum Ausdruck brachte. Mrs. Baigre war erschüttert, von dem Jungen zu hören, der sie überfallen hatte, doch sie war auch berührt. Ihre Kieferverletzung war inzwischen verheilt, sie war eine erfolgreiche Bodybuilderin geworden und hatte eine Gesundheitszeitschrift für Frauen gegründet. Sie war eine entschlossene Frau, die sich durch die Verletzung nicht aus der Bahn hatte werfen lassen. Nach diesem überraschenden Anruf begannen die beiden, einander regelmäßig Briefe zu schreiben. Schon vor dem fraglichen Überfall war Ian von seiner Familie vernachlässigt worden. Ohne Unterstützung durch Eltern oder Verwandte war er durch die Straßen gestromert. In der Einzelhaft begegnete er kaum Mithäftlingen oder Wachleuten. Während Ian in der Verzweiflung versank, war Debbie Baigre eine der wenigen Menschen, die ihm Mut zusprachen.[12]

Nachdem Debbie über einige Jahre hinweg mit Ian kommuniziert hatte, schrieb sie an das Gericht und teilte dem Richter mit, sie halte die Strafe für zu hart und die Haftbedingungen für unmenschlich. Sie versuchte, mit dem Gefängnispersonal in Kontakt zu treten, und gab Presseinterviews, um auf Ians Leid aufmerksam zu machen. »Niemand weiß besser als ich, wie leichtsinnig Ians Tat war und welch schmerzhafte Folgen sie hatte. Aber was wir jetzt mit ihm tun, ist gemein und unverantwortlich«, sagte sie einem Reporter. »Als er die Tat beging, war er ein Kind, ein dreizehnjähriger Junge ohne Aufsicht und ohne Unterstützung.«

Das Gericht ignorierte Debbie Baigres Bitte um Haftminderung.

Bis zum Jahr 2010 waren in Florida mehr als einhundert Kinder wegen Verbrechen ohne Todesfolge zu lebenslanger Haft ohne Möglichkeit der vorzeitigen Entlassung verurteilt worden.[13] Einige waren zum Tatzeitpunkt erst dreizehn Jahre alt.[14] Die jüngsten der Verurteilten, die Dreizehn- und Vierzehnjährigen, waren durchweg Schwarze oder Latinos.[15] In Florida werden mehr Kinder nach einem Verbrechen ohne Todesfolge zu einem Leben hinter Gittern verdammt als irgendwo sonst auf der Welt.[16]

Das Viertel von South Central Los Angeles, in dem Antonio Nuñez aufwuchs, wurde von gewalttätigen Banden regiert. Antonios Mutter hatte ihren Kindern beigebracht, sich auf den Boden zu werfen, wenn draußen eine Schießerei losging, wie sie für das Viertel beinahe alltäglich war. Fast ein Dutzend ihrer Nachbarn kamen ums Leben, weil sie als Unbeteiligte in das Kreuzfeuer der Gangs gerieten.

Zu den Problemen vor Antonios Tür kam die häusliche Gewalt. Seit Antonio in den Windeln lag, wurde er von seinem Vater verprügelt, die Schläge mit der Hand, mit dem Gürtel oder mit Stromkabeln hinterließen blaue Flecken und Wunden. Außerdem wurde er Zeuge von furchtbaren Auseinandersetzungen zwischen seinen Eltern, die mit Gewalt aufeinander losgingen und drohten, sich gegenseitig umzubringen. Die Gewalt war so drastisch, dass Antonio einmal die Polizei rief. Er hatte Albträume, von denen er schreiend aufwachte. Antonios Mutter war depressiv und vernachlässigte ihn; wenn er weinte, ignorierte sie ihn einfach. Die einzige Schulveranstaltung, zu der sie Antonio je begleitete, war eine Drogenaufklärung in der Grundschule.

»Er war ganz stolz, als er sich mit einem Polizeibeamten hat fotografieren lassen«, erinnerte sie sich später. »Er wollte Polizist werden.«[17]

Im September 1999, einen Monat nach seinem dreizehnten Geburtstag, fuhr Antonio mit dem Fahrrad durch sein Viertel, als ein Unbekannter ihn in Bauch, Seite und Arm schoss. Antonio brach auf der Straße zusammen. Als sein vierzehnjähriger Bruder José seine Schreie hörte, eilte er zu Hilfe; er wurde in den Kopf geschossen und starb. Antonio erlitt schwere innere Verletzungen und lag wochenlang im Krankenhaus.

Als Antonio aus dem Krankenhaus entlassen wurde, schickte ihn seine Mutter zu Verwandten nach Las Vegas, damit er sich dort von der Tragödie des Todes seines Bruders erholte. Antonio war froh, von den Gefahren in South Central Los Angeles wegzukommen. Er hielt sich von allen Problemen fern, war zu Hause hilfsbereit und folgsam und machte abends mit der Hilfe des Mannes seiner Cousine seine Hausaufgaben. Er ließ die Gangs und die Gewalt von South Central hinter sich und machte erstaunliche Fortschritte. Doch nach nur einem Jahr riefen ihn die Bewährungshelfer aus Kalifornien zurück nach Los Angeles, denn nach einer früheren Straftat stand Antonio unter Aufsicht des Gerichts.

In den armen Stadtvierteln der Vereinigten Staaten haben viele dunkelhäutige Jugendliche, Afroamerikaner wie Latinos, immer wieder Begegnungen mit der Polizei. Auch wenn sie gar nichts verbrochen haben, werden sie aufgegriffen, weil sie in den Augen der Polizei grundsätzlich kriminell sind. Die willkürlichen Verhöre und Belästigungen durch die Polizisten machen es sehr wahrscheinlich, dass Minderjährige wegen Bagatelldelikten festgenommen werden. Viele dieser Kinder haben ein Vorstrafenregister, das aus Lappalien besteht, für die Kinder aus reicheren Familien nie bestraft werden würden.

Wieder in South Central zu sein, nur wenige Hundert Meter von dem Ort entfernt, an dem sein Bruder ermordet wurde, war ein Schock für Antonio. Ein Gericht stellte später fest, »da Nuñez nur wenige Straßen von der Stelle entfernt lebte, an der sein Bruder ermordet und er selbst angeschossen wurde, litt er unter Traumasymptomen, darunter Flashbacks, dem dringenden Bedürfnis, die Gegend zu meiden, einer hochsensiblen Gefahrenwahrnehmung und dem gesteigerten Bedürfnis, sich vor realen oder eingebildeten Gefahren zu schützen«. Zu seinem Schutz besorgte er sich eine Pistole, wurde jedoch bald wegen unerlaubten Waffenbesitzes festgenommen und in eine Jugendanstalt eingewiesen. Dort beteiligte er sich nach Auskunft des Personals eifrig an allen Aktivitäten und reagierte positiv auf das strukturierte Umfeld und die Anleitung der Mitarbeiter.[18]

Nach seiner Entlassung wurde Antonio zu einer Party eingeladen. Dort sprachen ihn zwei doppelt so alte Männer an. Sie sagten ihm, sie planten eine vorgetäuschte Entführung, um von einem Verwandten Lösegeld zu erpressen, und zwangen Antonio mitzukommen. Der Vierzehnjährige stieg mit den beiden Männern in einen Wagen, um das Lösegeld abzuholen. Das vermeintliche Opfer saß hinten, Juan Pérez fuhr, und Antonio saß auf dem Beifahrersitz. Ehe sie den Ort der Geldübergabe in Orange County erreichten, bemerkten sie, dass sie von zwei Latinos in einem grauen Lieferwagen verfolgt wurden. Es begann eine Verfolgungsjagd, und irgendwann drückten Pérez und der andere Mann Antonio eine Pistole in die Hand und befahlen ihm, auf den Lieferwagen zu schießen. Das war der Anfang einer gefährlichen Schießerei aus fahrenden Autos. Die Männer im Lieferwagen waren Zivilpolizisten, doch das wusste Antonio nicht, als er schoss. Als sich ein Polizeiwagen der Verfolgung anschloss, ließ Antonio die Waffe fallen, und kurz darauf raste der Wagen gegen einen Baum. Niemand wurde verletzt, aber Antonio und Pérez wurden wegen bewaffneter Entführung und versuchten Mordes an den Polizeibeamten angeklagt.

Antonio und der 27-jährige Juan Pérez wurden in einem gemeinsamen Prozess vor Gericht gestellt und schuldig gesprochen. Nach dem Gesetz des Bundesstaates Kalifornien muss ein Angeklagter mindestens sechzehn Jahre alt sein, um wegen Mordes zu lebenslanger Haft ohne Möglichkeit der Haftverkürzung verurteilt zu werden. Da es für Entführung jedoch kein solches Mindestalter gibt, verurteilte der Richter von Orange County Antonio zu lebenslangem Gefängnis, denn Antonio sei ein gefährliches Bandenmitglied und es bestehe keine Aussicht auf eine Wiedereingliederung in die Gesellschaft – trotz seiner schwierigen Vergangenheit und obwohl Antonio bis dahin keine strafrechtlich relevanten Taten begangen hatte. Der Richter schickte ihn in eines der gefährlichen, überfüllten Erwachsenengefängnisse von Kalifornien. Mit seinen vierzehn Jahren war Antonio der jüngste Amerikaner, der für ein Vergehen ohne Todesfolge und Körperverletzung zu einem Leben hinter Gittern verurteilt wurde.

Wenn Erwachsene wegen Verbrechen angeklagt werden, wie sie Trina, Ian oder Antonio begangen haben, werden sie nur selten zu lebenslanger Haft verurteilt. Wegen bedingt vorsätzlicher Brandstiftung mit Todesfolge verhängen Gerichte meist Urteile, die eine Haftentlassung nach weniger als 25 Jahren zulassen. Wegen versuchten Mordes verbringen Erwachsene in Florida meist weniger als zehn Jahre im Zuchthaus.[19] Ähnliche Strafen stehen auf Schießereien, bei denen niemand zu Schaden kommt – und das selbst in unserer heutigen Zeit der harschen Bestrafung.

Minderjährige, die schwere Straftaten begehen, werden in vielen Bundesstaaten als Erwachsene vor Gericht gestellt und bestraft, doch dank der Entwicklung des Jugendstrafrechts verbüßen die meisten minderjährigen Täter ihre Strafe in einer Jugendhaftanstalt. Beim Jugendstrafrecht gibt es zwar regionale Unterschiede, doch in den meisten Bundesstaaten wären Trina, Ian und Antonio bis zum 18. oder 21. Lebensjahr in einem Jugendgefängnis untergebracht worden. Spätestens nach dem 25. Lebensjahr wären sie entlassen worden, es sei denn, ihr Verhalten hätte zu der Vermutung Anlass gegeben, dass sie eine Bedrohung für die Öffentlichkeit darstellen.

Wer früher im Alter von 13 oder 14 Jahren eine Straftat beging, der wurde nur dann nach Erwachsenenstrafrecht zu einer langen Haftstrafe verurteilt, wenn es sich um ein besonders aufsehenerregendes Verbrechen handelte – oder im Süden, wenn der Täter weiß und das Opfer schwarz war. Ein berüchtigtes Beispiel sind die sogenannten »Scottsboro Boys«, die in den Dreißigerjahren in Alabama wegen einer Vergewaltigung angeklagt wurden, die sie nicht begangen hatten, und zum Tode verurteilt wurden. Zwei von ihnen, Roy Wright und Eugene Williams, waren gerade einmal 13 Jahre alt.[20]

Ein anderer berüchtigter Fall war George Stinney, ein vierzehnjähriger Schwarzer, der am 16. Juni 1944 in South Carolina hingerichtet wurde. Drei Monate zuvor waren zwei weiße Mädchen in Alcolu, einer kleinen Ortschaft, in der die Rassen durch die Eisenbahnschienen voneinander getrennt waren, zum Blumenpflücken losgezogen und nicht wieder nach Hause gekommen. Dutzende Menschen machten sich auf die Suche nach den Kindern, darunter auch George und seine Geschwister. Irgendwann erwähnte George gegenüber einem weißen Erwachsenen, dass er und seine Schwester die beiden Mädchen früher gesehen hätten; sie hätten ihn gefragt, wo sie Blumen finden könnten.

Am nächsten Tag wurden die Leichen der beiden Mädchen in einem Graben gefunden. George wurde sofort verhaftet, weil er zugegeben hatte, die Kinder kurz vor ihrem Verschwinden gesehen zu haben, und weil er der Letzte war, der sie lebend angetroffen hatte. Er wurde stundenlang verhört, ohne dass ein Anwalt oder seine Eltern anwesend gewesen wären. Als sich herumsprach, dass ein schwarzer Junge für den Mord an den Mädchen festgenommen worden war, entlud sich die verständliche Wut über das Verbrechen. Der Sheriff behauptete, der Junge habe die Tat zugegeben, legte jedoch kein schriftliches oder unterzeichnetes Geständnis vor. Georges Vater wurde entlassen, seine Familie aufgefordert, den Ort zu verlassen, wenn sie nicht gelyncht werden wollte. In Todesangst floh die Familie noch in dieser Nacht und ließ George allein im Gefängnis zurück. Wenige Stunden nach dem vermeintlichen Geständnis versammelte sich vor dem Gefängnis von Alcolu ein Lynchmob, doch der Junge war bereits in ein Gefängnis in Charleston gebracht worden.[21]

Einen Monat später begann der Prozess. George saß allein vor geschätzten 1500 Weißen, die sich in den Gerichtssaal drängten und das Gebäude umstanden. Schwarzen war der Zutritt verboten. Georges weißer Pflichtverteidiger, ein Steueranwalt mit politischen Ambitionen, rief keine eigenen Zeugen auf. Das einzige Beweisstück der Anklage war die Aussage des Sheriffs, der Georges angebliches Geständnis bestätigte. Der Prozess dauerte nur wenige Stunden. Die Geschworenen, natürlich allesamt Weiße, berieten zehn Minuten lang, dann sprachen sie George wegen Vergewaltigung und Mordes schuldig. Richter Stoll sprach prompt das Todesurteil. Georges Anwalt erklärte, es gebe keine Berufung, da die Familie des Jungen kein Geld habe.

Obwohl die NAACP und schwarze Geistliche Gnadengesuche an ihn richteten, weigerte sich Gouverneur Olin Johnston, das Todesurteil in eine lebenslange Haftstrafe umzuwandeln. George wurde nach Columbia verlegt, um auf dem elektrischen Stuhl von South Carolina hingerichtet zu werden.[22] Mit einer Körpergröße von 1,55 Meter und einem Gewicht von 42 Kilogramm war George selbst für sein Alter klein. Mit einer Bibel in der Hand ging er auf den elektrischen Stuhl zu. Weil die Wärter die Elektroden nicht an seinem kleinen Körper befestigen konnten, musste er sich auf die Bibel setzen. Allein, ohne Angehörige oder auch nur andere Schwarze, saß der entsetzte Junge auf dem übergroßen elektrischen Stuhl. Panisch sah er sich nach jemandem um, der ihm helfen könnte, doch er sah nur Polizisten und Reporter. Als der erste Stromstoß durch seinen Körper fuhr, rutschte ihm die übergroße Maske vom Gesicht. Zeugen sahen seine »weit aufgerissenen, mit Tränen gefüllten Augen und den Speichel, der aus dem Mund troff«.[23] Nur 81 Tage nachdem ihn die Mädchen auf der Suche nach einer Blumenwiese angesprochen hatten, war George Stinney tot. Jahre später machte das Gerücht die Runde, ein Weißer aus einer prominenten Familie habe auf dem Sterbebett den Mord an den Mädchen gestanden. Seit einiger Zeit bemühen sich Angehörige um einen nachträglichen Freispruch von George Stinney.[24]

Die Hinrichtung dieses Jungen war schrecklich und herzzerreißend, doch sie spiegelt eher die rassistische Politik des Südens wider als den strafrechtlichen Umgang mit Jugendlichen. Es ist ein Beispiel dafür, wie Maßnahmen und Normen, die einst zur Kontrolle und Bestrafung der schwarzen Bevölkerung dienten, Eingang in das allgemeine Justizwesen gefunden haben. Ende der Achtziger- und Anfang der Neunzigerjahre, als eine Politik der Angst und Wut das Land erfasste und zu Masseninhaftierungen führte, richtete sich die Aufmerksamkeit auch auf Kinder.

Einflussreiche Strafrechtler prophezeiten eine künftige Welle von »Superraubtieren«, die das Jugendstrafrecht überforderten.[25] Damit meinten diese »Experten« oft ausdrücklich nicht weiße Jugendliche und behaupteten, das Land werde bald »von Grundschulkindern überrannt, die Pistolen statt Pausenbrote in ihren Schulranzen« haben und »keinerlei Achtung vor einem Menschenleben« kennen würden.[26] Aus Furcht vor der Welle von Verbrechen, die von diesen »radikal impulsiven, brutal erbarmungslosen« Kindern ausgehen sollte, verabschiedeten die meisten Bundesstaaten Gesetze, die es erlaubten, Minderjährige vor Gericht wie Erwachsene zu behandeln.[27] Viele Staaten senkten das Alter, ab dem Kinder vor Gericht wie Volljährige behandelt wurden, und ließen zu, dass selbst Achtjährige nach Erwachsenenstrafrecht verurteilt und inhaftiert werden können.

Einige Bundesstaaten verabschiedeten sogar Gesetze, nach denen Staatsanwälte und Richter nicht mehr selbst entscheiden konnten, ob sie Minderjährige nach Jugendstrafrecht behandeln wollten oder nicht. Zehntausende Jugendliche, die früher unter das Jugendstrafrecht mit seinen auf ihre Bedürfnisse zugeschnittenen Schutzvorrichtungen und Anforderungen fielen, werden seither in die überfüllten und gewalttätigen Erwachsenengefängnisse geworfen. Die Furcht vor den »Superraubtieren« erwies sich als vollkommen unbegründet. Zwischen 1994 und 2000 wuchs zwar die Zahl der Minderjährigen in den Vereinigten Staaten, doch die Verbrechensrate unter Jugendlichen sank.[28] Experten, die zuvor von erbarmungslosen jugendlichen Schwerverbrechern schwadroniert hatten, nahmen nun wieder Abstand von ihrer Theorie. In einem Bericht aus dem Jahr 2001 wies das Gesundheitsministerium die Theorie von den »Superraubtieren« als Mythos zurück und erklärte:»Es gibt keinen Hinweis darauf, dass Jugendliche, die Anfang der Neunzigerjahre an Gewalttaten beteiligt waren, häufiger oder in brutalerer Weise straffällig wurden als Jugendliche früherer Generationen.«[29] Für Jugendliche wie Trina, Ian und Antonio kam dieses Eingeständnis allerdings zu spät. Die Urteile, die sie zum Tod im Gefängnis verurteilten, waren durch ein Labyrinth von Verordnungen und Gesetzen vor Anfechtungen geschützt, das Berufungen oder Revisionen nahezu unmöglich machte.

Als ich Trina, Ian und Antonio Jahre später kennenlernte, waren sie durch Jahre der Hoffnungslosigkeit und Haft gebrochen. Sie waren verurteilte Kinder, die lebendig in Erwachsenengefängnissen begraben und vergessen wurden und ohne Hilfe durch Angehörige und Anwälte in einer gefährlichen und Furcht einflößenden Welt um ihr Überleben kämpfen mussten. Sie waren keine Ausnahme. In den Gefängnissen der Vereinigten Staaten leben Tausende Menschen, die schon als Kinder und Jugendliche zu einem Leben hinter Gittern verurteilt wurden. Ihr Leid und ihre Verzweiflung werden durch ihre Anonymität noch vergrößert. Ich erklärte mich bereit, Trina, Ian und Antonio zu vertreten, und in unserer Organisation Equal Justice Initiative machten wir schließlich die lebenslangen Haftstrafen von Kindern zu einem der Schwerpunkte unserer Arbeit. Doch es wurde immer klarer, dass diese ungerechten und unverhältnismäßigen Strafen nur eines der Probleme waren, die wir überwinden mussten. Ein anderes war das Trauma, das diese Menschen in unserem Justizsystem erlitten hatten.

Trinas psychischer und physischer Gesundheitszustand machte ihr Leben im Gefängnis extrem leidvoll. Sie war dankbar für unsere Hilfe und zeigte bemerkenswerte Besserung, als sie erfuhr, dass wir uns für eine Haftminderung einsetzen würden, doch sie hatte auch viele andere Bedürfnisse. Ununterbrochen sprach sie davon, dass sie ihren Sohn sehen wolle. Es war ihr ein Bedürfnis, zu wissen, dass sie nicht allein auf der Welt war. Wir machten ihre Schwestern ausfindig und arrangierten einen Besuch, bei dem Trina ihren Sohn sehen konnte, und dies allein schien ihr ungeahnte neue Kräfte zu verleihen.

Ich flog nach Los Angeles und fuhr Hunderte Kilometer ins Innere von Kalifornien, um Antonio in einem Hochsicherheitsgefängnis zu besuchen, das von Gangs und Gewalt beherrscht wurde. Er versuchte, sich in einer Welt zurechtzufinden, die keine gesunde menschliche Entwicklung zulässt. Antonio hatte immer Schwierigkeiten mit dem Lesen gehabt, aber er besaß ein großes Bedürfnis zu lernen und war so hartnäckig, dass er einen Absatz wieder und wieder las und unbekannte Wörter in einem Wörterbuch nachschlug, das wir ihm geschickt hatten, bis er ihn verstanden hatte. Vor Kurzem schickten wir ihm Darwins *Ursprung der Arten*, weil er hofft, damit die Menschen in seiner Umgebung besser zu verstehen.

Ian erwies sich als außergewöhnlich intelligent und sensibel. Obwohl er deshalb besonders unter der Einzelhaft litt, hatte er es geschafft, sich eine gewisse Bildung anzueignen. Er hatte Hunderte Bücher gelesen und Gedichte und Geschichten geschrieben, aus denen ein neugieriger und widerstandsfähiger Geist sprach. Er schrieb mir Dutzende Briefe und Gedichte. Nach der Rückkehr von mehrtägigen Arbeitsreisen fand ich oft Briefe von Ian vor. Manchmal fand ich in einem Umschlag einen zerknitterten Zettel mit einem nachdenklichen und bewegenden Gedicht.

Wir beschlossen, einen Bericht zu veröffentlichen und ein Bewusstsein für das Leid von Kindern und Jugendlichen zu schaffen, die zu einem Leben hinter Gittern verdammt worden waren.[30] Ich wollte einige unserer Mandanten fotografieren, um den Schicksalen ein menschliches Gesicht zu geben. Florida ist einer der wenigen Bundesstaaten, der Fotografen den Zugang zu seinen Gefängnissen gestattet. Daher baten wir die Gefängnisleitung, Ian für eine Stunde aus der Isolationshaft zu entlassen, damit unser Fotograf Aufnahmen von ihm machen konnte. Zu meiner Freude stimmte sie zu, und Ian wurde mit dem Fotografen in einen Raum gebracht. Unmittelbar nach dem Besuch schrieb er mir einen Brief.

Lieber Mr. Stevenson,
ich hoffe, Sie sind bei guter Gesundheit und es geht Ihnen gut.
Ich schreibe Ihnen diesen Brief, weil ich Ihnen für die Foto-

sitzung danken möchte und weil ich herausfinden möchte, wie ich eine ordentliche Menge Fotos bekommen kann.

Wie Sie wissen, lebe ich seit etwa 14,5 Jahren in Einzelhaft. Es ist so, als hätte mich das System lebendig begraben und als wäre ich für den Rest der Welt tot. Diese Fotos bedeuten so viel für mich. Auf meinem Häftlingskonto habe ich 1,75 Dollar. Wenn ich Ihnen davon 1,00 Dollar schicke, wie viele Bilder kann ich dafür kaufen?

In meiner Freude über die Fotositzung von heute habe ich vergessen, zu erwähnen, dass heute, am 19. Juni, der Geburtstag meiner verstorbenen Mutter ist. Ich weiß, das hat keine große Bedeutung, aber als ich nachher darüber nachgedacht habe, ist es mir symbolisch vorgekommen und etwas Besonderes, dass die Fotositzung am Geburtstag meiner Mutter war. Ich weiß nicht, wie ich Ihnen erklären soll, was diese Fotos für mich bedeuten, aber ich will der Welt zeigen, dass ich lebe! Ich will diese Fotos sehen und mich lebendig fühlen! Es würde mir gegen meinen Schmerz helfen. Während der Aufnahmen war ich so froh. Ich wollte, dass es nie aufhört. Nach jedem Besuch von euch bin ich traurig. Aber ich halte diese Momente fest und genieße sie, ich spiele sie vor meinem inneren Auge nach und bin dankbar für jeden menschlichen Kontakt. Heute war schon der einfache Handschlag eine willkommene Bereicherung in meinem sinnlich armen Leben.

Bitte sagen Sie mir, wie viele Fotos kann ich bekommen? Ich wünsche mir diese Fotos von mir selbst – fast so sehr, wie ich mir die Freiheit wünsche.

Danke, dass Sie diese vielen positiven Ereignisse in meinem Leben möglich machen. Ich habe keine Ahnung, wie das Gesetz Sie zu mir geführt hat, aber ich danke Gott dafür. Ich bin dankbar für alles, was Sie und die EJI für mich tun. Und bitte schicken Sie mir ein paar Fotos, ja?

9 Ich bin da

Endlich wurde ein Termin für die Anhörung im Fall Walter McMillian festgelegt. Nun sollten wir Gelegenheit bekommen, Ralph Myers' neue Aussage sowie all die Entlastungsbeweise zu präsentieren, die wir in den Polizeiakten entdeckt hatten und die nie öffentlich gemacht worden waren.

Michael und ich hatten den Fall Dutzende Male durchgesprochen und darüber nachgedacht, wie wir die Beweise für Walters Unschuld am besten darstellen konnten. Unsere größte Sorge war Myers, weil wir wussten, dass die Rückkehr in den Gerichtssaal eine unglaubliche Belastung für ihn darstellen würde, zumal er unter dieser Belastung schon einmal zusammengebrochen war. Wir trösteten uns damit, dass ein Großteil unserer Beweise aus Dokumenten bestand, die nicht so kompliziert und unberechenbar waren wie Myers' Aussage.

Inzwischen wurden wir von einer Anwaltsgehilfin unterstützt, die wir ebenfalls in den Fall einbezogen. Brenda Lewis hatte auf der Polizeiwache von Montgomery gearbeitet und gekündigt, weil sie dort mehr Amtsmissbrauch erlebt hatte, als sie ertragen konnte. Sie hatte gelernt, sich auch in Umgebungen zu bewegen, in denen sie als Afroamerikanerin aufgrund ihres Geschlechts und ihrer Hautfarbe eine Außenseiterin war. Wir baten sie, vor der Anhörung mit unseren Zeugen in Kontakt zu treten, letzte Einzelheiten zu besprechen und ihre Nerven zu beruhigen.

Chapman war im Büro des Generalstaatsanwalts vorstellig geworden, um an der Verteidigung des Urteils gegen Walter mitzuwirken. Die Anklage wurde vom stellvertretenden Generalstaatsanwalt Don Valeska vertreten, der sich in vielen Jahren einen Ruf als streitbarer Ankläger erworben hatte. Valeska war ein weißer Mittvierziger mit einer sportlichen Figur, der mit seiner Brille einen sehr seriösen Eindruck machte. Sein Bruder Douglas war Bezirksstaatsanwalt von Houston County, und beide waren bekannt als aggressive Verfolger der »Bösen«. Michael und ich hatten vor der Anhörung noch einmal Kontakt zu Chapman aufgenommen, denn wir wollten ihn überzeugen, die Ermittlungen noch einmal zu eröffnen und eine unabhängige Untersuchung durchführen zu lassen. Aber Chapman und die gesamte Justiz waren den Fall inzwischen leid und reagierten zunehmen feindselig, wenn sie mit uns zu tun hatten. Ich hatte erwogen, dem Staatsanwalt von den Bomben- und Morddrohungen zu berichten, die wir erhielten, da ihre Urheber vermutlich aus Monroe County stammten, doch ich nahm nicht an, dass er oder der Sheriff sich dafür interessierten.

Auch der neue Richter Thomas B. Norton Jr. schien inzwischen reichlich genervt. Vor der Verhandlung waren wir zu verschiedenen Anhörungen zu Anträgen vor ihm erschienen, und das Gezänk zwischen den Anwälten und der Staatsanwaltschaft schien ihn zu frustrieren. Wir bestanden darauf, sämtliche Akten und Beweise einzusehen. Angesichts der Menge der Entlastungsbeweise, die wir in dem bislang unbekannten Material entdeckt hatten, gingen wir davon aus, dass wir noch lange nicht alles eingesehen hatten. Nach unserer neunten oder zehnten Anfrage wurde der Richter ungeduldig. Ich hatte den Verdacht, dass Richter Norton die Verhandlung nach Rule 32 im Grunde nur deshalb zugelassen hatte, um diesen umstrittenen und komplizierten Fall endlich vom Tisch zu bekommen.

In der letzten Anhörung vor der Verhandlung fragte der Richter: »Wie viel Zeit werden Sie denn benötigen, um Ihre Beweise zu präsentieren, Mr. Stevenson?«

»Wir würden eine Woche veranschlagen.«

»Eine Woche? Das soll wohl ein Witz sein. Für eine Verhandlung nach Rule 32? Der Prozess selbst hat doch nur anderthalb Tage gedauert!«

»Ja, Sir. Wir halten dies für einen außergewöhnlichen Fall, wir haben zahlreiche Zeugen, und …«

»Drei Tage, Mr. Stevenson. Wenn Sie nach diesem ganzen Drama, das Sie hier angerührt haben, Ihren Fall nicht in drei Tagen vortragen können, dann haben Sie nichts in der Hand.«

»Aber …«

»Die Sitzung ist beendet.«

Nach einem weiteren langen Tag in Monroeville, an dem wir letzte Zeugen aufgesucht hatten, setzten Michael und ich uns im Büro zusammen, um zu überlegen, wie wir in der kurzen Zeit, die uns der Richter zugestand, unsere Beweise präsentieren konnten. Wir mussten dem Richter den komplexen Fall verständlich darlegen und ihm demonstrieren, wie umfassend Walters Rechte verletzt worden waren. Eine weitere Sorge war Myers und seine Vorliebe für ausschweifende Erzählungen. Daher besuchten wir ihn einige Tage vor der Verhandlung und bemühten uns, ihm unsere Lage so klar wie möglich zu machen.

»Ralph, bitte keine langen Ausführungen über die Korruption der Polizei«, ermahnte ich ihn. »Beantworten Sie die Fragen so exakt und ehrlich wie möglich.«

»Das mache ich doch immer«, sagte er zuversichtlich.

»Wie bitte? Immer?« Michael schien die Fassung zu verlieren. »Was heißt das, immer? Sie haben doch den ganzen Prozess hindurch gelogen! Genau das wollen wir doch in der Verhandlung zeigen!«

»Klar«, antwortete Myers gelassen. »Ich meine, ich habe *euch* immer die Wahrheit gesagt.«

»Machen Sie mir keine Angst«, erwiderte Michael. »Sagen Sie einfach die Wahrheit.«

Ralph hatte uns beinahe täglich im Büro angerufen und mit einem nicht enden wollenden Strom sonderbarer Gedanken, Ideen und Verschwörungstheorien unterhalten. Ich hatte oft keine Zeit, mit ihm zu sprechen, weshalb Michael die meisten Anrufe entgegengenommen hatte und sich wegen Ralphs einmaliger Weltsicht zunehmend Sorgen machte. Aber was wollten wir dagegen tun?

Am Morgen des ersten Verhandlungstages kamen wir früh und nervös im Gerichtsgebäude an. Wir trugen dunkle Anzüge, weiße Hemden und farblose Krawatten. Vor Gericht kleidete ich mich immer so konservativ wie möglich. Ich war jung, schwarz, hatte einen Bart, und selbst wenn keine Geschworenen anwesend waren, wollte ich möglichst die Erwartungen des Gerichts an das Äußere eines Anwalts erfüllen, und sei es meinen Mandanten zuliebe. Zuerst versicherten wir uns, dass Myers sicher angekommen und in stabiler psychischer Verfassung war. Die Polizei von Baldwin County hatte ihn am Abend vor der Verhandlung aus dem Gefängnis von St. Clair überführt. Die fünfstündige Nachtfahrt durch Südalabama hatte ihn sichtlich mitgenommen. Als wir ihn in seiner Zelle im Gerichtsgebäude besuchten, wirkte er nervös. Schlimmer noch, er schien still und zurückhaltend, was für ihn sehr ungewöhnlich war. Nach einem beunruhigenden Gespräch suchte ich Walter auf, der in einer anderen Zelle untergebracht war.

Auch er war aufgewühlt, weil er sich wieder in dem Gebäude befand, in dem vier Jahre zuvor sein Schicksal besiegelt worden war, doch als ich eintrat, zwang er sich zu einem Lächeln.

»War die Fahrt okay?«, fragte ich ihn.

»Alles gut. Ich hoffe nur, dass diesmal was Besseres rauskommt als beim letzten Mal.«

Ich nickte mitfühlend und besprach den Ablauf der nächsten Tage mit ihm.

Die Zellen befanden sich im Untergeschoss des Gerichtsgebäudes, und nach meinem Gespräch mit Walter ging ich nach oben, um mich auf die Verhandlung vorzubereiten. Als ich den Gerichtssaal betrat, staunte ich. Dutzende Menschen, vor allem Schwarze, drängten sich im Zuschauerraum. Auf beiden Seiten des Saals standen Angehörige, Besucher des Grillfests, mit denen wir in den vergangenen Monaten gesprochen hatten, Walters Kunden und sogar Sam Crook und seine Freunde. Minnie und Armelia lächelten zu uns herüber.

Dann kamen Tom Chapman und Don Valeska herein und warfen einen Blick in die Runde. Ihren Blicken konnte ich entnehmen, dass sie über das zahlreich erschienene Publikum nicht erfreut waren. Sheriff Tom Tate und die Ermittler Larry Ikner und Simon Benson kamen hinter den Staatsanwälten herein und nahmen ebenfalls Platz. Kurz vor Beginn der Verhandlung geleitete ein Polizeibeamter die Eltern von Ronda Morrison in die erste Reihe. Als der Richter eintrat, erhob sich das schwarze Publikum geräuschvoll und nahm wieder Platz. Viele der schwarzen Zuschauer hatten sich in ihre Sonntagskleidung geworfen, als wollten sie den Gottesdienst besuchen. Die Männer trugen ihre Anzüge, einige Frauen hatten Hüte auf. Es dauerte einige Sekunden, ehe Ruhe einkehrte, was Richter Norton zu verärgern schien. Doch ich fühlte mich durch ihre Anwesenheit bestärkt und freute mich für Walter, dass seine Unterstützer so zahlreich gekommen waren.

Richter Norton war Mitte fünfzig und hatte nur noch wenige Haare auf dem Kopf. Er war nicht sonderlich groß, doch auf dem erhöhten Podium wirkte er Ehrfurcht gebietend. Einige der Anhörungen hatte er im Anzug geführt, doch heute trug er seine Robe und hielt den Hammer fest in der Hand.

»Meine Herren, können wir anfangen?«, fragte er.

»Ja, Euer Ehren«, erwiderte ich. »Wir möchten allerdings einige der anwesenden Polizeibeamten in den Zeugenstand rufen und daher darum bitten, dass diese den Saal verlassen.« In Strafprozessen müssen Zeugen vor dem Verhandlungssaal warten, damit sie nicht durch die Aussagen anderer Zeugen beeinflusst werden.

Sofort sprang Valeska auf. »Einspruch, Euer Ehren. Diese Ermittler haben die Untersuchung dieses heimtückischen Verbrechens geleitet, und wir brauchen sie vor Gericht, um unseren Fall zu präsentieren.«

Ich blieb stehen. »Die Staatsanwaltschaft muss keinen Fall präsentieren, Euer Ehren. Wir müssen das. Es handelt sich nicht um einen Strafprozess, sondern um eine Anhörung.«

»Euer Ehren, die wollen den Fall aufrollen, und wir brauchen unsere Leute hier«, widersprach Valeska.

Der Richter unterbrach uns. »Es klingt nicht so, als wollten Sie den Fall neu verhandeln, also werde ich der Staatsanwaltschaft gestatten, die Ermittler im Raum zu belassen.«

Das war kein guter Anfang. Ich beschloss, mit meiner Stellungnahme fortzufahren und dann Myers als ersten Zeugen aufzurufen. Zunächst wollte ich dem Richter klarmachen, dass es nicht nur darum ging, Walter McMillian aus einem anderen Blickwinkel zu verteidigen, als dies seine ursprünglichen Anwälte getan hatten. Er sollte von

Anfang an wissen, dass ich entscheidende neue Unschuldsbeweise vorlegen würde, die Walter völlig entlasteten, und
dass das Recht seine sofortige Entlassung verlangte. Wir
hatten nur dann Aussicht auf Erfolg, wenn der Richter die
Tragweite unserer neuen Beweise verstand.

»Euer Ehren, die Anklage der Staatsanwaltschaft basierte
ausschließlich auf der Aussage von Ralph Myers, der ein
langes Vorstrafenregister hat und zum Zeitpunkt der Verhandlung von Walter McMillian in Escambia County in
einem anderen Fall wegen Mordes angeklagt war. In der
Verhandlung erklärte Mr. McMillian, dass er unschuldig sei
und Mr. Myers zum Zeitpunkt des Verbrechens nicht
kannte. Bis zum Ende der Verhandlung hat Mr. McMillian
wiederholt seine Unschuld beteuert.«

Weil der Richter auf seinem Stuhl herumrutschte und
abgelenkt schien, machte ich eine Pause. Auch wenn er
meinen Ausführungen nicht zustimmte, sollte er mir
wenigstens zuhören. Ich unterbrach meine Ausführungen,
bis ich mir sicher war, dass ich wieder seine Aufmerksamkeit hatte. Schließlich sah er mich an, und ich fuhr fort.

»Walter McMillian wurde aufgrund der Aussage von
Ralph Myers für schuldig befunden und verurteilt. Andere
Beweise für McMillians Schuld an dem Mord gab es nicht.
Die Staatsanwaltschaft hatte keinerlei physische Beweismittel, sie konnte keine Tatmotive benennen, sie hatte
keine Zeugen, sondern berief sich allein auf die Aussage
von Ralph Myers.

Im Prozess sagte Myers aus, er sei am 1. November 1986
ohne sein Wissen und gegen seinen Willen Teil eines Raubüberfalls und Mordes geworden, nachdem er Walter McMillian an der Tankstelle getroffen hatte und von diesem aufgefordert worden sei, McMillians Wagen zum Tatort zu
fahren. Myers sagte aus, er habe Mr. McMillian vor die Reinigung Jackson Cleaners gefahren; später habe er die Reini-

gung betreten, dort McMillian mit einer Pistole gesehen und beobachtet, wie dieser Geld in eine Papiertüte steckte. Außerdem sei ein Mann weißer Hautfarbe mit grau meliertem Haar zugegen gewesen, der mit Walter McMillian gesprochen habe. Myers sagte aus, nach dem Betreten der Reinigung sei er von McMillian gestoßen und bedroht worden. Der mysteriöse dritte Mann, angeblich der Anführer, habe McMillian angewiesen, ›Myers zu beseitigen‹, doch McMillian habe geantwortet, dass er keine Munition mehr habe. Besagter weißer Mann wurde nie ausfindig gemacht oder verhaftet. Die Staatsanwaltschaft hat nie gegen einen dritten Mann, einen Anführer, ermittelt, weil sie vermutlich weiß, dass es diesen dritten Mann gar nicht gibt.«

Ich machte eine Pause, um den Satz wirken zu lassen. »Aufgrund der Aussage von Ralph Myers wurde Walter McMillian des Mordes für schuldig befunden und zum Tode verteilt. Wie Sie nun hören werden, war die Aussage von Ralph Myers frei erfunden. Ich wiederhole, Euer Ehren, die Aussage von Ralph Myers war in jedem Punkt falsch.«

Ich machte eine weitere Pause, dann bat ich den Gerichtsdiener, Myers in den Zeugenstand zu führen. Im Gerichtssaal war es still, bis der Beamte die Tür zur Zelle öffnete und Ralph Myers eintrat. Ein Murmeln ging durch den Zuschauerraum. Ralph war sichtbar gealtert, seit ihn die Anwesenden das letzte Mal gesehen hatten; ich hörte geflüsterte Kommentare über sein graues Haar. Als er in seiner weißen Gefängniskleidung in den Zeugenstand trat, erschien mir Myers wieder klein und traurig. Er blickte sich nervös im Saal um, dann hob er die Hand zur Vereidigung. Ich wartete, bis es im Saal wieder still war. Richter Norton sah Myers aufmerksam an.

Ich erhob mich und begann mit der Befragung. Nachdem ich Myers gebeten hatte, für das Protokoll seinen Namen zu nennen, und festgestellt hatte, dass er im Prozess gegen

Walter McMillian ausgesagt hatte, kam ich zur Sache und trat näher an den Zeugenstand.

»Mr. Myers, war die Aussage wahr, die Sie in dem Prozess von Walter McMillian gemacht haben?« Ich hoffte, der Richter bemerkte nicht, dass ich den Atem anhielt, während ich auf Ralphs Antwort wartete. Ralph sah mich gelassen an und antwortete mit klarer und fester Stimme.

»Sie war ganz und gar falsch.« Ein lauteres Murmeln ging durch den Gerichtssaal, doch die Zuschauer beruhigten sich schnell, um mehr zu erfahren.

»Sie war ganz und gar falsch«, wiederholte ich, bevor ich mit der Befragung fortfuhr. Ich wollte, dass Ralphs Widerruf völlig klar wurde, aber ich wollte auch nicht zu lange warten, weil wir noch viel mehr hören mussten.

»Haben Sie Mr. McMillian am Tag der Ermordung von Ronda Morrison gesehen?«

»Nein.« Ralph wirkte ruhig, als er sprach.

»Haben Sie an diesem Tag seinen Kleinlastwagen ins Zentrum von Monroeville gefahren?«

»Nein.«

»Haben Sie die Reinigung Jackson Cleaners betreten, als Ronda Morrison ermordet wurde?«

»Nein, das habe ich nicht.«

Da der Richter nicht zu dem Schluss kommen sollte, dass Ralph mechanisch jede meiner Frage verneinte, stellte ich ihm eine Frage, die er mit Ja beantworten musste. »Haben Sie im Prozess von Mr. McMillian ausgesagt, dass Sie einen Mann weißer Hautfarbe gesehen haben, als Sie die Reinigung betreten haben?«

»Ja, das habe ich.«

Um nicht wieder eine Ja/Nein-Frage zu stellen, fragte ich: »Was haben Sie damals ausgesagt?«

»Soweit ich mich erinnere, habe ich ausgesagt, dass ich gehört habe, wie Walter McMillian etwas zu diesem Mann gesagt hat. Ich habe auch gesagt, dass ich den Hinterkopf des Mannes gesehen habe. An mehr erinnere ich mich nicht.«

»War diese Aussage wahr, Mr. Myers?«

»Nein, sie war nicht wahr.« Der Richter beugte sich jetzt vor und hörte aufmerksam zu.

»War irgendeine der Anschuldigungen wahr, die Sie im Zusammenhang mit dem Mord an Ronda Morrison vorgebracht haben?«

Ralph machte eine Pause und blickte sich im Gerichtssaal um, ehe er antwortete. Zum ersten Mal schwangen Gefühle wie Bedauern oder Reue in seiner Stimme mit.

»Nein.«

Es schien, dass alle im Saal den Atem angehalten hatten, doch nun machte sich unter Walters Unterstützern ein hörbares Murmeln breit.

Ich hatte eine Kopie der Prozessakte und ging nun jeden einzelnen Satz seiner Aussage gegen Walter durch. Satz für Satz bewies, dass seine frühere Aussage in jedem Punkt falsch war. Myers war direkt und überzeugend. Oft drehte er sich zu Richter Norton um und sah ihm in die Augen. Als ich ihn bat, zu wiederholen, dass er zu einer falschen Aussage gezwungen worden war, blieb er ruhig und wirkte absolut ehrlich. Selbst im ausführlichen Kreuzverhör durch Chapman blieb Myers standhaft. Als Chapman nach einer endlosen Befragung zu den Motiven seines Widerrufs andeutete, er werde von jemandem angestiftet, empörte sich Ralph. Er sah den Staatsanwalt an und sagte:

Ich kann Ihnen einfach in die Augen schauen, und allen anderen auch, und ich kann Ihnen versichern, alles, was ich über McMillian gesagt habe, war gelogen ... Soweit ich weiß, hat McMillian nichts mit der Sache zu tun, weil an dem Tag, an dem Tag, an dem das passiert ist, habe ich McMillian nicht mal gesehen. Und das habe ich vielen Leuten gesagt.[1]

Bei der erneuten Befragung bat ich Ralph noch einmal, zuzugeben, dass seine Aussage im Prozess in jedem Punkt falsch gewesen war und dass er wissentlich einen unschuldigen Mann in die Todeszelle gebracht hatte. Dann ging ich zum Tisch der Verteidigung, um sicherzugehen, dass ich nichts vergessen hatte. Ich sah meine Notizen durch und dann Michael an. »Habe ich etwas vergessen?«

Michael wirkte verblüfft. »Ralph war super. Echt super.«

Ich blickte zu Walter hinüber und sah, dass er feuchte Augen hatte. Ungläubig schüttelte er den Kopf. Ich legte meine Hand auf seine Schulter, ehe ich erklärte, dass ich keine weiteren Fragen an Myers hatte.

Myers stand auf, um den Raum zu verlassen. Als er nach draußen geführt wurde, blickte er Walter entschuldigend an. Ich weiß nicht, ob Walter ihn sah.

Die Zuschauer murmelten wieder. Ich hörte, wie eine von Walters Verwandten flüsterte: »Danke, Jesus!«

Als Nächstes machten wir uns daran, die Aussage von Bill Hooks und Joe Hightower zu widerlegen, die gesehen haben wollten, wie Walters tiefergelegter Pick-up zum Tatzeitpunkt vor der Reinigung davonbrauste.

Ich bat Clay Kast in den Zeugenstand. Der weiße Mechaniker bezeugte, dass McMillians Wagen im November 1986, als Ronda McMillian ermordet wurde, noch gar nicht tiefergelegt war. Kast hatte Rechnungen dabei und erinnerte sich genau, dass er Walters Kleinlaster erst im Mai 1987 in der Werkstatt gehabt hatte, mehr als sechs Monate, nachdem Hooks und Hightower ihn vor der Reinigung gesehen haben wollten.

Zum Abschluss baten wir Woodrow Ikner in den Zeugenstand, einen Polizeibeamten aus Monroeville, der aussagte, er sei als Erster am Tatort eingetroffen und habe Rondas Leichnam nicht an der Stelle gefunden, an der Myers ihn gesehen haben wollte. Ikner erklärte, am Tatort sei klar erkennbar gewesen, dass Morrison in den Rücken geschossen worden sei. Dem sei ein Kampf vorausgegangen, der auf der Toilette begonnen und in einem der hinteren Räume der Reinigung geendet habe, wo er auf die Leiche gestoßen sei. Ikners Beschreibung widersprach der ursprünglichen Aussage von Myers, er habe Morrisons Leiche im vorderen Bereich des Ladens in der Nähe der Kundentheke gesehen. Wichtiger noch war Ikners Aussage, Bezirksstaatsanwalt Pearson habe von ihm verlangt, er solle bezeugen, dass die Leiche von den hinteren Räumen in den Kundenbereich gezerrt und dort gefunden worden sei. Ikner war empört, als er sich an das Gespräch erinnerte. Er wusste, dass dies falsch war, und sagte dem Staatsanwalt, dass er nicht lügen werde. Kurz darauf wurde er entlassen.

Eine Anhörung kann genauso erschöpfend sein wie ein Gerichtsverfahren vor Geschworenen. Ich hatte alle Zeugen selbst befragt und stellte erstaunt fest, dass es bereits 17 Uhr war. Die Anhörung verlief gut. Ich war voller Energie, weil ich endlich das Material vorlegen konnte, das Walters Unschuld bewies. Ich behielt Richter Norton im Auge, um sicherzugehen, dass er mir noch zuhörte. Das Verfahren schien ihn sichtlich zu berühren, und sein besorgter Blick darauf hinzudeuten, dass er nicht wusste, was er angesichts dieser Beweise tun sollte. In meinen Augen war diese Verwirrung und Sorge des Richters ein Anzeichen dafür, dass wir tatsächlich etwas erreichen konnten.

Sämtliche Zeugen, die wir am ersten Tag aufgerufen hatten, waren weißer Hautfarbe, und keiner stand in näherer Beziehung zu Walter. Das hatte Richter Norton offenbar nicht erwartet. Als Clay Kast schilderte, dass der Pick-up, den die Zeugen als tiefergelegt beschrieben hatten, erst ein halbes Jahr nach dem Verbrechen umgebaut worden war, machte er sich eilige Notizen, und die Sorgenfalten auf seiner Stirn vertieften sich. Als Woodrow Ikner erklärte, dass er entlassen worden sei, weil er keine Falschaussage habe machen wollen, schien der Richter schockiert. Es war der erste Hinweis, dass die Ankläger so großes Interesse an einer Verurteilung Walters gehabt hatten, dass sie bereit gewesen waren, Beweise zu ignorieren oder zu verbergen, die ihren Darstellungen widersprachen.

Nach Woodrow Ikners Aussage war es schon später Nachmittag. Der Richter blickte auf die Uhr und beendete die Sitzung. Ich hätte, wenn nötig, auch bis Mitternacht weitermachen können, aber ich sah ein, dass das nicht möglich war. Ich ging zu Walter.

»Müssen wir schon aufhören?«, fragte er besorgt.

»Ja, aber morgen machen wir an diesem Punkt weiter.« Ich lächelte ihn an und freute mich, als er mein Lächeln erwiderte.

Walter sah mich aufgeregt an. »Mann, ich kann Ihnen nicht sagen, was ich jetzt fühle. Ich habe so lange auf die Wahrheit gewartet und habe immer nur Lügen gehört. Das ist unglaublich. Ich bin …«

Ein weißer Polizist unterbrach uns.

»Wir müssen ihn jetzt in die Zelle bringen, da können Sie weiterreden«, sagte er unwirsch. Ich schenkte ihm kaum Beachtung und sagte Walter, ich werde ihn später besuchen.

Als die Zuschauer den Saal verließen, sah ich Hoffnung in den Augen von Walters Angehörigen. Sie kamen zu mir, um mich zu umarmen. Walters Schwester Armelia, seine Frau Minnie und sein Neffe Giles unterhielten sich aufgeregt über die Beweise, die wir vorgelegt hatten.

Als wir wieder ins Hotel kamen, war auch Michael aufgekratzt. »Chapman sollte dich einfach anrufen und sagen, dass er die Anklage gegen Walter fallen lässt und ihn nach Hause schickt.«

»Ich glaube, auf diesen Anruf können wir lange warten«, antwortete ich.

Chapman schien besorgt, als wir das Gericht verließen. Ich gab die Hoffnung nicht auf, dass er noch eine Kehrtwende machen und uns helfen würde. Aber darauf konnten wir uns nicht verlassen.

Am nächsten Morgen kam ich früh ins Gerichtsgebäude, um Walter vor Beginn des Verfahrens in seiner Zelle im Untergeschoss zu besuchen. Als ich nach oben ging, wunderte ich mich über die Traube von Schwarzen, die vor der Tür des Gerichtssaals saß. Die Sitzung sollte bald beginnen. Ich ging zu Armelia, die bei den anderen hockte, und sie sah mich besorgt an.

»Ist etwas nicht in Ordnung?«, fragte ich. »Warum geht ihr denn nicht rein?«

Ich sah mich auf dem Flur um. Wenn die Anhörung gestern schon eine Menge Zuschauer angelockt hatte, waren es heute noch einmal mehr geworden. Unter den Wartenden befanden sich auch einige Geistliche und alte Leute, die ich am Vortag nicht gesehen hatte.

»Die wollen uns nicht reinlassen, Mr. Stevenson.«

»Was heißt das, die wollen Sie nicht reinlassen?«

»Wir wollten in den Saal, aber die haben uns gesagt, dass wir nicht reinkönnen.«

Ein junger Polizist stand vor dem Eingang zum Gerichtssaal. Ich ging auf ihn zu, und er versperrte mir mit dem Arm den Weg.

»Ich möchte gern in den Gerichtssaal«, sagte ich mit fester Stimme.

»Sie können da nicht rein.«

»Was soll das heißen? Hier findet eine Anhörung statt, und ich möchte in den Saal.«

»Tut mir leid, Sie können da nicht rein.«

»Und warum nicht?«, fragte ich.

Der Polizist schwieg. Schließlich fügte ich hinzu: »Ich bin

der Anwalt der Verteidigung. Ich denke, ich habe ein Recht, den Saal zu betreten.«

Er sah mich scharf an und wusste offenkundig nicht, was er tun sollte. »Hm, keine Ahnung. Ich muss nachfragen.« Damit verschwand er im Saal. Einige Augenblicke später kam er wieder heraus und grinste mich zögernd an. »Hm, Sie können rein.«

Ich ging an ihm vorüber, öffnete die Tür und sah, dass der gesamte Gerichtssaal umgebaut worden war. Hinter der Tür war ein Metalldetektor aufgestellt worden, dahinter stand ein Polizist mit einem riesigen Schäferhund. Die Plätze, die am Vortag von Walters Unterstützern besetzt gewesen waren, wurden nun überwiegend von älteren Weißen belegt. Diese Leute standen offensichtlich auf der Seite der Morrisons und der Anklage. Chapman und Valeska saßen am Tisch der Staatsanwaltschaft und taten so, als wäre nichts geschehen. Ich war wütend.

»Wer hat den Polizisten gesagt, dass sie die Leute nicht in den Saal lassen sollen?«, fragte ich Chapman. Er und Valeska blickten mich an, als wüssten sie nicht, was ich meinte. »Ich werde mit dem Richter sprechen.«

Ich machte kehrt und ging direkt in das Büro des Richters. Die Staatsanwälte folgten mir. Als ich Richter Norton erklärte, dass Walters Verwandte und Unterstützer nicht in den Saal gelassen wurden, obwohl die Unterstützer der Staatsanwaltschaft eingelassen worden waren, rollte er die Augen und wirkte verärgert.

»Mr. Stevenson, Ihre Leute müssen eben einfach früher kommen«, sagte er verächtlich.

»Euer Ehren, das Problem ist nicht, dass sie nicht rechtzeitig da waren. Man hat sie einfach nicht hereingelassen.«

»Jeder darf in den Gerichtssaal, Mr. Stevenson.«

Er wandte sich an den Gerichtsdiener, der daraufhin den

Raum verließ. Ich folgte dem Gerichtsdiener, der draußen einem Polizisten etwas zuflüsterte. McMillians Leute würden nun doch noch in den Gerichtssaal kommen, nachdem die Hälfte der Plätze schon besetzt war.

Draußen hatten die beiden Geistlichen bereits Walters Unterstützer versammelt und erklärten ihnen die Lage. Ich trat hinzu.

»Tut mir leid«, sagte ich. »Was die heute gemacht haben, ist vollkommen unangebracht. Die werden Sie nun reinlassen. Aber der Saal ist schon halb voll mit Leuten, die auf der Seite des Staatsanwalts sind. Es wird nicht genug Platz sein für alle.«

Einer der Geistlichen, ein kräftiger Schwarzer mit dunklem Anzug und einem großen Kreuz um den Hals, kam zu mir. »Mr. Stevenson, es ist alles in Ordnung. Machen Sie sich bitte keine Gedanken um uns. Wir schicken heute ein paar Vertreter rein und kommen morgen einfach früher. Wir lassen uns nicht aussperren.«

Die Geistlichen wählten einige Vertreter aus, die in den Gerichtssaal gehen sollten, darunter Minnie, Armelia und Walters Kinder. Als einer der Geistlichen eine Mrs. Williams aufrief, schienen alle zu lächeln. Mrs. Williams, eine ältere schwarze Dame, erhob sich und bereitete sich auf ihren Einzug in den Saal vor. Doch zunächst musste sie ihr Haar in Ordnung bringen. Auf ihren grauen Locken saß ein Hütchen, das sie exakt ausrichtete. Dann ordnete sie einen langen blauen Schal, den sie sich sorgfältig um den Hals gelegt hatte. Schließlich machte sie sich gemessenen Schrittes auf den Weg in Richtung der Tür, wo McMillians Unterstützer anstanden. Fasziniert beobachtete ich ihr würdevolles Ritual, bis mir plötzlich klar wurde, dass ich ja ebenfalls in den Saal gehen musste. Ich hatte mich nicht wie geplant auf die Sitzung vorbereitet, sondern meine Zeit mit dieser albernen Schikane vergeudet. Also ging ich an der Schlange der geduldig Wartenden vorbei, um mich an die Vorbereitung zu machen.

An meinem Tisch sitzend, sah ich aus dem Augenwinkel, wie Mrs. Williams in der Saaltür erschien. Mit ihrem Hütchen und ihrem Schal war sie eine elegante Erscheinung. Sie war nicht sonderlich groß, doch sie hatte eine besondere Ausstrahlung, und unwillkürlich beobachtete ich sie, wie sie durch die Tür und auf den Metalldetektor zuschritt. Sie ging langsamer als die anderen, aber erhobenen Hauptes und mit großer Anmut und Würde. Sie erinnerte mich an viele der älteren Frauen, die ich im Laufe meines Lebens kennengelernt hatte – Frauen, die sich bei aller Härte, die sie erlebt hatten, ihre Güte bewahrt hatten und sich leidenschaftlich in ihrer Gemeinde engagierten. Mrs. Williams sah sich nach einem freien Platz um, ging auf den Metalldetektor zu – und erblickte mit einem Mal den Hund.

An die Stelle ihres würdevollen Gesichtsausdrucks trat die blanke Angst. Ihre Schultern sanken herab, ihr Körper schien in sich zusammenzusacken. Über eine Minute lang rührte sie sich nicht von der Stelle und zitterte am ganzen Körper. Ich hörte sie stöhnen. Tränen strömten ihr über das Gesicht, und sie schüttelte traurig den Kopf. Dann drehte sie sich um und verließ eilig den Saal.

Meine Stimmung kippte. Ich wusste nicht, was in Mrs. Williams vor sich ging, doch ich wusste, dass Polizeihunde und Schwarze, die für Gerechtigkeit einstehen, nicht gut zusammengehen, schon gar nicht in Alabama.

Ich versuchte noch, die finsteren Gedanken abzuschütteln, die mich bei den Ereignissen dieses Morgens überkommen hatten, als die Beamten Walter hereinbrachten. Da keine Geschworenen anwesend waren, hatte der Richter ihm nicht erlaubt, Zivilkleidung anzulegen, weshalb er seine Sträflingsuniform trug. Die Polizisten hatten ihm zwar die

Handschellen abgenommen, doch nicht die Fußfesseln. Michael und ich besprachen uns kurz über die Reihenfolge der Zeugen, als Walters letzte Angehörige und Unterstützer durch den Metalldetektor traten, an dem Hund vorübergingen und sich einen Platz suchten.

Trotz der Schikane der Staatsanwaltschaft und des schlechten Omens, das ich in der Begegnung von Mrs. Williams und dem Hund sah, verlief der Tag gut. Die Aussagen von Mitarbeitern der Psychiatrie, die Myers vor dem ersten Prozess behandelt hatten, bestätigten Myers' Widerruf vom Vortag. Dr. Omar Mohabbat erinnerte sich, wie Myers ihm gesagt habe, »die Polizei habe ihm damit gedroht, ihm die Schuld an dem Mord zu geben, wenn er nicht ›den Mann‹ belaste«. Mohabbat berichtete, Myers habe »kategorisch abgestritten, dass er irgendetwas mit dem Verbrechen zu tun hatte. Er hat gesagt: ›Ich weiß nicht, wie das Mädchen heißt, ich weiß nicht, wann es ermordet worden ist, ich weiß nicht, wo es ermordet worden ist.‹« Außerdem habe Myers ihm berichtet: »Sie haben mir gesagt, dass ich sagen soll, was sie von mir verlangen.«

Andere Ärzte aus der Gefängnispsychiatrie bestätigten dies. Dr. Norman Poythress erklärte, Myers habe ihm gestanden, seine früheren Aussagen seien falsch und durch die Isolationshaft erzwungen worden.

Dr. Kamal Nagi erinnerte sich, dass Myers ihm von einem anderen Mord berichtet habe, bei dem ein Mädchen in einem Waschsalon ermordet worden sei. Myers habe gesagt: »Die Polizei und mein Anwalt haben von mir verlangt, dass ich sage, dass ich diese Leute in den Waschsalon gefahren habe und dass sie das Mädchen erschossen haben, aber das tue ich nicht.« Außerdem habe Myers ihm gegenüber erklärt: »Die haben mich bedroht. Die wollen, dass ich genau das sage, was sie hören wollen, und wenn nicht, dann sagen sie zu mir: ›Du kommst auf den elektrischen Stuhl.‹«

Noch einem vierten Arzt hatte Myers gestanden, dass er zu einer Falschaussage gegen Walter McMillian gedrängt werde. Dr. Bernard Bryant erinnerte sich, wie Myers ihm gesagt habe, »dass er das Verbrechen nicht begangen hat und dass er im Gefängnis von der Polizei gedrängt worden sei, ein Verbrechen zu gestehen«.

Im Verlauf der Anhörung wiesen wir immer wieder darauf hin, dass Myers diese Aussagen noch *vor* dem Prozess gemacht hatte. Die Aussagen der Ärzte erhöhten die Glaubwürdigkeit von Myers' Widerruf, und interessanterweise waren sie auch in den medizinischen Akten zu finden, die Walters Prozessanwälten in widerrechtlicher Weise vorenthalten worden waren. Der Oberste Gerichtshof der Vereinigten Staaten hat schon vor langer Zeit klargestellt, dass die Staatsanwaltschaft der Verteidigung sämtliche Entlastungsbeweise zur Verfügung stellen muss, mit denen sich die Aussage eines Zeugen widerlegen lassen könnte.

Die Unterstützer der Staatsanwaltschaft und der Familie des Opfers schienen durch unsere Beweise verwirrt – sie komplizierten die einfache Geschichte von Walters Schuld und der Notwendigkeit einer schnellen Hinrichtung. Nach und nach verließen sie den Saal, und die Zahl der schwarzen Unterstützer wuchs. Am Ende des zweiten Verhandlungstages war ich optimistisch. Wir hatten ein gutes Tempo vorgelegt, und die Kreuzverhöre waren schneller verlaufen, als ich erwartet hatte. Ich war mir sicher, dass wir die Präsentation der Beweise am nächsten Tag abschließen konnten.

Als ich an diesem Abend zum Auto ging, war ich erschöpft, aber zufrieden. Zu meiner Überraschung sah ich Mrs. Williams allein auf einer Bank vor dem Gebäude sitzen. Als sie meinen Blick bemerkte, stand sie auf, und ich ging zu ihr hinüber. Ich erinnerte mich, wie aufgelöst sie gewesen war, als sie den Gerichtssaal verlassen hatte.

»Mrs. Williams, es tut mir so leid, was Ihnen heute morgen passiert ist. Das hätten diese Leute nicht tun dürfen, und es tut mir leid, dass man Sie so erschreckt hat. Aber es ist heute gut gelaufen. Wir hatten einen guten Tag ...«

»Herr Anwalt, ich fühle mich so schlecht. So schlecht!«, sagte sie und ergriff meine Hände.

»Ich hätte heute morgen in den Gerichtssaal kommen müssen. Ich hätte dabei sein müssen«, sagte sie und brach in Tränen aus.

»Mrs. Williams, es ist in Ordnung«, erwiderte ich. »Das war deren Schuld. Machen Sie sich keine Sorgen.« Ich nahm sie in den Arm.

»Nein, nein, nein, Herr Anwalt. Ich hätte im Saal sein müssen. Ich hätte dabei sein müssen!«

»Es ist in Ordnung, Mrs. Williams, es ist in Ordnung.«

»Nein, Sir, ich hätte dabei sein müssen, und ich wollte dabei sein. Ich habe es versucht, weiß Gott, ich habe es versucht, Herr Anwalt. Aber als ich den Hund gesehen habe ...« Sie schüttelte den Kopf und starrte in die Ferne. »Als ich den Hund gesehen habe, da habe ich an 1965 gedacht, wie wir uns an der Edmund-Pettus-Brücke in Selma versammelt haben, um für unser Wahlrecht zu demonstrieren. Die haben uns geschlagen und die Hunde auf uns losgelassen.« Sie sah mich traurig an. »Ich wollte an dem Hund vorbeigehen, Herr Anwalt. Ich wollte vorbeigehen, aber ich habe es einfach nicht gekonnt.«

Sie schien in eine Wolke der Trauer gehüllt. Sie ließ meine Hand los und ging fort. Von Weitem sah ich, wie sie mit einigen anderen Prozessbesuchern in ein Auto stieg.

Ernüchtert fuhr ich zurück ins Hotel und bereitete mich auf den letzten Tag der Anhörung vor.

Am nächsten Morgen kam ich noch früher ins Gerichtsgebäude, um sicherzugehen, dass es keinen Ärger gab. Diesmal erschienen nur noch wenige Unterstützer der Staatsanwaltschaft. Der Metalldetektor und der Hund waren zwar noch da, aber an der Tür stand kein Polizist mehr, um die schwarzen Besucher am Betreten des Saals zu hindern. Drin erkannte ich eine der Frauen, die am Abend zuvor mit Mrs. Williams fortgefahren waren. Sie kam auf mich zu und stellte sich als ihre Tochter vor. Sie dankte mir, dass ich ihre Mutter getröstet hatte.

»Sie war so erschüttert, als sie gestern Abend nach Hause gekommen ist. Sie hat nichts gegessen, sie hat mit niemandem gesprochen, sie ist einfach in ihr Schlafzimmer gegangen. Wir haben sie die ganze Nacht beten gehört. Heute morgen hat sie den Prediger angerufen und ihn gebeten, dass er ihr noch eine Chance gibt, als Vertreterin der Gemeinde in den Gerichtssaal zu kommen. Als ich aufgestanden bin, war sie schon auf und angezogen. Ich habe ihr gesagt: ›Du musst nicht mitkommen‹, aber davon hat sie nichts wissen wollen. Sie hat eine Menge mitgemacht, und auf der Fahrt hat sie immer nur gesagt: ›Lieber Gott, ich darf keine Angst vor dem Hund haben, ich darf keine Angst vor dem Hund haben.‹«

Ich entschuldigte mich bei der Tochter für das Verhalten der Justizbeamten, als am Eingang zum Saal Unruhe aufkam. Als wir aufblickten, sahen wir Mrs. Williams, tadellos gekleidet mit Hütchen und Schal. Sie hatte ihre Handtasche fest unter den Arm geklemmt und schien beim Betreten des Saals leicht zu schwanken. Ich hörte, wie sie mit sich selbst sprach und in einem fort wiederholte: »Ich habe keine Angst vor einem Hund. Ich habe keine Angst vor einem Hund.« Es war unmöglich, nicht hinzusehen. Sie schritt durch den Metalldetektor und starrte den Hund an. Dann rief sie so, dass es alle hören konnten: »Ich habe keine Angst vor einem Hund!«

Sie ging an dem Hund vorüber und betrat den Gerichtssaal. Die Schwarzen, die bereits Platz genommen hatten, strahlten sie an. Sie setzte sich in eine der ersten Reihen des Zuschauerraums, wandte sich mit einem breiten Lächeln zu mir herüber und verkündete: »Herr Anwalt, ich bin da!«

»Mrs. Williams, ich freue mich, Sie zu sehen. Ich danke Ihnen, dass Sie gekommen sind.«

Der Saal füllte sich, und ich ordnete meine Papiere. Walter wurde hereingeführt. Das war das Zeichen, dass die Anhörung gleich beginnen würde. In diesem Moment hörte ich, wie Mrs. Williams mich rief.

»Nein, Herr Anwalt, Sie haben mich nicht verstanden. Ich habe gesagt, ich bin da.« Sie sprach sehr laut, und es war mir ein wenig peinlich. Ich drehte mich um und lächelte sie an.

»Doch, Mrs. Williams, ich habe Sie gehört. Ich freue mich, dass Sie da sind.« Ich sah sie an, doch sie wirkte entrückt.

Der Saal war bis auf den letzten Platz gefüllt, und der Gerichtsdiener rief die Anwesenden zur Ordnung, als der Richter eintrat. Wie immer erhoben sich alle von ihren Plätzen. Nachdem der Richter Platz genommen hatte, setzten sich auch alle anderen wieder. Es entstand eine ungewöhnlich lange Pause, in der alle darauf warteten, dass der Richter das Wort ergriff. Ich bemerkte, wie die Anwesenden auf etwas hinter mir starrten und drehte mich um. Dort stand noch immer Mrs. Williams. Es wurde still im Saal. Alle Augen waren auf sie gerichtet. Mit Zeichen versuchte ich ihr zu bedeuten, sich hinzusetzen, doch dann legte sie den Kopf in den Nacken und rief laut: »Ich bin hier!« Die Leute kicherten nervös, als sie sich setzte, doch als sie mich ansah, bemerkte ich, dass sie Tränen in den Augen hatte.

In diesem Moment spürte ich, wie mich ein sonderbares Gefühl erfasste, so, als hätte ich diese Situation schon einmal erlebt. Ich lächelte, denn ich wusste, was sie den Anwesenden sagen wollte: »Ich bin alt, ich bin arm, ich bin schwarz, aber ich bin da. Ich bin da, weil ich diese Vision der Gerechtigkeit habe, die mich zwingt, Zeuge zu sein. Ich bin da, weil ich nicht anders kann. Ich bin da, weil ihr mich nicht daran hindern könnt.«

Ich lächelte Mrs. Williams an, die stolz auf ihrem Platz saß. Alles, wofür wir in diesem Fall kämpften, schien mit einem Mal Sinn zu ergeben. Ich hörte nicht gleich, wie der Richter mich aufrief und ungeduldig bat zu beginnen.

Auch der letzte Tag der Anhörung verlief gut. Im Gefängnis hatte Ralph Myers einem halben Dutzend Menschen erzählt, wie er zu einer falschen Aussage gegen Walter McMillian gedrängt worden war. Wir machten die meisten dieser Mithäftlinge ausfindig und befragten sie. Die Aussagen stimmten überein. Isaac Dailey, den Myers fälschlich beschuldigt hatte, den Mord an Vickie Pittman begangen zu haben, schilderte, dass Myers zunächst Walter in dieses Verbrechen verwickeln wollte. Nach seiner Verhaftung habe Myers ihm gestanden, dass er und Karen Kelly darüber gesprochen hätten, Walter den Mord an Vickie Pittman anzuhängen. »Er hat uns erzählt, dass er und Karen den Mord begangen hatten und dass sie zusammen überlegt haben, Johnny D das Ding in die Schuhe zu schieben.«

Ein weiterer Häftling, der im Gefängnis von Monroe County Briefe für Myers geschrieben hatte, sagte aus, dass Myers McMillian nicht gekannt habe, dass er nichts von dem Mord an Ronda Morrison gewusst habe und dass er von der Polizei unter Druck gesetzt worden sei, gegen McMillian auszusagen.

Den stärksten Beweis hoben wir uns bis zum Schluss auf. Die Tonbandaufzeichnungen, die Tate, Benson und Ikner von ihren Verhören mit Myers gemacht hatten, waren dramatisch. In den Aufnahmen erklärte Myers den Beamten wieder und wieder, dass er nichts von dem Mord an Ronda Morrison oder von Walter McMillian wusste. Auf den Bändern war zu hören, wie die Polizisten Myers drohten und wie Myers sich sträubte, einen Unschuldigen ans Messer zu liefern. Diese Aufnahmen bestätigten nicht nur Myers' Widerruf und widersprachen seinen Aussagen im ersten Prozess, sondern sie demonstrierten auch, dass Bezirksstaatsanwalt Pearson das Gericht, die Geschworenen und McMillians Anwälte angelogen hatte. Pearson hatte nämlich behauptet, dass es nur zwei Aussagen von Myers gebe. In Wirklichkeit war er mindestens sechs weitere Male von der Polizei verhört worden, und jedes dieser Verhöre bestätigte seine neue Aussage, dass er nichts über den Mord an Ronda Morrison wusste. Von sämtlichen Verhören lagen Abschriften vor, sämtliche Verhöre entlasteten Walter McMillian, aber keines davon war McMillians Anwälten zugänglich gemacht worden, wie es das Gesetz verlangt.

Ich rief McMillians Anwälte Bruce Boynton und J.L. Chestnut auf und bat sie, auszusagen, wie viel mehr sie für einen Freispruch hätten tun können, wenn sie Zugang zu diesem Material erhalten hätten. Wir schlossen die Präsentation unseres Beweismaterials ab, und zu unserer Verwunderung legte die Staatsanwaltschaft kein eigenes Material vor. Ehrlich gesagt, hätte ich auch nicht gewusst, womit sie unsere Beweise hätte widerlegen wollen, aber ich war davon ausgegangen, dass sie sich zumindest äußern würde. Auch der Richter schien verwundert. Er machte eine Pause, dann bat er die Parteien, ihre Plädoyers schriftlich einzureichen. Darauf hatte ich gehofft, denn dies gab uns noch einmal die Möglichkeit, die Bedeutung unserer Beweise darzulegen und ihm damit beim Verfassen einer Anordnung zu helfen – einer Anordnung, von der wir hofften, dass sie Walters Freilassung bedeutete. Nach drei intensiven Verhandlungstagen beendete der Richter die Anhörung am Nachmittag.

Michael und ich waren am Morgen des letzten Verhandlungstages so in Eile gewesen, dass wir noch nicht einmal dazu gekommen waren, unsere Koffer für die Abreise zu packen. Nachdem wir uns im Gerichtssaal von der Familie verabschiedet hatten, machten wir uns erschöpft, aber zufrieden auf den Weg zurück ins Hotel.

Bay Minette, wo die Verhandlung stattfand, liegt etwa eine halbe Stunde von den Stränden am Golf von Mexiko entfernt. Jedes Jahr im September unternahmen die Mitarbeiter von EJI einen kleinen Betriebsausflug hierher, und wir hatten uns in das klare, warme Wasser des Golfs verliebt. Der unberührte weiße Sandstrand war idyllisch und entspannend. Die Aussicht wurde lediglich durch ein paar Ölbohrinseln in der Ferne gestört, aber wenn man diese ausblendete, konnte man meinen, im Paradies zu sein. Delfine liebten diesen Teil des Golfs und schwammen morgens wenige Meter vom Strand entfernt vorüber. Ich hatte oft davon geträumt, unsere Büros hierherzuverlegen.

Es war Michaels Idee gewesen, vor unserer Rückfahrt nach Montgomery noch einen Abstecher an den Strand zu machen. Ich war skeptisch, doch es war ein warmer Tag, und das Meer war nah – ich konnte nicht widerstehen. Wir stiegen ins Auto und fuhren durch die Nachmittagssonne hinunter zu den schönen Stränden in der Nähe von Fort Morgan. Kaum angekommen, zog Michael den Anzug aus, schlüpfte in die Badehose und rannte ins Meer. Da ich zu müde war, zog ich mir einfach eine kurze Hose an und setzte mich an den Strand. Die Sonne stand schon tief am Himmel, doch es war immer noch heiß. Die Ereignisse der letzten Tage schwirrten mir im Kopf herum. Ich ließ die Aussagen der Zeugen noch einmal Revue passieren und fragte mich, ob wirklich alles gut gegangen war. Jedes kleine Detail ging ich durch, und jeden möglichen Fehltritt. Dann bremste ich mich. Es war vorbei und hatte keinen Zweck mehr, wenn ich mich über Kleinigkeiten verrückt machte. Also beschloss ich, ins Wasser zu springen, um die ganze Sache wenigstens für den Moment aus dem Kopf zu bekommen.

Während eines unfreiwilligen Aufenthalts auf einem Flughafen hatte ich unlängst einen Artikel über Haifischattacken gelesen. Als ich auf die Wellen zuging, die nun im Sonnenuntergang funkelten, fiel mir wieder ein, dass Haie bei Sonnenauf- und -untergang fraßen. Ich sah Michael zu, der weit hinausgeschwommen war. Es war verlockend, doch ich wusste, dass ich bei einem Angriff verwundbarer war als Michael. Mein Kollege schwamm wie ein Fisch, während ich mich kaum über Wasser hielt.

Michael winkte mir zu und rief: »Bryan, komm rein!« Vorsichtig tastete ich mich gerade weit genug ins Wasser, um ihm meine Sorgen wegen der Haifische zurufen zu können. Er lachte mich aus. Das Wasser war warm und auf unerwartete Weise erfrischend. Ein Schwarm Fische huschte zwischen meinen Beinen hindurch, und ich sah ihnen staunend nach, bis mir einfiel, dass sie auf der Flucht vor einem großen Raubfisch sein könnten. Vorsichtig watete ich zurück an den Strand.

Eine Weile saß ich im Sand und beobachtete weiße Pelikane, die auf der Suche nach Nahrung über die Wellen glitten. Kleine Winkerkrabben huschten um mich herum, zu ängstlich, um sich dicht an mich heranzuwagen, aber doch so neugierig, dass sie in der Nähe blieben. Ich dachte an Walter, der gerade in Ketten den Rückweg nach Holman antrat. Einerseits wollte ich, dass er optimistisch war, aber andererseits sollte er auf dem Teppich bleiben, um mit jedem Urteil umgehen zu können. Ich dachte an seine Familie und die vielen Menschen, die in den Gerichtssaal gekommen waren. In den fünf Jahren, die seit der Verhaftung vergangen waren, hatten sie Walter die Treue gehalten, und nun hatten sie allen Grund, zuversichtlich zu sein. Ich dachte an Mrs. Williams. Sie war nach der Anhörung zu mir gekommen und hatte mir einen Kuss auf die Wange gedrückt. Ich sagte ihr, wie sehr ich mich freute, dass sie wiedergekommen sei. Sie sah mich kokett an. »Herr Anwalt, Sie haben doch gewusst, dass ich kommen würde. Sie haben doch gewusst, dass ich mich nicht wegschicken lasse.« Bei diesen Worten musste ich lächeln.

Michael kam mit besorgtem Blick aus dem Wasser.

»Hast du was gesehen?«, witzelte ich. »Einen Hai? Einen Aal? Eine Giftqualle? Rochen? Piranhas?«

Er war außer Atem. »Die haben uns bedroht und belogen. Einige Leute sind so nervös, dass sie uns umbringen wollen. Was meinst du, was machen die jetzt, wenn sie wissen, wie viele Beweise wir haben, um Walters Unschuld zu beweisen?«

Darüber hatte ich auch schon nachgedacht. Unsere Gegner hatten alles getan, um Walter ein Verbrechen anzuhängen und ihn umzubringen. Sie hatten uns angelogen und den Prozess verfälscht. Wir waren mehrmals gewarnt worden, dass ein paar aufgebrachte Leute aus dem Ort uns umbringen wollten, weil sie meinten, dass wir einem Mörder halfen, seiner gerechten Strafe zu entgehen.

»Ich weiß nicht«, antwortete ich. »Aber wir müssen weiter Druck machen. Wir müssen einfach weiter Druck machen.«

Schweigend sahen wir zu, wie die Sonne hinter dem Horizont verschwand. Immer mehr Krabben kamen aus ihren Löchern und flitzten über den Sand. In der Dämmerung sah ich Michael an.

»Wir sollten nach Hause fahren.«

10 Milde

Die Gefängnisse der Vereinigten Staaten sind zu Verwahranstalten für Menschen mit psychischen Erkrankungen verkommen. Für die Häftlingsschwemme der vergangenen Jahrzehnte ist vor allem eine verfehlte Drogenpolitik verantwortlich, doch auch die Inhaftierung Hunderttausender armer und psychisch kranker Menschen hat ihren Teil dazu beigetragen, sie ist für beispiellose Probleme verantwortlich.

Meine erste Begegnung mit Avery Jenkins hatte ich am Telefon. Er rief mich an, doch was er sagte, schien weder Hand noch Fuß zu haben. Er konnte mir nicht erklären, weshalb er verurteilt worden war oder was ich für ihn tun konnte. Er beschwerte sich über die Haftbedingungen, dann schoss ihm ein neuer Gedanke durch den Kopf, und er wechselte abrupt das Thema. Er schickte mir auch Briefe, doch die waren genauso konfus wie seine Anrufe. Daher beschloss ich, persönlich mit ihm zu sprechen, um zu sehen, ob ich ihm irgendwie helfen konnte.

Im 19. Jahrhundert wurden Menschen mit psychischen Störungen wechselweise in Gefängnissen und psychiatrischen Anstalten untergebracht. Ende des Jahrhunderts führten die Sozialreformerin Dorothea Dix und Pfarrer Louis

Dwight eine Kampagne an, die geistig Behinderte und psychisch Kranke vor der unmenschlichen Behandlung in Gefängnissen bewahren sollte. Danach sank die Zahl der inhaftierten Menschen mit schweren psychischen Erkrankungen deutlich, während gleichzeitig überall private und staatliche psychiatrische Kliniken aus dem Boden schossen.

Mitte des 20. Jahrhunderts erregte der Missbrauch in der geschlossenen Psychiatrie großes Aufsehen, und die Zwangseinweisungen wurden zum Problem. Tausende wurden von Angehörigen, Lehrern oder Gerichten in Anstalten geschickt, nicht, weil sie unter psychischen Störungen litten, sondern ganz einfach, weil sie nicht den gesellschaftlichen Normen entsprachen. Homosexuelle wurden genauso eingewiesen wie Menschen, die Partner anderer Hautfarbe hatten. Neue Antipsychotika wie Thorazine, die vielen Menschen mit schweren psychischen Störungen Linderung versprachen, wurden in psychiatrischen Kliniken willkürlich verabreicht und hatten schreckliche Nebenwirkungen. Aus einigen Anstalten wurden aggressive Behandlungsformen bekannt, und neue Kampagnen versuchten, Menschen wieder aus den Anstalten herauszuholen.

In den Sechziger- und Siebzigerjahren wurden Gesetze verabschiedet, die Zwangseinweisungen erschweren sollten.[1] Viele Bundesstaaten verfolgten eine konsequente Abschaffung der geschlossenen Anstalten. Interessenvertreter gewannen eine Reihe von Prozessen vor dem Obersten Gerichtshof und erzwangen die Überführung von Psychiatriepatienten in offene Therapien. Neue Gesetze gaben psychisch Kranken das Recht, Behandlungen zu verweigern, und reduzierten die Zahl der Zwangseinweisungen. In den Neunzigerjahren wurden in manchen Bundesstaaten 95 Prozent der Patienten in der offenen Psychiatrie behandelt. Kam im Jahr 1955 noch ein Psychiatrieplatz auf dreihun-

236

dert Bürger, war es ein halbes Jahrhundert später ein Platz auf dreitausend Bürger.

Diese Reformen waren zwar dringend notwendig, doch unglücklicherweise fielen sie mit einer Verschärfung des Strafrechts und einer neuen Politik der Masseninhaftierung zusammen. Das hatte fatale Auswirkungen. Da viele psychisch Kranke aus ärmeren Schichten keine Behandlung erhielten, kamen sie mit relativ hoher Wahrscheinlichkeit mit dem Gesetz in Konflikt. So wurde das Gefängnis zur Antwort des Staates auf eine Krise des Gesundheitssystems, die durch Drogenmissbrauch weiter angeheizt wurde. Eine Flut psychisch Kranker kam wegen Bagatelldelikten, Drogenvergehen oder ganz einfach wegen Erregung öffentlichen Ärgernisses hinter Gitter.

Heute leiden 50 Prozent aller Häftlinge in den Vereinigten Staaten unter psychischen Problemen – fünfmal so viel wie der Rest der Bevölkerung.[2] Fast jeder fünfte Häftling hat schwere psychische Störungen.[3] In Zuchthäusern sind fast dreimal so viele psychisch Kranke untergebracht wie in psychiatrischen Kliniken, in manchen Bundesstaaten sind es sogar zehnmal so viele.[4] Das Gefängnis ist ein schrecklicher Ort für einen Menschen mit einer psychischen oder neurologischen Störung, zumal das Wachpersonal nicht für den Umgang mit diesen Menschen geschult wird.

Noch während meiner Zeit in Atlanta verklagte unsere Organisation das berüchtigte Angola Prison von Louisiana, weil es Isolationshäftlinge zwang, vor Eintritt des Wachpersonals die Hände durch die Gitterstäbe der Tür zu strecken, um sich Handschellen anlegen zu lassen. Epilepsiekranke Gefangene benötigten Hilfe, wenn sie einen Anfall hatten und auf dem Boden lagen, doch weil sie ihre Hände nicht durch die Stäbe strecken konnten, wurden sie von den Wachen mit Tränengas oder Feuerlöschern betäubt.

Diese Misshandlung führte zu schweren Verletzungen und Todesfällen.

Die überfüllten Gefängnisse haben keine Kapazitäten zur Behandlung von psychisch Kranken. Aber ohne Behandlung sind diese oft nicht in der Lage, die zahllosen Regeln des Gefängnisalltags zu befolgen. Mitgefangene beuten die Symptome psychisch Kranker aus oder reagieren mit Gewalt auf sie. Frustrierte Gefängnismitarbeiter verhängen demütigende und quälende Strafen oder Einzelhaft. Viele Richter, Staatsanwälte und Verteidiger erkennen nicht die besonderen Bedürfnisse der psychisch kranken Angeklagten, was zu rechtswidrigen Urteilen, langen Haftstrafen und hohen Rückfallraten führt.

Einmal vertrat ich einen psychisch kranken Mandanten namens George Daniel, der in Alabama zum Tode verurteilt worden war. Bei einem nächtlichen Autounfall in Houston hatte George eine Gehirnverletzung erlitten. Als er aus der Bewusstlosigkeit erwachte, lag der Wagen, in dem er sich befand, auf dem Dach im Straßengraben. George ging zu Fuß nach Hause, suchte aber keinen Arzt auf. Seine Freundin erzählte seiner Familie später, er sei ihr anfangs nur ein bisschen komisch vorgekommen. Dann habe er Halluzinationen gehabt und unerklärliche Verhaltensweisen an den Tag gelegt. Er schlief nicht mehr regelmäßig, klagte über Stimmen in seinem Kopf und lief zweimal nackt aus dem Haus, weil er meinte, er werde von Wespen verfolgt. Eine Woche nach dem Unfall brachte er keine ganzen Sätze mehr zustande. Ehe seine Mutter aus Montgomery kommen konnte, um ihn in ein Krankenhaus zu bringen, bestieg er mitten in der Nacht einen Überlandbus und fuhr so weit sein Geld reichte.

In Hurtsboro, Alabama, musste er aussteigen. Während der gesamten Fahrt hatte er die Mitreisenden genervt, indem er laut mit sich selbst sprach und wild auf Gegenstände zeigte, die seiner Ansicht nach um ihn herumflogen. Der Bus war durch Montgomery gefahren, wo seine Familie lebte, doch er war so lange sitzen geblieben, bis er aus dem Bus geworfen wurde – ohne Geld, ohne Schuhe und nur mit T-Shirt und Jeans bekleidet. Es war Mitte Januar und kalt. George wanderte durch die Straßen und blieb schließlich vor einem Haus stehen. Er klopfte. Als die Besitzerin öffnete, trat er, ohne zu fragen, ein, ging schnurstracks in die Küche und setzte sich an den Tisch. Die besorgte Frau rief ihren Sohn an, der kam und George wieder nach draußen beförderte. George ging zum nächsten Haus, in dem eine ältere Dame lebte, und das Spiel wiederholte sich. Die Dame rief die Polizei. Der Beamte, der auf ihren Anruf hin erschien, war als gewalttätig bekannt. Er zerrte George nach draußen und Richtung Streifenwagen. George setzte sich zur Wehr, die beiden Männer rangen miteinander und stürzten zu Boden. Der Polizeibeamte zog seine Waffe, und die beiden begannen, um sie zu ringen. Plötzlich löste sich ein Schuss, und der Beamte wurde in den Unterleib getroffen. Wenig später starb er an dieser Verletzung.

George wurde verhaftet und wegen Mordes vor Gericht gestellt. Im Gefängnis von Russell County entwickelte er eine Psychose. Beamte berichteten, er habe sich geweigert, seine Zelle zu verlassen. Er wurde dabei beobachtet, wie er seine eigenen Fäkalien verzehrte. Er brachte keine zusammenhängenden Sätze mehr heraus. Seine beiden Pflichtverteidiger hatten vor allem die Sorge, dass nur einer von ihnen die vom Staat bewilligten 1000 Dollar an Spesengeldern bekommen würde. Sie stritten sich, und einer reichte eine Zivilklage gegen den anderen ein.[5] Gleichzeitig schickte der Richter George nach Tuscaloosa, um seine Schuldfähigkeit überprüfen zu lassen. Der untersuchende

Arzt Ed Seger kam zu dem sonderbaren Schluss, George sei gar nicht psychisch krank, sondern schütze die Symptome lediglich vor.

Aufgrund dieses Gutachtens setzte der Richter einen Mordprozess an. Georges Anwälte stritten miteinander, sie präsentierten keine Verteidigungsschrift und keine Zeugen. Der Staatsanwalt rief Dr. Seger auf, der die Geschworenen überzeugte, dass George bei bester geistiger Gesundheit sei, während dieser in seine Tasse spuckte und während der gesamten Verhandlung laut vor sich hin gluckste. Georges Angehörige waren verzweifelt. Vor seinem Unfall hatte George in einem Möbelladen in Houston gearbeitet. Er hatte die Stadt verlassen, ohne seinen Gehaltsscheck abzuholen, der zwei Tage vor seiner Abreise für ihn bereitgelegen hatte. Seine Mutter war eine arme Frau und wusste, was Geld für George bedeutete; für sie war dieses Verhalten der beste Beweis dafür, dass mit dem Geisteszustand ihres Sohnes etwas nicht stimmen konnte. Sie erlaubte den Anwälten, den Scheck abzuholen, um ihn im Prozess vorzulegen und damit Georges geistige Verwirrung zu dokumentieren. Die Anwälte, die sich noch immer wegen des Geldes in den Haaren lagen, lösten den Scheck ein, um sich selbst auszuzahlen, statt ihn als Beweismittel vorzulegen.

George wurde schuldig gesprochen und zum Tode verurteilt.[6] Als die EJI eingeschaltet wurde und ich ihn kennenlernte, befand er sich schon seit einigen Jahren im Todestrakt, und der Zeitpunkt der Hinrichtung rückte unaufhaltsam näher. Die Gefängnisärzte behandelten ihn mit starken psychotropen Medikamenten, mit denen sie zumindest sein Verhalten stabilisierten. Seine psychische Störung war derart offensichtlich, dass es mich nicht verwunderte, als herauskam, dass »Dr. Ed Seger«, der das Gutachten erstellt hatte, ein Hochstapler war und keinerlei medizinische Ausbildung vorweisen konnte. Acht Jahre lang hatte er im Krankenhaus die Zurechnungsfähigkeit von Angeklagten beurteilt, ehe der Schwindel aufflog.

Im Berufungsverfahren vertrat ich George. Der Staatsanwalt räumte zwar ein, dass das Gutachten von einem Betrüger stammte, dennoch verweigerte er George eine neue Verhandlung. Schließlich gewannen wir ein Verfahren vor einem Bundesrichter, der das Urteil und die Bestrafung aufhob.[7] Aufgrund seiner psychischen Krankheit und seiner Verhandlungsunfähigkeit wurde George nicht mehr vor Gericht gestellt. Seither befindet er sich in einer geschlossenen psychiatrischen Anstalt. Aber vermutlich befinden sich noch Hunderte Menschen in Haft, die von »Dr.« Seger begutachtet und deren Urteile nie revidiert wurden.

Viele der Todeskandidaten, die ich betreue, leiden unter psychischen Störungen. Allerdings lässt sich nicht immer nachweisen, dass sie bereits zum Tatzeitpunkt erkrankt waren, da die Symptome sporadisch und oft in Zusammenhang mit besonderen Belastungen auftreten. Doch als ich den Brief von Avery Jenkins erhielt, der in derart winzigen Lettern geschrieben war, dass ich ihn mit einer Lupe lesen musste, war ich mir sicher, dass er schon sehr lange unter seiner psychischen Krankheit leiden musste.

Ich untersuchte seinen Fall und rekonstruierte seine Geschichte. Jenkins war wegen eines besonders brutalen Mordes an einem älteren Mann verurteilt worden. Die zahlreichen Stichwunden, an denen das Opfer starb, ließen auf eine psychische Erkrankung des Täters schließen, doch in den Prozessakten fand sich kein Hinweis darauf, dass Jenkins unter einer Behinderung leiden könnte. Um mehr herauszufinden, wollte ich ihn persönlich kennenlernen.

Als ich auf den Gefängnisparkplatz fuhr, stach mir ein Pick-up ins Auge. Es war ein rollender Dixieland-Schrein, über und über mit Südstaatenflaggen, rassistischen Aufklebern und anderen bedenklichen Bildern dekoriert. Nummernschilder mit der Dixiefahne sind in allen Bundesstaaten des alten Südens beliebt, aber so geballt hatte ich das noch nicht gesehen. Auf einem Aufkleber stand: »Wenn ich gewusst hätte, was dabei herauskommt, hätte ich meine Baumwolle selber gepflückt.«

Ich interessiere mich sehr für die Geschichte der Vereinigten Staaten, und vor allem für die Zeit nach der Rekonstruktion. Meine Großmutter war die Tochter von ehemaligen Sklaven. Sie war in den 1880er-Jahren im südlichen Bundesstaat Virginia zur Welt gekommen, kurz nachdem die Militärverwaltung abgezogen war und der Bundesstaat seine Souveränität zurückerhalten hatte. Damals begannen der Terror und die Gewalt gegen die schwarze Bevölkerung, und die Afroamerikaner verloren nach und nach wieder sämtliche politischen und gesellschaftlichen Rechte, die sie nach dem Bürgerkrieg erhalten hatten. Mein Urgroßvater erzählte meiner Großmutter wie die Soldaten der ehemaligen Konföderiertenarmee die gerade erst befreiten Afroamerikaner mit Gewalt, Einschüchterung, Lynchmorden und Schuldversklavung unterdrückten. Meine Urgroßeltern waren zutiefst verbittert, dass die Verheißung der Freiheit und Gleichheit damit endete, dass die Demokraten des Südens die Macht mit Gewalt zurückeroberten.

Terrorgruppen wie der Ku-Klux-Klan trugen die Symbole der Konföderiertenarmee, um die schwarze Bevölkerung einzuschüchtern und zu misshandeln. Nichts verbreitete mehr Schrecken in einer schwarzen Siedlung als das Gerücht, der Ku-Klux-Klan sei in der Gegend aktiv. Ein Jahrhundert lang wurden auf das kleinste Anzeichen von Fortschritt unter Schwarzen sofort die Symbole der Südstaaten aufgefahren. In Alabama veränderten die Weißen um die Jahrhundertwende die Verfassung des Bundesstaates, um ihre Vorherrschaft zu sichern, und richteten einen Gedenktag für die konföderierten Opfer des Bürgerkriegs ein, der bis heute begangen wird.[8] Als schwarze Veteranen nach dem Zweiten Weltkrieg in den Süden zurückkehrten, bildeten Politiker aller Parteien einen Block der »Dixiekraten«, um die Rassentrennung und die weiße Vorherrschaft zu zementieren, aus Angst, die Afroamerikaner könnten nach dem Militärdienst die Rassentrennung infrage stellen.[9] In den Fünfziger- und Sechzigerjahren provozierten die neuen Bürgerrechte und Gesetze den Widerstand gegen die Gleichstellung der Afroamerikaner, und die Symbole der Konföderierten erlebten einen neuen Aufschwung. Nachdem das Oberste Gericht im Prozess *Brown v. Board of Education* die Rassentrennung im Bildungswesen für verfassungswidrig erklärt hatte, hissten viele Südstaaten an öffentlichen Gebäuden die Dixiefahne.[10] Während der gesamten Zeit der Bürgerrechtsproteste schossen in den Südstaaten konföderierte Denkmäler wie Pilze aus dem Boden. Damals wurde auch der Geburtstag von Jefferson Davis, des Präsidenten der Konföderation, in den Feiertagskalender von Alabama aufgenommen. Bis heute haben Banken, Behörden und staatliche Einrichtungen an diesem Tag geschlossen.

Bei einer Anhörung vor einem Prozess legte ich einmal mehr Einspruch gegen den Ausschluss von Afroamerikanern vom Geschworenendienst ein. In dem betreffenden Bezirk waren rund 27 Prozent der Bevölkerung schwarz, doch nur 10 Prozent der Kandidaten waren Afroamerikaner. Nachdem ich meine Argumente gegen die verfassungswidrige Ausgrenzung von Schwarzen vorgetragen hatte, klagte der Richter lautstark.

»Ich gebe Ihrem Einspruch statt, Mr. Stevenson, aber ich will ehrlich sein. Ich habe die Nase voll von Leuten, die auf den Rechten von Minderheiten herumreiten. Afroamerikaner, Latinos, Asiaten, Ureinwohner – wann kommt eigentlich mal jemand in meinen Gerichtssaal und schützt die Rechte der Konföderierten?« Der Richter erwischte mich auf dem falschen Fuß. Ich verspürte das dringende Bedürfnis, ihn zu fragen, ob ich nicht auch ein Konföderierter sei, weil ich schließlich im Süden zur Welt gekommen sei und in Alabama lebte, doch ich biss mir auf die Zunge.

Den Pick-up wollte ich mir genauer ansehen. Ich konnte es mir nicht verkneifen, um den Wagen herumzugehen und die Sprüche auf den rassistischen Aufklebern zu lesen. Auf meinem Weg zum Eingang des Gefängnisses musste ich mich zusammenreißen, denn die Symbole des Rassenhasses ließen mich nicht gleichgültig. Ich war schon oft in diesem Gefängnis gewesen und kannte viele der Beamten, aber diesmal bekam ich es mit einem Mann zu tun, dem ich noch nicht begegnet war. Mit seinen 1,80 Meter war er so groß wie ich, aber bullig und muskulös. Er war weiß, schien Anfang vierzig zu sein und trug einen kurzen Militärhaarschnitt. Kalt starrte er mich aus stahlblauen Augen an. Ich ging auf die Tür zu, die zum Besucherraum führte, und erwartete, dort wie immer abgetastet zu werden. Der Mann versperrte mir den Weg.

»Was fällt Ihnen ein?«, herrschte er mich an.

»Ich bin zu einem Anwaltsbesuch gekommen«, erwiderte ich. »Ich haben den Besuch Anfang der Woche angemeldet. Die Leute im Büro des Direktors müssten die Papiere haben.« Ich lächelte, so höflich ich konnte, um die Situation zu entschärfen.

»Schon gut, schon gut. Aber erst muss ich Sie durchsuchen.«

Die Feindseligkeit war kaum zu übersehen, aber ich tat mein Bestes.

»Okay. Soll ich die Schuhe ausziehen?« Besonders strenge Beamte zwangen mich manchmal, die Schuhe auszuziehen, ehe ich den Raum betrat.

»Wenn Sie in mein Gefängnis wollen, dann gehen Sie in die Toilette und ziehen sich komplett aus.«

Ich war erschrocken, doch ich antwortete so freundlich, wie es mir möglich war: »Ich glaube, das muss ein Irrtum sein. Ich bin Anwalt. Anwälte sind von der Leibesvisitation ausgenommen.«

Das schien ihn eher noch anzustacheln. »Was glauben Sie, wer Sie sind? In mein Gefängnis kommen Sie nur rein, wenn Sie sich an unsere Sicherheitsvorschriften halten. Sie haben die Wahl, Sie können in die Toilette gehen und sich freimachen, oder Sie können wieder dahin verschwinden, wo Sie hergekommen sind.«

Ich hatte schon schwierige Situationen mit dem Wachpersonal erlebt, gerade in kleinen Gefängnissen auf dem Land oder in Gefängnissen, in denen man mich nicht kannte. Aber das hier war ungewöhnlich.

»Ich war schon oft hier, aber eine Leibesvisitation habe ich noch nicht erlebt. Ich glaube nicht, dass das zu Ihren Sicherheitsvorschriften gehört«, sagte ich etwas fester.

»Was andere machen, ist mir egal, ich gehe nach meinen Sicherheitsvorschriften vor.« Ich überlegte kurz, jemanden aus der Gefängnisleitung zu suchen. Aber das war erstens nicht einfach, und zweitens würde jemand aus der Verwaltung in meiner Gegenwart kaum einen Wachbeamten zurechtweisen. Ich war zwei Stunden hierhergefahren, um diesen Termin wahrzunehmen, und hatte in den kommenden drei Wochen einen engen Zeitplan; wenn ich jetzt nicht mit meinen Mandanten sprach, würde ich lange nicht mehr wiederkommen können. Also ging ich in den Waschraum und zog mich aus. Der Beamte betrat den Raum, nahm eine unnötig ruppige Leibesvisitation vor,

245

dann murmelte er, es sei alles in Ordnung. Ich zog meinen Anzug wieder an und ging nach draußen.

»Dürfte ich jetzt bitte in den Besucherraum gehen?« Ich sprach etwas lauter, um meine Würde wieder herzustellen.

»Sie müssen sich nur noch eintragen.«

Er klang ruhig, doch es war offensichtlich, dass er mich weiter provozieren wollte. Das Gefängnis hatte ein Register für Verwandtenbesuche, das jedoch nicht für Anwaltsbesuche verwendet wurde. Ich hatte mich bereits im Anwaltsregister eingetragen, und es gab keinen Grund, warum ich mich jetzt auch noch in das Besucherregister eintragen sollte.

»Anwälte müssen sich nicht in dieses Register ...«

»Wenn Sie in mein Gefängnis reinwollen, dann tragen Sie sich da ein.« Er grinste. Es kostete mich einiges an Selbstbeherrschung, die Ruhe zu bewahren.

Also drehte ich mich noch einmal um und trug mich in das Register ein, dann ging ich wieder zum Eingang des Besucherbereichs und wartete. Die Tür war mit einem schweren Schloss verriegelt, das erst geöffnet werden musste, ehe ich den Raum betreten konnte, in dem ich meinen Mandanten treffen sollte. Schließlich bemühte sich der Wärter herbei, zog die Schlüssel hervor und schloss auf. Ich wartete schweigend und hoffte, dass ich nun ohne weitere Schikanen eintreten konnte. Als er die Tür öffnete, trat ich einen Schritt vor, doch er packte mich am Arm und hielt mich fest. Mit gesenkter Stimme sagte er zu mir: »Hey, Mann, haben Sie den Pick-up auf dem Parkplatz gesehen, mit den Aufklebern, den Flaggen und dem Gewehrhalter?«

Ich antwortete vorsichtig: »Ja, den habe ich gesehen.«

Seine Augen verengten sich, ehe er weitersprach. »Der gehört mir.« Dann ließ er meinen Arm los, und ich durfte den Raum betreten. Ich war wütend auf den Wachmann, aber noch wütender war ich über meine eigene Hilflosigkeit. Es brodelte in mir, als die andere Tür des Besucherraums geöffnet wurde, und Mr. Jenkins von einem anderen Beamten hereingeführt wurde.

Jenkins war ein kleiner Afroamerikaner mit kurz geschorenem Haar. Er ergriff meine Hand mit beiden Händen und sah mich mit breitem Lächeln an. Er schien hocherfreut, mich zu sehen.

»Mr. Jenkins, mein Name ist Bryan Stevenson. Ich bin der Anwalt, mit dem Sie telefoniert haben …«

»Haben Sie mir einen Milchshake mitgebracht?« Er sprach hastig.

»Wie bitte?«

Er grinste weiter. »Haben Sie mir einen Schoko-Milchshake mitgebracht? Ich möchte gern einen Schoko-Milchshake.«

Die lange Fahrt, der Pick-up mit den rassistischen Aufklebern, die Belästigung durch den Wachmann, das war ein bisschen viel auf einmal. Ich machte keinen Hehl aus meiner Ungeduld.

»Nein, Mr. Jenkins, ich habe Ihnen keinen Schoko-Milchshake mitgebracht. Ich bin Anwalt. Ich bin hier, um Ihnen in Ihrem Fall zu helfen und dafür zu sorgen, dass Sie einen neuen Prozess bekommen. Okay? Deswegen bin ich hier. Ich möchte Ihnen nun ein paar Fragen stellen, um Ihren Fall besser zu verstehen.«

Sein Lächeln schwand. Ich stellte ihm einige Fragen, die er einsilbig beantwortete, indem er hin und wieder ein Ja oder Nein grunzte. Mir wurde klar, dass er immer noch an seinen Milchshake dachte. Über meine Begegnung mit dem Wachbeamten hatte ich vergessen, wie stark die geistige Behinderung meines Mandanten sein könnte. Ich unterbrach mich und beugte mich zu ihm vor.

»Mr. Jenkins, es tut mir wirklich leid. Ich habe nicht gewusst, dass ich Ihnen einen Schoko-Milchshake mitbringen sollte. Wenn ich das gewusst hätte, dann hätte ich Ihnen natürlich einen mitgebracht. Ich verspreche Ihnen, wenn ich das nächste Mal komme und sie mich damit reinlassen, dann bringe ich Ihnen ganz bestimmt einen Schoko-Milchshake mit. In Ordnung?«

Damit kehrte sein Lächeln zurück, und seine Stimmung hellte sich auf. Aus den Gefängnisakten ging hervor, dass er oft unter psychotischen Schüben litt und stundenlang schrie. Bei unseren Begegnungen war er im Allgemeinen freundlich, aber er war erkennbar krank. Ich konnte nicht verstehen, warum seine Prozessakten keinen Hinweis auf eine psychische Erkrankung enthielten, doch nach dem Fall von George Daniel überraschte mich eigentlich gar nichts mehr. Nach meiner Rückkehr ins Büro stellten wir weitere Nachforschungen über den Hintergrund von Mr. Jenkins an. Was wir fanden, konnte einem das Herz brechen. Sein Vater war schon vor seiner Geburt ermordet worden, seine Mutter war an einer Überdosis gestorben, als er ein Jahr alt war. Seit seinem zweiten Lebensjahr hatte er bei Pflegeeltern gelebt. Dort hatte er Schreckliches mitgemacht. Zwischen dem zweiten und dem achten Lebensjahr war er bei 19 verschiedenen Familien. Schon früh zeigte er Anzeichen einer geistigen Behinderung. Er wies Denkstörungen auf, die auf ein angeborenes neurologisches Problem schließen ließen, und Verhaltensstörungen, die auf Schizophrenie oder eine andere gravierende psychische Krankheit hinwiesen.

Als Avery zehn Jahre alt war, lebte er bei grausamen Pflegeeltern, die ihn mit ihren strengen Regeln zutiefst verstörten. Da er es nicht schaffte, allen ihren Anforderungen nachzukommen, wurde er regelmäßig in einen Schrank gesperrt, bekam nichts zu essen, wurde verprügelt und mit anderen körperlichen Züchtigungen bestraft. Als sich sein Verhalten nicht »besserte«, beschloss seine Pflegemutter, ihn loszuwerden. Sie brachte ihn in den Wald, band ihn an einen Baum und ließ ihn dort zurück. Drei Tage später wurde er zufällig von Jägern entdeckt. Nachdem er sich von den gravierenden gesundheitlichen Folgen dieser Tortur erholt hatte, wurde er den Behörden übergeben, die ihm wieder eine Pflegefamilie zuwiesen. Mit dreizehn begann Avery, Alkohol und Drogen zu nehmen. Mit fünfzehn hatte er Anfälle und psychotische Episoden. Mit siebzehn wurde er als erziehungsresistent eingestuft und sich selbst überlassen. Bis zu seinem zwanzigsten Lebensjahr war Avery immer wieder im Gefängnis. Während eines psychotischen Anfalls betrat er ein fremdes Haus, weil er meinte, er werde von einem Dämon verfolgt. Dort erstach er einen Mann, in der Annahme, es handele sich um einen Teufel. Die Anwälte machten sich nicht die Mühe, Averys Vorgeschichte zu ermitteln, weshalb er rasch schuldig gesprochen und zum Tode verurteilt wurde.

Bei meinen nachfolgenden Besuchen ließ es die Gefängnisleitung nicht zu, dass ich Avery einen Milchshake mitbrachte. Obwohl ich ihm dies erklärte, so gut ich konnte, fragte er mich unweigerlich zu Beginn jedes Besuchs, ob ich ihm nicht einen Schoko-Milchshake mitgebracht hätte. Ich musste ihm versprechen, beim nächsten Mal mein Bestes zu tun, damit er mir überhaupt zuhörte. Monate später bekamen wir endlich einen Gerichtstermin und legten die Beweise für seine schwere psychische Erkrankung vor, die schon während des Prozesses hätten präsentiert werden müssen. Wir argumentierten, dass die Anwälte ihren Mandanten nicht hinreichend verteidigt hatten, weil sie bei der Beurteilung seiner Schuldfähigkeit weder seine Vorgeschichte noch seine Behinderungen einbezogen hatten.

Im Gerichtsgebäude, das sich drei Stunden vom Gefängnis entfernt befand, besuchte ich Avery in seiner Zelle im Untergeschoss. Nach unserem üblichen Spiel mit dem

Milchshake versuchte ich, ihm klarzumachen, was während der Verhandlung passieren würde. Ich war besorgt, dass ihn der Anblick einiger Zeugen – zum Beispiel verschiedener Pflegeeltern – aus der Fassung bringen könnte. Außerdem würden die Experten in der Befragung seine Behinderung und Erkrankung sehr unverblümt beschreiben. Ich wollte, dass er verstand, warum sie das taten. Wie immer war er sehr freundlich.

Auf dem Weg nach oben sah ich den Wachmann, der mich bei meinem ersten Besuch bei Avery derart schikaniert hatte. Seit unserer unangenehmen ersten Begegnung hatte ich den Mann nicht wieder gesehen. Ich hatte andere Mandanten nach ihm gefragt und erfahren, dass er einen schlechten Ruf genoss und für gewöhnlich im Spätdienst arbeitete. Die meisten Menschen versuchten, ihm aus dem Weg zu gehen. Der Mann schien Avery auf der Fahrt zum Gericht begleitet zu haben, und ich machte mir Sorgen, dass mein Mandant nicht gut behandelt worden sein könnte. Doch Avery schien ganz er selbst zu sein.

Über drei Tage hinweg präsentierten wir Material zu Averys Hintergrund. Die Experten, die über Averys Behinderung sprachen, waren ausgezeichnet. Sie waren nicht voreingenommen, sondern erklärten überzeugend, wie das Zusammenspiel aus neurologischen Störungen, Schizophrenie und einer bipolaren Störung eine schwere geistige Beeinträchtigung bewirken kann. Sie führten aus, dass Psychosen und die anderen gravierenden psychischen Störungen, unter denen Mr. Jenkins litt, gefährliche Verhaltensweisen verursachen konnten; diese Verhaltensweisen waren jedoch Ausdruck seiner schweren Krankheit, nicht seiner Persönlichkeit. Außerdem konnten wir zeigen, welchen Schaden Avery bei verschiedenen seiner Pflegefamilien erlitten hatte. Einige der Pflegeeltern wurden später sogar wegen sexuellen Missbrauchs und krimineller Verletzung ihrer erzieherischen Pflichten vor Gericht gestellt und verurteilt. Wir legten dar, wie Avery von einer ausweglosen Situation in die nächste geraten war, bis er schließlich drogensüchtig auf der Straße gelebt hatte.

Einige Pflegeeltern gaben zu, extrem frustriert gewesen zu sein, weil sie nicht auf den Umgang mit einem psychisch schwer geschädigten Kind vorbereitet gewesen waren. In meinem Plädoyer sagte ich dem Richter, wenn man Averys psychische Behinderung im Prozess nicht berücksichtige, dann sei das genauso grausam, als würde man zu einem Menschen ohne Beine sagen: »Wenn du diese Treppe nicht ohne Hilfe hinaufsteigst, dann bist du ein Faulpelz.« Oder als würde man zu einem Blinden sagen: »Wenn du diese stark befahrene Autobahn nicht ohne fremde Hilfe überquerst, dann bist du ein Feigling.«

Körperliche Behinderungen lassen sich eher berücksichtigen oder verstehen, und wenn körperlich behinderte Menschen nicht das Mitgefühl und die Unterstützung erhalten, die sie benötigen, dann reagieren wir zu Recht mit Unverständnis. Aber geistige Behinderungen sind oft weniger offensichtlich, weshalb wir viel leichtfertiger über die Bedürfnisse der Betroffenen hinweggehen und ihre Schwächen verurteilen. Wenn jemand einen anderen Menschen auf brutale Weise ermordet, dann hat der Staat natürlich die Pflicht, den Täter zur Rechenschaft zu ziehen und die Öffentlichkeit zu schützen. Doch es wäre unfair, bei einer Beurteilung der Schuldfähigkeit und der Festlegung der Strafe die Behinderung eines Menschen auszuklammern.

Zufrieden fuhr ich nach Hause, obwohl ich wusste, dass Anhörungen wie diese nur selten positiv beschieden werden. Mit einer Aufhebung des Urteils war vermutlich erst im Berufungsverfahren zu rechnen. Ich erwartete also kein Wunder. Etwa einen Monat nach der Anhörung und kurz vor der Verkündung des Urteils beschloss ich, Avery einen

Besuch abzustatten. Wir hatten nach der Anhörung kaum Zeit für ein Gespräch gehabt, und ich wollte sehen, wie es ihm ging. Während der Anhörung hatte er meist freundlich gelächelt, doch ich hatte bemerkt, dass der Auftritt einiger seiner Pflegeeltern ihn verstört hatte. Deswegen schien mir ein Besuch nach der Anhörung angebracht.

Als ich auf den Parkplatz fuhr, stand da wieder dieser widerliche Pick-up mit seinen Flaggen, Aufklebern und seinem Gewehrhalter. Ich fürchtete eine neue Begegnung mit dem Wachbeamten. Und tatsächlich, nachdem ich mich angemeldet hatte und zum Besucherraum gegangen war, sah ich ihn auf mich zukommen. Innerlich stählte ich mich schon für die Begegnung. Doch dann passierte etwas Erstaunliches.

»Hallo, Mr. Stevenson. Wie geht's?«, begrüßte mich der Mann. Seine Freundlichkeit schien aufrichtig. Ich zögerte.

»Danke gut. Und Ihnen?« Er sah mich ganz anders an als bei meinem ersten Besuch und schien tatsächlich freundlich sein zu wollen. Ich beschloss mitzuspielen.

»Schauen Sie, ich gehe schnell in den Waschraum, damit Sie mich durchsuchen können.«

»Ah, Mr. Stevenson, das müssen Sie doch nicht«, erwiderte er eilig. »Ich weiß doch, dass Sie okay sind.« Er schien wie ausgewechselt.

»Wie Sie möchten. Vielen Dank. Dann trage ich mich noch schnell ins Besucherregister ein.«

»Mr. Stevenson, das ist doch nicht nötig. Ich habe gesehen, wie Sie reingekommen sind, und Sie schon eingetragen.« Er schien ungewöhnlich nervös zu sein.

Seine neue Einstellung verwirrte mich ein wenig. Ich bedankte mich bei ihm, dann ging ich auf die Tür zum Besucherraum zu. Er schloss auf, aber als ich an ihm vorüber in den Raum gehen wollte, legte er mir die Hand auf die Schulter.

»He, äh, ich wollte Ihnen noch was sagen.«

Ich fragte mich, worauf das Ganze hinauslaufen sollte.

»Sie wissen doch, dass ich Avery zur Anhörung gebracht habe und dass ich die drei Tage dabei war. Äh, ja, ich, äh, ich wollte Ihnen sagen, dass ich zugehört habe.« Er nahm die Hand von meiner Schulter und blickte an mir vorüber, als starrte er auf etwas hinter mir. »Wissen Sie, äh, ich bewundere das, was Sie da machen. Wirklich. Es war schwer für mich, da im Gerichtssaal zu sitzen und das alles mitanzuhören. Ich bin auch in Pflegefamilien groß geworden.« Sein Blick wurde weich. »Mann, ich habe nie gedacht, dass es jemand so schwer gehabt hat wie ich. Sie haben mich dauernd rumgeschoben, keiner hat mich haben wollen. Ich hab's wirklich schwer gehabt. Aber wie ich zugehört habe, was Sie über Avery gesagt haben, da habe ich gemerkt, andere Leute haben's genauso schwer gehabt wie ich. Oder schwerer. Da im Gericht, da sind mir eine Menge Erinnerungen hochgekommen.«

Er zog ein Taschentuch hervor, um sich den Schweiß von der Stirn zu wischen. Dabei sah ich, dass er auf dem Arm eine eintätowierte Dixieflagge trug.

»Wissen Sie, äh, ich wollte Ihnen sagen, dass ich das gut finde, was Sie da machen. Ich war so wütend als Kind, ich habe oft einfach jemandem wehtun wollen, so wütend war ich. Ich hab durchgehalten, bis ich achtzehn war, dann bin ich zur Armee, und wissen Sie, mir geht's ganz gut. Aber da im Gerichtssaal, da sind die Erinnerungen wieder hochgekommen, und ich habe gemerkt, dass ich immer noch irgendwie wütend bin.«

Ich lächelte ihn an. Er fuhr fort. »Der Experte, den Sie befragt haben, der hat gesagt, einige Leute nehmen fürs ganze Leben Schaden, wenn sie in diesen schlimmen Familien leben. Das hat mir Angst gemacht. Stimmt das?«

»Oh, ich glaube, wir können uns immer bessern«, antwortete ich. »Die schlimmen Dinge, die wir erleben, die machen uns nicht aus. Aber manchmal ist es wichtig, dass andere verstehen, wo wir herkommen.«

Wir unterhielten uns leise. Ein anderer Beamter kam vorüber und starrte uns an. Ich fuhr fort: »Wissen Sie, ich bin Ihnen sehr dankbar für das, was Sie mir gesagt haben. Glauben Sie mir, das bedeutet mir sehr viel. Manchmal vergesse ich, dass wir alle ein bisschen Milde brauchen können.«

Er sah mich an und lächelte. »Im Gericht haben Sie auch dauernd von Milde gesprochen. Ich habe mich gefragt, was will der dauernd mit der Milde? Daheim habe ich darüber nachgedacht. Ich habe es erst nicht verstanden, aber jetzt weiß ich, was Sie meinen.«

Ich lachte. »Ja, manchmal, wenn ich vor Gericht loslege, weiß ich auch nicht mehr so recht, was ich sage.«

»Ich finde, Sie haben es gut gemacht, sehr gut.« Er sah mich an, dann reichte er mir die Hand. Wir schüttelten einander die Hände, dann ging ich wieder auf die Tür zu. Doch kurz bevor ich den Raum betrat, hielt er mich noch einmal zurück.

»Warten Sie, ich muss Ihnen noch was erzählen. Ich habe was gemacht, das darf ich eigentlich gar nicht, aber ich wollte es Ihnen erzählen. Auf dem Rückweg nach dem Prozess, na ja, Sie wissen, wie Avery ist. Na ja, wir sind auf dem Rückweg von der Autobahn runter. Und, na ja, wir sind zu einer Eisdiele, und ich habe ihm einen Schoko-Milchshake gekauft.«

Ich sah ihn ungläubig an, und er grinste. Dann schloss er die Tür hinter mir ab. Ich war so verblüfft, dass ich gar nicht mitbekam, wie Avery in den Raum geführt wurde. Als ich merkte, dass er schon da war, drehte ich mich um und begrüßte ihn. Als er nichts sagte, war ich ein bisschen besorgt.

»Alles in Ordnung?«

»Ja, alles in Ordnung. Und bei Ihnen?«

»Ja, Avery, alles in Ordnung.« Ich wartete darauf, dass er unser übliches Ritual begann. Als er nichts sagte, fing ich einfach mit meinem Part an. »Ich habe versucht, einen Milchshake mitzubringen, aber …«

Avery unterbrach mich. »Oh, ich habe einen Milchshake bekommen. Alles in Ordnung.«

Als ich über die Anhörung zu sprechen begann, grinste er. Wir unterhielten uns eine gute Stunde lang, dann musste ich einen anderen Mandanten besuchen. Avery fragte mich nie wieder nach einem Milchshake. Wir erreichten eine neue Verhandlung, das Todesurteil wurde aufgehoben, und Avery wurde in eine Anstalt eingewiesen, in der er behandelt werden konnte. Den Wachmann sah ich nie wieder, doch später erfuhr ich, dass er kurz nach unserer letzten Begegnung den Dienst quittiert hatte.

11 Endlich frei

Es war die dritte Bombendrohung innerhalb von zwei Monaten. Nervös räumten wir das Büro und warteten auf die Ankunft der Polizei. Wir waren inzwischen fünf Anwälte, ein Ermittler und drei Büromitarbeiter. Seit Kurzem konnten Jurastudenten Praktika bei uns absolvieren und unterstützten uns bei Recherchen und Ermittlungen. Aber um Bombendrohungen zu erleben, hatte keiner bei der EJI angefangen. Die Versuchung war groß, die Anrufe einfach zu ignorieren, wenn nicht zwei Jahre zuvor in Savannah im Bundesstaat Georgia ein Bürgerrechtsanwalt namens Robert »Robbie« Robinson in seinem Büro von einer Bombe getötet worden wäre. Etwa zur gleichen Zeit wurde in Birmingham der Berufungsrichter Robert Vance von einer Briefbombe getötet. Wenige Tage später wurde eine dritte Bombe an eine Bürgerrechtsorganisation in Florida und eine vierte an ein Gericht in Atlanta geschickt. Die Attentäter schienen es auf Juristen abgesehen zu haben, die sich in Bürgerrechtsfragen engagierten. Wir wurden gewarnt, dass wir ein mögliches Ziel seien, weshalb wir wochenlang sämtliche Postsendungen erst ins Gericht karrten und dort durchleuchten ließen, ehe wir sie öffneten. Danach waren die Bombendrohungen kein Witz mehr.

Während wir das Gebäude verließen, unterhielten wir

uns darüber, wie wahrscheinlich ein Anschlag tatsächlich war. Der Anrufer hatte unser Gebäude genau beschrieben. Unsere Rezeptionistin Sharon hatte den Mann ausgeschimpft. Sie war eine junge Mutter von zwei kleinen Kindern und in einer armen weißen Familie auf dem Land aufgewachsen. Sie nahm kein Blatt vor den Mund.

»Warum tun Sie uns das an? Sie machen uns Angst!«

Sharon sagte, der Anrufer habe die Stimme eines älteren Mannes gehabt und mit einem Südstaatendialekt gesprochen, aber mehr konnte sie nicht sagen. »Ich tue euch noch einen Gefallen«, habe der Mann drohend geantwortet. »Ich will, dass ihr mit eurer Arbeit aufhört. Aber ich will euch nicht alle umbringen, also seht zu, dass ihr da rauskommt! Nächstes Mal gibt's keine Warnung!«

Seit der Anhörung im Fall von Walter McMillian war ein Monat vergangen. Bei der ersten Bombendrohung hatte der Anrufer einige rassistische Bemerkungen gemacht und erklärt, er wolle uns eine Lektion erteilen. Etwa zur selben Zeit erhielt ich zu Hause Drohanrufe. Ein typischer Anruf war: »Wenn du meinst, wir schauen zu, wie du diesen Nigger vor seiner gerechten Strafe bewahrst, dann hast du dich getäuscht. Dann gibt es halt zwei tote Nigger!«

Ich betreute damals zwar eine ganze Reihe von Fällen, doch ich war ziemlich sicher, dass die Drohungen mit dem Fall von Walter McMillian zusammenhingen. Vor der Anhörung waren Michael und ich bei unseren Ermittlungen in Monroe County mehrmals verfolgt worden. Ein Furcht einflößender Typ hatte mich eines Nachts angerufen und mir gesagt, jemand habe ihm eine Menge Geld angeboten, um mich umzubringen, aber er habe sich geweigert, weil er meine Arbeit respektiere. Ich dankte ihm freundlich. Es war schwer zu sagen, wie ernst ich das nehmen sollte, aber es machte mich definitiv nervös.

Nachdem wir die Büros geräumt hatten, durchsuchte die

Polizei das Gebäude mit Spürhunden. Sie fanden keinen Sprengstoff, und als das Haus auch anderthalb Stunden später noch nicht in die Luft geflogen war, gingen wir wieder hinein. Wir hatten eine Menge Arbeit vor uns.

Einige Tage später erhielt ich eine ganz andere Bombe. Es war ein Anruf aus dem Gerichtssekretariat von Baldwin County. Die Mitarbeiterin teilte mir mit, dass Richter Norton im Fall von Walter McMillian ein Urteil gefällt habe. Sie benötigte meine Faxnummer, um mir eine Kopie zu schicken. Ich gab ihr die Nummer, dann setzte ich mich nervös neben das Faxgerät und wartete. Als der Apparat nur drei Seiten ausspuckte, war ich besorgt.

Auf diesen drei Seiten erklärte Richter Norton in dürren Worten, dass er unser Gesuch ablehnte. Ich war weniger bestürzt als enttäuscht. Im Grunde war ich davon ausgegangen, dass Richter Norton so urteilen würde. Obwohl er während der Anhörung durchaus aufmerksam gewirkt hatte, schien er sich zu keinem Zeitpunkt für die Frage zu interessieren, ob Walter schuldig oder unschuldig war. Er war in seiner Rolle gefangen: Als Hüter des Systems würde er kaum ein früheres Urteil widerrufen, egal, wie erdrückend die Unschuldsbeweise waren.

Das eigentlich Erstaunliche war die platte, gehaltlose und gelangweilte Begründung. Der Richter ging lediglich auf die Aussage von Ralph Myers ein, und nicht auf unsere juristische Argumentation oder die mehr als ein Dutzend weiteren Zeugen. Mit keinem einzigen Wort bezog er sich auf ein Gesetz oder einen Paragrafen:

Ralph Meyers [sic] trat vor das Gericht, legte einen Eid ab und widerrief die relevanten Teile der im Prozess gemachten Aussage. Damit hat Ralph Meyers entweder im Prozess oder in der Anhörung einen Meineid geleistet.

Folgende Aspekte spielten bei der Urteilsfindung eine Rolle:
das Verhalten des Zeugen; die Frage, inwieweit der Zeuge
Kenntnis von den im Prozess dargestellten Tatsachen haben
konnte oder nicht; die Erklärungen, die der Zeuge im Prozess
vorbrachte; die Erklärungen für seinen Widerruf; die Beweise
für Druck, die vor und nach dem Geständnis und seinem
Widerruf auf den Zeugen ausgeübt wurden; die Handlungen
des Zeugen, die seiner Aussage Glaubwürdigkeit verleihen, und
die Handlungen des Zeugen, die seinem Widerruf Glaubwür-
digkeit verleihen; die im Prozess vorgelegten Beweise, die die
Aussage des Zeugen im Detail widerlegten; und, angesichts der
Natur des Falls, Beweise aus sämtlichen Quellen zur Klärung
der Frage, inwieweit der Zeuge von den im Prozess bezeugten
Tatsachen Kenntnis haben konnte oder nicht.
Da der Prozess unter Vorsitz von Bezirksrichter a. D. Robert E.
Lee Key durchgeführt wurde, kann dieses Gericht das Verhalten
des Zeugen während des Prozesses nicht mit seinem Verhalten
während der Anhörung vergleichen.
Eine Revision weiterer oben genannter Aspekte bietet keinen
schlüssigen Hinweis darauf, dass Ralph Meyers im Prozess
einen Meineid abgelegt hat. Dagegen gibt es umfangreiche
Beweise, dass nach dem Prozess Druck auf Meyers ausgeübt
wurde, was Zweifel an seinem Widerruf aufkommen lässt.
Weder im Prozess noch in der Anhörung wurden Beweise dafür
vorgelegt, dass sich Ralph Meyers zum Tatzeitpunkt an einem
anderen Ort aufgehalten haben könnte als am Tatort.
Das Gericht wurde angerufen, um zu entscheiden, ob es Beweise
für die Theorie gibt, dass Ralph Meyers im Prozess einen
Meineid geschworen haben könnte, und kommt zu dem Schluss,
dass keine ausreichenden Beweise für diese Theorie vorliegen.
Hiermit ergeht das Urteil, dass die Prozessaussage von Ralph
Meyers keine Falschaussage war.
Am 19. Mai 1992
Thomas B. Norton Jr., Bezirksrichter

Bezirksstaatsanwalt Chapman hatte vor Gericht zwar ange-
deutet, Myers müsse seine Aussage unter Druck widerrufen
haben, doch weil er keine Beweise für diese Behauptung
vorgelegt hatte, war das Urteil des Richters nicht nachvoll-
ziehbar. Zum Glück hatte ich Walter und seine Familie vor-
gewarnt, dass wir vermutlich erst in der Berufung eine rea-
listische Chance auf eine Aufhebung des Urteils haben
würden, egal, wie positiv alle die Anhörung wahrgenom-
men hatten.

Tatsächlich war ich zuversichtlich, dass wir im zweiten
Anlauf vor dem Berufungsgericht Erfolg haben würden.
Dort traten wir inzwischen regelmäßig auf. Seit ich Walters
Fall übernommen hatte, hatten wir dort knapp zwei Dutzend Todesurteile angefochten, und das Gericht reagierte
inzwischen positiv auf unser Engagement. Im Jahr 1990
hatten wir vier Berufungen gewonnen, 1991 weitere vier,
und 1992 hatten wir sogar acht Aufhebungen von Todesurteilen erreicht. Das Gericht beschwerte sich zwar gern
darüber, dass es neue Verhandlungen ansetzen musste,
doch es entschied oft zu unseren Gunsten. Ein paar Jahre
später wurden einige Berufungsrichter deshalb scharf angegriffen und in einer parteiischen Wahl durch andere er-
setzt, die härtere Urteile versprachen. Doch wir blieben
hartnäckig und zeigten immer wieder Verfahrensfehler
auf, die eine Aufhebung von Todesurteilen rechtfertigten.
Wir drängten das Gericht, in diesen Fällen dem Gesetz
Genüge zu tun, und wenn es sich weigerte, hatten wir oft
Erfolg vor dem Obersten Gerichtshof von Alabama oder
vor Bundesgerichten.

Ausgehend von unseren jüngsten Erfahrungen ging ich
davon aus, dass wir Walter freibekommen würden. Selbst
wenn das Gericht nicht bereit sein sollte, Walter für unschuldig zu befinden und seine Freilassung zu verfügen,
war die Vertuschung von Entlastungsbeweisen derart gra-

vierend, dass es gar nicht umhinkonnte, eine Neuverhandlung anzuordnen. Natürlich konnte man für nichts garantieren, doch ich erklärte Walter, dass dieses Gericht unsere Darstellungen erstmals tatsächlich ernst nehmen würde.

Michael war schon seit über zwei Jahren bei uns, und damit viel länger als ursprünglich geplant. Doch nun sollte er nach San Diego wechseln und dort eine Stelle als Strafverteidiger antreten. Er bedauerte es sehr, unsere Organisation zu verlassen, auch wenn ihm der Abschied aus Alabama weniger schwerfiel.

An Michaels Stelle übernahm unser neuer Anwalt Bernard Harcourt den Fall von Walter McMillian. Bernard stand Michael in Intelligenz, Entschlossenheit und Einsatz in nichts nach. Er war noch während seines Studiums an der Harvard University zum ersten Mal zu uns gekommen; die Arbeit faszinierte ihn so sehr, dass er um eine Verkürzung seines zweijährigen Referendariats am Gericht bat, um bei uns anfangen zu können. Sein vorgesetzter Richter stimmte zu, und Bernard traf kurz vor Michaels Abschied bei uns ein. Bernard war Kind französischer Eltern und in New York aufgewachsen; dort hatte er das Lycée Français in Manhattan besucht, eine Schule, die keinen Hehl aus ihrer europäischen Sichtweise machte. Nach einem Bachelor an der Princeton University hatte Bernard eine Weile in einer Bank gearbeitet und dann sein Jurastudium aufgenommen. Eigentlich hatte er eine klassische Juristenlaufbahn anvisiert, bis er eines Sommers zu uns kam. Die Arbeit mit Todeskandidaten fesselte ihn. Zusammen mit seiner Freundin Mia zog er nach Montgomery, das Leben in Alabama gefiel den beiden. Nachdem Bernard mit beiden Beinen in den McMillian-Fall gesprungen war, wurde sein Ausflug aufregender, als er es sich hätte träumen lassen.

Weil so viele Bürger bei der Anhörung zugegen gewesen waren, wurden die Beweise, die wir vorgelegt hatten, in

Monroe County breit diskutiert. Das wiederum ermutigte andere, mit neuen Informationen auf uns zuzukommen. Alle möglichen Leute nahmen Kontakt zu uns auf und brachten ihre Beschwerden über verschiedene Fälle von Korruption und Fehlverhalten der Behörden vor. Für unsere Bemühungen um Walters Freilassung war zwar nur wenig davon relevant, aber alles war interessant. Bernard und ich suchten weiter nach Spuren und sprachen mit Leuten, die uns neue Einblicke in das Leben in Monroe County eröffneten.

Nach den vielen Drohungen, die wir erhielten, machte ich mir Sorgen über die Feindseligkeit, die Walter entgegenschlagen könnte, sollte er wieder auf freien Fuß kommen. Ich fragte mich, wie sicher er in einem Ort wäre, in dem ihn viele für einen gemeingefährlichen Mörder hielten. Wir überlegten, wie wir die Unrechtmäßigkeit von McMillians Verurteilung publik machen konnten, um eine mögliche Freilassung vorzubereiten. Wenn die Öffentlichkeit wusste, was wir wussten, dann konnte dies seine Rückkehr in die Freiheit erleichtern. Wir wollten, dass eine ganz einfache Tatsache bei den Bürgern ankam: *Walter hatte diesen Mord nicht begangen.* Er würde nicht aufgrund eines Verfahrensfehlers freikommen oder weil seine Anwälte eine Gesetzeslücke ausnutzten. Es war schlicht und einfach eine Frage der Gerechtigkeit: Walter war unschuldig.

Andererseits glaubte ich nicht, dass uns die Aufmerksamkeit der Presse vor dem Berufungsgericht weiterhelfen würde, wo der Fall nun verhandelt werden sollte. Im Gegenteil, Oberrichter John Patterson hatte zu seiner Zeit als Gouverneur von Alabama die *New York Times* wegen ihrer Berichterstattung über die Bürgerrechtsbewegung verklagt. Zu Zeiten der Bürgerrechtsproteste war dies eine verbreitete Taktik unter den Politikern der Südstaaten: Wenn die überregionalen Medien Bürgerrechtler positiv darstellten oder Politiker und Polizeibeamte in ein unvorteilhaftes Licht rückten, wurden sie verklagt. Die Gerichte der Südstaaten mit ihren weißen Geschworenen urteilten nur zu gern im Sinne der »Diffamierten«, und die Behörden nahmen auf diese Weise Millionen ein. Vor allem kühlten diese Rufmordklagen die Begeisterung liberaler Medien für die Bürgerrechtsbewegung merklich ab.

Im Jahr 1960 druckte die *New York Times* eine Anzeige mit dem Titel »Hört auf ihre Stimmen«, um Spenden für Martin Luther King zu sammeln, der seinerzeit in Alabama wegen Meineids vor Gericht stand. Prompt gingen die Behörden der Südstaaten in die Offensive und verklagten die Zeitung. Innenminister L. B. Sullivan und Gouverneur Patterson warfen ihr Rufschädigung vor. Ein Geschworenengericht in Alabama sprach beiden eine halbe Million Dollar Schadenersatz zu. Schließlich kam der Fall vor den Obersten Gerichtshof der Vereinigten Staaten.

Der Prozess *New York Times v. Sullivan* endete mit einem richtungsweisenden Urteil, das neue Maßstäbe für die Beurteilung von Rufschädigung und übler Nachrede setzte. Fortan mussten Kläger eine böse Absicht nachweisen, das heißt, sie mussten belegen, dass die Zeitung wissentlich falsche Informationen verbreitete.[1] Diese Entscheidung war ein wichtiger Sieg für die Pressefreiheit und gab den Medien die Möglichkeit, ehrlicher über die Bürgerrechtsbewegung zu berichten. Im Süden verschärfte sie jedoch die Vorurteile gegen die überregionalen Medien. Diese Feindseligkeit hielt sich auch noch lange nach dem Ende der Bürgerrechtsproteste. Daher glaubte ich, dass uns die landesweite Berichterstattung über Walters Fall vor dem Berufungsgericht eher schaden als nutzen würde.

Allerdings glaubte ich sehr wohl, dass ein ausgewogener Bericht über Walters Verurteilung und den Mord an Ronda Morrison sein Leben nach der Freilassung sicherer machen würde – vorausgesetzt natürlich, das Berufungsgericht entschied endlich auf einen Freispruch. Wir beschlossen, das Risiko einzugehen und die Geschichte publik zu machen. Ich sah keine andere Möglichkeit, der Bevölkerung von Monroe County ein objektives Bild zu vermitteln. Abgesehen von der Feindseligkeit, die Walter nach einer möglichen Freilassung entgegenschlagen würde, machten wir uns Sorgen, was im Falle eines neuen Prozesses passieren würde. Die voreingenommene Berichterstattung der Regionalpresse würde eine faire Verhandlung unmöglich machen. Die Zeitungen von Monroe County und Mobile hatten Walter als Leibhaftigen dargestellt und hielten hartnäckig daran fest, dass das Urteil richtig und die Hinrichtung nötig sei.

Wollte man den lokalen Tageszeitungen glauben, so war Walter ein gemeingefährlicher Rauschgifthändler, der eine ganze Reihe unschuldiger Jugendlicher getötet haben könnte. Die Presse von Monroeville und Mobile beschrieb ihn als »Drogenboss«, »Triebtäter« und »Bandenchef«. Nach seiner Verhaftung berichtete die Presse über die absurde Anschuldigung, dass Walter Ralph Myers vergewaltigt haben sollte.[2] »McMillian auch wegen Sodomie angeklagt«, war eine beliebte Schlagzeile. In seinen Berichten über die Anhörungen hatte das *Monroe Journal* Walter immer wieder als Gefahr für die Öffentlichkeit dargestellt: »Wie in allen Verfahren gegen McMillian mussten die Zuschauer beim Betreten des Gerichtssaals einen Metalldetektor passieren, und im gesamten Raum waren Polizeibeamte postiert.«[3] Obwohl unsere Beweise eindeutig zeigten, dass Walter nichts mit dem Mord an Vickie Pittman zu tun hatte, griff die Presse diesen Fall wieder auf, um neue Angst vor Walter zu schüren:[4] »Verurteilter Mörder in East-Brewton-Mord gesucht«, hieß es beispielsweise in der Tageszeitung von Brewton County.[5] »Ronda nicht das einzige Opfer«, titelte der *Mobile Press Register* nach der Anhörung. Dort hieß es nach der Verhandlung gar:»Myers und McMillian gehörten einem Einbruchs-, Diebstahls-, Fälschungs- und Drogenring an, der in verschiedenen Bezirken von Südalabama operierte, so Ermittler. McMillian war der Anführer dieser Operation.«[6] Dass McMillian schon vor Prozessbeginn im Todestrakt gesessen hatte und der Prozess unter großen Sicherheitsvorkehrungen stattfand, konnte für die Presse nur eines bedeuten: Dieser Mann war gemeingefährlich.

Für die Wahrheit schien sich kaum jemand zu interessieren. Während der Anhörung in Baldwin County hatten die Unterstützer der Staatsanwaltschaft lieber den Saal verlassen, als sich unsere Beweise für Walters Unschuld anzuhören. So riskant es war, wir hofften, dass die Berichterstattung der nationalen Presse die Geschichte in einem neuen Licht erscheinen lassen würde.

Ein Jahr zuvor war Walt Harrington von der *Washington Post* nach Alabama gekommen, um einen Artikel über unsere Arbeit zu schreiben. Er gab die Informationen an seinen Kollegen Pete Earley weiter, der mich anrief und sofort interessiert war. Wir stellten ihm die Prozessakten und Dokumente zur Verfügung, und nachdem er sie gelesen hatte, begann er mit der Recherche, befragte einige der Akteure und war bald genauso verblüfft wie wir, dass Walter aufgrund derart haltloser Beweise verurteilt werden konnte.

Anfang des Jahres hatte ich an der Yale University einen Vortrag gehalten. Unter den Zuhörern war auch ein Produzent der beliebten investigativen Nachrichtensendung *60 Minutes* gewesen, der mich jetzt anrief. In den Jahren zuvor hatten wir immer wieder Anrufe von Nachrichtenmagazinen erhalten, die über unsere Arbeit berichten wollten, doch ich reagierte meist zurückhaltend. Ich glaubte nicht, dass Medienberichte unseren Mandanten helfen

würden. Abgesehen von der Pressefeindlichkeit in den Südstaaten, war die Todesstrafe ein Thema, das stark polari-
sierte. Das Thema ist politisch derart aufgeladen, dass
selbst ausgewogene Berichte über Todeskandidaten vor Ort
heftige Reaktionen hervorriefen und unseren Mandanten
eher schadeten. Obwohl einige Mandanten gern die Presse
hinzugezogen hätten, weigerte ich mich, Interviews zu
laufenden Verfahren zu geben. Allzu oft provozierte eine
positive Berichterstattung in den Medien eine Vorverle-
gung der Hinrichtung oder vergeltende Misshandlungen
und verschlimmerten die Situation der Betroffenen nur
noch.

Im Sommer hatten wir unsere Berufung eingereicht.
Trotz aller Zweifel beschloss ich, die Reportage von *60 Minutes* aktiv zu unterstützen. An einem Tag mit Temperaturen um die 40 Grad kamen der routinierte Reporter Ed
Bradley und sein Produzent David Gelber aus New York City
nach Monroeville und interviewten viele der Zeugen, die in
der Anhörung ausgesagt hatten. Sie sprachen mit Walter,
Ralph Myers, Karen Kelly, Darnell Houston, Clay Kast,
Jimmy Williams, Walters Familie und Woodrow Ikner. Sie
überraschten Bill Hooks an seinem Arbeitsplatz und führten ein ausführliches Interview mit Bezirksstaatsanwalt
Tom Chapman. Es sprach sich schnell herum, dass der bekannte Reporter Ed Bradley in der Stadt war, worauf die Behörden pikiert reagierten. Im *Monroe Journal* war zu lesen:

*Zu oft bringen diese auswärtigen Journalisten offen ihre
Verachtung für die Menschen und Einrichtungen zum Ausdruck, die sie hier vorfinden, und zu oft bemühen sie sich nur
oberflächlich um die Tatsachen. Schlimmer noch, viele berichten
nachweislich falsch. Wir haben genug von diesen Geschichten
unter dem Motto »Starreporter geht aufs Dorf«.[7]*

Noch bevor die Sendung überhaupt ausgestrahlt wurde, warnten die örtlichen Medien die Bevölkerung davor, Dinge zu glauben, die sie über diesen Fall hörten. Unter der Überschrift »CBS untersucht Mordfall« schrieb ein Reporter des *Monroe Journal*: »Bezirksstaatsanwalt Tom Chapman meint, die Journalisten des CBS-Nachrichtenmagazins *60 Minutes* hatten sich bereits eine Meinung gebildet, bevor sie überhaupt hierherkamen.« Chapman zeigte gern ein Foto von Walter herum, das zum Zeitpunkt der Verhaftung aufgenommen wurde und Walter mit Bart und langen Haaren zeigte; nach Ansicht des Bezirksstaatsanwalts wies ihn dieses Bild hinreichend als Schwerverbrecher aus. »Der Mann, den sie im Holman-Gefängnis interviewt haben, ist nicht mehr derselbe, den Sheriff Tate wegen Mordes verhaftete«, erklärte er. Das *Monroe Journal* fügte hinzu, Chapman habe CBS dieses »echte« Foto angeboten, doch die Reporter hätten kein Interesse daran gehabt.[8] Natürlich sah Walter anders aus, als er für die Nachrichtensendung interviewt wurde, denn in den Zuchthäusern von Alabama werden Häftlinge kahl geschoren.

Als die Reportage einige Monate später ausgestrahlt wurde, waren Vertreter der Behörden schnell mit Dementis zur Hand. Der *Mobile Press Register* titelte: »Staatsanwalt: Fernsehbericht über McMillians Verurteilung eine ›Schande‹«. Der Artikel zitierte Chapman mit den Worten: »Dass die sich als seriöse Nachrichtensendung bezeichnen dürfen, ist unglaublich und unverantwortlich.« Es hieß, die Berichterstattung füge Ronda Morrisons Eltern neues Leid zu. Die Regionalreporter fürchteten, die Morrisons litten nun unter der zusätzlichen Belastung, »dass viele Leute McMillian für unschuldig halten könnten«.[9]

Die Lokalpresse war schnell mit ihrer Verurteilung des Berichts bei der Hand, weil er einen Schatten auf ihre eigene Berichterstattung warf, die sich in ihren Schilderungen des Falls ausschließlich an die Darstellungen der Staatsanwaltschaft gehalten hatte. Doch *60 Minutes* war eine beliebte Nachrichtensendung, und die Bürger von Monroeville vertrauten ihren Reportagen im Allgemeinen. Trotz der Kritik in den Regionalzeitungen bot der Beitrag eine gute Zusammenfassung dessen, was wir in der Anhörung vorgetragen hatten, und nährte Zweifel an Walters Schuld. Einige einflussreiche Bürger kamen zu dem Schluss, dass der Fall ein schlechtes Licht auf Monroeville warf und Bemühungen torpedierte, Unternehmen in den Ort zu holen. Geschäftsleute wiederum fingen an, Chapman und der Polizei unangenehme Fragen zu stellen.

Schwarze Bürger waren erfreut, endlich eine ehrliche Darstellung des Falls zu sehen. Seit Jahren hatten sie hinter vorgehaltener Hand darüber gesprochen, dass Walter zu Unrecht verurteilt worden sei. Der Fall hatte die schwarze Gemeinde derart traumatisiert, dass viele jedes Vertrauen in die Gerichte und ihre Urteile verloren hatten. Immer wieder erhielten wir Anrufe von Bürgern, die sich über den neuesten Stand des Prozesses informieren wollten. Einige wünschten sich Informationen zu Einzelfragen, die beim Friseur oder einem sozialen Anlass diskutiert worden waren. Für viele Schwarze hatte die Darstellung der Beweislage im überregionalen Fernsehen therapeutische Wirkung.

Im Interview mit *60 Minutes* erklärte Chapman, es sei albern, zu glauben, die Ermittlungen von Walter McMillian seien in irgendeiner Weise rassistisch verlaufen. Gelassen verkündete er, dass er nicht den geringsten Zweifel an Walters Schuld hege und dass die Hinrichtung so schnell wie möglich vollzogen werden sollte. Er äußerte seine Verachtung für Walters Anwälte und »alle, die das Urteil von Geschworenen anzweifeln«.

Später fanden wir allerdings heraus, dass Chapman trotz

seiner Aussagen in den regionalen Tageszeitungen und in *60 Minutes* an der Belastbarkeit der Beweise gegen Walter zu zweifeln begann. Er konnte die Probleme nicht ignorieren, die unsere Anhörung aufgezeigt hatte. Angesichts unseres Erfolgs in anderen Fällen musste er damit rechnen, dass das Berufungsgericht das Urteil aufhob. Chapman war das Gesicht, das für dieses Urteil stand, und ihm wurde klar, dass seine Glaubwürdigkeit von den Ermittlungen der örtlichen Polizei abhängig war – Ermittlungen, die ganz offensichtlich eine Farce gewesen waren.

Bereits kurz nach der Anhörung sprach Chapman mit Tate, Ikner und Benson über seine Bedenken. Als er die Ermittler bat, ihm die Widersprüche zu erklären, überzeugten ihn die Antworten nicht. Wenig später bat er ABI-Beamte aus Montgomery, weitere Untersuchungen durchzuführen, die McMillians Schuld bestätigen sollten.

Chapman informierte uns nicht darüber, dass er neue Ermittlungen in die Wege geleitet hatte, obwohl wir ihn über zwei Jahre lang genau dazu aufgefordert hatten. Als die neuen ABI-Agenten Tom Taylor und Greg Cole bei mir anriefen, war ich sofort bereit, ihnen unsere sämtlichen Akten und Informationen zur Verfügung zu stellen. Die beiden wirkten wie pragmatische, versierte Ermittler, die ein ehrliches Interesse an einer professionellen und glaubwürdigen Untersuchung hatten.

Schon bald kamen Taylor und Cole große Zweifel an McMillians Schuld. Wir überließen ihnen Dokumente, Berichte und einige unserer Beweismittel, da wir nichts zu verbergen hatten. Ich war ein wenig nervös, denn wenn wir vor dem Berufungsgericht recht bekamen und der Fall neu verhandelt werden musste, konnte es ein Nachteil sein, wenn wir alle Karten auf den Tisch legten, weil die Ermittler dann eher in der Lage waren, unsere Beweise in Misskredit zu bringen. Andererseits war ich noch immer sicher, dass eine professionelle Untersuchung unweigerlich an den Tag bringen würde, wie absurd die Anschuldigungen gegen Walter waren.

Im Januar, sechs Monate nachdem wir die Berufung eingelegt hatten und kurz vor der Verkündung des Urteils, baten mich Taylor und Cole um ein weiteres Treffen. Während der Ermittlungen hatten wir einige Male miteinander gesprochen, nun wollten sie uns über ihre Ergebnisse informieren. Als sie sich mit Bernard und mir in unserem Büro zusammensetzten, redeten sie nicht lange um den heißen Brei herum.

»Es ist vollkommen ausgeschlossen, dass Walter McMillian Ronda Morrisson umgebracht hat«, sagte Tom Taylor. »Wir werden dem Generalstaatsanwalt, dem Bezirksstaatsanwalt und allen, die es wissen wollen, erklären, dass McMillian nichts mit dem Mord zu tun hat und vollkommen unschuldig ist.«

Ich tat mein Bestes, mir meine Begeisterung nicht anmerken zu lassen, weil ich diese gute Nachricht nicht verschrecken wollte. »Großartig«, sagte ich so gelassen wie möglich. »Das freut mich sehr, und ich muss sagen, ich bin Ihnen sehr dankbar, dass Sie sich die Beweise in diesem Fall so gründlich und ehrlich angesehen haben.«

»Na ja, es war nicht so schwer, zu beweisen, dass McMillian nichts mit der Sache zu tun hat«, antwortete Taylor. »Warum sollte ein Drogenboss unter so erbärmlichen Bedingungen leben und 15 Stunden am Tag Holz hacken? Das, was uns die Ermittler aus Monroe County über McMillian erzählt haben, hat einfach hinten und vorne nicht zusammengepasst, und die Geschichte von Myers war völliger Unsinn. Ich kann bis heute nicht glauben, dass die Geschworenen ihn verurteilt haben.«

Cole mischte sich ein. »Hooks und Hightower haben übrigens gestanden, dass sie vor Gericht falsch ausgesagt haben.«

»Wirklich?« Ich konnte meine Überraschung nicht länger verbergen.

»Ja. Als wir den Fall übernommen haben, hat man uns gesagt, wir sollten gegen Sie ermitteln. Sie sollen Hooks angeblich Geld und ein Apartment in Mexiko angeboten haben, wenn er seine Aussage zurückzieht.« Taylor machte keinen Witz.

»Ein Apartment in Mexiko?«

»Am Strand«, fügte Cole hinzu.

»Moment mal, ich? Ich sollte Bill Hooks ein Strandhaus schenken, wenn er seine Aussage gegen Walter zurückzieht?« Ich war schockiert.

»Ich kann mir vorstellen, dass Ihnen das verrückt vorkommt. Aber glauben Sie mir, es gab eine Menge Leute, die Sie gern vor Gericht gebracht hätten. Aber als wir uns mit Hooks unterhalten haben, war schnell klar, dass er nie mit Ihnen gesprochen hat und dass Sie ihm nie etwas angeboten haben. Er hat auch zugegeben, dass die Aussage gegen McMillian frei erfunden war.«

»Dass Hooks lügt, habe ich nie bezweifelt.«

Cole grinste. »Als wir den Lügendetektor ausgepackt haben, haben sich die Geschichten ziemlich schnell in Luft aufgelöst.«

Bernard stellte die naheliegende Frage. »Und jetzt?«

Taylor sah erst seinen Kollegen an, dann uns. »Wir sind noch nicht ganz fertig. Wir würden dieses Verbrechen gern aufklären, und wir haben auch einen Verdächtigen. Ich wollte Sie fragen, ob Sie uns helfen würden. Ich weiß, dass Sie kein Interesse daran haben, einen anderen in die Todeszelle zu setzen, aber vielleicht könnten Sie uns trotzdem helfen, den wahren Mörder zu finden. Die Leute werden eher glauben, dass McMillian unschuldig ist, wenn sie wissen, wer das Verbrechen tatsächlich begangen hat.«

Es war zwar lächerlich, dass Walters Freiheit von der Verhaftung eines anderen Menschen abhängen sollte, aber im Grunde hatte ich beinahe erwartet, dass es darauf hinauslaufen würde. Und die Ermittler hatten recht: Selbst wenn sie Walters Unschuld bewiesen, würden ihn viele Leute trotzdem für schuldig halten, bis der wirkliche Mörder gefunden wurde. Wir waren schon lange zu dem Schluss gekommen, dass wir Walter am ehesten freibekamen, wenn der Täter ermittelt war, aber da wir nicht über die Möglichkeiten der Polizei verfügten, konnten wir nicht allzu viel unternehmen.

Eine Theorie hatten wir allerdings. Einige Zeugen hatten berichtet, zum Tatzeitpunkt sei ein Weißer gesehen worden, der die Reinigung verlassen habe. Wir hatten in Erfahrung gebracht, dass Ronda Morrison vor ihrem Tod anonyme Anrufe erhalten hatte und dass sie von einem Mann belästigt worden war, der sie immer wieder in der Reinigung aufgesucht hatte und möglicherweise ein Stalker war. Anfangs hatten wir diesen Mann nicht identifizieren können.

Wir hatten jedoch einen Verdacht. Wir wurden von einem Weißen kontaktiert, der ein besonderes Interesse an dem Fall zu haben schien. Er rief uns immer wieder an und unterhielt sich lange mit uns über unsere Ermittlungen. Dabei deutete er an, dass er Beweise habe, die uns vielleicht weiterhelfen könnten, doch er rückte nie mit konkreten Informationen heraus. Bei seinen Anrufen versicherte er uns, dass McMillian unschuldig sei und er dies beweisen könne. Nach mehreren Anrufen und stundenlangen Gesprächen behauptete er schließlich, er wisse, wo die Tatwaffe versteckt sei, die nie gefunden worden war.

Wir versuchten, ihm so viele Informationen wie möglich zu entlocken. Außerdem stellten wir Nachforschungen über ihn an. Er berichtete uns, er habe Streit mit einem anderen Mann aus der Stadt, und im Verlauf der Gespräche schob er diesem die Schuld für den Mord an Morrison in die Schuhe. Als wir dieser Theorie nachgingen, löste sie sich in Luft auf: Der Genannte passte nicht zu den Beschreibungen des Mannes, der die Reinigung verlassen hatte, und anders als unser Anrufer hatte er keine Vorgeschichte als Stalker, war nicht für Gewalt gegen Frauen bekannt und hatte vor allem nicht dieses geradezu obsessive Interesse am Mordfall Ronda Morrison. Schließlich vermuteten wir, dass unser Anrufer selbst der Täter sein könnte. Wir führten Dutzende Telefonate mit ihm und trafen ihn sogar einige Male. Wir waren immer weniger davon überzeugt, dass der Mann, den er beschuldigte, irgendetwas mit der Tat zu tun hatte. Irgendwann fragten wir ihn, wo er selbst am Tag des Mordes gewesen sei; das musste ihn verschreckt haben, denn danach hörten wir kaum noch von ihm.

Ehe ich den ABI-Ermittlern dies erklären konnte, meinte Taylor: »Wir glauben, dass Sie mit unserem Verdächtigen gesprochen haben und dass Sie eine Menge Material über ihn gesammelt haben. Wir hoffen, dass Sie uns Einblick in diese Gespräche und Ihre Informationen geben können.«

Das konnte ich ohne Weiteres zusagen. Unsere Gespräche unterlagen nicht dem Gebot der Vertraulichkeit, denn der Mann war nie unser Mandant gewesen. Ich bat Taylor und Cole, uns einige Tage Zeit zu geben, um die Informationen zu ordnen, dann würden wir sie aushändigen.

»Wir wollen, dass Walter das Gefängnis so schnell wie möglich verlässt«, beharrte ich.

»Ich glaube, der Generalstaatsanwalt würde den Status quo gern noch ein paar Monate lang aufrechterhalten, bis der tatsächliche Mörder gefasst ist.«

»Aber Ihnen ist doch klar, dass dieser Status quo für uns ein Problem ist, oder? Walter sitzt seit sechs Jahren in der Todeszelle für ein Verbrechen, das er nicht begangen hat.«

Taylor und Cole sahen einander nervös an. Schließlich antwortete Taylor: »Wir sind nicht die Staatsanwälte, und ich kann Ihnen nicht sagen, was der Hintergrund ist. Wenn ich im Gefängnis säße für etwas, das ich nicht getan hätte, dann würde ich mir auch wünschen, dass man mich da so schnell wie möglich rausholt.«

Nach ihrem Abschied waren Bernard und ich überglücklich. Der einzige Haken war der »Status quo«. Ich beschloss, den Generalstaatsanwalt anzurufen und zu fragen, ob er im laufenden Berufungsverfahren einen Ermittlungsfehler einräumen würde, denn damit könnte das Berufungsgericht das Urteil aufheben, und das könnte Walters Freilassung beschleunigen.

Das Berufungsverfahren hatte ein Staatsanwalt namens Ken Nunnelly übernommen, den ich bereits aus einigen anderen Fällen kannte. Ich teilte ihm mit, dass ich mich mit den ABI-Beamten getroffen hatte und deren Ermittlungen McMillian begünstigten. Es wurde schnell klar, dass die Staatsanwälte ausführlich über den Fall gesprochen hatten.

»Es wird alles gut, Sie müssen nur noch ein paar Monate Geduld haben. Er sitzt jetzt schon so lange in der Todeszelle, da kommt es auf ein paar Monate auch nicht mehr an.«

»Natürlich kommt es darauf an, wenn man in der Todeszelle sitzt und unschuldig ist.« Ich versuchte, eine konkrete Zusage zu bekommen, doch er wollte mir nicht entgegenkommen. Also bat ich um ein Gespräch mit dem Generalstaatsanwalt oder einem anderen Entscheidungsträger, und er versprach mir, sich darum zu kümmern. Wenige Tage später reichte die Staatsanwaltschaft ein sonderbares Gesuch vor dem Berufungsgericht ein. Der Generalstaatsanwalt bat das Gericht, das Verfahren auszusetzen und die Urteilsverkündung aufzuschieben, da sie »Entlastungsbeweise gefunden haben könnte, die McMillian das Recht auf ein neues Verfahren geben«; allerdings benötige sie mehr Zeit, diese Ermittlungen abzuschließen.[10]

Ich war wütend, dass die Staatsanwaltschaft ein Urteil aufschieben wollte, das Walters Freilassung bedeuten konnte. Es passte zu allem, was in den zurückliegenden sechs Jahren passiert war, und war zum Aus-der-Haut-Fahren. Wir reichten rasch unseren Einspruch ein und teilten dem Gericht mit, es gebe überzeugende Beweise dafür, dass die Rechte von Walter McMillian verletzt worden seien und dass er ein Recht auf sofortige Freilassung habe. Die Entlassung weiter aufzuschieben wäre eine neuerliche Verletzung der Rechte eines Mannes, der unschuldig zum Tode verurteilt worden sei. Wir drängten das Gericht, den Antrag der Staatsanwaltschaft abzulehnen und rasch zu einem Urteil zu kommen.

Ich sprach nun wöchentlich mit Minnie und der Familie und hielt alle über die Ermittlungen der Staatsanwaltschaft auf dem Laufenden.

»Ich habe das Gefühl, es passiert was«, sagte Minnie zu mir. »Sie haben ihn jahrelang festgehalten. Es wird Zeit, dass sie ihn freilassen. Sie müssen ihn freilassen.«

Ich freute mich über ihren Optimismus, doch blieb skeptisch. Wir waren so oft enttäuscht worden. »Wir dürfen die Hoffnung nicht aufgeben«, sagte ich zu ihr.

»Ich habe den Leuten immer gesagt, Lügen haben kurze Beine, und das war eine große Lüge.«

Ich wusste nicht, wie ich mit den Erwartungen der Familie umgehen sollte. Einerseits wollte ich die warnende Stimme bleiben, die sie auf das Schlimmste vorbereitete, aber gleichzeitig wollte ich, dass sie die Hoffnung behielten. Diese Aufgabe wurde umso komplizierter, je mehr Fälle ich betreute und je mehr ich sah, was alles schiefgehen konnte. Aber ich lernte auch, wie wichtig die Hoffnung war, wenn es darum ging, für Gerechtigkeit zu sorgen.

In Vorträgen sprach ich immer wieder über das Thema Hoffnung. Dabei zitierte ich gern Václav Havel, den großen tschechischen Menschenrechtler und Politiker, der gesagt hatte, dass Hoffnung das sei, was die Menschen in Osteuropa in ihrem Kampf gegen die Sowjetdiktatur am meisten benötigten. Menschen, die für ihre Freiheit kämpften, wünschten sich vom Westen Geld, Anerkennung, mehr Kritik an der Sowjetunion und mehr diplomatischen Druck. Das alles *wünschten* sie sich, so Havel; doch das Einzige, was sie wirklich *brauchten*, sei Hoffnung.[11] Keine Luftschlösser, keinen falschen Optimismus, sondern eine »Richtung für den Geist«. Diese Art von Hoffnung mache bereit, an einem hoffnungslosen Ort Position zu beziehen und Zeuge zu sein und auch angesichts staatlicher Willkür an eine bessere Zukunft zu glauben. Diese Hoffnung macht stark.

Havel beschrieb genau das, was wir bei unserer Arbeit brauchten, und in Walters Fall mehr als in den meisten anderen. Diese Hoffnung wollte ich Minnie nicht nehmen. Also hofften wir gemeinsam.

Am 23. Februar, fast sechs Wochen nach meinem Gespräch mit den ABI-Ermittlern, erhielt ich einen Anruf vom Berufungsgericht. Das Gericht habe sein Urteil gefällt, und ich könne es einsehen.

»Es wird Ihnen gefallen«, sagte die Sekretärin.

Ich lief zum Gerichtsgebäude und setzte mich atemlos hin, um das 35-seitige Urteil zu lesen. Die Sekretärin hatte recht. Das Gericht hob Walters Schuldspruch und das Todesurteil auf. Das Gericht kam nicht zu dem Schluss, dass Walter unschuldig sei und freigelassen werden müsse, doch es urteilte in jedem anderen Punkt zu unseren Gunsten und ordnete ein neues Verfahren an. Mir war nicht klar gewesen, wie sehr ich eine weitere Niederlage befürchtet hatte, bis wir schließlich gewonnen hatten.

Ich sprang ins Auto und fuhr zum Todestrakt, um Walter

die gute Nachricht persönlich mitzuteilen. Er lehnte sich zurück und lächelte mich an.

»Na ja«, sagte er langsam. »Das ist nicht schlecht. Das ist gar nicht schlecht.«

»Nicht schlecht? Das ist super!«

»Ja, das ist super.« Er lächelte nun mit einer Befreiung, wie ich sie noch nie an ihm gesehen hatte. »Wow, Mann, ich kann es nicht glauben. Ich kann es nicht glauben. Wow.«

Sein Lächeln schwand, und langsam schüttelte er den Kopf.

»Sechs Jahre. Sechs Jahre verloren.« Mit traurigem Blick wendete er das Gesicht ab. »Es fühlt sich so an, als wären es fünfzig gewesen. Sechs Jahre, einfach so weg. Ich habe solche Angst gehabt, dass sie mich umbringen, ich habe gar nicht an die Zeit gedacht, die ich verloren habe.«

Sein trauriger Blick ernüchterte mich. »Ich weiß, Walter. Und wir sind auch noch nicht ganz durch. Das Urteil gibt Ihnen nur eine neue Verhandlung. Nach allem, was mir die Leute vom ABI gesagt haben, kann ich mir nicht vorstellen, dass die Staatsanwaltschaft noch einmal Anklage erhebt. Aber bei diesen Leuten weiß man nie. Ich versuche, Sie so schnell wie irgendwie möglich nach Hause zu bekommen.«

Bei diesem Gedanken hob sich seine Stimmung wieder, und wir sprachen über die Dinge, die wir bislang ausgeklammert hatten. Er sagte: »Ich möchte mich gern mit allen Leuten aus Montgomery treffen, die mir geholfen haben. Und ich will mit Ihnen die Runde machen und allen erzählen, was die mit mir angestellt haben. Hier sind auch noch ein paar andere Leute, die genauso unschuldig sind wie ich.« Er machte eine Pause und lächelte wieder. »Mann, ich will auch endlich wieder was Gutes essen. Ich habe so lange nichts Gutes mehr gegessen, ich weiß schon gar nicht mehr, wie es schmeckt.«

»Was Sie wollen. Ich lade Sie ein«, sagte ich stolz.

»Nach allem, was ich so gehört habe, können Sie sich das Essen gar nicht leisten, das ich will«, neckte er mich. »Ich will Steak, Hähnchen, Schweinekoteletts, vielleicht einen leckeren Waschbären ...«

»Waschbär?«

»Ach, tun Sie doch nicht so. Ich weiß doch, wie gern Sie gegrillten Waschbären essen. Tun Sie nicht so, als hätten Sie nie Waschbär gegessen! Sie kommen doch auch vom Land, genau wie ich! Manchmal, wenn ich mit meinem Cousin gefahren bin und ein Waschbär über die Straße gerannt ist, dann hat er gerufen: ›Halt an, halt an!‹ Dann habe ich angehalten, und er ist rausgesprungen und in den Wald gerannt, und ein paar Minuten später ist er mit dem Waschbären zurückgekommen. Wir haben ihn heimgebracht, ihm das Fell abgezogen und ihn gegrillt. Mann ... das wäre lecker!«

»Ist das ein Witz? Ich bin auf dem Land groß geworden, aber ich bin nie im Wald hinter Tieren hergelaufen, um sie zu essen!«

Wir entspannten uns und lachten herzlich. Wir hatten auch schon früher zusammen gelacht, Walters Sinn für Humor hatte ihn während der ganzen sechs Jahre in der Todeszelle nie im Stich gelassen. Sein eigener Fall hatte ihm einiges an Futter gegeben. Wir hatten uns oft über Situationen und Leute unterhalten, und bei allem Schaden, den sie angerichtet hatten, hatten wir über ihre Absurdität lachen müssen. Aber diesmal war das Lachen ein anderes. Es war das Lachen der Befreiung.

Wieder in Montgomery, dachte ich darüber nach, wie ich Walters Freilassung beschleunigen konnte. Ich rief Tom Chapman an und teilte ihm mit, ich wolle den Antrag stellen, sämtliche Anklagepunkte gegen Walter fallen zu lassen. Ich hoffte, er werde sich diesem Antrag anschließen oder zumindest keinen Einspruch einlegen. Er seufzte.

»Wenn die ganze Sache vorbei ist, sollten wir mal drüber sprechen. Wenn Sie den Antrag eingereicht haben, sage ich Ihnen, ob ich mich anschließe oder nicht. Einspruch werden wir ganz sicher nicht einlegen.«

Das Gericht setzte eine Anhörung an. Die Staatsanwaltschaft schloss sich dem Antrag tatsächlich an, und ich ging davon aus, dass die Sache in ein paar Minuten vorbei wäre. Am Vorabend fuhr ich zu Minnie, um einen Anzug für Walter zu holen, den er in der Anhörung tragen konnte, denn er würde das Gericht endlich als freier Mann verlassen. Als ich bei ihr ankam, umarmte sie mich lange. Sie sah verweint aus und schien nicht geschlafen zu haben. Wir setzten uns, und sie erklärte mir, wie glücklich sie war, dass Walter endlich freikam. Aber sie wirkte auch bekümmert. Schließlich sah sie mich an.

»Bryan, ich glaube Sie sollten ihm sagen, dass er nicht hierher zurückkommen kann. Es war einfach alles zu viel. Der ganze Stress, das Gerede, die ganzen Lügen und so. Das hat er alles nicht verdient, was sie mit ihm gemacht haben, und es wird mir bis ans Ende meiner Tage wehtun, was sie ihm und uns allen angetan haben. Aber ich glaube, es kann nicht mehr so sein wie früher.«

»Darüber solltet ihr sprechen, wenn er nach Hause kommt.«

»Wir wollen alle einladen, wenn er rauskommt. Wir wollen ein gutes Essen kochen, alle werden feiern wollen. Aber danach sollte er vielleicht mit Ihnen nach Montgomery gehen.«

Mit Walter hatte ich bereits darüber gesprochen, dass es sicherer wäre, die ersten Nächte nicht in Monroe County zu verbringen. Wir hatten überlegt, ob es nicht besser wäre, Angehörige in Florida zu besuchen, während wir beobachteten, wie die Leute im Ort auf seine Freilassung reagierten. Aber seine Zukunft mit Minnie war nicht Thema gewesen.

Ich bat Minnie, mit Walter zu sprechen, wenn er wieder zu Hause sei, doch ihr fehlte der Mut. Auf der Rückfahrt nach Montgomery wurde mir voller Trauer bewusst, dass wir zwar jetzt vor dem Triumph und der freudigen Freilassung standen, dass der Albtraum aber nie völlig enden würde. Zum ersten Mal sah ich der Tatsache ins Auge, dass der Schuldspruch, das Todesurteil und das Leid, das dieses Unrecht verursacht hatte, bleibende Narben hinterlassen würden.

Als wir am nächsten Morgen ankamen, drängten sich Reporter aus dem ganzen Land vor dem Gerichtsgebäude. Dutzende von Walters Angehörigen und Freunden waren gekommen, um ihn nach seiner Freilassung zu begrüßen. Ich war überrascht, dass sie Schilder und Plakate mitgebracht hatten. So einfach diese Gesten waren, so sehr bewegten sie mich. Die Schilder gaben den Versammelten eine Stimme: »Willkommen daheim, Johnny D«, »Gott lässt uns nicht im Stich«, »Endlich frei. Dank sei Gott, dem Allmächtigen, endlich frei«.

Ich ging hinunter in die Zelle, um Walter seinen Anzug zu bringen. Dort sagte ich ihm, dass nach seiner Freilassung vor seinem Haus eine Feier geplant sei. Die Gefängnisverwaltung hatte Walter nicht erlaubt, seine Habseligkeiten ins Gerichtsgebäude zu bringen, weil sie nicht anerkennen wollte, dass er entlassen werden könnte. Daher mussten wir vor der Party noch einmal zurück nach Holman, um seine Sachen abzuholen. Außerdem sagte ich ihm, dass ich in Montgomery ein Hotelzimmer für ihn reserviert hätte und dass es vermutlich sicherer sei, fürs Erste dort zu bleiben.

Zögernd erzählte ich ihm auch von meinem Gespräch mit Minnie. Er schien überrascht und verletzt, ging aber darüber hinweg.

»Das ist ein glücklicher Tag für mich. Nichts kann mir

die Freude verderben, dass ich meine Freiheit wiederbekomme.«

»Aber irgendwann müsst ihr darüber reden«, sagte ich.

Oben vor dem Gerichtssaal wartete Tom Chapman auf mich. »Wenn wir hier fertig sind, würde ich ihm gern die Hand schütteln«, sagte er zu mir. »Meinen Sie, das ist in Ordnung?«

»Ich glaube, er würde sich freuen.«

»In diesem Fall habe ich eine Menge Dinge gelernt, von denen ich keine Ahnung hatte, dass ich sie mal lernen müsste.«

»Wir haben alle viel gelernt, Tom.«

Überall waren Polizisten. Als Bernard eintraf, besprachen wir uns kurz, dann kam ein Gerichtsdiener und bat uns in das Büro der Richterin. Richter Norton war wenige Wochen vor dem Urteilsspruch des Berufungsgerichts pensioniert worden. Seine Nachfolgerin Pamela Baschab begrüßte uns herzlich. Nach ein bisschen Small Talk sprachen wir darüber, wie die Anhörung verlaufen würde. Alle waren sonderbar freundlich.

»Mr. Stevenson, stellen Sie einfach Ihren Antrag und geben Sie eine kurze Zusammenfassung. Ich brauche keine Argumente und Plädoyers, ich gebe dem Antrag sofort statt, und Sie können nach Hause gehen. Wir können das sehr schnell hinter uns bringen.« Wir betraten den Gerichtssaal. Heute schienen mehr schwarze Polizisten im Raum zu sein, als ich je zuvor hier gesehen hatte. Es gab keinen Metalldetektor und keine bedrohlichen Schäferhunde. Der Saal war bis auf den letzten Platz mit Walters Angehörigen und Freunden gefüllt. Draußen drängten sich noch mehr jubelnde Schwarze, die keinen Platz mehr bekommen hatten, daneben Fernsehkameras und eine Horde von Journalisten.

Schließlich wurde Walter in schwarzem Anzug und weißem Hemd hereingeführt. Er wirkte attraktiv und gesund. Er war ein anderer Mann. Die Polizisten hatten ihm keine Handschellen angelegt, sodass er beim Eintritt seinen Angehörigen und Freunden zuwinken konnte. Seine Familie hatte ihn seit dem Prozess vor sechs Jahren nur in weißer Sträflingskleidung gesehen, und vielen im Zuschauerraum verschlug es den Atem, als sie ihn im Anzug sahen. Jahrelang waren Walters Angehörige und Unterstützer angestarrt oder vom Gericht gerügt worden, wenn sie im Gerichtssaal spontan ihre Meinung äußerten, doch heute schienen die Polizisten ihre Freudenausbrüche schweigend zu dulden.

Die Richterin nahm Platz, und ich erhob mich, um meinen Antrag zu stellen. Ich fasste den Fall kurz zusammen und informierte das Gericht, dass sowohl die Verteidigung als auch die Anklage beantragten, alle Anklagepunkte fallen zu lassen. Die Richterin gab dem Antrag statt und fragte, ob noch etwas anliege. Plötzlich fühlte ich mich sonderbar aufgewühlt. Ich hatte erwartet, dass ich mich freuen würde. Alle schienen gut gelaunt. Die Richterin und der Staatsanwalt waren plötzlich so großzügig und entgegenkommend. Es war, als sollte jeder Misston vermieden werden.

Walter war zu Recht außer sich vor Freude, doch zu meiner Verwirrung spürte ich plötzlich Zorn in mir aufsteigen. Gleich sollten wir das Gerichtsgebäude zum letzten Mal verlassen, und ich musste an all das Leid denken, dass Walter, seine Familie und die ganze Gemeinde erlitten hatten. Wenn Richter Robert E. Lee Key nicht das Urteil der Geschworenen überstimmt und die Todesstrafe verhängt hätte, die uns überhaupt auf den Fall aufmerksam gemacht hatte, dann hätte Walter vermutlich den Rest seines Lebens im Gefängnis verbracht und wäre in seiner Zelle gestorben. Ich musste daran denken, dass Hunderte, vielleicht Tausende andere Verurteilte genauso unschuldig waren wie Walter, aber nie die Unterstützung bekamen, die sie benötigten, um ihren Fall neu aufzurollen. Ich wusste, dass dies nicht der Ort war, um eine Rede zu halten oder mich zu beschweren, doch ich konnte nicht umhin, zum Abschluss noch einen Kommentar abzugeben.

»Euer Ehren, lassen Sie mich nur eines sagen, ehe Sie die Sitzung beenden. Es war viel zu einfach, diesen Mann für etwas anzuklagen und zum Tode zu verurteilen, was er nicht getan hat, und es war viel zu schwer, ihn nach dem Beweis seiner Unschuld wieder freizubekommen. Wir haben in diesem Staat gravierende Probleme und viel Arbeit vor uns.«

Ich nahm Platz, und die Richterin verkündete, Walter sei frei und könne nach Hause gehen. Damit war er ein freier Mann.

Walter umarmte mich, und ich reichte ihm ein Taschentuch, um sich die Tränen aus den Augen zu wischen. Ich führte ihn zu Chapman, und die beiden gaben sich die Hand. Die schwarzen Polizisten, die sich um uns herumscharten, brachten uns zu einer Hintertür, die nach unten führte. Dort wartete bereits eine Traube von Reportern. Einer der schwarzen Polizisten schlug mir auf die Schulter und rief: »Das ist klasse, Mann! Das ist so klasse.« Ich bat Bernard, der Familie auszurichten, dass wir sie vor dem Haupteingang treffen würden.

Walter stand dicht neben mir, als wir die Fragen der Presse beantworteten. Da ich merkte, dass ihm das alles zu viel wurde, brach ich die Fragerei nach einigen Minuten ab, und wir gingen gemeinsam zum Haupteingang des Gerichts. Die Fernsehkameras folgten uns. Als wir nach draußen kamen, jubelten Dutzende Menschen und schwenkten ihre Schilder. Walters Angehörige liefen auf ihn zu und umarmten ihn, und sie umarmten auch mich. Seine Enkel nahmen ihn bei der Hand. Ältere Menschen, die ich noch nicht kannte, umarmten ihn. Walter war überrascht, wie viele gekommen waren, um ihn zu empfangen. Er umarmte alle. Als einige Männer auf ihn zukamen, um ihm die Hand zu schütteln, umarmte er auch sie. Ich sagte allen, dass Bernard und ich noch mit Walter zum Gefängnis fahren müssten und dass wir von dort direkt zu ihm nach Hause kommen würden. Wir brauchten fast eine Stunde, um durch die Menschenmenge zum Auto zu gelangen.

Auf der Fahrt zum Gefängnis erzählte mir Walter, dass die Männer im Todestrakt am Abend zuvor einen Gottesdienst für ihn abgehalten hatten. Sie waren gekommen, um für ihn zu beten und sich von ihm zu verabschieden. Walter sagte, er fühle sich schuldig, sie zurückzulassen. Ich sagte ihm, das sei nicht nötig – sie freuten sich für ihn. Für sie war seine Freiheit ein kleines Zeichen der Hoffnung an einem hoffnungslosen Ort.

Obwohl wir versprochen hatten, ihn so schnell wie möglich nach Hause zu bringen, folgten uns alle zum Gefängnis. Die Presse, die Fernsehteams, die Familie, alle. Als wir mit der ganzen Karawane von Reportern und Freunden vor dem Gefängnis vorfuhren, stieg ich aus und erklärte dem Wachpersonal, dass wir in keiner Verbindung zu diesen Leuten stünden – die Leitung hatte strenge Regeln hinsichtlich der Anwesenheit von Personen, die nichts im Gefängnis verloren hatten. Aber die Wachen winkten uns nach drinnen. Niemand forderte die Menge auf, das Gelände zu verlassen.

Wir gingen ins Büro, um Walters Habseligkeiten in Empfang zu nehmen: Seine Akten und Korrespondenz mit mir, die Briefe seiner Angehörigen und Freunde, eine Bibel, eine Armbanduhr, die er bei der Verhaftung getragen hatte, und den Geldbeutel, den er damals im Juni 1987 bei sich gehabt hatte, als der ganze Albtraum begonnen hatte. In seiner

Börse befanden sich noch 23 Dollar. Seinen Ventilator, ein Wörterbuch und die Lebensmittel, die noch in der Zelle gewesen waren, hatte er an seine Mithäftlinge verschenkt. Ich sah, wie der Gefängnisdirektor aus seiner Bürotür lugte, während wir Walters Sachen entgegennahmen, doch er kam nicht heraus.

Auf dem Weg nach draußen sahen uns einige Wachmänner hinterher. Vor dem Tor erwarteten uns viele Leute. Ich sah Mrs. Williams. Walter ging auf sie zu und umarmte sie herzlich. Als er die Arme löste, sah sie zu mir herüber und zwinkerte mir zu. Unwillkürlich musste ich lachen. Die Inhaftierten konnten die Menschenmenge sehen und jubelten Walter zu, als er das Gefängnis verließ. Von draußen konnten wir sie nicht sehen, doch wir konnten ihre Stimmen hören – die Stimmen waren unheimlich, weil sie körperlos waren, doch sie klangen begeistert und hoffnungsvoll. Eine der letzten Stimmen, die wir hörten, rief: »Bleib stark, Mann! Bleib stark!«

Walter rief zurück: »Mach ich!«

Als wir zum Auto gingen, hob Walter die Arme und bewegte sie auf und ab, als wollte er die Flügel schwingen. Er sah mich an und sagte: »Ich fühle mich frei wie ein Vogel. Ich fühle mich frei wie ein Vogel.«

12 Mutter

An einem kühlen Märzabend trat Marsha Colbey in einem eleganten königsblauen Mantel hinaus auf die Straßen von New York City, an ihrer Seite ihr Mann. Seit Jahren hatte sie von einem Moment wie diesem geträumt. Während sie die geschäftigen Straßen entlangflanierten, sog sie die Szenerie und die Geräusche in sich auf. In der Ferne türmten sich riesige Gebäude zum Himmel, während der Verkehr durch die Straßenschluchten von Greenwich Village toste. Die Grüppchen von Studenten und Künstlern schenkten ihnen keine Beachtung, während sie zum Park Washington Square schlenderten. An einer Ecke des Parks spielte ein Jazztrio Standards. Sie glaubte, in einem Film zu sein.

Marsha, eine weiße Frau aus einem armen Dorf in Alabama, war noch nie in New York City gewesen, doch nun war sie Ehrengast eines Galadiners mit zweihundert Gästen. Es war aufregend, doch auf dem Weg zum Ort der Veranstaltung hatte sie ein sonderbares Gefühl. Sie brauchte nicht lange, um es zu erkennen: Es war das Gefühl der Freiheit. Sie ging durch die Straßen der Stadt, die niemals schläft, und sie war frei. Was sie in den drei Monaten seit ihrer Freilassung erlebt hatte, war pure Magie. Es überstieg alles, was sie sich jemals erträumt hatte, selbst bevor sie zu einem Leben hinter Gittern verurteilt worden war.

Als der Hurrikan Ivan auf die Küste von Alabama traf und Chaos und Trümmer in Marshas Leben hinterließ, dachte sie, es könne nicht mehr schlimmer kommen. Ivan hatte über 18 Milliarden Dollar Schaden angerichtet und auch ihr Haus zerstört. Da sie für sechs Kinder sorgen musste, konnte sie sich nicht lange mit den Ruinen ihres Hauses aufhalten. Vor allem die Ungewissheit bereitete Marsha Kopfzerbrechen. Wo sollten sie und ihr Mann Arbeit finden? Wie lange würden die Kinder nicht in die Schule gehen können? Womit sollten sie Geld verdienen? Wovon sollten sie ihre Familie ernähren? Die ungewisse Zukunft ließ die gesamte Golfküste gefährdet erscheinen. Nach der Abfolge von tropischen Stürmen und Hurrikans, die im Sommer 2004 über die Küste von Louisiana, Alabama, Mississippi und Florida hinweggezogen waren, war aus ihrem entspannten Leben ein Überlebenskampf geworden.

Marsha und Glen Colbey lebten mit ihren sechs Kindern in einem winzigen Bungalow. Als sie die Hurrikanwarnungen hörten, wussten sie, dass sie in Gefahr schwebten. Es war ein gewisser Trost, dass sie nicht die Einzigen waren und sich viele Familien in derselben Lage befanden, doch als Ivan im September das Häuschen der Colbeys zerstörte, war es wenig tröstlich, mit Tausenden anderen um staatliche Unterstützung anzustehen. Irgendwann kam die Hilfe schließlich. Als Übergangslösung bekamen die Colbeys einen Wohnwagen, den sie auf ihrem Grundstück aufstellten, damit die Kinder weiter in ihre alte Schule gehen konnten. Im Frühsommer hatten Marsha und Glen Arbeit bei einer Baufirma gefunden, doch es sollte noch Wochen vergehen, ehe der Wiederaufbau beginnen konnte.

Marsha spürte, dass sie schwanger war. Sie war 43 und hatte nicht vorgehabt, ein weiteres Kind zu bekommen.

Nun musste sie dauernd daran denken, dass sie wegen der Schwangerschaft in einigen Wochen nicht mehr auf dem Bau arbeiten konnte. Manchmal schlug ihre Sorge in Angst um, und diese weckte eine alte Versuchung: Drogen. Doch zu viele Menschen waren auf sie angewiesen, und es war zu viel zu tun, um der Versuchung nachzugeben. Als sie fünf Jahre zuvor mit ihrem jüngsten Sohn Joshua schwanger gewesen war, hatten die Krankenschwestern die Polizei eingeschaltet, weil sie Kokainspuren in ihrem Blut entdeckt hatten, und die Behörden hatten angedroht, sie vor Gericht zu stellen, einzusperren und ihr die Kinder wegzunehmen. Dieses Risiko wollte sie nicht noch einmal eingehen.

Sie und Glen waren arm, aber Marsha hatte den materiellen Mangel stets wettgemacht, indem sie ihren Kindern ihre ganze Liebe schenkte. Sie las ihnen vor, sprach mit ihnen, spielte mit ihnen, umarmte und küsste sie oft und passte ständig auf sie auf. So hatte sie eine liebevolle und verschworene Familie herangezogen. Ihre älteren Söhne, selbst ihr Neunzehnjähriger, lebten noch bei ihnen, obwohl sie nach dem Ende der Schule viele andere Möglichkeiten hatten. Marsha war gern Mutter. Deshalb machte sie sich keine Gedanken darüber, so viele Kinder zu haben. Sie hatte zwar kein siebtes Kind gewollt, aber sie wollte dieses Kind genauso lieben wie alle anderen.

Bei Einbruch des Winters war wieder Ruhe in Baldwin County eingekehrt. Glen hatte eine feste Anstellung gefunden. Die Familie kämpfte zwar noch mit finanziellen Problemen, aber die meisten Kinder waren wieder in der Schule. Es schien, als hätten sie das Schlimmste überstanden.

Marsha wusste, dass eine Schwangerschaft in ihrem Alter riskant war, aber sie hatte einfach kein Geld für einen Arztbesuch. Nach sechs Entbindungen wusste sie ja eigentlich, was auf sie zukam, und wollte es ohne Schwangerschaftsfürsorge riskieren. Sie versuchte, ihre Sorgen beiseitezuschieben, obwohl sie diesmal Schmerzen und Probleme hatte, die sie von ihren früheren Schwangerschaften nicht kannte. Einmal hatte sie eine Blutung; wenn sie sich einen Besuch beim Arzt hätte leisten können, hätte dieser eine vorzeitige Ablösung der Plazenta festgestellt.

Die Ruine ihres alten Häuschens befand sich neben dem Wohnwagen. Es war weitgehend unbewohnbar, aber das Bad mit der Wanne war heil geblieben, und hierhin zog sich Marsha von Zeit zu Zeit zurück. Eines Tages fühlte sie sich nicht sonderlich gut und meinte, ein heißes Bad werde ihr helfen. Kaum war sie in die Wanne gestiegen, als heftige Wehen einsetzten. Ihrer Ansicht nach passierte alles viel zu schnell, und in kurzer Zeit hatte sie ein totes Kind zur Welt gebracht. Verzweifelt versuchte sie, den Jungen wiederzubeleben, doch er tat keinen Atemzug.

So groß ihre Sorgen um die Schwangerschaft gewesen waren, so sehr trauerte sie nun um das Kind. Sie beschloss, ihm einen Namen zu geben und es in einer Familienfeier beizusetzen. Sie nannten ihn Timothy, begruben ihn neben ihrem Wohnwagen und setzten ein Kreuz auf das Grab. Die Totgeburt wäre eine private Tragödie für Marsha und ihre Familie geblieben, wäre da nicht eine neugierige Nachbarin gewesen, die den Colbeys schon seit Langem hinterherschnüffelte.

Debbie Cook beobachtete, dass Marsha Colbey nicht mehr schwanger war, dass sie aber auch kein Baby hatte. Das weckte ihre Neugierde an den Einzelheiten der Totgeburt. Marsha misstraute der Frau und reagierte ausweichend auf ihre Nachfragen. Cook, die in der Grundschule arbeitete, auf die auch Marshas Kinder gingen, wies schließlich einen der Mitarbeiter der Schulkantine an, bei der Polizei anzurufen und sie auf das verschwundene Kind hinzuweisen.[1] Der Polizeibeamte Kenneth Lewellen sprach mit Mrs. Cook und stattete daraufhin Mrs. Colbey einen Besuch ab. Marsha, die noch um den Verlust des Kindes trauerte und sich über diese Einmischung ärgerte, reagierte ungehalten auf die Fragen. Zunächst tischte sie dem Beamten eine andere Geschichte auf, um ihre Privatsphäre zu schützen. Das war nicht sonderlich klug, doch die Nachstellungen der Polizei machten sie wütend. Als Lewellen das Kreuz neben dem Wohnwagen entdeckte, gab sie zu, dass es sich um das Grab ihres tot geborenen Kindes handelte.

Daraufhin wurde die Gerichtspathologin Kathleen Enstice beauftragt, den Säugling zu exhumieren. Marsha war schockiert, dass die Polizei ohne jeden Grund etwas derart Schreckliches tun konnte. Unmittelbar nach der Exhumierung, und noch vor einer gerichtsmedizinischen Untersuchung, informierte Enstice die Ermittler, dass das Kind lebend zur Welt gekommen sei. Später musste sie zugeben, dass es keinerlei Grundlage für eine derartige Schlussfolgerung gegeben hatte und sie ohne Autopsie und weitere Untersuchungen nicht hatte wissen können, ob das Baby tatsächlich lebend zur Welt gekommen war oder nicht. Außerdem stellte sich heraus, dass Enstice schon früher wiederholt vorschnell Todesfälle als Morde deklariert hatte, ohne angemessene Beweise für ihren Befund zu haben.[2]

Danach führte die Pathologin in einem Labor in Mobile eine Autopsie durch.[3] Dabei gelangte sie nicht nur zu dem Schluss, dass das Kind lebend zur Welt gekommen war, sondern auch, dass es mit ärztlicher Hilfe überlebt hätte.[4] Obwohl sich Experten einig sind, dass Gerichtspathologen, die vor allem mit Toten zu tun haben, nicht in der Lage sind, Überlebenschancen zu beurteilen, erhob die Staatsanwaltschaft Anklage wegen Mordes. Marsha Colbey wurde verhaftet.

In immer mehr Bundesstaaten steht auf Mord an einem Kind unter 14 Jahren automatisch die Todesstrafe, und Alabama ist einer von ihnen. Nach Einführung dieser neuen

Opferkategorie stieg die Anzahl der jungen Mütter, die zum Tode verurteilt wurden, gewaltig an. Alle fünf Todeskandidatinnen von Alabama waren wegen des unerklärlichen Todes eines ihrer Kinder oder wegen Todes eines gewalttätigen Partners verurteilt worden. Im Rest der Vereinigten Staaten ist die Situation ähnlich, die meisten Frauen, die in Todeszellen einsitzen, wurden wegen Kindesmisshandlung oder häuslicher Gewalt verurteilt.[5]

Im Prozess sagte Kathleen Enstice aus, dass Timothy lebend zur Welt gekommen und durch Ertrinken gestorben sei. Zu diesem Ergebnis sei sie durch Umkehrschluss gekommen, das heißt, sie hatte keine Beweise finden können, dass das Kind tot zur Welt gekommen war, und hatte keine andere Erklärung für sein Ableben.[6] Selbst der Experte der Staatsanwaltschaft, der Gynäkologe Dennis McNally, der Marsha Colbey zwei Wochen nach der Totgeburt untersucht hatte, bezeichnete dieses Ergebnis als fragwürdig.[7] Auch Dr. Werner Spitz, der Autor des fachmedizinischen Aufsatzes, auf den sich Enstice stützte, wies die Schlussfolgerung der Pathologin zurück.[8] Als Zeuge der Verteidigung sagte Spitz aus, dass er unter den gegebenen Umständen »mit Sicherheit nicht« auf eine Lebendgeburt und noch viel weniger auf einen Mord schließen würde.

In Ermangelung wissenschaftlicher Beweise für ein Verbrechen verlegte sich die Staatsanwaltschaft auf eine emotionale Beweisführung, um zu demonstrieren, dass Marsha eine arme Drogensüchtige sei; außerdem eine Rabenmutter, weil sie während ihrer Schwangerschaft keinen Arzt aufgesucht hatte. In ihrem Haus machten Ermittler Fotos von einer nicht gespülten Toilette und einer Bierdose auf dem Boden, die den Geschworenen als Beweis vorgelegt wurden, dass Mrs. Colbey ihre Kinder vernachlässige.[9]

In zahlreichen Verhören wiederholte Mrs. Colbey immer wieder, dass das Kind tot zur Welt gekommen sei.[10] Sie er-

klärte den Ermittlern, dass ihr Sohn trotz intensiver Bele-
bungsversuche keinen Atemzug getan habe. Sie lehnte das
Angebot der Staatsanwaltschaft ab, die ihr im Falle eines
Geständnisses eine Strafmilderung in Aussicht stellte, weil
sie nicht 18 Jahre ins Gefängnis gehen wollte für etwas, das
sie nicht getan hatte.[11]

Der Prozess gegen Marsha Colbey erregte schließlich
auch die Aufmerksamkeit der Regionalpresse, die sich begierig auf die Geschichte der »Rabenmutter« stürzte. Sie
putschte den Fall hoch und feierte die Polizei und die
Staatsanwaltschaft, weil sie ein schutzloses Kind rächten.
Zu jener Zeit war eine regelrechte Hexenjagd gegen vermeintlich verantwortungslose Mütter im Gange, und sen-
sationslüsterne Berichte über Kindsmörderinnen machten
im ganzen Land Schlagzeilen. Als Andrea Yates aus Texas
im Jahr 2001 ihre fünf Kinder ertränkte, machte die Geschichte im ganzen Land Schlagzeilen. Als Susan Smith aus
South Carolina wenig später willkürlich schwarze Männer
für den Tod ihrer Kinder verantwortlich machte, ehe sie
schließlich die Morde gestand, schaute ganz Amerika hin.
Die Medien bauschten diese Geschichten zu einem nationalen Problem auf. Die Zeitschrift *Time* bezeichnete den Prozess gegen Casey Anthony, eine junge Mutter aus Florida,
die wegen Mordes an ihrer zweijährigen Tochter angeklagt
und schließlich freigesprochen wurde, als »Social-Media-
Prozess des Jahrhunderts«, weil Kabelsender ununterbrochen über das Verfahren berichtet hatten.[12]

Die Ermordung der eigenen Kinder ist ein schreckliches
Verbrechen. Dahinter steckt meist, wie bei Yates und Smith,
eine schwere psychische Erkrankung. Doch diese Fälle werden häufig emotional aufgebauscht. Polizei und Ermittler
stehen unter dem Einfluss der Pressedarstellungen, und
Tausende vor allem arme Frauen in prekären Verhältnissen
werden mit einem Mal verdächtigt, wenn ihr Kind unter

ungeklärten Umständen stirbt. Obwohl die Vereinigten Staaten zu den hoch entwickelten Industrienationen gehören, liegt die Säuglingssterblichkeit seit jeher weit über der anderer Industrienationen. Die Tatsache, dass viele sozial benachteiligte Frauen keine angemessene medizinische Versorgung erhalten, ist seit Jahrzehnten ein Problem. Trotz der positiven Entwicklungen der jüngsten Zeit bleibt die hohe Säuglingssterblichkeit bis heute eine Schande für ein Land, in dem mehr für Gesundheit ausgegeben wird als irgendwo sonst auf der Welt. Die Kriminalisierung der Säuglingssterblichkeit und die Verfolgung bedürftiger Mütter hat im 21. Jahrhundert neue Ausmaße angenommen, wie sich in den Gefängnissen im ganzen Land ablesen lässt.[13]

Die Gesellschaft machte sich regelrecht auf die Jagd nach »Rabenmüttern«, die hinter Gitter gebracht werden müssten. Während Marsha vor Gericht stand, brachte Bridget Lee in Pickens County in Alabama ein totes Kind zur Welt. Sie wurde vor Gericht gestellt und unrechtmäßig verurteilt. Lee, die zwei Kinder hatte, in der Kirche die Orgel spielte und in einer Bank arbeitete, war nach einem Seitensprung schwanger geworden. Verängstigt und deprimiert verbarg die 34-Jährige ihre Schwangerschaft und hoffte, das Kind nach der Geburt zur Adoption freigeben zu können. Fünf Wochen vor dem Geburtstermin setzten die Wehen ein, das Kind kam tot zu Welt. Weil sie ihrem Mann die Totgeburt verschwieg, erregte sie Misstrauen. Allein aus den Umständen von Lees Schwangerschaft schloss der Gerichtsmediziner, dass das Kind lebend zur Welt gekommen und von Lee erstickt worden sein müsse. Monate nach der Verhaftung und Anklage untersuchten sechs weitere Pathologen den Säugling und kamen zu dem Schluss, dass das Kind an einer neonatalen Lungenentzündung gestorben war – es war eine klassische Totgeburt mit normalen Symptomen. Dank dieser neuen Gutachten ließ die Staatsanwaltschaft die Anklage fallen und ersparte Lee einen Mordprozess, der sie möglicherweise auf den elektrischen Stuhl gebracht hätte.[14] Der diskreditierte Pathologe verließ Alabama, praktiziert jedoch in Texas weiter als Gerichtsmediziner.

In Hunderten anderen Fällen erhielten die fälschlich angeklagten Frauen jedoch keine Gutachten, die sie vor der Verurteilung bewahrten. Einige Jahre bevor ich Marsha Colbey kennenlernte, vertraten wir Diane Tucker und Victoria Banks. Mrs. Banks, eine Afroamerikanerin aus Choctaw County in Alabama, wurde angeklagt, ihr Neugeborenes getötet zu haben, obwohl die Polizei nicht einmal glaubhaft nachweisen konnte, dass sie überhaupt schwanger gewesen war. Angeblich hatte Banks einem Polizeibeamten von einer Schwangerschaft erzählt, um in einem anderen Fall einem Gefängnisaufenthalt zu entgehen. Als sie Monate später ohne Kind gesehen wurde, warf ihr die Polizei vor, es getötet zu haben. Mrs. Banks war geistig behindert und erhielt keine ausreichende juristische Unterstützung; so ließ sie sich zu dem Geständnis zwingen, sie habe gemeinsam mit ihrer Schwester Diane Tucker ein Kind getötet, das es gar nicht gegeben hatte. Da ihr in einem Prozess die Todesstrafe drohte, zog sie es vor, sich mit dem Staatsanwalt zu einigen und eine zwanzigjährige Haftstrafe in Kauf zu nehmen. Die Polizei weigerte sich, ihrer Unschuldsbeteuerung nachzugehen. Wir bekamen sie frei, indem wir nachwiesen, dass sie fünf Jahre zuvor sterilisiert worden war, weshalb sie gar kein Kind bekommen konnte.[15]

Neben den unerklärlichen Toden von Neugeborenen wurden auch andere Fälle von »mangelnder elterlicher Kompetenz« kriminalisiert. Beispielsweise ist es in Alabama seit 2006 strafbar, Kinder einer »gefährlichen Umgebung« auzusetzen, in der sie mit Drogen in Kontakt kommen könnten. Das neue Gesetz sollte vordergründig Kinder von

Drogenhändlern schützen, doch aufgrund der großzügigen Auslegung wurden bald Tausende Mütter aus armen Schichten kriminalisiert, in denen Drogen und Drogensucht verbreitet sind.

Schon bald legte der Oberste Gerichtshof von Alabama das Gesetz so aus, dass zur »Umgebung« auch die Gebärmutter gehört, und weitete die Definition des »Kindes« auf den Fötus aus.[16] Damit konnten schwangere Frauen verfolgt und zu jahrzehntelangen Haftstrafen verurteilt werden, wenn sie während der Schwangerschaft Drogen genommen hatten. Mit Verweis auf dieses Gesetz verurteilte der Bundesstaat in den letzten Jahren Dutzende Frauen, statt ihnen die Hilfe zu geben, die sie benötigten.

In der allgemeinen Hysterie um »Rabenmütter« war an ein gerechtes Verfahren für Marsha Colbey kaum zu denken. Bei der Auswahl der Geschworenen erklärten zahlreiche Kandidaten, sie könnten kein unvoreingenommenes Urteil über Mrs. Colbey fällen. Einige gaben an, die Anklage der Kindstötung verstöre sie derart, dass sie nicht von der Unschuldsvermutung ausgehen könnten.[17] Einige der Geschworenen gaben an, sie hätten so enge Beziehungen zu einem der Zeugen der Anklage – einem Mann, der sich bei der Verfolgung der »Rabenmütter« hervorgetan hatte –, dass sie ihm »sofort Glauben schenken« und »jede seiner Aussagen für glaubwürdig halten« würden.[18] Einer gab an, sämtlichen Zeugen der Anklage so sehr zu vertrauen, dass er ihnen »jedes Wort« glaubte.[19]

Trotz des Einspruchs der Verteidigung wurde keiner dieser Geschworenen ausgetauscht. So kam es, dass ein stark voreingenommenes Gericht über das Schicksal von Marsha Colbey entschied.

Die Geschworenen kamen zu dem Schluss, dass sich Marsha Colbey des Mordes schuldig gemacht hatte. Weil viele Geschworenen zuvor die Sorge geäußert hatten, dass Mrs.

Colbey bei einem Schuldspruch zum Tode verurteilt werden könnte, hatte die Staatsanwaltschaft Abstand von dieser Option genommen. Dieses Zugeständnis erleichterte vielen die Verurteilung. Der Richter verhängte eine lebenslange Haftstrafe ohne Möglichkeit einer vorzeitigen Entlassung, und wenig später wurde Marsha Colbey gefesselt ins Julia-Tutwiler-Frauengefängnis überführt.

Das Tutwiler-Gefängnis befindet sich in Wetumpka, Alabama, und stammt noch aus den Vierzigerjahren. Benannt ist es nach einer Reformerin, die sich für menschliche Haftbedingungen und die Bildung der Häftlinge einsetzte, doch inzwischen ist das Gefängnis hoffnungslos überfüllt und ein gefährlicher Ort für die Inhaftierten. Heute sind dort doppelt so viele Frauen untergebracht wie vorgesehen, und Gerichte haben diese Überbelegung mehrfach als verfassungswidrig bezeichnet. In den Vereinigten Staaten ist die Zahl der verurteilten Frauen zwischen 1980 und 2010 um 646 Prozent gestiegen und damit anderthalbmal so stark wie die bei den Männern. Heute befinden sich rund 200 000 Frauen in Haft, und mehr als eine Million sind nur auf Bewährung frei und unterstehen gerichtlicher Aufsicht; damit hat die Inhaftierung von Frauen ein Rekordniveau erreicht.

In Tutwiler werden die Frauen in kleine Zellen und improvisierte Räume gezwängt. Die Überfüllung schockierte Marsha. Da es das einzige Frauengefängnis des Bundesstaates ist, werden hier alle Verurteilten unterschiedslos zusammengepfercht. Frauen mit schweren psychischen Krankheiten und emotionalen Problemen werden zusammen mit den anderen untergebracht, was den Alltag für alle chaotisch und belastend macht. Marsha konnte sich nie daran gewöhnen, nachts im überfüllten Schlafraum die Schreie der Kranken zu hören.

Fast zwei Drittel der Frauen sind nicht wegen Gewaltverbrechen, sondern wegen kleinerer Drogen- und Eigentumsdelikte inhaftiert. Vor allem die Drogengesetze haben die Zahl der Häftlinge in Tutwiler explodieren lassen, doch auch die »Three Strikes«-Gesetze, die beim dritten Vergehen lebenslange Haft vorsehen, haben dazu beigetragen. Mitte der Achtzigerjahre begann ich zusammen mit einem Anwalt des Southern Prisoners Defense Committee, gegen die Haftbedingungen zu klagen. Damals war ich schockiert, wie viele Frauen wegen Bagatelldelikten lange Gefängnisstrafen bekommen hatten. Eine der ersten Frauen, die ich dort kennenlernte, war eine junge Mutter von drei Kindern, die zu einer langen Haftstrafe verurteilt worden war, weil sie mit ungedeckten Schecks Weihnachtsgeschenke für ihre Kinder gekauft hatte. Wie eine Figur aus einem Roman von Victor Hugo erzählte sie mir unter Tränen ihre herzzerreißende Geschichte. Ich wollte ihr zunächst nicht glauben, bis ich in ihrer Akte sah, dass sie zehn Jahre hinter Gittern verbringen sollte, weil sie fünf ungedeckte Schecks ausgestellt hatte, drei davon für einen Spielwarenladen. Jeder der Schecks belief sich auf weniger als 150 Dollar. Sie war bei Weitem nicht die Einzige. Tausende Frauen wurden zu langen Haftstrafen verurteilt, weil sie sich kleine Eigentumsdelikte hatten zuschulden kommen lassen.

Wenn Frauen inhaftiert werden, hat das weitreichende Konsequenzen. Zwischen 75 und 80 Prozent der Frauen in Gefängnissen sind Mütter minderjähriger Kinder.[20] Rund 65 Prozent lebten zum Zeitpunkt ihrer Verhaftung mit ihren Kindern zusammen. Diese Kinder geraten aufgrund der Inhaftierung ihrer Mütter eher in prekäre Lebenssituationen. Im Jahr 1996 erließ der Kongress ein Gesetz, das verurteilten Drogentätern jeden Anspruch auf Sozialleistungen nimmt. Am stärksten betroffen von dieser verfehlten Gesetzgebung sind Mütter, die wegen Drogenvergehen in Haft waren. Diese Frauen und ihre Kinder haben keinen Anspruch mehr auf Sozialwohnungen, Lebensmittelbeihilfen und andere Sozialleistungen. In den vergangenen zwei Jahrzehnten haben wir in den Vereinigten Staaten eine neue Klasse von »Unberührbaren« geschaffen, der vor allem Mütter und Kinder in prekären Verhältnissen angehören.

Während ihrer ersten Tage in Tutwiler wanderte Marsha ungläubig durch das Gefängnis. Sie lernte andere Frauen kennen, die wie sie verurteilt worden waren, weil sie tote Kinder zur Welt gebracht hatten. Efernia McClendon, eine schwarze Jugendliche aus Opelika, Alabama, war während ihrer Schulzeit schwanger geworden und hatte ihren Eltern nichts davon erzählt. Zu Beginn des sechsten Schwangerschaftsmonats hatte sie ein totes Kind zur Welt gebracht und es in einen Abwassergraben gelegt. Nach ihrer Entdeckung wurde sie von der Polizei verhört, bis sie schließlich zugab, sie sei sich nicht hundertprozentig sicher, dass sich das Baby nicht bewegt hatte, auch wenn das bei einer derart frühzeitigen Geburt sehr unwahrscheinlich ist. Sie musste die Hinrichtung fürchten und wurde eine von immer mehr Frauen, die wegen ungeplanter Schwangerschaften und unkluger Entscheidungen ins Gefängnis kommen.

In Tutwiler überschnitten sich die Lebens- und Leidensgeschichten dieser Frauen. Marsha bemerkte, dass einige der Frauen nie Besuch bekamen. So sehr sie sich bemühte, sie konnte die Frauen nicht ignorieren, die mehr litten und mehr weinten als andere, die mehr Angst um ihre zurückgelassenen Kinder oder Eltern hatten oder besonders niedergeschlagen wirkten. Da sie auf engstem Raum zusammenlebten, wurde aus einem schwierigen Tag für eine Frau schnell ein schwieriger Tag für alle. Der einzige Trost war, dass die Frauen auch ihre freudigen Momente teilten. Eine vorzeitige Entlassung, ein überraschender Brief oder ein lang ersehnter Verwandtenbesuch hob die Stimmung aller.

Wären die Probleme der anderen Frauen Marshas einzige Sorge gewesen, dann wäre ihre Zeit in Tutwiler zwar schwierig, aber beherrschbar gewesen. Es gab jedoch auch größere Probleme, und eines davon war das Wachpersonal. In Tutwiler wurden Frauen von den Wärtern sexuell belästigt, ausgebeutet, missbraucht und vergewaltigt. Der Direktor gestattete dem männlichen Wachpersonal den Zutritt zu den Duschräumen. Die Beamten starrten die nackten Frauen an, machten anzügliche Bemerkungen und bedrohten sie. Selbst auf der Toilette hatten die Frauen keine Privatsphäre und konnten von den Wachmännern beobachtet werden. In Tutwiler gab es viele dunkle Ecken und Gänge – schreckliche Orte, an denen Frauen geschlagen oder sexuell attackiert wurden. Die EJI hatte die Gefängnisbehörde von Alabama aufgefordert, in den Schlafräumen Überwachungskameras anzubringen, doch die Behörde hatte sich geweigert. Die sexuelle Gewalt war so allgegenwärtig, dass selbst der Gefängnispastor Frauen belästigte, die in seinen Gottesdienst kamen.

Kurz nach Marshas Ankunft in Tutwiler erreichten wir die Freilassung von Diane Jones, die unschuldig zu lebenslanger Haft verurteilt worden war. Diane war mit einem Drogenring in Verbindung gebracht worden, dem ihr Exfreund angehörte; sie war wegen mehrerer Vergehen schuldig gesprochen worden, die mit einem Leben hinter Gittern bestraft werden. Wir fochten das Urteil an und erreichten schließlich ihre Freilassung. Das machte den anderen Gefangenen von Tutwiler Hoffnung. Ich erhielt Briefe von Frauen, die mir dankten, dass wir Diane geholfen hatten. Während ich an ihrem Fall arbeitete und sie in Tutwiler besuchte, berichtete mir Diane, wie dringend die Frauen Hilfe benötigten.

»Bryan, ich habe neun Briefe, die ich Ihnen geben soll. Es waren so viele, dass mir die Wachen nicht erlaubt haben, sie mitzubringen. Aber diese Frauen brauchen Ihre Hilfe.«

»Versuchen Sie nicht, die Briefe zu schmuggeln. Die Frauen können mir direkt schreiben.«

»Ein paar haben mir gesagt, dass sie Ihnen geschrieben haben.«

»Wir sind vollkommen überlastet. Es tut mir leid, wir tun unser Möglichstes.«

»Mir machen die Frauen Sorgen, die lebenslänglich bekommen haben. Die sollen hier sterben.«

»Wir werden es versuchen. Wir haben nur begrenzte Möglichkeiten.«

»Das werde ich ihnen sagen. Sie sind verzweifelt. Genau wie ich, bevor ihr mir geholfen habt. Marsha, Ashley, Monica, Patricia, die sind hinter mir her, dass ihnen jemand hilft.«

Kurz darauf lernten wir Marsha Colbey kennen und übernahmen ihre Berufung. Wir beschlossen, die Darstellung der Staatsanwaltschaft und die Auswahl der Geschworenen anzufechten. Charlotte Morrison, Rhodes-Stipendiatin und eine meiner früheren Studentinnen, war inzwischen Anwältin bei der EJI. Sie und ihre Kollegin Kristen Nelson, Harvard-Absolventin und ehemalige Pflichtverteidigerin in Washington D.C., trafen sich mehrmals mit Marsha. Sie sprachen über den Fall, über die Herausforderung, vom Gefängnis aus die Familie zusammenzuhalten, und eine Reihe anderer Probleme. Vor allem die sexuelle Gewalt war immer wieder Thema der Gespräche.

Charlotte und ich übernahmen den Fall einer Frau, die Anzeige erstattet hatte, weil sie in Tutwiler vergewaltigt worden war. Die Frau hatte keinen Anwalt, und aufgrund einiger Formfehler konnten wir nur einen lächerlichen Schadenersatz für sie erreichen. Doch die Einzelheiten ihrer Geschichte waren so schmerzhaft, dass wir nicht einfach zur Tagesordnung übergehen konnten. Wir befragten fünfzig inhaftierte Frauen und waren schockiert, wie verbreitet die sexuelle Gewalt in Tutwiler war. Einige Frauen waren nach Vergewaltigungen schwanger geworden, doch selbst wenn Gentests bewiesen, dass der Vater ein Gefängnismitarbeiter war, konnten sie nichts unternehmen. Einige Beamte, gegen die mehrere Beschwerden wegen Vergewaltigung vorlagen, wurden kurzzeitig in andere Abteilungen oder Gefängnisse versetzt, nur um bald wieder nach Tutwiler zurückzukommen, wo sie erneut Jagd auf Frauen machten. Schließlich reichten wir eine Beschwerde beim Justizministerium der Vereinigten Staaten ein und veröffentlichten Berichte über das Problem, die von den Medien aufgegriffen wurden. Tutwiler stand auf der von dem Nachrichtenmagazin *Mother Jones* erstellten Liste der zehn schlimmsten Gefängnisse der Vereinigten Staaten; es war das einzige Frauengefängnis auf der Liste. Es folgten Anhörungen und Reformen; männliche Mitarbeiter wurden aus den Duschräumen und Toiletten verbannt, und ein neuer Direktor ernannt.

Marsha hielt trotz dieser Probleme durch und setzte sich für einige der jüngeren Frauen ein. Wir waren erschüttert, als das Berufungsgericht das Urteil gegen sie bestätigte. Wir legten das Urteil dem Obersten Gerichtshof von Alabama vor und erwirkten eine neue Verhandlung, weil der Richter Geschworene zugelassen hatte, obwohl sie sich selbst als voreingenommen bezeichnet hatten. Marsha und unser Team waren erfreut, die Beamten von Baldwin County nicht. Sie drohten mit neuen Ermittlungen. Wir zogen renommierte Pathologen hinzu und überzeugten die Behörden, dass es keine Grundlage für Marshas Verurteilung gab. Wir brauchten zwei Jahre, um den Fall beizulegen, und ein weiteres Jahr Gerangel mit der Gefängnisbehörde, um Marshas verbüßte Zeit anzurechnen. Im Dezember 2012, zehn Jahre nach ihrer unrechtmäßigen Verurteilung, kam sie schließlich frei.

Seit einigen Jahren hielt EJI jeden März in New York City ein Benefizdinner ab. Unsere Ehrengäste waren in der Regel eine bekannte Persönlichkeit aus dem öffentlichen Leben und ein Mandant oder eine Mandantin. In früheren Jahren hatten wir beispielsweise Marian Wright Edelman, die Bürgerrechtsanwältin und Gründerin des Children's Defense Fund eingeladen. Im Jahr 2011 war der ehemalige Verfassungsrichter John Paul Stevens unser Ehrengast. Als junger Anwalt hatte ich Richter Stevens bei einer Konferenz kennengelernt, und er war sehr freundlich zu mir gewesen. Nach seiner Pensionierung wurde er zum streitbaren Kritiker der exzessiven Bestrafung und Masseninhaftierung. Im Jahr 2013 luden wir neben Marsha Colbey auch Elaine Jones ein, die frühere Direktorin der Rechtsabteilung der Bürgerrechtsbewegung NAACP. Daneben ehrten uns auch die Eiscremehersteller Ben (Cohen) und Jerry (Greenfield) mit ihrer Teilnahme. Die legendäre Soulsängerin Roberta Flack begeisterte die Anwesenden mit einer Version von George Harrisons »Isn't It a Pity«, ehe wir Marsha unsere Auszeichnung überreichten.

In meiner Vorstellung beschrieb ich, wie Marsha am Tag nach ihrer Entlassung aus Tutwiler in unser Büro gekommen war, um jedem von uns zu danken. Ihr Mann und zwei ihrer Töchter hatten sie aus dem Gefängnis abgeholt. Ihre jüngste Tochter, die ungefähr zwölf Jahre alt war, hatte uns alle zu Tränen gerührt, weil sie ihre Mutter während des gesamten Besuchs nicht losgelassen hatte. Sie hatte sich an ihre Hüfte geklammert, ihren Arm festgehalten und sich fest an sie gedrückt, so als wollte sie nicht zulassen, dass man ihr jemals wieder ihre Mutter wegnahm. Wir hatten Fotos von Marsha und unseren Mitarbeitern gemacht, und ihre Tochter ist auf jedem einzelnen Bild dabei, weil sie sich weigerte, Marsha loszulassen. Das sagte uns sehr viel darüber, was für eine Mutter Marsha Colbey war. In ihrem wunderhübschen blauen Kleid betrat Marsha das Podium.

»Ich möchte Ihnen allen danken, dass Sie mich und all das, was ich durchgemacht habe, ehren. Sie waren alle so gut zu mir. Ich bin einfach so froh, frei zu sein.« Sie sprach ruhig und gefasst vor dem großen Publikum. Sie war charmant und beredt. Erst als sie über die Frauen sprach, die sie im Gefängnis zurückgelassen hatte, wurde sie von ihren Gefühlen überwältigt.

»Ich habe Glück gehabt. Ich habe Hilfe bekommen, die die meisten anderen Frauen nicht bekommen. Das lässt mir keine Ruhe, dass sie noch da sind, während ich zu Hause bin. Ich hoffe, wir können mehr tun, um mehr Leuten zu helfen.« Ihr Kleid leuchtete im Scheinwerferlicht, und das Publikum stand auf und applaudierte, während Marsha um die Frauen weinte, die sie zurückgelassen hatte.

Als ich nach ihr das Wort ergriff, wusste ich kaum, was ich sagen sollte. »Wir brauchen mehr Hoffnung. Wir brauchen mehr Gnade. Wir brauchen mehr Gerechtigkeit.«

Dann stellte ich Elaine Jones vor, die mit den Worten begann: »Marsha Colbey – ist sie nicht eine wunderschöne Frau?«

13 Heimkehr

In den Tagen und Wochen nach Walters Freilassung nahmen die Ereignisse einen unerwarteten Verlauf. Die *New York Times* berichtete auf ihrer Titelseite über seine Unschuld und Freilassung. Die Medien überhäuften uns mit Anfragen, und Walter und ich gaben Interviews im lokalen, überregionalen und sogar internationalen Fernsehen. Über laufende Fälle spreche ich zwar ungern öffentlich, aber in diesem Fall war es mir ganz besonders wichtig, Walter die Rückkehr zu erleichtern und den Bürgern von Monroe County zu vermitteln, dass er freikam, weil er unschuldig war.

Walter war nicht der Erste, der dem elektrischen Stuhl entkam, weil nachträglich seine Unschuld bewiesen wurde. Vor ihm waren bereits einige Dutzend zu Unrecht verurteilte Todeskandidaten freigekommen. Nach den Zahlen des Death Penalty Information Center war Walter der fünfzigste, der nach einem Todesurteil freigesprochen worden war. Als Clarence Brantley im Jahr 1990 in Texas freikam, wurde in den Medien darüber berichtet; auch sein Fall war in *60 Minutes* dargestellt worden. Das Schicksal von Randall Dale Adams inspirierte den Regisseur Errol Morris zu seinem preisgekrönten Dokumentarfilm mit dem Titel *Der Fall Randall Adams (The Thin Blue Line)*. Der Film trug maßgeblich dazu bei, dass Adams kurz nach dem Kinostart freigesprochen wurde. Doch das Ausmaß der Berichterstattung nach Walters Freilassung war beispiellos.

Im Jahr 1992, ein Jahr vor Walters Freispruch, wurden in den Vereinigten Staaten 38 Menschen hingerichtet – mehr als in jedem anderen Jahr seit der Wiedereinführung der Todesstrafe im Jahr 1976. Bis zum Jahr 1999 stieg diese Zahl auf 98 an. Während dieser Hinrichtungswelle wuchs auch das Interesse der Medien an der Todesstrafe. Walters Schicksal war eine Antwort auf die Märchen der Gerechtigkeit und Verlässlichkeit, die Politiker und Juristen erzählten, wenn sie mehr Hinrichtungen verlangten. Walters Fall komplizierte die Debatte ganz erheblich.

Walter und ich nahmen an juristischen Tagungen teil, auf denen er über seine Erfahrungen und die Todesstrafe sprach. Der Rechtsausschuss des Senats führte wenige Monate nach Walters Freispruch eine Anhörung zum Thema Unschuld und Todesstrafe durch, auf der wir beide aussagten. Der Journalist Pete Earley beschrieb Walters Fall in seinem Buch *Circumstantial Evidence*. Walter genoss die Reisen und die Zuwendung, obwohl er nicht gern öffentlich sprach. Einige Politiker taten sich mit provokativen Aussagen hervor und behaupteten zum Beispiel, seine Entlassung sei ein Beweis dafür, dass das System funktioniere. Das ärgerte mich. In meinen eigenen Vorträgen wurde ich immer offensiver. Aber Walter blieb ruhig, freundlich und ernst, was sehr wirkungsvoll war, denn wer erlebte, wie aufgeräumt, klug und authentisch er seine Geschichte darstellte, musste es als umso schockierender empfinden, dass der Staat diesen Mann in unser aller Namen hatte umbringen wollen. Seine Vorträge war absolut überzeugend. Wir verbrachten viel Zeit zusammen, und Walter gestand mir manchmal, dass ihn die Fälle derjenigen, die er im Gefängnis zurückgelassen hatte, nach wie vor bedrückten. Für ihn waren die Männer im Todestrakt Freunde geworden. Trotz seiner freundlichen Vorträge war Walter ein entschiedener Gegner der Todesstrafe geworden.

Einige Monate nach seiner Freilassung hatte ich immer noch Vorbehalte gegen seine Rückkehr nach Monroe County. Am Tag seines Freispruchs hatten Hunderte vor seinem Haus eine große Willkommensparty gefeiert, aber ich wusste, dass nicht alle Bürger von Monroeville erfreut waren. Walter erzählte ich erst von den Mord- und Bombendrohungen, nachdem alles vorbei war, doch dann machte ich ihm klar, dass wir vorsichtig sein mussten. Die erste Woche verbrachte er in Montgomery, dann zog er nach Florida, um einige Monate lang bei seiner Schwester zu leben. Wir telefonierten fast täglich. Er hatte akzeptiert, dass Minnie ohne ihn weiterleben wollte, und wirkte beinahe zufrieden und zuversichtlich. Was nicht heißt, dass die Zeit im Gefängnis keine Nachwirkungen gehabt hätte. Nun erzählte er mir immer öfter, wie unerträglich es für ihn gewesen war, mit der ständig drohenden Hinrichtung zu leben. Er gestand mir Ängste und Zweifel, über die er seinerzeit kaum gesprochen hatte. Während seiner Zeit in der Todeszelle waren sechs Mithäftlinge getötet worden. Jede dieser Hinrichtungen erlebte er genau wie die anderen Todeskandidaten mit symbolischem Protest und privaten Ängsten. Doch er meinte, er sei sich erst später bewusst geworden, welche Angst die Erfahrung in ihm geweckt habe. Er war verwirrt, dass ihn dies immer noch verfolgte, obwohl er nun in Freiheit war.

»Warum denke ich dauernd daran?«

Manchmal klagte er über Albträume. Wenn Freunde oder Bekannte die Bemerkung fallen ließen, sie seien grundsätzlich für die Todesstrafe, nur eben nicht in Walters Fall, dann erschütterte ihn dies zutiefst.

Ich konnte ihn nur damit trösten, dass es irgendwann besser werden würde.

Nach einigen Monaten wollte Walter wieder in den Ort zurückkehren, in dem er sein ganzes Leben verbracht hatte. Mich machte der Gedanke nervös, doch er stellte einen Wohnwagen auf ein Grundstück, das ihm in Monroe County gehörte, und ließ sich dort nieder. Er arbeitete wieder im Wald, während wir planten, diejenigen zu verklagen, die an seiner unrechtmäßigen Verfolgung und Verurteilung beteiligt gewesen waren.

Die meisten Verurteilten, deren Unschuld nachträglich erwiesen wird, erhalten keine Entschädigung, keine Unterstützung und keine Betreuung vom Staat, der sie zu Unrecht ihrer Freiheit beraubt hat. Zum Zeitpunkt von Walters Freilassung zahlten nur zehn Bundesstaaten und Washington D.C. Wiedergutmachung an Justizopfer. Seither sind es zwar mehr geworden, doch fast die Hälfte aller Bundesstaaten gibt noch immer keinen Cent, und der Rest zahlt wenig. New Hampshire spricht unrechtmäßig Inhaftierten unabhängig von der Haftdauer maximal 20 000 Dollar zu, Wisconsin 25 000 Dollar. In Oklahoma und Illinois sind es höchstens 200 000 Dollar, selbst nach Jahrzehnten der Haft. Andere Staaten zahlen bis zu einer Million Dollar, andere haben gar keine Obergrenze, doch vielerorts sind die Auflagen kaum zu erfüllen. Einige Bundesstaaten zahlen beispielsweise nur, wenn der Staatsanwalt, der für das Fehlurteil verantwortlich war, den Antrag unterstützt.

Zum Zeitpunkt von Walters Freilassung gehörte Alabama zu den vielen Bundesstaaten, die Justizopfer nicht entschädigten. Das Parlament konnte zwar in Einzelfällen eine Wiedergutmachung bewilligen, doch in der Praxis kam es nur selten dazu. Ein Abgeordneter beantragte eine Entschädigung für Walter, woraufhin es in der Lokalpresse hieß, Walter solle 9 Millionen Dollar bekommen. Der Antrag, von dem Walter nichts wusste, fand zwar keine Mehrheit, doch die Berichte über die horrende Entschädigungszahlung erzürnte diejenigen Bürger von Monroeville, die noch immer an Walters Schuld glaubten, und veranlasste einige von Walters Bekannten, ihn um finanzielle Unterstützung zu bitten. Eine Frau reichte gar eine Vaterschaftsklage ein und behauptete, Walter habe ein Kind gezeugt, das weniger als acht Monate nach Walters Freilassung aus dem Gefängnis zur Welt kam. Ein Gentest bewies, dass Walter nicht der Vater war.

Walter war frustriert, dass ihm manche Leute nicht zu glauben schienen, wenn er ihnen versicherte, dass er keinen Cent bekommen hatte. Wir bemühten uns zwar auf rechtlichem Wege um eine Wiedergutmachung, doch wir stießen auf große Hindernisse. Sheriffs, Staatsanwälte und Richter genießen Immunität und sind vor Zivilklagen geschützt. Chapman und die beteiligten Ermittler bestätigten nun zwar gern, dass Walter unschuldig war, doch sie waren nicht bereit, Verantwortung für seine Verurteilung zu übernehmen. Sheriff Tate, der noch vor dem Prozess Walters Verlegung in den Todestrakt betrieben hatte und dessen rassistische Drohungen und Einschüchterungen noch am ehesten zu einer Anklage führen konnten, soll kurz nach dem Freispruch zwar Walters Unschuld eingesehen haben, danach soll er jedoch wiederholt erklärt haben, dass er Walter immer noch für den Täter halte.

Robert McDuff, ein alter Freund aus Jackson, Mississippi, erklärte sich bereit, unsere Entschädigungsklagen zu unterstützen. Robert ist ein weißer Rechtsanwalt, dessen Südstaaten-Charme in Kombination mit seinen hervorragenden beruflichen Fähigkeiten ihm vor den Gerichten von Alabama einen gewissen Vorteil verschaffte. Er hatte mich unlängst in einem Bürgerrechtsprozess in Alabama um Unterstützung gebeten, bei dem es ebenfalls um das Fehlverhalten von Polizeikräften ging. In diesem Fall hatte die Polizei eine Razzia in einem Nachtklub in Chambers County durchgeführt und unbeteiligte schwarze Anwohner verhaftet, beleidigt und misshandelt; danach hatte sie jede Verantwortung für ihre Übergriffe abgelehnt. Wir brachten den Fall bis vor den Obersten Gerichtshof der Vereinigten Staaten, wo wir schließlich gewannen.

Auch Walters Fall sollte bis vor den Obersten Gerichtshof kommen. Wir verklagten fast ein Dutzend Beamte des Countys und des Bundesstaates, und wie zu erwarten, beriefen sich alle auf ihre Immunität, um keine Verantwortung für Walters widerrechtliche Verurteilung übernehmen zu müssen. Staatsanwälte und Richter genießen sogar noch größeren Schutz vor Zivilklagen als Polizeibeamte. Obwohl es offensichtlich war, dass Bezirksstaatsanwalt Ted Pearson Beweise für Walters Unschuld zurückgehalten hatte und damit direkt für das Fehlurteil verantwortlich war, hätten wir mit einer Klage gegen ihn vermutlich keinen Erfolg gehabt. Die Gerichte der Vereinigten Staaten schützen Staatsanwälte selbst bei skandalösen Amtsverfehlungen, die zur Hinrichtung von Unschuldigen führen.

Im Jahr 2011 bekräftigte der Oberste Gerichtshof erneut die Immunität der Staatsanwälte. Einen Monat vor der geplanten Hinrichtung eines Häftlings namens John Thompson in Louisiana wurde ein Bericht aus einem Polizeilabor entdeckt, der Thompson von einem Raubmord entlastete, den ihm die Staatsanwaltschaft vierzehn Jahre zuvor angehängt hatte. Ein Gericht des Bundesstaates widerrief daraufhin das Todesurteil. Thompson wurde freigelassen und strengte eine Entschädigungsklage an. Ein Gericht in New Orleans sprach ihm eine Wiedergutmachung in Höhe von 14 Millionen Dollar zu. Die Geschworenen kamen zu dem Schluss, dass der Bezirksstaatsanwalt Harry Connick Sr. Beweise für Thompsons Unschuld zurückgehalten hatte und damit direkt dafür verantwortlich war, dass Thompson vierzehn Jahre lang für ein Verbrechen inhaftiert wurde, das er gar nicht begangen hatte. Connick focht das Urteil an, und der Oberste Gerichtshof der Vereinigten Staaten gab ihm in einer umstrittenen Entscheidung mit einer Stimme Mehrheit recht. Fünf der neun Verfassungsrichter kamen zu dem Schluss, dass Staatsanwälte aufgrund ihrer Immunität nicht wegen Amtsverfehlungen angeklagt werden können, selbst wenn sie wissentlich und widerrechtlich Unschuldsbeweise zurückhalten. Die Entscheidung wurde von Juristen scharf kritisiert, und Verfassungsrichterin Ruth Bader Ginsburg veröffentlichte eine überzeugende Gegenmeinung, doch Thompson bekam keinen Cent.

In Walters Fall standen wir vor ähnlichen Hindernissen. Nach einem Jahr der Aussagen, Anhörungen und Vorverhandlungen konnten wir uns schließlich mit den meisten Beteiligten einigen. Walter erhielt einige Hunderttausend Dollar. In seiner Klage gegen Monroe County wegen des Amtsmissbrauchs von Sheriff Tate erzielten wir keine Einigung, weshalb wir den Obersten Gerichtshof anriefen. Polizeibeamte verfügen in der Regel nicht über ein ausreichendes Privatvermögen, um die Opfer ihrer Willkür zu entschädigen, weshalb sich Entschädigungsklagen meist gegen den Arbeitgeber richten, zum Beispiel die Stadt- oder Bezirksverwaltung. Daher klagten wir gegen Monroe County, doch die Bezirksverwaltung hielt dagegen, dass der Sheriff zwar ausschließlich für den Bezirk arbeite und aus dessen Mitteln bezahlt werde, dass er jedoch kein Angestellter des County sei, sondern des Bundesstaates Alabama.

Die Regierungen von Bundesstaaten sind jedoch vor Klagen gegen Fehlverhalten ihrer Angestellten geschützt, es sei denn, diese Angestellten arbeiten für eine Behörde, gegen die eine Klage möglich ist. Wenn Tate tatsächlich ein Angestellter des Bundesstaates war, dann musste Monroe County nicht für dessen Verfehlungen geradestehen, und vom Bundesstaat Alabama gab es keine Entschädigung. Bedauerlicherweise entschied der Oberste Gerichtshof, wieder mit nur einer Stimme Mehrheit, dass Sheriffs in der Tat Angestellte des Bundesstaates sind, weshalb Walter für die ungeheuerlichsten Amtsverfehlungen in seinem Fall keine Entschädigung erhielt. Letztlich einigten wir uns mit allen Beteiligten, doch ich war enttäuscht, dass wir nicht mehr für Walter erreichen konnten. Wie zum Hohn wurde Tate auch noch als Sheriff wiedergewählt und ist bis heute im Amt; er ist seit nunmehr 25 Jahren Sheriff.

Die Entschädigung fiel zwar bescheidener aus als erhofft, doch mit dem Geld konnte Walter immerhin sein Holzunternehmen wieder aufnehmen. Er freute sich, in den Wald zu gehen und Holz zu schlagen, und erzählte mir, wenn er von morgens bis abends an der frischen Luft sei, dann fühle er sich wieder wie ein Mensch. Doch eines Nachmittags passierte es: Während er einen Baum fällte, brach ein Ast ab, traf ihn im Genick und brach ihm einen Halswirbel. Die Verletzung war so schwer, dass Walter einige Wochen lang in schlechter Verfassung war. Da sich niemand um ihn kümmern konnte, lebte er einige Monate bei mir in Montgomery, bis er sich erholt hatte. Nach seiner Genesung konnte er leider nicht mehr im Wald arbeiten. Trotzdem staunte ich, wie gut er den Unfall wegsteckte.

»Mir wird schon was anderes einfallen, wenn ich wieder auf die Beine komme«, sagte er.

Nach einigen Monaten ging er zurück nach Monroe County und begann, mit gebrauchten Autoersatzteilen zu handeln. Er hatte ein Grundstück, auf dem er seinen Wohnwagen aufgestellt hatte, und einige Freunde hatten ihn überzeugt, dass er mit Autoschrott Geld verdienen konnte. Die Arbeit war weniger anstrengend als Holzfällen, und er war an der frischen Luft. Es dauerte nicht lange, und sein

Grundstück verwandelte sich in einen Schrottplatz aus Autoteilen und Altmetall.

Im Jahr 1998 wurden Walter und ich zu einer Konferenz nach Chicago eingeladen, auf der sich freigesprochene Todeskandidaten treffen wollten. Ende der Neunzigerjahre waren dank neuer Gentests Dutzende Fehlurteile widerrufen worden. In vielen Bundesstaaten wurden mehr Todesurteile aufgehoben als vollstreckt. In Illinois war das Problem derart gravierend, dass der republikanische Gouverneur George Ryan im Jahr 2003 mit Verweis auf die Fragwürdigkeit der Urteile sämtliche der 167 anhängigen Todesurteile aufhob. Die Sorge um unschuldig zum Tode Verurteilte wuchs, und in Meinungsumfragen sprachen sich immer mehr Bürger gegen die Todesstrafe aus. Unter den Gegnern der Todesstrafe regte sich die Hoffnung auf eine grundlegende Reform oder gar ein Moratorium. Unser Treffen mit ehemaligen Todeskandidaten beflügelte Walter, der motivierter denn je schien, über seine Erfahrung zu sprechen.

Etwa zu dieser Zeit begann ich, an der juristischen Fakultät der New York University zu unterrichten. Ich pendelte zwischen New York City, wo ich meine Kurse abhielt, und Montgomery, wo ich die EJI leitete. Einmal im Jahr nahm ich Walter mit nach New York, wo er Studenten von seinen Erfahrungen berichtete. Es war jedes Mal ein bewegender Moment, wenn er den Seminarraum betrat. Er war der Überlebende eines Strafrechts, das an ihm demonstriert hatte, wie unfair und grausam es sein konnte. Seine Persönlichkeit, Präsenz und Geschichte sagten mehr über die Menschlichkeit der Justizopfer aus als jede Theorie. Seine persönliche Sicht auf das Leid unschuldig Verurteilter bewegte die Studenten. Viele schienen zutiefst berührt von seinen Schilderungen. Walter hielt seinen Vortrag in der Regel kurz und beantwortete Fragen mit knappen Worten, doch er machte gewaltigen Eindruck auf die Studenten, die ihn kennenlernten. Er lachte, machte Witze und sagte, er sei nicht verärgert oder verbittert, sondern nur dankbar für seine Freiheit. Er erzählte, wie ihm sein Glaube geholfen habe, die vielen Hundert Nächte in der Todeszelle zu überleben.

Einmal ging Walter auf dem Weg nach New York City verloren und rief mich an, dass er nicht kommen könne. Er schien verwirrt und konnte sich offenbar selbst nicht erklären, was am Flughafen passiert war. Nach meiner Rückkehr besuchte ich ihn. Er wirkte wie immer, vielleicht ein bisschen niedergeschlagen. Er erzählte mir, sein Schrotthandel gehe nicht sonderlich gut, und den Schilderungen seiner finanziellen Situation entnahm ich, dass er seine Entschädigung schneller ausgab, als klug war. Er kaufte Geräte, um sich die Arbeit zu erleichtern, aber er verdiente nicht genug, um diese Investitionen wieder hereinzuholen. Nachdem wir uns ein oder zwei Stunden lang über seine Situation unterhalten hatten, legte sich seine Unruhe, und er schien wieder so jovial, wie ich ihn kannte. Wir verabredeten weitere Reisen.

Aber nicht nur Walter steckte in finanziellen Schwierigkeiten. Nachdem die Republikaner 1994 die Mehrheit im Kongress errungen hatten, wurde die Prozesskostenhilfe für Todeskandidaten zur politischen Zielscheibe und rasch gestrichen. Die meisten Organisationen, die sich für Todeskandidaten einsetzten, mussten ihre Arbeit einstellen. Wir hatten nie Gelder vom Bundesstaat Alabama erhalten, aber ohne die Bundesmittel standen wir vor großen finanziellen Herausforderungen. Wir kamen gerade so über die Runden und fanden ausreichend private Spender, um unsere Arbeit fortsetzen zu können. Mein Kalender wurde immer voller, zu meiner Arbeit als Anwalt kamen die Lehrtätigkeit und die Spendensammlung hinzu, doch irgendwie ging es weiter. Unsere Mitarbeiter waren überarbeitet, doch ich freute mich, wie viele talentierte Anwälte wir inzwischen gewinnen konnten. Wir vertraten Todeskandidaten, legten Einspruch gegen unverhältnismäßige Strafen ein, unterstützten behinderte Häftlinge, halfen Kindern in Erwachsenengefängnissen und kämpften gegen Rassismus, Diskriminierung von Armen und Machtmissbrauch. So viel Arbeit es war, so befriedigend war es auch.

Eines Tages erhielt ich einen überraschenden Anruf des schwedischen Botschafters: Die EJI sollte den Olof-Palme-Preis erhalten, und ich sollte zur Preisverleihung nach Stockholm kommen. Als Student hatte ich mich mit der fortschrittlichen schwedischen Justiz beschäftigt und sie dafür bewundert, dass sie die Rehabilitation von Straftätern in den Mittelpunkt stellte. Die Bestrafung war human, und die Politik nahm die Wiedereingliederung von Straftätern in die Gesellschaft ernst, weshalb ich mich umso mehr über den Preis und die Reise freute. Dass der Preis, der nach einem ermordeten Ministerpräsidenten benannt war, an eine Organisation verliehen wurde, die Todeskandidaten vertrat, verriet viel über die Einstellung der Schweden. Die Reise nach Stockholm war für Januar geplant. Zwei Monate vorher kam ein Kamerateam nach Alabama, um mich zu interviewen und mit einigen unserer Mandanten zu sprechen. Ich arrangierte ein Treffen mit Walter.

»Ich komme zum Interview nach Monroe County«, sagte ich Walter.

»Nicht nötig«, meinte er. »Wenn ich nicht reisen muss, ist das kein Problem. Vergeuden Sie Ihre Zeit lieber nicht mit der Fahrerei.«

»Wollen Sie nicht mit nach Schweden kommen?«, fragte ich halb im Ernst.

»Ich weiß nicht, wo das ist. Aber wenn ich dazu ewig fliegen muss, dann interessiert es mich nicht so. Ich bleibe lieber am Boden.« Wir lachten, und er klang zufrieden.

Dann wurde er still. Ehe wir auflegten, stellte er mir noch eine letzte Frage: »Können Sie vielleicht noch mal vorbeischauen, wenn Sie zurückkommen? Es ist alles okay, nur so zum Abhängen.«

Das war eine ungewöhnliche Bitte, also sagte ich gern zu. »Klar, klingt gut. Wir könnten angeln gehen«, meinte ich zum Spaß. Ich hatte noch nie im Leben geangelt, und das fand Walter so ungeheuerlich, dass er mich dauernd damit aufzog. Wenn wir zusammen unterwegs waren, bestellte ich nie Fisch, und er war sich sicher, dass ich Fisch mied, weil ich nie welchen gefangen hatte. Ich versprach ihm, mit ihm angeln zu gehen, aber wir hatten es nie geschafft.

Das schwedische Kamerateam machte sich gern allein auf die Suche nach Walters Wohnwagen in den Wäldern von Alabama. Ich beschrieb ihnen den Weg. Ich war immer dabei gewesen, wenn Walter mit der Presse gesprochen hatte, doch ich nahm an, dass es auch ohne mich gut laufen würde.

»Er hält keine langen Vorträge«, erklärte ich den Reportern. »Er ist knapp und direkt. Er ist prima, aber Sie müssen ihm gute Fragen stellen. Und es ist vermutlich besser, wenn Sie draußen mit ihm reden. Er ist gern an der frischen Luft.« Sie nickten mitfühlend und schienen sich ein bisschen über meine Besorgnis zu amüsieren. Von meinem Abflug nach Schweden rief ich noch einmal bei Walter an, der mir versicherte, das Interview sei gut gelaufen.

Stockholm war schön, obwohl es dauernd schneite und eisige Temperaturen herrschten. Ich hielt ein paar Reden und nahm an ein paar Dinners teil. Es war eine kurze, kalte Reise, aber die Menschen waren warm und ungewöhnlich herzlich. Ich war überrascht, wie befriedigend ich ihre Begeisterung für unsere Arbeit empfand. Die meisten meiner

Gesprächspartner brachten ihre Unterstützung zum Ausdruck und wünschten uns alles Gute. Einige Jahre später wurde ich nach Brasilien eingeladen, um Vorträge über die Bestrafung und ungerechte Behandlung von sozial Benachteiligten zu halten. Ich verbrachte viel Zeit in Armenvierteln, vor allem den Favelas von São Paolo, und traf Hunderte Menschen, die im Elend lebten und dringend mit mir sprechen wollten. Stundenlang unterhielt ich mich mit allen möglichen Menschen, von Müttern, die mit Mühe ihre Familien ernährten, bis zu Kindern, die Klebstoffe schnüffelten, um mit dem Hunger und der Polizeibrutalität fertigzuwerden. Diese Gespräche mit Menschen, die aus einer ganz anderen Kultur stammten, aber viel mit meinen Mandanten gemeinsam hatten, beeindruckten mich zutiefst. Die Menschen in Schweden waren zwar nicht in gleichem Maße von einem ungerechten Justizsystem betroffen. Trotzdem waren sie genauso offen und zeigten großes Mitgefühl.

Unter anderem sollte ich einen Vortrag in einer Stockholmer Schule halten. Das Kungsholmens Gymnasium befindet sich in einem besonders schönen Viertel, einer Halbinsel mit Gebäuden aus dem 17. Jahrhundert. Als jemand, der kaum aus den Vereinigten Staaten herausgekommen war, bestaunte ich die historischen Patrizierhäuser. Die Schule selbst bestand damals seit fast hundert Jahren. Ich wurde durch das Gebäude zu einer schmalen Treppe mit gedrechselten Handläufen geleitet, die in einen gewaltigen Saal führte. Dort erwarteten mich bereits einige Hundert Schüler. Das Gewölbe des Saals war mit einem Deckengemälde und dekorativen lateinischen Inschriften verziert, an den Wänden schwebten Engel mit Trompeten. Eine große Empore, auf der sich noch mehr Schüler drängten, schien elegant zwischen den Gemälden zu schweben.

So alt der Raum war, so perfekt war die Akustik. Während ich vorgestellt wurde, sah ich mir die Gesichter der vielen Hundert Jugendlichen an und war beeindruckt von der Neugierde, die mir aus ihren Gesichtern entgegenblickte. Eine gute Dreiviertelstunde lang sprach ich zu diesen erstaunlich stillen und aufmerksamen Jugendlichen. Ich wusste zwar, dass sie Englisch als Fremdsprache lernten, aber ich war mir nicht sicher, wie viel von meinem Vortrag sie verstanden. Als ich fertig war, brandete lauter Applaus auf. Diese Reaktion überraschte mich. Sie waren so jung, doch so interessiert am Leid meiner verurteilten Mandanten, die Tausende Kilometer weit weg lebten. Der Direktor trat auf die Bühne, um mir zu danken. Ein Zweig der Schule war ein weltberühmtes musisches Gymnasium mit einem bekannten Schülerchor. Der Direktor bat die Sänger des Chors, aufzustehen, wo immer sie saßen, und ein Lied zu singen. Fünfzig kichernde Jugendliche erhoben sich von ihren Plätzen und sahen einander an.

Nach einigen Sekunden der Unsicherheit stieg ein siebzehnjähriger Junge mit rotblonden Haaren auf seinen Stuhl und rief den anderen etwas zu. Die Schüler lachten, dann wurden sie ernst. Es wurde still, und der Junge gab in einer schönen Tenorstimme einen Ton vor, dann hob er die Arme und gab den Einsatz. Die Stimmen stiegen empor und vereinten sich zu einer Harmonie, wie ich sie nie gehört hatte. Nachdem er den Einsatz gegeben hatte, stieg der Junge von seinem Stuhl herunter und stimmte in die herzerweichende Melodie ein. Ich verstand den Text nicht, doch es klang himmlisch. Dissonanzen und Spannungen lösten sich in warmen Akkorden auf, und der Gesang schien aus einer anderen Welt herüberzuwehen.

Ich stand auf der Bühne und blickte hinauf in das reich ausgemalte Deckengewölbe. Wenige Monate vor der Reise war meine Mutter gestorben. Sie war ihr Leben lang Kirchenmusikerin gewesen und hatte mit Dutzenden Kinderchören gearbeitet. Als ich nach oben blickte und in der Decke die Bilder der Engel sah, musste ich an sie denken. Mir wurde schnell klar, dass ich Gefahr lief, die Fassung zu verlieren, also blickte ich zurück zu den Jugendlichen und zwang mich zu einem Lächeln. Als die Schüler ihr Lied beendet hatten, applaudierten und jubelten die übrigen lautstark. Ich schloss mich dem Applaus an und tat alles, mich zusammenzureißen. Als ich die Bühne verließ, kamen einige der Schüler auf mich zu, um mir zu danken, mir Fragen zu stellen und Fotos zu machen. Ich war überwältigt.

Es war ein langer und erschöpfender, aber auch ein wunderbarer Tag. Als ich wieder ins Hotel kam, war ich dankbar, dass ich vor meinem nächsten Vortrag zwei Stunden Pause hatte. Ich weiß nicht, wie ich auf die Idee kam, den Fernseher einzuschalten, aber ich war seit vier Tagen unterwegs und hatte keine Ahnung, was in der Welt passiert war. Ich fand einen schwedischen Nachrichtensender. Während sich die Sprecher unterhielten, hörte ich plötzlich meinen Namen. Es folgte der Beitrag, den die schwedischen Journalisten mit mir gemacht hatten. Die Szenen waren vertraut, und ich sah mich, wie ich mit den Reportern in die Martin Luther King Church in Montgomery trat. Dann tauchte Walter auf, der im Blaumann zwischen seinen Autoteilen stand.

Vorsichtig setzte Walter ein Kätzchen ab, das er in den Armen getragen hatte, dann beantwortete er die Fragen der Reporter. Er hatte mir erzählt, wie viele Katzen zwischen seinen Autoteilen Zuflucht suchten. Er sagte Dinge, die ich schon Dutzende Male gehört hatte. Doch dann änderte sich sein Gesichtsausdruck, und er wurde lebhafter, als ich es von ihm gewohnt war.

Er wurde emotional. »Sechs Jahre lang haben die mich in die Todeszelle gesperrt! Sechs Jahre lang haben sie mich bedroht. Sechs Jahre lang haben sie mich gequält, indem sie mir die Hinrichtung angedroht haben. Ich habe meine Arbeit verloren. Ich habe meine Frau verloren. Ich habe meinen Ruf verloren. Ich habe – ich habe meine Würde verloren.«

Er sprach laut und leidenschaftlich und schien den Tränen nahe. »Ich habe alles verloren«, fuhr er fort. Er beruhigte sich, und versuchte zu lächeln, doch es gelang ihm nicht. Ernüchtert blickte er in die Kamera. »Das ist hart, das ist hart, Mann. Das ist hart.«

Besorgt sah ich zu, wie sich Walter auf den Boden hockte und laut schluchzte. Die Kamera zeigte ihn, während er weinte. Dann kam ein Schnitt, ich tauchte wieder im Bild auf und sagte etwas Abstraktes und Philosophisches, dann war der Bericht zu Ende.

Ich war erschüttert. Ich hätte gern mit Walter gesprochen, aber ich hatte keine Ahnung, wie ich ihn von Schweden aus anrufen konnte. Ich wusste, dass es Zeit war, nach Alabama zurückzufliegen.

14 Grausam

Am Morgen des 4. Mai 1989 überredeten der fünfzehnjährige Michael Gulley und der siebzehnjährige Nathan McCants den dreizehnjährigen Joe Sullivan, in Pensacola, Florida, bei einem Einbruch mitzumachen. Die drei Jungen stiegen in das Haus von Lena Bruner ein, während sie gerade nicht daheim war. McCants nahm Geld und Schmuck an sich, dann verließen die drei den Tatort. Am Nachmittag desselben Tages wurde Mrs. Bruner, eine weiße Frau Anfang siebzig, in ihrem Haus vergewaltigt. Jemand klopfte an die Tür, und als sie öffnete, wurde sie von hinten von einem Mann gepackt, der durch den Hintereingang ins Haus eingedrungen war. Es war ein brutaler und entsetzlicher Überfall. Mrs. Bruner bekam ihren Angreifer nicht zu Gesicht, sie konnte ihn nur als »sehr dunkelhäutigen Jungen mit krausem Haar« beschreiben. Gulley, McCants und Sullivan waren Afroamerikaner.

Wenige Minuten nach dem Überfall wurden Gulley und McCants zusammen verhaftet. McCants trug Mrs. Bruners Schmuck bei sich. Gulley hatte ein langes Vorstrafenregister, darunter mindestens ein Sexualdelikt. Da ihm nun eine Anklage wegen schweren Raubüberfalls drohte, bezichtigte er Joe Sullivan der Vergewaltigung. Joe wurde nicht mit den beiden anderen festgenommen, doch er stellte sich am folgenden Tag freiwillig, als er erfuhr, dass Gulley und McCants ihn angeschwärzt hatten. Joe gab zu, dass er den älteren Jungen beim Einbruch geholfen hatte, doch er behauptete standhaft, nichts von dem Sexualverbrechen zu wissen.

Der Staatsanwalt beschloss, den dreizehnjährigen Joe Sullivan nach Erwachsenenstrafrecht wegen Vergewaltigung und anderen Delikten anzuklagen. Kein Richter überprüfte, ob für Joe nicht das Jugendstrafrecht hätten gelten müssen: Florida ist einer der wenigen Bundesstaaten, in denen die Staatsanwaltschaft allein darüber entscheiden kann, ob sie Minderjährige nach dem normalen oder dem Jugendstrafrecht anklagt, und es gibt kein Mindestalter, ab dem Jugendliche als Erwachsene vor Gericht gestellt werden können.

Vor Gericht gestand Joe, dass er am Einbruch des Vormittags beteiligt war, stritt jedoch ab, etwas mit der Vergewaltigung zu tun zu haben. Die Staatsanwaltschaft stützte sich vor allem auf die eigennützigen Versionen von McCants und Gulley, vor allem auf Gulleys Behauptung, Joe habe ihm das Verbrechen in der Untersuchungshaft gestanden. Weil McCants gegen Joe aussagte, wurde er zu nur viereinhalb Jahren Haft in einem Erwachsenengefängnis verurteilt und war nach sechs Monaten wieder auf freiem Fuß. Gulley, der zuvor bei rund zwanzig weiteren Einbrüchen beteiligt gewesen war, wurde als Jugendlicher vor Gericht gestellt und zu einer kurzen Haftstrafe in einem Jugendgefängnis verurteilt.

Der einzige physische Beweis gegen Joe war ein Handabdruck, den die Ermittler in Mrs. Bruners Schlafzimmer gefunden hatten; das passte zu Joes Geständnis, der zugab, den Raum während des Einbruchs betreten zu haben. Die Polizei hatte außerdem Sperma und Blut sichergestellt, doch die Staatsanwaltschaft zog es vor, diese Proben nicht zu verwenden, und zerstörte sie, ehe sie abgeglichen werden konnten. Daneben präsentierte die Staatsanwaltschaft die Aussage eines Polizeibeamten, der einen »kurzen Blick« auf einen schwarzen Jugendlichen erhascht hatte; nachdem er Joe bereits beim Verhör auf der Polizeiwache gesehen hatte, identifizierte er ihn später als den flüchtenden Jungen.

Schließlich präsentierte die Staatsanwaltschaft die Aussage des Opfers. Obwohl Mrs. Bruner vor dem Prozess explizit vorbereitet worden war, konnte sie Joe Sullivan nicht zweifelsfrei als Täter identifizieren. Joe sollte die Worte wiederholen, mit denen der Täter sie bedroht hatte, doch sie konnte nur aussagen, dass Joes Stimme die des Täters »sein könnte«.[1]

Nach nur einem Prozesstag wurde Joe von sechs Geschworenen verurteilt. Die Eröffnungsplädoyers begannen nach 9 Uhr morgens, um 16:55 Uhr präsentierten die Geschworenen ihr Urteil. Joes Pflichtverteidiger, dem übrigens später die Anwaltslizenz entzogen wurde, reichte kein schriftliches Plädoyer ein. Zudem sagte er laut Prozessakten während der gesamten Verhandlung gerade einmal zwölf Sätze. Dabei gab es so viel, was er hätte sagen können.

Zum Zeitpunkt der Verhaftung war Joe Sullivan dreizehn Jahre alt, doch aufgrund einer geistigen Behinderung las er wie ein Sechsjähriger. Der Junge war von seinem Vater wiederholt körperlich misshandelt und von seinen Eltern vernachlässigt worden, die Familie war zerrüttet und lebte in »Missbrauch und Chaos«, wie Sozialarbeiter sagten. Seit seinem zehnten Lebensjahr hatte Joe kein festes Zuhause mehr gehabt und an zehn verschiedenen Adressen gelebt. Die meiste Zeit hatte er auf der Straße gelebt und war mehrmals von der Polizei festgenommen worden, unter anderem wegen Hausfriedensbruchs, Fahrraddiebstahl und

Eigentumsdelikten, die er mit seinem größeren Bruder und anderen älteren Jugendlichen begangen hatte.

Joe war allerdings nur ein einziges Mal, und zwar im Alter von zwölf Jahren, vor Gericht gekommen. Die Sozialarbeiterin, die Joes Fall betreute, führte sein Verhalten darauf zurück, dass »Joe leicht zu beeinflussen ist und die falschen Freunde hat«. Sie beschrieb Joe als »ganz offensichtlich unreif und naiv, ein Mitläufer, kein Anführer«, und sah in ihm das Potenzial, »ein positives und produktives Leben« zu führen.

Obwohl Joe lediglich ein Register von kleineren Jugendstrafen hatte, die durchweg gewaltlos gewesen waren und ihn nur ein einziges Mal vor Gericht gebracht hatten, kam der Richter zu dem Schluss, »das Jugendstrafsystem ist von Mr. Sullivan in jeder Hinsicht überfordert«. Seiner Ansicht nach hatte Joe »zahlreiche Möglichkeiten erhalten, den Weg zum Guten einzuschlagen und die neuen Chancen zu nutzen, die man ihm gab«. In Wahrheit bekam Joe überhaupt keine Chance. Stattdessen wurde er im Alter von dreizehn Jahren vom Staatsanwalt als »Serienstraftäter« und als »rückfälliger Gewalttäter« eingestuft. Der Richter verurteilte ihn zu lebenslanger Haft ohne Möglichkeit der vorzeitigen Entlassung.

Obwohl es zahlreiche Möglichkeiten gegeben hätte, das Urteil anzufechten, sah Joes Pflichtanwalt keinen Anlass dazu und durfte sein Mandat niederlegen.[2] Joe wurde in ein Gefängnis für Erwachsene geschickt, wo ein Albtraum begann, der achtzehn Jahre dauern sollte. Joe wurde wiederholt vergewaltigt, beging mehrere Selbstmordversuche und entwickelte Multiple Sklerose, die ihn schließlich in den Rollstuhl zwang. Ärzte kamen später zu dem Schluss, dass diese neurologische Störung durch das im Gefängnis erlittene Trauma ausgelöst worden sein könnte.

Ein Mithäftling wandte sich an uns und schrieb uns, Joe sei behindert, werde misshandelt und sei im Alter von dreizehn Jahren unschuldig zu lebenslanger Haft verurteilt worden. Im Jahr 2007 nahmen wir Kontakt mit Joe auf und stellten fest, dass er keinen Anwalt hatte und dass ihm während der gesamten achtzehn Jahre im Gefängnis niemand geholfen hatte, sein Urteil anzufechten. Joe kritzelte seine Antwort auf einen Zettel in der Handschrift eines kleinen Jungen. Er war inzwischen 31 Jahre alt, doch seine Intelligenz war auf dem Stand eines Achtjährigen. In seinem Brief schrieb er, es gehe ihm gut. Und im nächsten: »Wenn ich nichts getan habe, warum darf ich dann nicht nach Hause gehen? Mr. Bryan, wenn das stimmt, können Sie mir bitte antworten und mich abholen?«

Ich versprach Joe, dass wir seinen Fall untersuchen würden und Grund zu der Annahme hatten, dass er unschuldig war. Um seine Unschuld zu beweisen, beantragten wir einen Gentest, doch da die Beweise vernichtet worden waren, wurde der Antrag abgelehnt. Entmutigt beschlossen wir, vor dem Obersten Gerichtshof der Vereinigten Staaten gegen die Grausamkeit und Unverhältnismäßigkeit von Joes lebenslanger Haftstrafe zu klagen.

Von Montgomery fuhr ich durch Südalabama nach Florida und dort durch ein Gewirr von schmalen Landstraßen in die Ortschaft Milton, wo sich das Gefängnis Santa Rosa befindet; dort sollte ich Joe persönlich kennenlernen. Santa Rosa County liegt im äußersten Nordwesten Floridas an der Golfküste und war lange vor allem für seine Landwirtschaft bekannt. Zwischen 1980 und 2000 verdoppelte sich die Einwohnerzahl, da die Küstenregion immer mehr Rentner und Urlauber anzog. Viele wohlhabende Familien verließen Pensacola und zogen nach Santa Rosa County, außerdem ließen sich die Soldaten des Luftwaffenstützpunkts Eglin mit ihren Familien hier nieder. In dem Ort gab es jedoch noch eine andere Wachstumsbranche: das Gefängnis.

In den Neunzigerjahren errichtete der Bundesstaat Florida hier ein Zuchthaus für 1600 Häftlinge. Damals wurden in den Vereinigten Staaten mehr Gefängnisse gebaut als zu irgendeinem anderen Zeitpunkt der Menschheitsgeschichte: Zwischen 1990 und 2005 wurde durchschnittlich alle zehn Tage eine Haftanstalt eröffnet. Es entstand ein Komplex aus wirtschaftlichen Interessen, die vom Bau der Haftanstalten profitieren. Politiker wurden mit Wahlspenden in Millionenhöhe unterstützt, damit sie den Ausbau der Gefängnisse vorantrieben und gesellschaftliche Probleme per Inhaftierung lösten. Lange Haftstrafen wurden zur Patentlösung für alles: Gesundheitsprobleme wie die Drogensucht; die Armut, die jemanden einen ungedeckten Scheck ausschreiben ließ; Verhaltensauffälligkeiten von Kindern; geistige Behinderungen bei sozial Schwachen; und sogar illegale Einwanderung. Nie zuvor gab die Gefängnislobby so viel Geld aus, um Menschen hinter Gitter zu bringen, Strafrechtsreformen zu blockieren, neue Verbrechen zu erfinden, Angst und Schrecken vor Kriminalität zu schüren und die Masseninhaftierung voranzutreiben, wie in den letzten 25 Jahren in den Vereinigten Staaten.

In Santa Rosa traf ich auf ein rein weißes Wachpersonal, obwohl 70 Prozent der Inhaftierten Afroamerikaner oder Latinos waren. Das war ungewöhnlich, denn in anderen Gefängnissen begegnete ich meist auch dunkelhäutigen Wärtern. Nach einem komplizierten Anmeldeverfahren wurde ich eingelassen und bekam einen Beeper, für den Fall, dass ich bedroht werden sollte. Dann wurde ich in einen etwa zwölf auf zwölf Meter großen Raum gebracht, in dem zwei Dutzend trauriger Häftlinge saßen, während das Wachpersonal um sie herumschwirrte.

In einer Ecke standen drei Metallkäfige, die kaum mehr

als einen Quadratmeter messen konnten. In den vielen Jahren, in denen ich inzwischen Gefängnisse besuchte, hatte ich niemals derart kleine Käfige gesehen und fragte mich, welche Gefahr die dort Eingesperrten wohl darstellten, dass sie sich nicht zu den anderen Männern auf den Bänken setzen durften. In den ersten beiden Käfigen standen jeweils zwei junge Männer. Im dritten, der sich ganz in der Ecke befand, saß ein kleiner Mann im Rollstuhl. Sein Rollstuhl stand mit dem Gesicht zur Wand, sodass der Mann nicht in den Raum sehen konnte. Obwohl ich ihn nur von hinten sah, war ich mir sicher, dass es Joe sein musste. Immerfort kamen Wachbeamte in den Raum und riefen Namen auf, woraufhin einer der Männer aufstand und dem Beamten den Gang hinunterfolgte, offenbar um einen Termin wahrzunehmen. Schließlich rief ein Wärter: »Joe Sullivan, Anwaltsbesuch!« Ich ging auf ihn zu und stellte mich als der besuchende Anwalt vor. Der Mann rief zwei Wachleute, die zu Joes Käfig gingen und ihn aufsperrten. Dann versuchten sie, den Rollstuhl herauszuziehen, doch der Käfig war so winzig, dass sich die Räder in den Stangen verhakten und sich der Rollstuhl nicht mehr bewegte.

Einige Minuten lang sah ich zu, wie sich die Wachleute abmühten, um den Rollstuhl aus dem engen Käfig zu befreien. Immer mehr kamen hinzu, die den Stuhl zogen, schoben und anhoben, doch er rührte sich einfach nicht. Unter lautem Grunzen zerrten sie an dem Stuhl, um ihn mit Gewalt freizubekommen, doch es war zwecklos.

Zwei Vertrauenshäftlinge, die den Raum wischten, unterbrachen ihre Arbeit und sahen zu, wie die Beamten sich mit dem Rollstuhl abmühten. Schließlich boten sie ihre Hilfe an. Die Beamten nickten schweigend, aber niemand fand eine Lösung. Als die Frustration größer wurde, war die Rede davon, den Rollstuhl mit Zangen und Sägen zu zerlegen oder den Käfig samt Joe auf die Seite zu legen. Jemand schlug vor, Joe aus dem Rollstuhl herauszuheben, doch der Käfig war so eng, dass niemand hineinkonnte, um ihn zu bewegen.

Ich fragte die Wachen, warum Joe überhaupt in diesen Käfig gesperrt worden sei, und erhielt die brüske Antwort: »Lebenslänglich. Alle Lebenslänglichen unterliegen höheren Sicherheitsauflagen.«

Während dieses Gezerres konnte ich Joes Gesicht nicht sehen, doch ich konnte ihn weinen hören. Gelegentlich schluchzte er laut, und seine Schultern zuckten nach oben. Als einer der Wärter vorschlug, den Käfig auf die Seite zu legen, stöhnte er laut auf. Schließlich kam einer der beiden Vertrauenshäftlinge auf den Gedanken, den Käfig anzuheben und leicht zu kippen. Die beiden übernahmen es, den schweren Käfig hochzuheben, während die drei Wärter kräftig an dem Stuhl zerrten. Endlich bekamen sie ihn frei. Die Wachleute klatschten einander ab, die beiden Häftlinge entfernten sich schweigend, und Joe saß reglos mitten im Raum auf seinem Stuhl und starrte auf seine Füße.

Ich trat auf ihn zu und stellte mich vor. Über sein Gesicht liefen die Tränen, seine Augen waren rot, doch er klatschte in die Hände und rief freudig: »Ja! Ja! Mr. Bryan!« Lächelnd streckte er mir beide Hände entgegen, und ich nahm sie in meine.

Für unser Gespräch rollte ich Joe in einen kleinen Nebenraum. Auf dem Weg jubelte er leise weiter und klatschte begeistert in die Hände. Ich musste mich mit dem Wachmann anlegen, um die Tür schließen und ungestört mit Joe sprechen zu dürfen. Joe schien sich zu entspannen, als ich die Tür zuzog. Obwohl der Besuch so einen furchtbaren Anfang genommen hatte, war er nun ausgesprochen fröhlich. Ich wurde das Gefühl nicht los, dass ich mich mit einem kleinen Jungen unterhielt.

Ich erklärte Joe, wie enttäuscht wir waren, dass die Staatsanwaltschaft die biologischen Proben vernichtet hatte, mit denen wir einen Gentest durchführen und seine Unschuld beweisen wollten. Sowohl das Opfer als auch einer der Mitangeklagten waren mittlerweile verstorben, weshalb es extrem schwierig war, das Urteil aufheben zu lassen. Dann sagte ich ihm, dass wir nun versuchen würden, seine Verurteilung als verfassungswidrig anzufechten und ihn auf diese Weise aus dem Gefängnis zu holen. Während ich sprach, strahlte er mich ununterbrochen an, obwohl klar war, dass er nicht alles verstand. Er hatte einen Schreibblock auf dem Arm, und als ich fertig war, verkündete er, dass er einige Fragen vorbereitet habe.

Während meines gesamten Besuchs musste ich denken, dass er viel lebhafter und fröhlicher war, als ich angesichts seiner Geschichte erwartet hätte. Als er auf seine Fragen zu sprechen kam, sprudelte er regelrecht über. Er erklärte mir, wenn er jemals aus dem Gefängnis freikomme, wolle er Reporter werden und Leuten erzählen, »was wirklich los ist«. Voller Stolz verkündete er mir, dass er nun bereit sei, mir seine Fragen vorzulegen.

»Joe, ich beantworte gern jede deiner Fragen. Leg los.«

Stockend las er mir seine erste Frage vor.

»Haben Sie Kinder?« Voller Erwartung sah er mich an.

»Nein, ich habe keine Kinder. Aber ich habe Nichten und Neffen.«

»Was ist Ihre Lieblingsfarbe?« Wieder strahlte er mich an.

Ich grinste, da ich keine Lieblingsfarbe habe. Aber ich wollte ihn nicht enttäuschen.

»Braun.«

»Okay. Die wichtigste Frage kommt zum Schluss.« Er sah kurz mit seinen großen Augen auf und lächelte. Dann wurde er ernst und verlas seine letzte Frage.

»Was ist Ihre Lieblingszeichentrickfigur?« Strahlend sah

er mich an. »Bitte, sagen Sie mir die Wahrheit. Ich will es wirklich wissen.«

In diesem Moment fiel mir nichts ein, und ich musste mich zu einem Lächeln zwingen. »Wow, Joe, das kann ich dir gar nicht sagen! Darf ich noch mal darüber nachdenken und es dir später sagen? Ich schreibe dir meine Antwort.« Er nickte begeistert.

In den folgenden drei Monaten erhielt ich eine Flut von gekritzelten Briefen von Joe. Er schrieb mir fast täglich, um mir zu berichten, was er gegessen oder im Fernsehen gesehen hatte. Manchmal waren es einfach zwei oder drei Sätze, die er aus der Bibel abgeschrieben hatte. Er bat mich immer, ihm zu antworten und ihm zu sagen, ob seine Handschrift besser geworden sei. Manchmal schrieb er nur ein Wort oder eine einzige Frage, zum Beispiel: »Haben Sie Freunde?«

Wir klagten vor dem Obersten Gerichtshof der Vereinigten Staaten auf Aufhebung des Urteils gegen Joe Sullivan, weil seine Bestrafung grausam und unverhältnismäßig sei. Wir wussten, dass es schwierig sein würde, fast zwei Jahrzehnte nach Urteilsverkündung Einspruch zu erheben, doch es machte uns Hoffnung, dass das Oberste Gericht kürzlich die Todesstrafe für Minderjährige für verfassungswidrig erklärt hatte. Im Jahr 2005 entschied das Gericht mit Verweis auf den achten Zusatzartikel der Verfassung, dass Jugendliche anders zu behandeln seien als Erwachsene und dass sie von der Todesstrafe ausgenommen seien. Mit meinen Kollegen diskutierte ich, wie wir dieses Urteil nutzen konnten, um auch die Rechtmäßigkeit lebenslanger Haftstrafen für Jugendliche anzufechten.

Auch in anderen, ähnlich gelagerten Fällen reichten wir Klagen ein, so auch im Fall von Ian Manuel, der in Florida noch immer in Einzelhaft gehalten wurde. Wir klagten in Missouri, Michigan, Iowa, Mississippi, North Carolina, Arkansas, Delaware, Wisconsin, Nebraska und South Dakota. In Pennsylvania bemühten wir uns um die Freilassung von Trina Garnett, die wegen Brandstiftung mit Todesfolge verurteilt worden war. Sie litt nach wie vor im Frauengefängnis, aber sie freute sich über die Aussicht, dass ihr Urteil gemildert werden könnte. Auch in Kalifornien reichten wir im Namen von Antonio Nuñez Klage ein.

In Alabama vertraten wir zwei Fälle. Ashley Jones war als Vierzehnjährige verurteilt worden, zwei Angehörige getötet zu haben, als ihr Freund ihr geholfen hatte, aus ihrer Familie zu fliehen, in der sie Gewalt und Missbrauch erlebt hatte. Noch als Jugendliche hatte sie mir aus dem Frauengefängnis Tutwiler geschrieben und mich zu verschiedenen Urteilen befragt, von denen sie in der Zeitung gelesen hatte. Sie hatte nie um Rechtsbeistand gebeten, sondern nur Fragen zu den Artikeln gestellt und ihr Interesse an unserer Arbeit bekundet. Sie schrieb mir kurze Glückwunschbriefe, wenn die EJI einen Einspruch gegen ein Todesurteil gewonnen hatte. Als wir beschlossen, die lebenslange Verurteilung von Kindern anzufechten, schrieb ich ihr, dass wir vielleicht endlich einen Weg gefunden hätten, ihre Verurteilung aufheben zu lassen. Sie war begeistert.

Auch Evan Miller war als Vierzehnjähriger dazu verurteilt worden, im Gefängnis von Alabama zu sterben. Evan stammte aus einer armen Familie in Nordalabama. Er hatte eine schwierige Kindheit durchgemacht und seit seinem siebten Lebensjahr mehrmals versucht, sich das Leben zu nehmen. Seine Eltern waren drogenabhängig und misshandelten ihn, weshalb er immer wieder bei Pflegefamilien untergebracht wurde. Zum Zeitpunkt des Verbrechens lebte er allerdings bei seiner Mutter. Eines Abends kam ein Nachbar, ein gewisser Cole Cannon, zu Evans Mutter, um Drogen zu kaufen. Der vierzehnjährige Evan und ein sechzehnjähriger Freund begleiteten den Mann nach Hause, wo sie Karten spielten. Cannon gab den Jugendlichen Drogen und spielte Trinkspiele mit ihnen. Später schickte er die beiden los, um mehr Drogen zu kaufen. Die Jungen kamen zurück und beschlossen, die Nacht über zu bleiben. Als Cannon einschlief, wollten sie ihm den Geldbeutel stehlen. Dabei wachte Cannon jedoch auf und ging auf Evan los. Der ältere Junge schlug Cannon mit einem Baseballschläger auf den Kopf, dann prügelten die Jungen auf ihn ein und steckten schließlich seinen Wohnwagen in Brand. Cole Cannon starb, und Evan und sein Freund wurden wegen Mordes angeklagt. Der ältere Junge einigte sich mit dem Staatsanwalt und erhielt eine lebenslange Haftstrafe mit der Aussicht auf eine vorzeitige Entlassung. Evan wurde verdammt, im Gefängnis zu sterben.

Ich übernahm den Fall kurz nach Evans Verurteilung und reichte einen Antrag auf Haftminderung ein, obwohl er das gesetzlich vorgesehene Strafmaß für Mörder erhalten hatte, die zu jung für eine Hinrichtung waren. Während der Anhörung bat ich den Richter, das Urteil angesichts des Alters des Täters zu überdenken. Der Staatsanwalt hielt dagegen: »Meiner Ansicht nach sollte er hingerichtet werden. Er verdient die Todesstrafe.« Dann beklagte er, dass das Gesetz die Hinrichtung von Kindern nicht mehr zulasse – am liebsten hätte er diesen vierzehnjährigen Jungen sofort auf den elektrischen Stuhl geschickt. Der Richter lehnte unseren Antrag ab.

Bei meinen Besuchen im Gefängnis unterhielt ich mich lange mit Evan. Er tat alles, um Themen zu finden und meine Besuche in die Länge zu ziehen. Wir sprachen über Sport, über Bücher, über seine Familie, über Musik und über alles, was er später gern tun wollte. Meist sprach er angeregt über ein Thema, für das er sich gerade begeisterte, aber wenn er länger nichts von seiner Familie gehört hatte oder im Gefängnis etwas Unangenehmes vorgefallen war, konnte er extrem deprimiert sein. Er verstand die Feindseligkeit und Gewalt nicht, die in seiner Umgebung herrschte. Einmal erzählte er mir, ein Wachmann habe ihn auf die Brust geschlagen, weil er nach den Essenszeiten gefragt habe. Bei der Schilderung brach er in Tränen aus, weil er nicht verstand, warum der Mann ihn geschlagen hatte.

Evan wurde in das Hochsicherheitsgefängnis von St. Clair gebracht. Kurz nach seiner Ankunft attackierte ihn ein anderer Häftling und fügte ihm neun Stichwunden zu. Evan trug zwar keine bleibenden körperlichen Schäden davon, doch die Gewalttat hatte ihn traumatisiert. Wenn er über seine eigene Tat sprach, schien er nicht zu verstehen, wie er je derart brutal hatte handeln können.

Die meisten Jugendlichen, die zu lebenslanger Haft verurteilt werden, begreifen ihr früheres Verhalten genauso wenig wie Evan. Viele entwickeln sich zu achtsamen und reflektierenden Erwachsenen, die in der Lage sind, verantwortliche Entscheidungen zu treffen. Es ist eine tragische Ironie, dass die meisten Verurteilten zu ganz anderen Menschen heranreifen und nicht mehr viel mit den verwirrten Jugendlichen zu tun haben, die das Gewaltverbrechen begangen haben. Darin unterscheiden sie sich von meinen Mandanten, die ihre Verbrechen im Erwachsenenalter begangen haben. Dass ich nun mit jugendlichen Gewalttätern zu tun hatte, war allerdings selbst ein wenig ironisch.

Ich war sechzehn Jahre alt und lebte in Delaware. Ich war auf dem Weg nach draußen, als das Telefon klingelte, und sah noch, wie meine Mutter abnahm. Wenig später hörte ich einen lauten Schrei. Ich lief nach drinnen und sah, wie meine Mutter am Boden lag und schluchzte: »Papa, Papa!«, während der Hörer neben dem Telefon baumelte. Ich nahm den Hörer auf. Am anderen Ende war meine Tante. Sie sagte mir, dass mein Großvater ermordet worden sei.

Meine Großeltern hatten sich Jahre zuvor getrennt, und mein Großvater hatte seit einiger Zeit in einer Sozialwohnung im Süden von Philadelphia gelebt. Dort war er von Jugendlichen erstochen worden, die in seine Wohnung eingebrochen waren, um seinen Schwarz-Weiß-Fernseher zu stehlen. Er war 86 Jahre alt.

Unsere Familie war zutiefst bestürzt, vor allem meine Großmutter, obwohl sie seit Jahren nicht mehr mit ihrem Mann zusammenlebte. Einige meiner älteren Cousins arbeiteten bei der Polizei und holten Informationen über die Mörder ein – ich erinnere mich noch, dass mich die Unreife und Gedankenlosigkeit dieser Jugendlichen mehr erstaunte als erzürnte. Wir sagten immer wieder dasselbe: *Sie hätten ihn doch nicht umbringen müssen.* Ein 86-Jähriger hätte sie doch niemals daran hindern können, mit ihrer lächerlichen Beute abzuhauen. Meine Mutter verstand es nie, genauso wenig wie ich. Aus der Schule kannte ich gewalttätige Jugendliche, aber ich fragte mich trotzdem, wie jemand ein derart sinnloses Verbrechen begehen konnte. Der Tod meines Großvaters ließ uns mit vielen Fragen zurück.

Jetzt, Jahrzehnte später, begann ich es allmählich zu verstehen. Bei der Vorbereitung auf die Prozesse für die jugendlichen Straftäter, die ich vertrat, wurde mir klar, dass sich diese entsetzlichen und sinnlosen Verbrechen nur verstehen ließen, wenn man das Leben einbezog, das diese Kinder hatten ertragen müssen. Bei seinem Urteil gegen die Todesstrafe für Jugendliche hatte der Oberste Gerichtshof neuen wissenschaftlichen Erkenntnissen über die Entwicklung von Jugendlichen Rechnung getragen und die Ergebnisse der Gehirnforschung auf die Schuldfähigkeit von Jugendlichen übertragen.

Neue neurologische, psychologische und soziologische Untersuchungen zeigen, dass Urteilsvermögen, Selbstregulierung und Verantwortung bei jungen Menschen unterentwickelt sind, dass Jugendliche anfällig für äußere Einflüsse sind, dass sie ihre Triebe und Reaktionen nur ungenügend im Griff haben und dass sie ihre Umwelt kaum beherrschen können. Jugendliche zwischen 12 und 18 Jahren durchlaufen radikale Veränderungen, angefangen von den offensichtlichen und oft als schmerzhaft erlebten körperlichen Veränderungen der Pubertät (Wachstum, Gewichtszunahme und geschlechtliche Veränderungen) bis zu der zunehmenden Urteilsfähigkeit, Selbstbeherrschung und Autonomie. Wie wir später vor Gericht argumentierten, hatten Experten folgende Schlussfolgerungen gezogen:

Eine rasche und dramatische Steigerung der Dopamin-Aktivität im sozioemotionalen System zur Zeit der Pubertät fördert im frühen Jugendalter die Suche nach neuen Reizen sowie die Risikobereitschaft. Diese Entwicklung geht allerdings der strukturellen Reifung des kognitiven Kontrollsystems und dessen Verbindungen zum sozioemotionalen System voraus. Der Reifeprozess verläuft schrittweise, zieht sich über das gesamte Jugendalter hin und vermittelt allmählich mehr Selbstregulierung und Impulskontrolle ... Der zeitliche Abstand zwischen der Entwicklung des sozioemotionalen Systems, die im frühen Jugendalter einsetzt, und der Reifung des Kontrollsystems, die erst später beginnt, macht Jugendliche vor allem im mittleren Jugendalter besonders anfällig für riskante Verhaltensweisen.[3]

Diese biologischen und psychosozialen Entwicklungen erklären, was für Eltern und Lehrer genauso offensichtlich ist wie für jeden, der an die eigene Jugend zurückdenkt: Heranwachsenden mangelt es an der Reife, Unabhängigkeit und Zukunftsorientierung eines Erwachsenen. Es ist erstaunlich, dass man vor Gericht eine derart offensichtliche Eigenschaft von Kindern und Jugendlichen erklären muss, doch die Richter verhängten derart drakonische Strafen gegen Minderjährige, dass wir diese grundlegenden Tatsachen ausbuchstabieren mussten.

Vor dem Obersten Gericht legten wir dar, dass die Urteilskraft im frühen Jugendalter in fast jeder Hinsicht hinter der von Erwachsenen zurückbleibt: Jugendlichen fehlt es an Erfahrung und Wissen, um überlegte Entscheidungen treffen zu können; es fällt ihnen schwer, Alternativen zu erkennen und die Konsequenzen ihres Handelns abzusehen; und es fehlt ihnen – vielleicht aus gutem Grund – an Selbstvertrauen, um überlegte Entscheidungen zu treffen und umzusetzen.[4] Wir führten aus, dass neue Erkenntnisse zur Chemie des Gehirns die mangelnde Urteilsfähigkeit erklären, die Jugendliche oft an den Tag legen. Treffen diese allgemeinen Pubertätsprobleme auf eine von Missbrauch, Gewalt, Vernachlässigung und Lieblosigkeit gekennzeichnete Umwelt, in der viele arme Kinder aufwachsen, dann kann diese extrem schlechte Urteilsfähigkeit zu tragischen Gewalttaten führen.

Wir konnten die grundlegenden Unterschiede zwischen Kindern und Erwachsenen überzeugend darlegen, doch das allein genügte noch nicht. Nach dem Grundsatzurteil zum achten Zusatzartikel der Verfassung waren Strafen nur dann verfassungswidrig, wenn sie gegen die »sich entwickelnden gesellschaftlichen Normen« verstießen *und* »unverhältnismäßig« waren. Zuvor hatte das Oberste Gericht den achten Zusatzartikel nur in Fällen angewendet, in denen im ganzen Land weniger als hundert Personen betroffen waren. Als es im Jahr 2002 die Hinrichtung von geistig Behinderten verbot, saßen insgesamt etwa hundert Betroffene in den Todeszellen des Landes. Und als es 2005 das Todesurteil für Minderjährige für verfassungswidrig erklärte, gab es nur etwa 75 Hinrichtungskandidaten, die als Jugendliche zum Tode verurteilt worden waren. Als es die Todesstrafen für Verbrechen ohne Todesfolge aufhob, waren sogar noch weniger betroffen.

Unsere Klage wurde durch die Tatsache erschwert, dass in den Vereinigten Staaten mehr als 2500 Minderjährige zu lebenslanger Haft ohne Möglichkeit der vorzeitigen Entlassung verurteilt worden waren. Für den Fall, dass der Oberste Gerichtshof diese Strafe nicht generell für verfassungswidrig erklären wollte, konzentrierten wir uns auf zwei Untergruppen von Jugendlichen: zum einen die jüngsten, die Dreizehn- bis Vierzehnjährigen, von denen weniger als hundert zum Tod hinter Gittern verurteilt worden waren, und zum anderen Jugendliche wie Joe Sullivan, Ian Manuel und Antonio Nuñez, die wegen Verbrechen ohne Todesfolge verurteilt worden waren, und von denen geschätzte zweihundert in amerikanischen Gefängnissen saßen.

Wir argumentierten, das Verbot der Todesstrafe für jugendliche Straftäter habe weitreichende Konsequenzen, da das Urteil »Tod im Gefängnis« kaum weniger endgültig und unveränderlich sei und einen Menschen für die Dauer seines Lebens als Gefahr für die Öffentlichkeit sehe. Wir baten das Gericht, anzuerkennen, dass ein solches Urteil nicht über Jugendliche unter einer bestimmten Altersgrenze gefällt werden kann, da es sich noch um unfertige, in Entwicklung befindliche Menschen handelt, die ein gewaltiges Potenzial für Wachstum und Wandel mitbringen. Die meisten wachsen aus dem kriminellen Verhalten heraus, und es ist unmöglich, die wenigen zu erkennen, bei denen das nicht der Fall ist. Sie sind »Produkte einer Umwelt, auf die sie kaum Einfluss nehmen können, und Mitreisende auf den schmalen Wegen einer Welt, die sie nicht geschaffen haben«, wie wir in unserem Plädoyer schrieben.[5]

Wir unterstrichen, wie widersprüchlich es ist, wenn wir Kindern auf der einen Seite verbieten, Nikotin und Alkohol zu konsumieren, Auto zu fahren, Blut zu spenden oder Waffen zu kaufen, weil sie nicht die nötige Reife und Urteilsfähigkeit mitbringen, während auf der anderen Seite unser Strafrecht die am stärksten gefährdeten, vernachlässigten und benachteiligten Kinder so behandelt, als wären sie Erwachsene.

Zunächst erreichten wir mit diesen Argumenten nur wenig. Joe Sullivans Richter wies unsere Klage als »wertlos« ab, und in anderen Bundesstaaten stießen wir auf ähnlichen Widerstand. Nachdem wir in Joes Fall die Rechtsmittel im Bundesstaat Florida ausgeschöpft hatten, zogen wir vor den Obersten Gerichtshof der Vereinigten Staaten. Im Mai 2009 nahm dieser die Revision des Urteils an. Es schien wie ein Wunder. Dass der Oberste Gerichtshof der Revision eines Urteils zustimmt, ist selten genug, und die Möglichkeit, dass er in diesem Fall Hunderten Kindern, die zu einem Leben im Gefängnis verurteilt worden waren, zur Freiheit verhelfen könnte, machte die Sache noch aufregender. Es war eine Chance, die Spielregeln im ganzen Land zu ändern.

Das Gericht verband die Revision in Joes Fall mit einem anderen Fall aus Florida, in dem ein Sechzehnjähriger nach einem Verbrechen ohne Todesfolge zu lebenslanger Haft verurteilt worden war. Terrance Graham aus Jacksonville war auf Bewährung auf freiem Fuß gewesen, als er wegen des versuchten Überfalls auf einen Laden angeklagt worden war. Nach dieser neuerlichen Verhaftung hatte der Richter die Bewährungsstrafe aufgehoben und den Jungen dazu verurteilt, im Gefängnis zu sterben. Aufgrund der Ähnlichkeit der Fälle gingen wir davon aus, dass sich ein Urteil des Obersten Gerichts nur auf Fälle beziehen würde, in denen Minderjährige wegen eines Verbrechens ohne Todesfolge zu »lebenslänglich« verurteilt wurden, doch auch das war schon eine erfreuliche Möglichkeit.

Die Fälle erregten große Aufmerksamkeit in den Medien. Als wir unsere Klage am Obersten Gerichtshof einreichten, schlossen sich viele Organisationen unserem Anliegen an und übersandten dem Gericht entsprechende Petitionen. Unter anderem wurden wir von der Amerikanischen Psychologischen Gesellschaft, der Amerikanischen Psychiatrischen Gesellschaft, der Amerikanischen Ärzteschaft, der Amerikanischen Anwaltschaft, ehemaligen Richtern und Staatsanwälten, Sozialarbeitern, Bürgerrechtsgruppen, Menschenrechtsgruppen und sogar einigen Opfergruppen unterstützt. Auch frühere Jugendstraftäter, die später bekannte Persönlichkeiten geworden waren, schlossen sich uns an, darunter sogar extrem konservative Politiker wie der ehemalige Senator Alan Simpson aus Wyoming.[6] Simpson war achtzehn Jahre lang Mitglied des Senats gewesen, davon zehn Jahre als stellvertretender Fraktionssprecher der Republikaner. Als Siebzehnjähriger war er wegen Brandstiftung, Raubüberfall, Schusswaffengebrauch und Angriff auf einen Polizeibeamten verurteilt worden. Später gab er zu: »Ich war ein Monster.« Sein Leben änderte sich erst, als er nach einer Verhaftung »in einer Lache aus Kotze und Pisse« in der Zelle lag. Senator Simpson wusste aus eigener Erfahrung, dass man aus den jugendlichen Fehlern nicht auf das Potenzial eines Menschen schließen kann. Weitere Unterstützung erhielten wir von ehemaligen afrikanischen Kindersoldaten, die zum Kriegsdienst gezwungen worden waren und neben deren Verbrechen unsere Mandanten vergleichsweise harmlos wirkten. Auch diese Kindersoldaten hatten nach ihrer Befreiung aus der Armee ein normales Leben geführt und an amerikanischen Universitäten studiert, zum Teil sehr erfolgreich.

Nachdem wir die schriftlichen Plädoyers in Joes Fall eingereicht hatten, fuhr ich nach Washington D.C., wo ich zum dritten Mal vor dem Obersten Gerichtshof aussagen sollte. Diesmal war die Medienaufmerksamkeit deutlich größer als in den früheren Fällen. Der Gerichtssaal war bis auf den letzten Platz gefüllt, und vor dem Gebäude hatten sich Hunderte Menschen versammelt. Kinderrechtler, Anwälte und Psychologen sahen genau hin, als wir das Gericht aufforderten, lebenslange Freiheitsstrafen für Minderjährige für verfassungswidrig zu erklären.

Während der Anhörung waren die Richter lebhaft und engagiert bei der Sache, und es war nicht abzusehen, wie sie entscheiden würden. Ich erklärte dem Gericht, die Vereinigten Staaten seien das einzige Land der Welt, in dem Minderjährige zu lebenslanger Haft ohne Möglichkeit der vorzeitigen Entlassung verurteilt würden, und fügte hinzu, dass diese Praxis gegen das internationale Recht verstoße. Wir demonstrierten dem Gericht, dass unverhältnismäßig viele farbige Kinder betroffen waren. Wir legten dar, dass diese Strafen für erwachsene Wiederholungstäter gedacht gewesen seien, nicht aber für Kinder, weshalb die Strafen für Jugendliche wie Terrance Graham und Joe Sullivan unverhältnismäßig seien. Und ich erklärte, wie grausam es sei, einem Dreizehnjährigen zu sagen, dass er nur dazu tauge, im Gefängnis zu sterben. Ich hatte keine Ahnung, ob ich die Richter mit meinen Argumenten überzeugt hatte.

Ich hatte Joe, dessen Fall dauernd im Fernsehen diskutiert wurde, versprochen, dass ich ihn nach meinem Plädoyer vor dem Obersten Gericht besuchen würde. Zunächst freute er sich über die Aufmerksamkeit, die sein Fall für ihn bedeutete, doch dann machten sich die Mithäftlinge und Wachleute über ihn lustig und behandelten ihn noch schlechter als früher. Sie schienen ihm das Interesse an seinem Fall zu verübeln. Ich tröstete ihn damit, dass sich die

Lage jetzt, nach dem Ende der Verhandlung, wieder beruhigen werde.

Seit Wochen lernte er ein Gedicht auswendig, von dem er sagte, dass er es selbst geschrieben habe. Als ich ihn fragte, ob das Gedicht wirklich von ihm stamme, gab er zu, dass ihm ein Mithäftling geholfen hatte, doch das tat seiner Begeisterung keinen Abbruch. Immer wieder hatte er mir versprochen, dass er es mir vortragen werde, wenn ich ihn nach der Verhandlung besuchte. Als ich im Gefängnis ankam, wurde Joe ohne Schwierigkeiten in den Besuchsraum gerollt. Ich erzählte ihm von der Verhandlung in Washington, aber er wollte mir endlich sein Gedicht vortragen. Ich sah, wie nervös er war. Also unterbrach ich meine Schilderung, um mir sein Gedicht anzuhören. Er schloss die Augen, konzentrierte sich und fing an:

Rote Rosen sind so schön,
Bald werd ich mit dir nach Hause gehn.
Mein Leben wird besser, froh werd ich sein,
Du wirst mir wie ein Vater und eine Mutter sein.
Wir haben Spaß, und die Leute sehn,
dass ich ein guter Mensch ... äh ... dass ich ein guter
Mensch ... äh ... ein ... guter ... Mensch ... äh

Er konnte sich nicht an den Schluss der letzten Zeile erinnern. Erst starrte er an die Decke, dann auf den Boden, schließlich kniff er die Augen zusammen, als wollte er die letzten Worte hervorpressen. Aber es half nichts. Ich war versucht, ihm auf die Sprünge zu helfen und einen Reim zu ergänzen, aber dann wurde mir klar, dass das nicht richtig wäre. Also saß ich einfach da und hörte ihm zu.

Schließlich schien er zu akzeptieren, dass er die letzte Zeile vergessen hatte. Ich hatte angenommen, dass ihn das traurig machen würde, doch stattdessen lachte er. Erleichtert lächelte ich ihn an. Aus unerfindlichen Gründen schien er es immer komischer zu finden, dass er sich nicht an den Schluss seines Gedichts erinnern konnte. Doch plötzlich unterbrach er sein Gelächter abrupt und sah mich an.

»Warten Sie mal. Die letzte Zeile, äh, ich glaube, die letzte Zeile ist einfach: ›Ich bin ein guter Mensch.‹«

Er schwieg, und ich sah ihn eine Weile skeptisch an. Ohne zu denken, fragte ich dann: »Wirklich?«

Einen Moment lang blickte er mich ernst an, dann prusteten wir beide wieder los. Ich wusste nicht, ob ich lachen sollte, aber da Joe lachte, schien es in Ordnung. Ich konnte einfach nicht anders. Wir schüttelten uns vor Lachen. Er wand sich in seinem Rollstuhl und klatschte in die Hände. So sehr ich mich bemühte, konnte auch ich nicht aufhören. Lachend blickten wir uns an. Ich sah Joe zu, der wie ein kleiner Junge lachte, während sein Gesicht schon Falten zeigte und auf seinem Kopf die ersten grauen Haare schimmerten. Noch während wir lachten, wurde mir bewusst, wie auf seine unglückliche Kindheit eine unglückliche, eingesperrte Jugend gefolgt war, und auf diese ein unglückliches, eingesperrtes Erwachsenendasein. Plötzlich wurde mir klar, was für ein Wunder es war, dass er lachen konnte. Ich musste daran denken, wie sehr sich die Welt in Joe Sullivan täuschte und wie sehr ich seinen Fall gewinnen wollte.

Schließlich beruhigten wir uns. Ich bemühte mich, so ehrlich zu klingen, wie es irgend ging. »Joe, das ist ein wunderschönes Gedicht.« Ich machte eine Pause. »Ich finde es wunderschön.«

Er strahlte mich an und klatschte in die Hände.

15 Zerbrochen

Walter verfiel zusehends. Die Momente der Verwirrung wurden immer länger, inzwischen vergaß er sogar, was er ein paar Stunden zuvor getan hatte. Sein Unternehmen entglitt ihm, seine Arbeit wurde ihm mit einem Mal unverständlich und kompliziert. Er war frustriert. Als ich einmal seine Bücher mit ihm durchging, stellten wir fest, dass er seine Ersatzteile zu einem Bruchteil ihres Wertes verkaufte und viel Geld verlor.

Ein irisches Filmteam kam nach Alabama, um einen Dokumentarfilm über die Todesstrafe zu drehen, in dem es um Walter und zwei andere Todeskandidaten gehen sollte. James »Bo« Cochran war nach fast 20 Jahren in der Todeszelle freigekommen; sein Fall war neu verhandelt worden, nachdem ein Bundesgericht seine Verurteilung wegen der rassistischen Auswahl der Geschworenen aufgehoben hatte.[1] In dem neuen Prozess wurde er von allen Vorwürfen freigesprochen und aus dem Gefängnis entlassen. Der Dritte war Robert Tarver, der ebenfalls hartnäckig seine Unschuld beteuert hatte. Der Staatsanwalt räumte später ein, dass die Geschworenen in diskriminierender Weise ausgewählt worden waren, doch die Gerichte hatten eine Revision verweigert, weil der Anwalt der Verteidigung nicht die richtigen Anträge gestellt hatte. Tarver wurde hingerichtet.

Die Premiere des Films fand im EJI-Büro statt, und ich bat Walter und Bo, ein paar Worte an das Publikum zu richten. In unserem Konferenzraum, in dem wir den Film zeigten, hatten sich rund 75 Personen versammelt. Walter fiel es nicht leicht. Er war angespannter als sonst und blickte verzweifelt zu mir herüber, wenn ihm jemand eine Frage stellte. Ich sagte ihm, er müsse keine Veranstaltungen mehr mitmachen. Seine Schwester erzählte mir, in letzter Zeit gehe er abends spazieren und verlaufe sich. Er trank viel, was er früher nie getan hatte. Er gestand mir, dass er immer nervös sei und dass er trinke, um seine Nerven zu beruhigen. Eines Tages brach er zusammen. Als er in Mobile ins Krankenhaus eingeliefert wurde, erhielt ich einen Anruf. Ich fuhr von Montgomery nach Mobile, um mit dem Arzt zu sprechen. Er sagte mir, Walter leide unter Demenz, möglicherweise verursacht durch ein Trauma, und müsse unter ständiger Beobachtung stehen. Die Demenz werde fortschreiten, und Walter werde vermutlich ein Pflegefall.

Wir trafen uns mit seiner Familie in unserem Büro und kamen überein, dass er nach Huntsville zu einer Verwandten ziehen sollte, die sich um ihn kümmern konnte. Das ging eine Zeit lang gut, dann wurde Walter unruhig. Außerdem hatte er kein Geld mehr. Deshalb zog er zurück nach Monroeville, wo sich seine Schwester Katie Lee um ihn kümmern wollte. Dort schien es eine Weile wieder aufwärtszugehen, doch dann setzten die Verfallserscheinungen erneut ein.

Bald darauf musste Walter in ein Pflegeheim eingewiesen werden. Die meisten Heime lehnten ihn ab, weil er wegen einer Straftat verurteilt worden war. Selbst als wir erklärten, dass er ein Justizopfer und später freigesprochen worden sei, wollten sie ihn nicht aufnehmen. Die EJI beschäftigte inzwischen eine Sozialarbeiterin namens Maria Morrison, die zusammen mit Walter und seiner Familie nach einer angemessenen Unterbringung für ihn suchte. Es war frustrierend. Schließlich fand Maria ein Heim in Montgomery, das bereit war, ihn für maximal neunzig Tage aufzunehmen. Während er dort lebte, suchten wir weiter nach einer Lösung.

Das Ganze machte mich unendlich traurig. Unsere Arbeitsbelastung nahm allmählich überhand. Ich hatte gerade Joe Sullivans Fall vor den Obersten Gerichtshof der Vereinigten Staaten gebracht und wartete nervös auf ein Urteil. Der Oberste Gerichtshof von Alabama hatte Hinrichtungstermine für eine Reihe von Todeskandidaten festgelegt, deren Berufungen abgelehnt worden waren. Seit Jahren fürchteten wir, was passieren würde, wenn eine große Zahl von Verurteilten sämtliche Instanzen durchlaufen hatte. Mehr als ein Dutzend Kandidaten mussten nun jeden Tag damit rechnen, dass ihre Hinrichtung angesetzt wurde, und uns war klar, dass es angesichts des politischen Klimas in Alabama und der geringen Handlungsspielräume auf Bundesebene sehr schwer werden würde, diese Hinrichtungen zu verhindern. In einer Mitarbeiterversammlung trafen wir die schwierige Entscheidung, alle Todeskandidaten zu vertreten, die hingerichtet werden sollten und keinen Anwalt hatten.

Die folgenden Wochen waren extrem belastend für mich. Ich sorgte mich wegen der Hinrichtungstermine, die nun alle zwei Monate anstanden. Ich fragte mich, was der Oberste Gerichtshof in der Sache der vielen zu lebenslanger Haft verurteilten Kindern entscheiden würde. Ich zerbrach mir den Kopf über unsere Finanzierung und fragte mich, wie wir mit unseren begrenzten Ressourcen die immer größere Zahl von Fällen bewältigen sollten. Ich war um einige Mandanten in Not besorgt. Als ich Walter eines Tages in seinem Pflegeheim besuchte, hatte ich das Gefühl, dass ich mir den ganzen Tag über nichts als Sorgen gemacht hatte.

Walter saß zusammen mit einigen älteren Patienten im Aufenthaltsraum und sah fern. Es war erschütternd, ihn unter derart kranken und schwachen Menschen zu sehen. Von der Tür aus schaute ich in den Raum – er hatte mich noch nicht gesehen. Wie er da zusammengesackt im Sessel saß, den Kopf auf die Hand gestützt, wirkte er müde und unglücklich. Er starrte in Richtung der Mattscheibe, doch er schien die Sendung gar nicht wahrzunehmen. Er war unrasiert, auf seiner Wange klebten angetrocknete Essensreste. In seinen Augen lag eine Traurigkeit, die ich noch nie bei ihm gesehen hatte. Bei seinem Anblick verließ mich der Mut, und ich spürte den dringenden Wunsch, wieder zu gehen. Doch eine Pflegeschwester sah mich in der Tür und fragte mich, ob ich jemanden besuchen wolle. Als ich nickte, lächelte sie mitfühlend.

Die Schwester führte mich in den Raum, ich ging auf Walter zu und legte ihm die Hand auf die Schulter. Erschrocken blickte er auf, dann lächelte er mich an.

»Da ist er ja!« Er klang fröhlich und schien wieder ganz er selbst zu sein. Er lachte und stand auf. Ich umarmte ihn. Ich war erleichtert, denn in letzter Zeit hatte er einige seiner Angehörigen nicht erkannt.

»Wie geht's?«, fragte ich ihn, während er sich an mich lehnte.

»Na ja, ganz gut.« Wir machten uns auf den Weg in sein Zimmer, wo wir uns ungestört unterhalten konnten.

»Geht's wieder besser?«

Es war keine vernünftige Frage, aber der Anblick von Walter hatte mich getroffen. Er war schmaler geworden, sein Bademantel war nicht zugebunden, aber er schien es nicht zu bemerken. Ich hielt ihn auf.

»Warten Sie mal, ich helfe Ihnen.«

Ich band ihm den Bademantel zu, dann gingen wir weiter den Flur hinunter. Er ging langsam und vorsichtig und schlurfte den Gang entlang, als hätte er vergessen, wie man die Füße hebt. Nach ein paar Metern hakte er sich unter und lehnte sich an mich.

»Ich habe den Leuten erzählt, dass ich eine Menge Autos habe. Eine Menge Autos«, sagte er nachdrücklich und mit einer Begeisterung, die ich schon lange nicht mehr in seiner Stimme gehört hatte. »In verschiedenen Farben, Formen und Größen. Der Mann sagt, deine Autos sind kaputt, aber ich habe ihm gesagt, dass meine Autos fahren.« Er sah mich an. »Vielleicht müssen Sie dem Mann die Sache mit meinen Autos erklären.«

Nickend dachte ich an den Schrottplatz vor seiner Tür. »Sie haben ja wirklich viele Autos ...«

»Klar!«, rief er und lachte. »Das sag ich den Leuten doch, aber mir glaubt ja keiner.« Er lachte jetzt, aber gleichzeitig schien er verwirrt und nicht er selbst. »Die Leute meinen, ich weiß nicht, was ich sage, aber ich weiß genau, was ich sage.« Er wirkte trotzig. In seinem Zimmer angekommen, setzte er sich auf sein Bett, und ich zog mir einen Stuhl heran. Er wurde still, dann huschte ein sorgenvoller Blick über sein Gesicht.

»Sieht so aus, als wäre ich wieder da«, sagte er und seufzte laut. »Sie haben mich wieder in die Todeszelle gesteckt.«

Aus seiner Stimme klang Trauer.

»Ich hab's versucht, ich hab's versucht, aber sie lassen mich einfach nicht in Ruhe.« Er sah mich an. »Warum die mir das antun, das habe ich nie verstanden. Warum sind die so? Ich mache mein Ding. Ich tue niemandem was. Aber egal, was ich mache, die kommen immer wieder und bringen mich in die Todeszelle ... Wegen nichts. Nichts. Ich habe doch nichts getan. Nichts. Nichts. Nichts.«

Er war erregt, und ich legte meine Hand auf seinen Arm.

»Es ist okay«, sagte ich so sanft, wie ich konnte. »Es ist nicht so schlimm, wie es aussieht. Ich glaube ...«

»Sie holen mich hier raus, oder? Sie holen mich wieder raus aus der Todeszelle?«

»Walter, das ist nicht die Todeszelle. Es geht Ihnen nicht so gut, und Sie sind hier, damit es Ihnen wieder besser geht. Das ist ein Krankenhaus.«

»Sie haben mich wieder, und Sie müssen mir helfen!«

Er klang panisch, und ich wusste nicht, was ich tun sollte. Dann brach er in Tränen aus. »Holen Sie mich hier raus! Bitte! Die bringen mich ohne Grund um. Ich will nicht auf dem elektrischen Stuhl sterben!« Er weinte nun mit einer Heftigkeit, die mich beunruhigte.

Ich setzte mich neben ihn aufs Bett und legte den Arm um seine Schultern. »Es ist alles in Ordnung, Walter, es ist alles in Ordnung. Alles ist gut.«

Er zitterte, also stand ich auf, damit er sich hinlegen konnte. Sobald sein Kopf aufs Kissen sank, hörte er auf zu weinen. Ich erklärte ihm leise, dass wir Vorkehrungen trafen, damit er zu Hause wohnen bleiben konnte, dass wir dafür aber Pfleger suchen mussten. Während ich sprach, fielen ihm die Augen zu. Nach wenigen Minuten war er eingeschlafen. Ich deckte ihn zu und sah ihn an, während er schlief.

Auf dem Flur fragte ich eine der Schwestern, wie es ihm gehe.

»Er ist süß«, erwiderte sie. »Wir freuen uns, ihn hier zu haben. Er ist nett zu den Mitarbeitern, sehr höflich und freundlich. Manchmal regt er sich auf und spricht von Gefängnis und der Todeszelle. Wir haben nicht gewusst, wovon er spricht, aber eines der Mädels hat im Internet nach ihm gesucht, und dann haben wir erfahren, was mit ihm passiert ist. Irgendjemand hat gesagt, dass so jemand nicht hier sein sollte, aber ich habe gesagt, dass wir allen helfen, die hierherkommen.«

»Das Gericht hat ihn freigesprochen. Er ist unschuldig.«

Die Schwester sah mich freundlich an. »Ich weiß, Mr. Stevenson. Aber hier meinen viele Leute, wer einmal im Gefängnis war, ob schuldig oder nicht, der ist gefährlich, und mit dem wollen sie nichts zu tun haben.«

»Das ist schade.« Mehr brachte ich nicht heraus.

Erschüttert verließ ich das Heim. Kaum war ich auf der Straße, klingelte mein Handy. Das Oberste Gericht von Alabama hatte gerade eine neue Hinrichtung angesetzt. Einer der besten EJI-Anwälte war inzwischen unser stellvertretender Direktor. Randy Susskind hatte während seines Studiums an der Georgetown University ein Praktikum bei uns gemacht und gleich nach seinem Abschluss als Anwalt bei uns angefangen. Er erwies sich als hervorragender Prozessanwalt und effektiver Projektmanager. Ich rief Randy an, und wir besprachen, was wir tun konnten, um die Hinrichtung zu verhindern, wobei uns beiden klar war, dass es in diesem Stadium ausgesprochen schwierig sein würde. Ich erzählte Randy von meinem Besuch bei Walter und davon, wie schmerzhaft die Begegnung gewesen war. Wir schwiegen eine Weile, wie wir dies während unserer Telefonate häufig taten.

Dass in Alabama immer mehr Menschen hingerichtet wurden, ging gegen den landesweiten Trend. Unter dem Eindruck der Berichterstattung über die vielen unschuldig Verurteilten war die Zahl der Todesurteile nach 1999 rückläufig. Die Anschläge des 11. September 2001, die Angst vor Terrorismus und die globalen Konflikte schienen diesen Fortschritt kurzfristig infrage zu stellen. Doch einige Jahre später sank die Zahl der Hinrichtungen und Todesurteile wieder.[2] Im Jahr 2010 wurden nicht einmal halb so viele Menschen hingerichtet wie 1999.[3] Einige Bundesstaaten dachten ernsthaft darüber nach, die Todesstrafe ganz abzuschaffen. New Jersey, New York, Illinois, New Mexico, Connecticut und Maryland hatten sie praktisch abgeschafft.[4] Selbst in Texas, wo seit Wiedereinführung der Todesstrafe rund 40 Prozent der knapp 1400 Todesurteile ausgesprochen worden waren, war die Zahl der Verurteilungen und Vollstreckungen dramatisch zurückgegangen.[5] Auch in Alabama waren seit Ende der Neunzigerjahre weniger Menschen hingerichtet worden, doch pro Einwohner waren es hier Ende 2009 immer noch mehr als in jedem anderen Bundesstaat.[6]

Etwa alle acht Wochen stand jemand vor einer Hinrichtung. Wir kamen kaum mit der Arbeit nach. Im Jahr 2009 wurden Jimmy Callahan, Danny Bradley, Max Payne, Jack Trawick und Willie McNair hingerichtet. Wir hatten versucht, diese Hinrichtungen zu verhindern und dabei vor allem auf die Tötungsarten verwiesen. In einem Verfahren um die Verfassungsmäßigkeit verschiedener Methoden sagte ich im Jahr 2004 vor dem Obersten Gerichtshof aus. Die meisten Bundesstaaten hatten den elektrischen Stuhl, die Gaskammer, das Erschießungkommando und den Galgen abgeschafft und sich für die Giftspritze entschieden. Diese Methode galt als sauber und unspektakulär, doch es waren Zweifel angebracht, ob sie tatsächlich so schmerzlos und wirkungsvoll war.

Vor dem Obersten Gerichtshof brachten wir Bedenken gegen die Verfassungsmäßigkeit der Hinrichtungen in Alabama vor. Der Hinrichtungskandidat David Nelson hatte schwache Venen. Er war über sechzig und lange drogenabhängig gewesen, was den Zugang zu seinen Venen erschwerte. Das Gefängnispersonal war nicht in der Lage, ohne Komplikationen eine Kanüle in seinen Arm einzuführen. Der hippokratische Eid verbietet es Ärzten und Arzthelfern, an Hinrichtungen mitzuwirken, weshalb das nicht medizinisch ausgebildete Gefängnispersonal mit einem Messer einen fünf Zentimeter langen Schnitt in Mr. Nelsons

Arm oder Leiste anbringen und eine Vene suchen sollte, in die das Gift gespritzt werden konnte. Wir argumentierten, dass dieses Verfahren ohne Betäubung unnötig schmerzhaft und unmenschlich wäre.

Nach Ansicht der Staatsanwaltschaft von Alabama hatte Mr. Nelson kein Recht, an der Verfassungsmäßigkeit des Hinrichtungsverfahrens zu zweifeln. Daraufhin schritt der Oberste Gerichtshof der Vereinigten Staaten ein. Die juristische Frage war, ob ein zum Tode Verurteilter Bürgerrechte geltend machen konnte, um gegen verfassungswidrige Hinrichtungsmethoden zu klagen. Richterin Sandra Day O'Connor war in der mündlichen Verhandlung besonders aktiv und stellte mir eine Reihe von Fragen über die Beteiligung von medizinisch nicht geschulten Gefängnismitarbeitern bei medizinischen Vorgängen. Das Gericht entschied einstimmig zu unseren Gunsten und dass ein zum Tode Verurteilter sehr wohl das Recht habe, mit einer Bürgerrechtsklage die Verfassungsmäßigkeit einer Hinrichtungsmethode überprüfen zu lassen.[7] Ein Jahr nach dem Urteil starb David Nelson eines natürlichen Todes.

Nach dem Nelson-Urteil begann eine Diskussion um die Gifte, mit denen die Hinrichtungen durchgeführt wurden. Viele Bundesstaaten benutzten dazu Substanzen, die beim Einschläfern von Tieren verboten worden waren, weil sie einen schmerzhaften und qualvollen Tod bedeuteten.[8] Die erforderlichen Medikamente waren in den Vereinigten Staaten nicht verfügbar und mussten aus Europa importiert werden. Doch als bekannt wurde, wozu diese Mittel in den Vereinigten Staaten verwendet wurden, stellten europäische Hersteller die Lieferung ein.[9] Den Henkern ging das Gift aus, weshalb manche Gefängnisse dazu übergingen, die Regeln der Arzneimittelbehörde zu unterlaufen und es auf illegalem Wege zu beschaffen. Die absurde Folge dieser surrealen Drogenschiebereien war, dass in Gefängnissen

Drogenrazzien durchgeführt wurden.[10] Im Fall *Baze v. Rees* entschied der Oberste Gerichtshof schließlich, dass das Hinrichtungsverfahren und die Gifte nicht an sich verfassungswidrig waren.[11] Die Hinrichtungen wurden wieder aufgenommen.

Für die Todeskandidaten von Alabama und die EJI-Mitarbeiter bedeutete dies, dass in 30 Monaten 17 Menschen hingerichtet wurden. Zur gleichen Zeit führten wir im ganzen Land Prozesse für Menschen, die als Minderjährige zu einem Leben hinter Gittern verurteilt worden waren. In den Monaten zuvor war ich nach South Dakota, Iowa, Michigan, Missouri, Arkansas, Virginia, Wisconsin und Kalifornien geflogen, um diese Häftlinge zu vertreten. Jeder Fall war anders, jeder Bundesstaat hatte eigene Gesetze und Prozessordnungen, und die Reisen waren erschöpfend. Auch in den Südstaaten Mississippi, Georgia, North Carolina, Florida und Louisiana, in denen wir schon zuvor aktiv gewesen waren, traten wir vor Gericht auf. Und in Alabama war unser Terminkalender voller und anstrengender denn je. Innerhalb von zwei Wochen hatte ich Antonio Nuñez einen Besuch mitten in der Wüste Kaliforniens abgestattet und dann seinen Fall vor einem Berufungsgericht vertreten, während ich gleichzeitig versuchte, Trina Garnett in Pennsylvania und Ian Manuel in Florida freizubekommen. Ich hatte Ian und Joe Sullivan in Gefängnissen in Florida besucht. Beiden ging es nicht sonderlich gut: Das Gefängnispersonal hatte Joe mehrfach den Rollstuhl weggenommen, weshalb er gestürzt war und sich verletzt hatte. Ian war nach wie vor in Isolationshaft. Auch Trinas Gesundheitszustand verschlechterte sich.

Es fiel mir immer schwerer, alles zu managen. Gleichzeitig neigte sich Walters Aufenthalt im Heim von Montgomery dem Ende zu, und wir unternahmen hektische Anstrengungen, ihn wieder nach Hause zu bringen, wo sich eine seiner Schwestern um ihn kümmern wollte, so gut es eben ging. Die Situation bereitete ihm, seiner Familie und uns allen große Sorgen.

Als Alabama den Hinrichtungstermin von Jimmy Dill festsetzte, war die ganze Belegschaft von EJI erschöpft. Das Datum hätte kaum in eine ungünstigere Zeit fallen können. Wir hatten bislang nichts mit Mr. Dills Fall zu tun gehabt, das heißt, wir mussten in den dreißig Tagen bis zur Hinrichtung sämtliche Versäumnisse nachholen. Es war ein ungewöhnliches Verbrechen. Mr. Dill war angeklagt worden, während eines Drogendeals einen Mann angeschossen zu haben. Das Opfer überlebte, Mr. Dill wurde verhaftet und wegen schwerer Körperverletzung angeklagt. Neun Monate lang befand er sich in Untersuchungshaft, während das Opfer aus dem Krankenhaus entlassen wurde und seine Genesung Fortschritte machte. Aber nachdem ihn seine Frau einige Monate zu Hause gepflegt hatte, verließ sie ihn, und sein Gesundheitszustand verschlechterte sich. Als er schließlich starb, klagte der Staatsanwalt Mr. Dill des Mordes an.

Jimmy Dill litt an einer geistigen Behinderung und war während seiner Kindheit körperlich misshandelt und sexuell missbraucht worden. Bis zu seiner Verhaftung kämpfte er mit seiner Drogensucht. Sein Pflichtanwalt tat wenig zu seiner Verteidigung. Er stellte kaum Ermittlungen zur mangelnden medizinischen Versorgung des Opfers an, obwohl diese die eigentliche Todesursache gewesen war. Die Staatsanwaltschaft bot zwanzig Jahre Haft an, doch Mr. Dill erfuhr nie von diesem Angebot; also wurde er vor Gericht gestellt, schuldig gesprochen und zum Tode verurteilt. Für die Berufung fand sich kein Anwalt, sämtliche Fristen verstrichen, und uns blieben kaum noch Möglichkeiten zu seiner Verteidigung.

Als ich mich wenige Wochen vor der geplanten Hinrichtung zum ersten Mal mit Mr. Dills Fall beschäftigte, stellte ich fest, dass der Schuldspruch und das Urteil nie einer Überprüfung unterzogen worden waren. Das Urteil auf Mord setzt eine Tötungsabsicht voraus. Es gab jedoch Grund zu der Annahme, dass Mr. Dill nicht vorsätzlich gehandelt hatte und das Opfer aufgrund ungenügender medizinischer Versorgung gestorben war. Kaum ein Opfer von Schussverletzungen stirbt nach neun Monaten, und es war verwunderlich, dass die Staatsanwaltschaft in diesem Fall auf die Todesstrafe plädiert hatte. Außerdem hatte der Oberste Gerichtshof die Hinrichtung von geistig Behinderten für verfassungswidrig erklärt, weshalb Mr. Dill eigentlich von der Todesstrafe ausgenommen war – doch niemand hatte sich die Mühe gemacht, vor Gericht Beweise für seine Beeinträchtigung zu erbringen.

Was den Fall zusätzlich erschwerte, war die Tatsache, dass Mr. Dill stark stotterte. Die Sprechbehinderung verschlimmerte sich noch, wenn er erregt oder nervös war. Da sich nie ein Anwalt um ihn gekümmert hatte, schien ihm unser Besuch wie ein Wunder. Nun erhielt er regelmäßig Besuch von einigen unserer jungen Anwälte, und er rief mich häufig an.

Verzweifelt versuchten wir, ein Gericht zu finden, das aufgrund der neuen Beweise einen Aufschub anordnete, doch ohne Erfolg. Wenn die Berufungsfristen abgelaufen sind, haben Richter wenig Interesse daran, einen Fall noch einmal in die Hand zu nehmen. Selbst der Verweis auf die geistige Behinderung unseres Mandanten fruchtete nicht, da in diesem Stadium kein Gericht mehr eine Anhörung durchführen wollte. Obwohl die Chancen schlecht standen, hatte ich insgeheim gehofft, dass sich ein Richter durch Mr. Dills schwere Behinderung bewegen lassen würde, neue Beweise zuzulassen. Doch überall erhielten wir die Antwort »zu spät«.

Am festgesetzten Tag sprach ich wieder einmal mit einem Mann, der in wenigen Minuten gefesselt und getötet werden sollte. Ich hatte Mr. Dill gebeten, mich im Laufe des Tages anzurufen, weil wir eine Eilverfügung des Obersten Gerichtshofs der Vereinigten Staaten erwarteten. Er hatte zwar besorgt geklungen, doch er schien an einen guten Ausgang zu glauben. Am Telefon hatte er mir immer wieder versichert, dass er die Hoffnung nicht aufgebe. Er hatte versucht, mir für alles zu danken, was wir in den Wochen vor der Hinrichtung für ihn getan hatten. Er hatte mir gedankt, dass ich regelmäßig Mitarbeiter zu ihm geschickt hatte. Wir hatten Verwandte ausfindig gemacht, mit denen er wieder Kontakt aufgenommen hatte. Wir hatten ihm gesagt, dass er unserer Ansicht nach zu Unrecht schuldig gesprochen und verurteilt worden sei. Auch wenn wir kein Gericht bewegen konnten, die Hinrichtung aufzuschieben, schienen ihm unsere Bemühungen zumindest zu helfen, mit der Situation fertigzuwerden. Doch als der Oberste Gerichtshof unseren Eilantrag ablehnte, gab es nichts mehr, was wir noch tun konnten. Es fehlte weniger als eine Stunde bis zum angesetzten Termin, und ich musste Jimmy Dill mitteilen, dass das Gericht keinen Aufschub gewährt hatte. Ich fühlte mich hoffnungslos überfordert.

Wir telefonierten, kurz bevor er in den Raum gebracht wurde, in dem die Hinrichtung stattfinden sollte. Es war schwer, ihm zuzuhören. Er stotterte schlimmer denn je und brachte kaum ein Wort hervor. Die bevorstehende Hinrichtung raubte ihm die Fassung, doch er versuchte mutig, sich für unsere Bemühungen zu bedanken. Lange hielt ich den Hörer ans Ohr, während er mit den Worten rang. Es war herzzerreißend. Plötzlich erinnerte ich mich an etwas, das ich als Kind erlebt und bis zu diesem Moment völlig vergessen hatte.

Als Junge besuchte ich immer mit meiner Mutter den

Gottesdienst. Als ich etwa zehn Jahre alt war, stand ich einmal mit ein paar Freunden vor der Kirche. Einer meiner Freunde hatte einen Cousin mitgebracht, der gerade zu Besuch war. Der Junge war schüchtern und schmal und drückte sich nervös an seinen Cousin. Während wir munter durcheinanderschnatterten, sagte er kein Wort. Als ich ihn fragte, woher er denn komme, begann er, schrecklich zu stottern. Er hatte eine schwere Sprechstörung und konnte seine Zunge nicht dazu bringen, ihm zu gehorchen. Nicht einmal den Namen seiner Heimatstadt konnte er aussprechen. Ich hatte noch nie erlebt, dass jemand so stotterte. Vermutlich hielt ich das Ganze für einen Witz und lachte. Mein Freund sah mich stirnrunzelnd an, aber ich konnte einfach nicht aufhören zu lachen. Aus dem Augenwinkel bemerkte ich, wie mir meine Mutter einen Blick zuwarf, wie ich ihn noch nie gesehen hatte. Es war eine Mischung aus Entsetzen, Zorn und Scham. Mir blieb das Lachen im Hals stecken. Ich hatte immer das Gefühl gehabt, dass meine Mutter mich bedingungslos liebte, und war nervös, als sie mich zu sich rief.

Sie war wütend. »Was fällt dir ein?«

»Was? Ich …«

»Lach nie mehr über jemanden, weil er die Worte nicht rausbringt. Hörst du, nie mehr!«

»Es tut mir leid.« Ich war am Boden zerstört, dass meine Mutter mich derart angefahren hatte. »Ich habe es doch nicht böse gemeint.«

»Du solltest es besser wissen, Bryan.«

»Es tut mir leid. Ich habe gedacht …«

»Das ist mir egal, was du gedacht hast, Bryan. Es gibt keine Ausrede, ich bin sehr enttäuscht von dir. Ich erwarte, dass du zu dem Jungen gehst und ihm sagst, dass es dir leidtut.«

»Ja, Mama.«

»Und ich erwarte, dass du ihn in den Arm nimmst.«

»Was?«

»Dass du ihn in den Arm nimmst und ihm sagst, dass du ihn lieb hast.« Ich sah sie an und erkannte zu meinem Schrecken, dass es ihr todernst war. Ich hatte mich so zerknirscht gegeben wie möglich, doch das ging zu weit.

»Mama, ich kann doch nicht zu dem Jungen sagen, dass ich ihn lieb habe. Die anderen ...« Wieder sah ich diesen Blick in ihren Augen. Ernüchtert drehte ich mich um und ging zu meinen Freunden zurück. Sie hatten offenbar gesehen, wie meine Mutter mich zurechtgewiesen hatte, denn nun starrten sie mich alle an. Ich ging auf den kleinen Jungen zu.

»Hey, Mann, es tut mir leid.«

Es tat mir wirklich leid, dass ich ihn ausgelacht hatte, und noch mehr tat es mir leid, dass ich mich in diese Situation gebracht hatte. Ich sah zu meiner Mutter hinüber, die mich noch immer anstarrte. Ich grabschte nach dem Jungen und nahm ihn mit einer linkischen Bewegung in den Arm. Wahrscheinlich hatte ich ihn erschreckt, als ich ihn so schnappte, aber als ich ihn umarmte, bemerkte ich, wie er sich entspannte und er die Geste erwiderte.

Meine Freunde sahen mich komisch an. Dann machte ich den Mund auf.

»Äh ... und ... äh ... ich hab dich lieb!« Ich tat mein Bestes, so aufrichtig wie möglich zu klingen, konnte mir aber ein leises Grinsen nicht verkneifen. Da ich ihn noch umarmte, konnte der Junge mein Gesicht nicht sehen.

Es schien mir weniger peinlich, wenn ich dazu grinste, als wäre das alles ein Witz. Aber dann spürte ich, wie der Junge mich fester umarmte und mir etwas ins Ohr flüsterte. Er sprach perfekt, ohne jedes Stammeln und Stottern.

»Ich hab dich auch lieb.« In seiner Stimme lag so viel Zärtlichkeit und Ernst, dass mir ganz plötzlich die Tränen in die Augen stiegen.

Als ich in meinem Büro saß und mit Jimmy Dill telefonierte, bemerkte ich mit einem Mal, wie ich an etwas dachte, das vierzig Jahre zuvor passiert war. Und ich merkte, dass ich weinte. Die Tränen liefen mir die Wangen hinunter – Flüchtlinge, die mir entkommen waren, als ich einen Moment lang nicht aufgepasst hatte. Mr. Dill rang weiter um Worte und versuchte verzweifelt, mir dafür zu danken, dass wir uns um sein Leben bemüht hatten. Je näher die Hinrichtung rückte, umso schwerer fiel ihm das Sprechen. Im Hintergrund hörte ich das Gefängnispersonal rumoren, und Mr. Dill verlor immer mehr die Fassung, weil er nicht aussprechen konnte, was er mir sagen wollte. Aber ich wollte ihn auch nicht unterbrechen. So saß ich einfach nur da, während mir die Tränen über das Gesicht rannen.

Je mehr Mr. Dill stotterte, umso mehr verspürte ich das Bedürfnis, laut zu weinen. Die langen Pausen ließen mir zu viel Zeit zum Nachdenken. Er wäre nie wegen Mordes verurteilt worden, wenn er das Geld für einen vernünftigen Anwalt gehabt hätte. Er wäre nie zum Tode verurteilt worden, wenn jemand seine Vergangenheit untersucht hätte. Es war alles so tragisch. In seinem Kampf um Worte und in seiner Entschlossenheit, mir seinen Dank auszudrücken, erschien er mir umso menschlicher, und das machte den Gedanken an seine bevorstehende Hinrichtung umso unerträglicher. *Warum sahen sie das nicht?* Der Oberste Gerichtshof hatte die Hinrichtung von Menschen mit geistigen Behinderungen für verfassungswidrig erklärt, doch Bundesstaaten wie Alabama gaben sich keine große Mühe, herauszufinden, ob jemand geistig behindert war oder nicht. Wir sollen Angeklagten einen fairen Prozess machen und ihre Lebensumstände berücksichtigen, aber in Wirklichkeit nutzen wir es aus, dass Arme keinen angemessenen Rechtsbeistand bekommen können, um sie leichter töten zu können.

Während ich den Hörer in der Hand hielt, dachte ich daran, wie schwer Mr. Dills Leben gewesen war, welche schrecklichen Dinge er erlebt hatte und wie ihn seine Behinderungen gebrochen hatten. Das alles war keine Entschuldigung dafür, auf jemanden zu schießen, aber es war völlig sinnlos, ihn zu töten. Ich spürte, wie die Wut in mir aufstieg. Warum wollen wir all diese gebrochenen Menschen hinrichten? Wie können wir so etwas für richtig halten?

Ich hielt die Muschel zu, damit Mr. Dill mich nicht weinen hörte. Ich wollte ihm nicht zeigen, dass er mir das Herz brach. Schließlich brachte er seine Worte hervor.

»Mr. Bryan, ich will Ihnen nur danken, dass Sie für mich kämpfen. Ich danke Ihnen, dass Sie sich um mich kümmern. Ich liebe euch alle, weil ihr mich retten wollt.«

Tränenüberströmt und mit gebrochenem Herzen legte ich wenig später auf. Die Unbarmherzigkeit, die ich jeden Tag erlebte, hatte mich schließlich erschöpft. Ich sah mich in meinem vollgestopften Büro um, in dem sich Akten und Papiere türmten, jeder Stapel voller tragischer Geschichten, und plötzlich wollte ich nicht mehr von diesem Leid und Elend umgeben sein. Während ich dasaß, dachte ich, was ich doch für ein Narr war, zu glauben, dass ich Situationen kitten könnte, die so hoffnungslos kaputt waren. *Ich kann nicht mehr. Ich muss aufhören.*

Zum ersten Mal wurde mir klar, dass mein Leben voller Trümmer war. Ich arbeitete in einem kaputten Justizsystem. Meine Mandanten waren an psychischen Krankheiten, Armut und Rassismus zerbrochen und von Krankheit, Drogen, Alkohol, Stolz, Angst und Zorn zerstört. Ich dachte an Joe Sullivan, an Trina, an Antonio, an Ian und an Dutzende andere zerbrochene Kinder, die in Gefängnissen um ihr Überleben kämpften. Ich dachte an Menschen, die am Krieg zerbrechen, wie Herbert Richardson. An Menschen, die an der Armut zerbrechen, wie Marsha Colbey. An Menschen, die an Behinderungen zerbrechen, wie Avery Jenkins. Zerbrochen wie sie sind, werden sie von Menschen verurteilt, deren Verständnis von Gerechtigkeit seinerseits durch Zynismus, Hoffnungslosigkeit und Vorurteile zerbrochen wurde.

Ich starrte auf meinen Computer und den Kalender an der Wand. Einmal mehr blickte ich mich im Büro um und auf die vielen Stapel. Mein Blick fiel auf die Liste unserer fast vierzig Mitarbeiter. Und plötzlich hörte ich mich sagen: »Ich kann einfach gehen. Warum tue ich das alles?«

Während ich an meinem Schreibtisch saß und Jimmy Dill im Gefängnis von Holman hingerichtet wurde, dämmerte mir allmählich etwas. Nachdem ich nun seit mehr als 25 Jahren mit Todeskandidaten arbeitete, wurde mir klar, dass ich dies nicht tat, weil man es von mir verlangte, weil es nötig war oder weil es wichtig war. Ich tat es, weil ich keine andere Wahl hatte.

Ich tue, was ich tue, weil auch ich zerbrochen bin.

Jahre des Kampfes gegen Ungleichheit, Machtmissbrauch, Armut, Unterdrückung und Unrecht hatten mich zu diesem Moment der Selbsterkenntnis gebracht. Die Nähe zu Leid, Tod, Hinrichtungen und grausamen Strafen hatte mir nicht nur gezeigt, wie zerbrochen andere waren. In einem Augenblick des Schmerzes und der Trauer hatte ich erkannt, wie zerbrochen ich selbst war. Niemand kann gegen Machtmissbrauch, Ungleichheit, Krankheit, Unterdrückung und Ungerechtigkeit kämpfen, ohne selbst daran zu zerbrechen.

Jeder von uns ist an irgendetwas zerbrochen. Jeder von uns hat jemanden verletzt oder wurde selbst verletzt. Wir sind alle zerbrochen, wenn auch jeder auf andere Weise. Ich wollte verzweifelt eine Begnadigung für Jimmy Dill erreichen und hätte alles getan, damit ihm Recht zuteil wurde, doch ich konnte nicht so tun, als hätte dieser Kampf nichts mit meinem eigenen zu tun. Ich wurde auf andere Weise verletzt und habe selbst andere auf andere Weise verletzt als Jimmy Dill. Aber wir sind beide zerbrochen, und das verbindet uns.

Der Arzt Paul Farmer, der sein Leben der Arbeit mit den Ärmsten der Welt gewidmet hat, zitierte einmal den Schriftsteller Thomas Merton: Wir sind Körper aus zerschlagenen Gliedern. Vermutlich hatte ich das schon immer geahnt, doch noch nie war mir so bewusst geworden, dass es genau dieses Zerbrochensein ist, das unsere Menschlichkeit ausmacht. Jeder von uns hat seine Gründe. Manchmal zerbrechen wir an unseren Entscheidungen, und manchmal an Dingen, für die wir uns niemals freiwillig entschieden hätten. Doch dieses Zerbrochensein ist der Quell unserer gemeinsamen Menschlichkeit, der Ausgangspunkt für unsere gemeinsame Suche nach Trost, Sinn und Heilung. Aus unserer gemeinsamen Verletzlichkeit und Unvollkommenheit entspringt unsere Fähigkeit zum Mitgefühl.

Wir haben die Wahl. Wir können unsere Menschlichkeit annehmen, indem wir akzeptieren, dass wir zerbrochen sind, und erkennen, dass Mitgefühl unsere einzige Hoffnung auf Heilung ist. Oder wir können abstreiten, dass wir zerbrochen sind, dem Mitgefühl entsagen und damit unsere eigene Menschlichkeit verleugnen.

Ich dachte an die Gefängniswachen, die Jimmy Dill zu dieser Stunde an die Bahre fesselten. Ich dachte an die Menschen, die seinen Tod bejubelten und als Sieg sehen wollten. Auch diese Menschen waren zerbrochen, auch wenn sie das nie zugeben würden. So viele von uns sind voller Angst und Wut. Aus Furcht und Rachsucht haben wir Kinder weggeworfen, Behinderte ausgesondert und die Bestrafung von Kranken und Schwachen zugelassen – nicht, weil diese Menschen die öffentliche Sicherheit bedrohen, und nicht, weil sie sich nicht mehr in die Gesellschaft eingliedern ließen, sondern weil wir glauben, dass wir damit stärker und weniger zerbrochen erscheinen. Ich dachte an die Opfer von Gewaltverbrechen und an die Überlebenden, die einen geliebten Menschen verloren haben, und daran, wie wir sie zwingen, ihr Leid und ihren Schmerz zu erhalten und sich an den Tätern zu rächen. Ich dachte an die vielen grausamen Vergeltungsmaßnahmen und Strafen, die wir mit unseren Gesetzen zulassen, und daran, wie wir das Unrecht, das wir erleiden, als Rechtfertigung nehmen, um anderen Unrecht zuzufügen. Wir geben uns dem grausamen Instinkt hin, diejenigen von uns zu zermalmen, die am offensichtlichsten zerbrochen sind.

Aber wenn wir die Zerbrochenen bestrafen, indem wir uns von ihnen abwenden oder sie verschwinden lassen, dann sorgen wir nur dafür, dass sie zerbrochen bleiben, genau wie wir. Es gibt keine Heilung außer unserer gemeinsamen Menschlichkeit.

Ich führte oft schwierige Gespräche mit Mandanten, die an ihrer Lage verzweifelten – an den Dingen, die sie getan hatten oder die man ihnen angetan hatte und die ihnen Leid verursachten. Wenn es schlimm wurde und sie den Wert ihres Lebens anzweifelten, dann erinnerte ich sie daran, dass jeder von uns mehr ist als die schlimmste Tat, die er oder sie begangen hat. Wer gelogen hat, ist nicht bloß ein Lügner. Wer fremdes Eigentum genommen hat, ist nicht bloß ein Dieb. Und selbst wer einen anderen Menschen getötet hat, ist nicht bloß ein Mörder. An diesem Abend sagte ich mir das, was ich meinen Mandanten seit Jahren sagte: Ich bin mehr als nur ein Zerbrochener. Im Gegenteil, wenn wir akzeptieren, dass wir zerbrochen sind, dann schöpfen wir daraus neue Kraft, wir verspüren den Wunsch und das Bedürfnis nach Gnade, und vielleicht auch das Bedürfnis, anderen Gnade zu zeigen. Wer Gnade erfährt, lernt Dinge, die anders nicht zu lernen sind, sieht Dinge, die sonst unsichtbar sind, hört Dinge, die sonst unhörbar sind, und erkennt die Menschlichkeit in jedem von uns.

Plötzlich spürte ich neue Kraft. Ich dachte daran, was passieren würde, wenn wir alle anerkennen würden, dass wir zerbrochen sind, und wenn wir zu unseren Schwächen, Mängeln, Vorurteilen und Ängsten stehen würden. Vielleicht würden wir dann nicht mehr die Zerbrochenen unter uns töten wollen, die getötet haben. Vielleicht würden wir uns dann aufrichtiger um behinderte, missbrauchte, vernachlässigte und traumatisierte Menschen kümmern. Wenn wir akzeptierten, dass wir selbst zerbrochen sind, dann könnten wir nicht mehr stolz sein auf unsere Masseninhaftierungen, unsere Hinrichtungen und unsere bewusste Gleichgültigkeit gegenüber den Schwächsten.

Während meines Studiums arbeitete ich nebenbei als Organist in einer schwarzen Kirchengemeinde in einem Armenviertel von Philadelphia. Im Gottesdienst spielte ich das Vorspiel, dann setzte der Chor ein. Der Pfarrer stand mit weit ausgebreiteten Armen vor uns und rief: »Sättige mich mit Entzücken und Freude! Jubeln sollen die Glieder, die du zerschlagen hast!« Diesen Satz verstand ich erst in der Nacht, in der Jimmy Dill hingerichtet wurde.

Kurz nachdem ich nach Montgomery gezogen war, hatte ich die Ehre, Rosa Parks kennenzulernen. Mrs. Parks kam gelegentlich aus Detroit, wo sie lebte, um ihre Freundinnen in Alabama zu besuchen. Eine dieser Freundinnen war Johnnie Carr, die zusammen mit Rosa Parks 1955 gegen die Rassentrennung protestiert hatte. Ich schloss Freundschaft mit Mrs. Carr und lernte sie bald als wahre Naturgewalt kennen – sie war eine charismatische, starke und mitreißende Frau. Sie war der eigentliche Kopf hinter dem schwarzen Boykott der öffentlichen Verkehrsmittel von Montgomery gewesen, sie hatte die Teilnehmer und alternative Transportmöglichkeiten organisiert und entscheidend zum Erfolg dieser ersten großen Protestaktion gegen die Rassentrennung beigetragen. Sie war die Nachfolgerin von Martin Luther King als Leiterin der Bürgerrechtsbewegung von Montgomery. Als ich sie kennenlernte, war sie Ende siebzig. »Bryan, ich werde Sie von Zeit zu Zeit anrufen und Sie bitten, dies und jenes zu tun, und wenn ich Sie bitte, etwas zu tun, dann sagen Sie: ›Ja, Madam.‹ Okay?«

Ich lächelte und erwiderte: »Ja, Madam.« Manchmal rief sie einfach nur an, um sich zu erkundigen, wie es mir ging, und wenn Mrs. Parks in der Stadt war, lud sie mich ein.

»Bryan, Rosa Parks kommt zu Besuch. Wir treffen uns bei Virginia Durr, um uns zu unterhalten. Möchten Sie vorbeikommen und zuhören?«

Wenn Mrs. Carr mich anrief, dann sollte ich meist irgendwo »sprechen« oder »zuhören«. Wenn Mrs. Parks kam, durfte ich zuhören.

»Ja, Madam, ich komme gern und höre zu«, antwortete ich immer, um ihr zu bedeuten, dass ich wusste, was von mir erwartet wurde.

Mrs. Parks und Mrs. Carr trafen sich immer bei Virginia Durr. Auch Mrs. Durr war eine legendäre Figur der Bürgerrechtsbewegung. Ihr Mann Clifford Durr hatte Martin Luther King während seiner Zeit in Montgomery vertreten. Noch im Alter von über neunzig Jahren kämpfte Mrs. Durr entschlossen gegen jedes Unrecht. Sie bat mich oft, sie zu begleiten, oder lud mich zum Abendessen ein. Da sie im Sommer nicht in Montgomery war, vermietete sie ihr Haus an die EJI als Unterkunft für unsere Praktikanten und Mitarbeiter.

Wann immer ich Mrs. Durr besuchte, um diesen drei beeindruckenden Frauen zuzuhören, war Rosa Parks ausge sprochen freundlich und großzügig zu mir. Wenn ich sie Jahre später in anderen Bundesstaaten bei Veranstaltungen traf, wechselten wir vorher oder nachher oft ein paar Worte. Aber vor allem war es mir eine Freude, den Unterhaltungen der drei Damen zu lauschen. Sie redeten und redeten und redeten. Sie lachten, erzählten Geschichten und legten beredtes Zeugnis davon ab, was Menschen vollbringen können, wenn sie aufstehen (oder sich hinsetzen, wie Rosa Parks). Sie waren unglaublich leidenschaftlich, und selbst nach allem, was sie schon geleistet hatten, sprachen sie noch immer über Dinge, die sie im Dienste der Bürgerrechte tun konnten.

An dem Tag, an dem ich Mrs. Parks kennenlernte, saß ich auf der Veranda von Mrs. Durrs Haus in Old Cloverdale, einem Wohnviertel von Montgomery, und hörte den drei Frauen zwei Stunden lang zu. Irgendwann drehte sich Mrs. Parks zu mir um und fragte freundlich: »Und jetzt erzählen Sie mir doch, wer Sie sind und was Sie machen.« Ich sah Mrs. Carr an, um ihre Erlaubnis zu erbitten, und sie lächelte mich an und nickte. Dann legte ich los.

»Ja, Madam. Ich leite dieses Projekt namens Equal Justice Initiative, und wir helfen Todeskandidaten. Eigentlich wollen wir dafür sorgen, dass die Todesstrafe abgeschafft wird. Wir wollen die Haftbedingungen verbessern und harte Strafen abschaffen. Wir wollen Leute aus dem Gefängnis holen, die unschuldig verurteilt wurden. Wir wollen etwas gegen unfaire Prozesse und Rassendiskriminierung vor Gericht tun. Wir wollen den Armen helfen und dafür sorgen, dass die Leute den Rechtsbeistand bekommen, den sie brauchen. Wir wollen psychisch Kranken helfen. Wir wollen verhindern, dass Kinder vor Gericht als Erwachsene behandelt werden. Wir wollen etwas gegen die Armut und die Hoffnungslosigkeit in armen Gemeinden tun. Wir wollen mehr Vielfalt im Justizsystem. Wir wollen die Leute über die Geschichte der Afroamerikaner aufklären und klarmachen, warum wir gleiche Gerechtigkeit brauchen. Wir wollen etwas gegen den Machtmissbrauch von Polizei und Staatsanwaltschaft tun ...« Mir wurde klar, dass ich schon viel zu viel gesagt hatte, und unterbrach mich. Mrs. Parks, Mrs. Carr und Mrs. Durr blickten mich an.

Dann lehnte sich Mrs. Parks zurück und lächelte. »Ah, mein Kleiner, so viel Arbeit macht müde, müde, müde.« Wir lachten. Beschämt senkte ich den Blick. Dann beugte sich Mrs. Carr zu mir herüber und legte ihren Finger auf meine Wange, so wie es meine Großmutter immer getan hatte, wenn sie mit mir gesprochen hatte. Sie sagte: »Deswegen müssen Sie tapfer, tapfer, tapfer sein.« Die drei Frauen nickten zustimmend, und einen Moment lang fühlte ich mich wie ein junger Prinz.

Ich sah auf die Uhr. Es war 18:30 Uhr. Mr. Dill war tot. Ich war sehr müde, und es war Zeit, mir die dummen Gedanken übers Aufhören aus dem Kopf zu schlagen. Ich musste tapfer sein. Ich schaltete meinen Computer ein. In meiner Mailbox fand ich den Brief einer Lehrerin, die mich bat, an einer Schule in einem armen Bezirk einen Vortrag über Hoffnung zu halten. Die Lehrerin schrieb mir, sie habe einen Vortrag von mir gehört; sie sehe mich als Vorbild für ihre Schüler und könne die Kinder zu großen Taten inspirieren. In einem Moment, in dem ich mir die Tränen aus den Augen wischte und über meine zerbrochene Existenz nachdachte, schien diese Anfrage fast lächerlich. Doch dann dachte ich an diese Schüler und an die gewaltigen und unfairen Hindernisse, die so viele Kinder in diesem Land überwinden müssen, und schrieb der Lehrerin, es sei mir eine Ehre, ihre Schule zu besuchen.

Auf der Heimfahrt schaltete ich das Radio ein, um etwas von Jimmy Dills Hinrichtung zu hören. Ich fand einen religiösen Sender, doch in den Nachrichten wurde sein Tod nicht erwähnt. Ich ließ den Sender laufen, und nach den Nachrichten meldete sich eine Predigerin zu Wort. Sie begann mit einer Bibelstelle:

Seinetwegen habe ich dreimal zum Herrn gefleht, dass er von mir weiche. Und er hat zu mir gesagt: »Lass dir an meiner Gnade genügen; denn meine Kraft ist in den Schwachen mächtig.« Darum will ich mich am allerliebsten rühmen meiner Schwachheit, damit die Kraft Christi bei mir wohne. Darum bin ich guten Mutes in Schwachheit, in Misshandlungen, in Nöten, in Verfolgungen und Ängsten um Christi willen; denn wenn ich schwach bin, so bin ich stark.

Ich schaltete das Radio aus. Während ich langsam nach Hause fuhr, wurde mir klar, dass wir zwar leiden und zerbrochen sind, dass wir aber auch von Heilung und Gnade umgeben sind. Ich dachte an den kleinen Jungen, der mich vor der Kirche umarmt und Versöhnung und Liebe gestiftet hatte. In diesem Moment hatte ich weder Versöhnung noch Liebe verdient, doch so wirkt die Gnade. Die gerechte Gnade ist deshalb so stark, weil sie denjenigen zuteil wird, die sie nicht verdienen. Die Gnade ist dann am stärksten, wenn sie am wenigsten erwartet wird, und sie ist so stark, dass sie den Teufelskreis von Schuld und Sühne, Rache und Leid durchbricht. Sie hat die Macht, seelische Verletzungen zu heilen, die zu Aggression und Gewalt, Machtmissbrauch und Masseninhaftierung führen.

Jimmy Dills Hinrichtung hatte mir das Herz gebrochen. Doch ich wusste, dass ich am nächsten Tag wieder ins Büro gehen würde. Es gab viel zu tun.

16 Das Klagelied der Steinfänger

Am 17. Mai 2010 saßen ich und meine Mitarbeiter im Büro von EJI und warteten nervös darauf, dass der Oberste Gerichtshof der Vereinigten Staaten seine Entscheidung verkündete: Für Jugendliche, die wegen Verbrechen ohne Todesfolge verurteilt werden, ist lebenslange Haft ohne Aussicht auf vorzeitige Entlassung eine grausame und unverhältnismäßige Form der Bestrafung und damit verfassungswidrig.[1] Wir machten Freudensprünge. Wenige Augenblicke später brach eine Flut von Anrufen von Journalisten, Mandanten, Angehörigen und Kinderrechtlern über uns herein. Zum ersten Mal hatten die Verfassungsrichter eine andere als die Todesstrafe kategorisch ausgeschlossen. Joe Sullivan hatte ein Anrecht auf eine Haftminderung, genauso wie Antonio Nuñez, Ian Manuel und Dutzende anderer.

Zwei Jahre später, im Juni 2012, erreichten wir schließlich, dass Jugendliche in Zukunft auch nach einem Mord von lebenslanger Haft verschont bleiben.[2] Der Oberste Gerichtshof verhandelte die Fälle von Evan Miller und unserem Mandanten Kuntrell Jackson aus Arkansas. In beiden Fällen trug ich mein Plädoyer im März vor und wartete dann nervös auf eine Entscheidung des Gerichts; sie fiel in unserem Sinne aus. Das Urteil bedeutete, dass kein Minderjähriger jemals wieder dazu verurteilt werden konnte, sein ganzes Leben hinter Gittern zu fristen. Mehr als zweitausend Verurteilte hatten nun die Möglichkeit, auf Haftzeitverkürzung zu klagen. Einige Bundesstaaten verabschiedeten neue Gesetze, um humanere Urteile für jugendliche Straftäter zu ermöglichen. Obwohl sich Staatsanwälte vielerorts weigerten, das Grundsatzurteil im Fall *Miller v. Alabama* rückwirkend anzuwenden, schöpften nun alle neue Hoffnung.

Wir verstärkten unsere Arbeit mit jugendlichen Straftätern. Meiner Ansicht nach sollte eine Unterbringung von Kindern und Jugendlichen in Erwachsenengefängnissen grundsätzlich verboten werden; dazu reichten wir entsprechende Klagen ein. Generell sollten Minderjährige in keinem Fall nach dem Erwachsenenstrafrecht verurteilt werden; sie sind anfällig für alle möglichen Probleme, die ein Fehlurteil wahrscheinlicher machen. Zwölfjährige, Dreizehnjährige oder Vierzehnjährige können sich vor einem normalen Gericht nicht angemessen verteidigen. In Prozessen gegen Kinder und Jugendliche sind Verfahrensfehler und Fehlurteile weit verbreitet.

Vor einigen Jahren erwirkten wir die Freilassung von Philip Shaw, der als Vierzehnjähriger in Missouri zu lebenslanger Haft verurteilt worden war. Unter den Geschworenen war kein einziger Afroamerikaner gewesen.[3] Vor dem Obersten Gerichtshof von Mississippi erreichte ich, dass zwei Urteile gegen Minderjährige aufgehoben wurden. Demarious Banyard war als Dreizehnjähriger zur Teilnahme an einem Überfall in Jackson genötigt worden, der in einer tödlichen Schießerei endete. Obwohl in einem Rechtsstaat die Unschuldsvermutung gilt und die Staatsanwaltschaft die Schuld des Angeklagten nachweisen muss, erklärte der Staatsanwalt den Geschworenen in seinem Schlussplädoyer, der Junge müsse umgekehrt den Beweis für seine Unschuld erbringen und jeden Zweifel an seiner

Schuld restlos ausräumen; daraufhin sprachen diese den Angeklagten schuldig.[4] Demarious erhielt eine kürzere Haftstrafe und hat nun Aussicht auf vorzeitige Entlassung.

Dante Evans lebte mit seinem gewalttätigen Vater in Gulfport, Mississippi in einem Wohnwagen, nachdem Hurrikan Katrina das Haus der Familie zerstört hatte. Der Vater hatte Dantes Mutter zweimal fast zu Tode geprügelt; der vierzehnjährige Dante erschoss ihn, während er in einem Sessel saß und schlief. Dante hatte Lehrern wiederholt von den Gewaltexzessen seines Vaters berichtet, aber niemand hatte etwas unternommen. Vor dem Obersten Gerichtshof von Mississippi erläuterte ich, dass ein Psychologe nach den Mordversuchen an der Mutter posttraumatische Belastungsstörungen bei Dante festgestellt hatte. Das Oberste Gericht stellte fest, dass diese Beweise im ersten Prozess nicht zugelassen worden waren, und ordnete ein neues Verfahren an.[5]

Auch in unserem Kampf gegen die Todesstrafe schöpften wir neue Hoffnung. Inzwischen hatten wir in Alabama hundert Verurteilte vor der Hinrichtung bewahrt. In Alabama war eine Art Gemeinschaft von ehemaligen Todeskandidaten entstanden, die zu Unrecht verurteilt worden waren und einen neuen Prozess bekommen hatten. Die meisten von ihnen kehrten nicht mehr in die Todeszelle zurück. In den Jahren 2012 und 2013 vergingen achtzehn Monate ohne eine einzige Hinrichtung. Prozesse gegen die Verwendung der Giftspritze und andere juristische Fragen ließen die Hinrichtungsraten in Alabama dramatisch sinken. Im Jahr 2013 verhängte Alabama weniger neue Todesurteile als in irgendeinem anderen Jahr seit der Wiedereinführung der Todesstrafe Mitte der Siebzigerjahre. Das machte uns Mut.

Trotzdem standen wir noch immer vor gewaltigen Aufgaben. Im Todestrakt von Alabama saß ein Mann, der ganz offensichtlich unschuldig war. Anthony Ray Hinton saß schon in den Achtzigerjahren, als Walter McMillian verurteilt wurde, in der Todeszelle. Er war fälschlich wegen zwei Raubmorden in einem Vorort von Birmingham verurteilt worden, weil das Gerichtslabor zu dem Schluss kam, dass eine im Haus seiner Mutter gefundene Waffe bei dem Verbrechen eingesetzt worden war. Mr. Hintons Pflichtverteidiger erhielt vom Gericht lediglich 500 Dollar für das Gutachten eines Waffenexperten; zu diesem Preis fand er nur einen einäugigen Mechaniker, der kaum Erfahrung bei der Begutachtung von Schusswaffen hatte.

Die Staatsanwaltschaft stützte sich vor allem auf die Aussage eines Zeugen, der Mr. Hinton bei einem anderen Überfall gesehen haben wollte. Wir konnten jedoch ein halbes Dutzend Zeugen ausfindig machen, die bestätigten, dass Mr. Hinton zur Tatzeit 20 Kilometer entfernt in einem Supermarkt in der Nachtschicht gearbeitet hatte. Wir ließen das Waffengutachten von den besten Experten des Landes überprüfen, und diese kamen zu dem Schluss, dass die Tat nicht mit Hintons Waffe verübt worden war. Ich hatte die Hoffnung, dass die Staatsanwaltschaft den Fall neu aufrollen würde, doch stattdessen trieb sie die Hinrichtung voran. Die Medien interessierten sich nicht für den Fall und sprachen von »Unschuldsmüdigkeit«. »Die Geschichte hatten wir doch schon mal«, hieß es immer wieder. Ein Berufungsgericht nach dem anderen verweigerte die Revision, Mr. Hinton blieb in der Todeszelle. Bald sollten dreißig Jahre vergangen sein. Wenn wir ihn trafen, war er stets optimistisch und munterte uns auf, aber ich wusste schon bald nicht mehr, was wir noch unternehmen sollten, um sein Urteil aufzuheben.[*]

[*] Am 1. April 2015 wurde Anthony Ray Hinton schließlich freigesprochen, zwei Tage darauf verließ er das Gefängnis. (Anm. d. Übers.)

Es machte mir Mut, dass sich der landesweite Trend zur Masseninhaftierung zu verlangsamen schien. Im Jahr 2011 stagnierte die Zahl der Häftlinge zum ersten Mal seit vierzig Jahren, und im Jahr 2012 sank sie erstmals wieder. In diesem Jahr verbrachte ich viel Zeit in Kalifornien, um mich bei Volksentscheiden zu engagieren; sehr zu meiner Freude entschieden die Wähler mit großer Mehrheit, das »Three-Strikes«-Gesetz abzuschaffen, das bei einer dritten Straftat, egal, wie banal, automatisch lebenslange Haft bedeutete. Bei einer Abstimmung über die Abschaffung der Todesstrafe verfehlten wir die Mehrheit nur knapp, doch auch das war schon ein Erfolg, denn nur wenige Jahre zuvor wäre ein solches Ergebnis noch völlig undenkbar gewesen.

Außerdem konnten wir endlich unsere Initiative zum Zusammenhang von Hautfarbe und Armut starten, die ich so lange geplant hatte. Seit Jahren hatte ich über ein Projekt nachgedacht, das einen neuen Blickwinkel auf die Rassenkonflikte der Vergangenheit und Gegenwart eröffnete. Für die Jahre 2013 und 2014 veröffentlichten wir einen Kalender zur Geschichte der Afroamerikaner. Wir arbeiteten mit armen schwarzen Kindern und Familien der Südstaaten. Wir luden Hunderte Schüler zu Vorträgen und Gesprächen über Rechte und Gerechtigkeit in unsere Büros ein. Außerdem veröffentlichten wir Berichte und entwickelten didaktisches Material, um neue Gespräche über das Erbe der Sklaverei und der Lynchmorde sowie die Geschichte des rassistischen Unrechts in unserem Land anzustoßen.

Diese neue Tätigkeit verlieh mir neuen Elan. Sie stand in engem Zusammenhang mit unserer Arbeit an den Gerichten, denn ich bin überzeugt, dass das größte Unrecht aus den Mythen um Rassenunterschiede herrührt, die uns bis heute verfolgen. In der Geschichte der Vereinigten Staaten gab es vier Entwicklungen, die unser Verständnis von Rasse und Justiz geprägt haben und die wir bis heute nicht ausreichend verstehen.[6] Die erste ist natürlich die Sklaverei. Dem folgte die Schreckensherrschaft, in der Schwarze nach dem Ende der Rekonstruktion bis zum Beginn des Zweiten Weltkriegs lebten. Nach meinen Vorträgen kommen oft ältere Afroamerikaner aus den Südstaaten auf mich zu und klagen, wie sehr sie sich darüber ärgern, wenn sie sich im Fernsehen anhören müssen, dass die Anschläge des 11. September die ersten Terrorakte auf amerikanischem Boden gewesen seien.

Ein älterer Mann sagte einmal zu mir: »Wie können die so etwas behaupten? Wir sind mit dem permanenten Terror groß geworden. Die Polizei, der Klan, alle Weißen haben uns terrorisiert. Wir hatten dauernd Angst vor Bomben und Lynchmorden und allen möglichen rassistischen Verbrechen.«

Der Rassenterror der Lynchmorde war in vieler Hinsicht der Vorläufer der modernen Todesstrafe. Die Vereinigten Staaten entschieden sich auch deshalb für die »legalen« Hinrichtungen, um die gewalttätige Energie der Lynchjustiz zu kanalisieren und weißen Südstaatlern zu signalisieren, dass die Schwarzen am Ende mit ihrem Tod büßen würden.

Eine andere Form des Rassenterrors war die Vermietung von Häftlingen. Ehemalige Sklaven – Männer, Frauen und Kinder – wurden wegen Bagatelldelikten verurteilt und an Unternehmen »vermietet«, womit sie effektiv wieder versklavt wurden. Private Unternehmen im ganzen Land verdienten Millionen mit den Zwangsarbeitern. Tausende Afroamerikaner kamen unter den schrecklichen Arbeitsbedingungen zu Tode. In einigen Bundesstaaten war die Wiederversklavung derart verbreitet, dass Pulitzer-Preisträger Douglas Blackmon von »Sklaverei unter neuem

Namen« spricht. Die wenigsten Amerikaner wissen von dieser Praxis.

In dieser Zeit des Terrors reichten kleinste Verstöße gegen die ungeschriebenen sozialen Gesetze aus, damit man als Schwarzer umgebracht werden konnte. Der rassistische Terror und die konstante Bedrohung durch eine mit Gewalt aufrechterhaltene Rassenhierarchie traumatisierten Afroamerikaner zutiefst. Die Verinnerlichung dieser psychosozialen Realität bewirkte alle möglichen Verzerrungen und Probleme, die uns bis heute begleiten.

Die dritte Entwicklung, die sogenannten »Jim Crow«-Gesetze, steht für die Zeit der Rassentrennung, in der Afroamerikanern die Grund- und Menschenrechte vorenthalten wurden. Obwohl diese Zeit nicht lange zurückliegt und im Bewusstsein des Landes verankert ist, wird sie noch immer nicht ausreichend verstanden. Man kann den Eindruck gewinnen, dass wir uns zu früh über die Errungenschaften der Bürgerrechtsbewegung gefreut haben und erst allmählich den Schaden ermessen, den diese Ära der Apartheid hinterlassen hat. In den Vereinigten Staaten gab es keine Wahrheits- und Versöhnungskommission wie in Südafrika, vor der die Betroffenen über die Folgen der Rassentrennung, Unterwerfung und Marginalisierung sprechen konnten. In meiner Jugend hatten die Rassenhierarchie und die »Jim Crow«-Gesetze noch immer großen Einfluss darauf, wie meine Eltern mit dem Unrecht umgingen, das sie nach wie vor erlebten, und ich entwickelte einen Blick dafür, wie sich die täglichen Demütigungen und Beleidigungen summierten.

Auch das Erbe der Diskriminierung durch Polizei und Gerichte wirkt weiter. Bei meiner Arbeit mit Jugendlichen im ganzen Land kam ich immer wieder in neue Städte und Gerichtssäle. Eines Tages saß ich allein in einem Gerichtssaal des Mittleren Westens und bereitete mich auf eine Anhörung vor. Ich trug einen dunklen Anzug, ein weißes Hemd und eine Krawatte. Der Richter und der Staatsanwalt betraten den Raum durch eine Hintertür und unterhielten sich lachend.

Als mich der Richter am Tisch der Verteidigung sah, sagte er streng zu mir: »Hey, Sie können nicht einfach ohne Ihren Anwalt hier hereinkommen. Gehen Sie raus und warten Sie im Gang, bis Ihr Anwalt kommt!«

Ich stand auf und lächelte ihn breit an. »Tut mir leid, Euer Ehren, wir haben uns noch nicht kennengelernt. Ich bin Bryan Stevenson, der Verteidiger für die Anhörung heute morgen.«

Der Richter lachte über seinen Fehler, der Staatsanwalt stimmte ein. Ich zwang mich, ebenfalls zu lachen, denn ich wollte vermeiden, dass mein Mandant, ein weißer Junge, der nach Erwachsenenstrafrecht vor Gericht gestellt worden war, den Schaden davontrug, weil ich mich schon vor der Anhörung mit seinem Richter in die Haare bekommen hatte. Doch das Erlebnis war ernüchternd. Natürlich passieren dauernd Missgeschicke, doch die rassistischen Zurücksetzungen und Demütigungen wirken auf Dauer zersetzend. Als Schwarzer wird man dauernd verdächtigt, beschuldigt, misstrauisch beobachtet, für schuldig befunden und sogar gefürchtet. Die Bürde, die Schwarze damit zu tragen haben, lässt sich nur verstehen, wenn wir uns gründlich mit der Geschichte des Rassenunrechts auseinandersetzen.

Die vierte Entwicklung ist schließlich die Masseninhaftierung. Wer mit der Demografie der Vereinigten Staaten vertraut ist, für den muss ein Besuch in einem Gefängnis des Landes eine befremdliche Erfahrung sein. Nur wer die afroamerikanische Geschichte kennt, kann verstehen, warum Farbige in den Zuchthäusern des Landes derart überrepräsentiert sind, warum Minderheiten schärfer ver-

urteilt werden, warum in Armenvierteln gezielt Drogende-
likte verfolgt werden, warum Einwanderer kriminalisiert
werden und warum das alles die Entmündigung großer
Wählerkreise zur Folge hat.

Ich freute mich, dass wir mit unserem Projekt endlich
einige der Probleme ansprechen konnten, die sich aus
unserer Geschichte der Afroamerikaner, des Rassismus und
der strukturellen Armut ergeben. Unser didaktisches Material wurde positiv aufgenommen, und ich hatte die Hoffnung, dass wir dieser schwierigen Geschichte des rassistischen Unrechts etwas entgegensetzen konnten.

Auch unsere neuen Mitarbeiter ließen mich zuversichtlich
in die Zukunft blicken. Inzwischen kamen junge, talentierte
Anwälte aus dem ganzen Land zu uns. Unter anderem legten wir bei EJI ein Praktikantenprogramm für College-Ab-
solventen auf, und mit unserem größeren Stab konnten wir
die neuen Herausforderungen angehen, die sich mit unserer immer breiteren Palette von Mandanten ergaben.

Mehr Mitarbeiter, mehr Fälle und mehr Komplexität bedeuteten manchmal auch mehr Probleme. So sehr wir uns
über die Urteile des Obersten Gerichtshofs freuten, so viele
neue Aufgaben ließen sie erwarten. Hunderte Menschen hatten nun das Recht auf eine Haftminderung, doch die meisten saßen in Bundesstaaten ein, in denen das Recht auf
Vertretung durch einen Pflichtanwalt unklar war. In Louisiana, Alabama, Mississippi und Arkansas waren Hunderte
Häftlinge von der neuen Rechtslage betroffen, doch sie
hatten keine Anwälte. Nach der ersten Entscheidung des
Obersten Gerichtshofs nahmen wir fast einhundert neue
Fälle an. Und als das Gericht lebenslange Haftstrafen für
Minderjährige generell für verfassungswidrig erklärte,
kamen weitere hundert hinzu. Da wir bereits Dutzende
andere Jugendliche betreuten, waren wir schnell überlastet.

Eigentlich hätte das Verbot lebenslanger Haftstrafen für Minderjährige leicht umsetzbar sein sollen, doch unsere Arbeit erwies sich als schwieriger als gedacht. Ich verbrachte immer mehr Zeit in Louisiana, Florida und Virginia, wo zusammen fast neunzig Prozent der zu »lebenslänglich« verurteilten jugendlichen Nichtmörder einsaßen. Die Gerichte sahen den Unterschied zwischen Erwachsenen und Jugendlichen weniger klar, als wir gehofft hatten, weshalb wir oft noch einmal die gesamte Argumentation präsentieren mussten, die der Oberste Gerichtshof bereits anerkannt hatte.

Einige Richter schienen einfach nicht gewillt, die jugendlichen Straftäter vor ihrem Ableben aus dem Gefängnis zu entlassen. Im Fall von Antonio Nuñez im kalifornischen Orange County hob der Richter die lebenslange Gefängnisstrafe auf und ersetzte sie durch eine Haftdauer von 175 Jahren. Wir mussten erst Berufung einlegen, um ein menschlicheres Strafmaß zu erreichen.[7] Auch in den Fällen von Joe Sullivan und Ian Manuel stießen wir auf Widerstand. Schließlich gelang es uns, das Strafmaß so weit zu reduzieren, dass beide in einigen Jahren freikommen können.

Oft befanden sich unsere Mandanten bereits seit Jahrzehnten im Gefängnis und hatten kein soziales Netz mehr, das sie bei der Wiedereingliederung in die Gesellschaft unterstützen konnte. Für sie legten wir bei der EJI ein Rehabilitationsprogramm auf, das speziell auf Menschen zugeschnitten war, die als Minderjährige eingesperrt worden waren und viele Jahre in Haft verbracht hatten. Dort boten wir ihnen Unterstützung, Wohnung, Ausbildung, Beratung und alles andere an, was sie brauchten, um in Freiheit ein erfolgreiches Leben führen zu können. Wir erklärten den Richtern, dass wir in der Lage waren, unseren Mandanten die benötigte Hilfestellungen zu geben.

Vor allem unsere Mandanten aus Louisiana hatten es schwer. Wir vertraten alle sechzig, die nach dem Urteil des Verfassungsgerichts Anspruch auf Haftminderung hatten. Die meisten waren im berüchtigten Gefängnis von Angola inhaftiert. Jahrelang herrschte in dieser Haftanstalt eine derart unerträgliche Gewalt, dass die meisten Häftlinge nach Konflikten mit anderen Häftlingen oder dem Wachpersonal Disziplinarstrafen erhielten oder wegen schlechter Führung länger einsaßen. Die Gefangenen mussten unter schwierigsten Umständen arbeiten; wenn sie sich weigerten, wurden sie mit Einzelhaft oder anderen Disziplinarmaßnahmen bestraft. Durch die harte und gefährliche Arbeit erlitten viele Häftlinge schwere Verletzungen und verloren Finger oder Gliedmaßen.

In Angola, einer früheren Sklavenplantage, wurden Häftlinge jahrelang gezwungen, Baumwolle zu pflücken. Wer sich weigerte, erhielt einen Eintrag in die Akte und wurde über Monate in Isolationshaft gesperrt. Da unsere Mandanten unter menschenunwürdigen Haftbedingungen lebten und sich immer wieder anhören mussten, dass sie im Gefängnis sterben würden, egal, wie gut sie sich verhielten, hatten die meisten ein langes Register von Disziplinarstrafen, das uns Staatsanwälte in den Verfahren zur Haftminderung immer wieder vorhielten, um ein milderes Urteil zu verhindern.

Einige der Jugendlichen hatten jedoch eine erstaunliche Entwicklung durchlaufen und sich an die Regeln gehalten, obwohl sie nicht darauf hoffen durften, jemals aus dem Gefängnis entlassen zu werden. Einige wurden Vertrauenshäftlinge und Mentoren und setzten sich für ein friedliches Miteinander unter den Gefangenen ein. Andere hatten eine Ausbildung gemacht und waren Bibliothekare, Journalisten und Gärtner geworden. In jüngerer Zeit hat Angola interessante Programme für Häftlinge aufgelegt, die sich in den Gefängnisalltag einfügen. Viele unserer Mandanten nutzten sie.

Bei den Anhörungen in Louisiana gaben wir den »Alteingesessenen« den Vorrang, die schon seit Jahrzehnten hinter Gittern waren. Unsere beiden ersten Fälle waren Joshua Carter und Robert Caston. Im Jahr 1963 wurde der damals sechzehnjährige Joshua Carter in New Orleans der Vergewaltigung angeklagt und rasch zum Tode verurteilt. Damals hatte ein schwarzer, zum Tode verurteilter Jugendlicher wenig Anlass, sich Hoffnungen zu machen. Doch um ihm ein Geständnis abzupressen, hatten ihn Polizeibeamte derart brutal verprügelt, dass sich das Oberste Gericht von Louisiana genötigt sah, das Urteil zu revidieren – eine für das Jahr 1965 erstaunliche Entscheidung.[8] Mr. Carter wurde zu lebenslanger Haft ohne die Möglichkeit der vorzeitigen Entlassung verurteilt und in Angola eingesperrt. Nach jahrelangen Schwierigkeiten wurde er zu einem vorbildlichen Häftling und Vertrauensmann. In den Neunzigerjahren erkrankte er an grünem Star; da er nicht die nötige medizinische Versorgung erhielt, verlor er bald sein Augenlicht. Wir versuchten den Staatsanwalt von New Orleans zu überzeugen, den blinden und über sechzigjährigen Mann nach fast einem halben Jahrhundert Haft zu entlassen.

Beinahe ebenso lange saß Robert Caston in Angola ein. Bei der Zwangsarbeit in der Gefängnisfabrik hatte er mehrere Finger verloren und war seitdem behindert.

Während der Verhandlungen, die wir für Carter und Caston anstrengten, verbrachte ich viel Zeit am Gericht von New Orleans, ein gewaltiges, Furcht einflößendes Gebäude. In einem langen Flur mit Marmorfußboden und hohen Decken reihte sich ein Gerichtssaal an den anderen. Hunderte Menschen drängten sich auf den Gängen und schwirrten zwischen den Sälen hin und her. Auf Termine konnte man sich in diesem Trubel nicht verlassen. Die Anhörungen für Carter und Caston wurden zwar zu festen Uhrzeiten angesetzt, aber das schien niemanden zu interessieren. Wenn ich zu meinen Terminen im Gericht ankam, waren immer noch Stapel von Fällen zu verhandeln, Mandanten und Anwälte drängten sich im überfüllten Saal und warteten, dass sie an die Reihe kamen. Überforderte Richter versuchten, das Chaos in Gesprächen am Richtertisch zu bändigen, während Dutzende junge Männer – überwiegend Schwarze – in Handschellen und orangefarbener Sträflingskleidung auf der Anklagebank saßen. Überall standen Grüppchen aus Anwälten und Angehörigen herum und debattierten.

Nachdem wir dreimal zu Anhörungen nach New Orleans gefahren waren, standen die neuen Urteile für Mr. Carter und Mr. Caston noch immer aus. Wir trafen uns mit dem Bezirksstaatsanwalt, übergaben dem Richter die Akten und sprachen mit einer Reihe von Beamten, um neue, verfassungskonforme Urteile zu erwirken. Da Mr. Carter und Mr. Caston seit fast fünf Jahrzehnten inhaftiert waren, verlangten wir für beide die sofortige Freilassung.

Zwei Wochen vor Weihnachten war ich zum vierten Mal in New Orleans, um die beiden Männer freizubekommen. Ihre Verhandlungen fanden in verschiedenen Gerichtssälen und vor verschiedenen Richtern statt, doch wir hatten das Gefühl, wenn wir in dem einen Fall erfolgreich wären, dann würde es einfacher sein, auch den anderen zu gewinnen. Wir arbeiteten mit der Jugendschutzorganisation Juvenile Justice Project of Louisiana zusammen, deren Anwältin Carol Kolinchak unsere Fälle vor Ort betreute. Vor dieser vierten Anhörung durchforsteten Carol und ich Akten und versuchten, eine endlose Reihe von Fragen zu klären, die bislang noch die Freilassung von Mr. Carter und Mr. Caston verhinderten.

Mr. Carter hatte eine große Familie, die selbst in den vielen Jahren der Haft engen Kontakt gehalten hatte. Nach den Verheerungen durch den Hurrikan Katrina waren viele seiner Angehörigen aus New Orleans geflohen und lebten nun Hunderte Kilometer entfernt. Trotzdem erschien zu jeder Anhörung ein gutes Dutzend von Verwandten, einige reisten sogar aus dem fernen Kalifornien an. Mr. Carters Mutter war fast hundert Jahre alt. Sie hatte ihrem Sohn seit Jahrzehnten geschworen, dass sie mit dem Sterben warten werde, bis er aus dem Gefängnis nach Hause komme.

Endlich schien der Erfolg greifbar. Wir klärten die offenen Fragen, und das Gericht konnte unserem Antrag stattgeben und Mr. Caston mit sofortiger Wirkung auf freien Fuß setzen. In New Orleans wurden Häftlinge in der Regel nicht aus Angola in den Gerichtssaal gebracht, sondern nahmen über eine Videoschaltung an den Anhörungen teil. Nachdem ich in dem chaotischen, lauten Gerichtssaal mein Plädoyer vorgetragen hatte, gab die Richterin unserem Antrag statt. Als sie ihr Urteil verlas, passierte etwas Unerwartetes. Während die Richterin über die jahrzehntelange Inhaftierung von Mr. Caston sprach, wurde es mit einem Mal völlig still im Gerichtssaal. Die Anwälte unterbrachen ihre Besprechungen, die Staatsanwälte horchten auf, die Angehörigen stellten ihre Unterhaltungen ein. Selbst die gefesselten Häftlinge schwiegen und hörten aufmerksam zu. Die Richterin beschrieb, wie Mr. Caston im Alter von 16 Jahren wegen eines Verbrechens ohne Todesfolge verurteilt worden war und 45 Jahre lang in Angola inhaftiert gewesen war. Dann verlas sie das neue Urteil und verkündete, dass Mr. Caston mit sofortiger Wirkung aus dem Gefängnis freikomme.

Ich sah Carol an und lächelte. Dann passierte etwas, was ich noch nie erlebt hatte: Die Anwesenden im Saal applaudierten. Verteidiger, Ankläger, Angehörige und Polizeibeamte klatschten. Selbst die mit Handschellen gefesselten Häftlinge applaudierten.

Carol wischte sich die Tränen aus den Augen. Selbst die Richterin, die sonst keine Unterbrechungen duldete, schien den Moment zu genießen. Einige meiner ehemaligen Studenten, die nun als Pflichtverteidiger in New Orleans arbeiteten, waren in den Saal gekommen und jubelten ebenfalls. Ich musste Mr. Caston anrufen und ihm erklären, was passiert war, weil er es in der Videoübertragung nicht gesehen hatte. Er war überglücklich. Er war der Erste, der nach dem Grundsatzurteil des Obersten Gerichtshofs freikam.

Im benachbarten Gerichtssaal erwirkten wir danach auch für Mr. Carter ein neues Urteil, das seine sofortige Entlassung bedeutete. Mr. Carters Angehörige waren außer sich vor Freude. Sie umarmten uns und versprachen, für uns und alle EJI-Mitarbeiter ein großes Essen zu kochen.

Carol und ich trafen Vorkehrungen für die Freilassungen, die am Abend stattfinden sollten. In Angola wurden Gefangene um Mitternacht auf freien Fuß gesetzt und bekamen Geld für einen Bus nach New Orleans oder einen anderen Ort in Louisiana. Wir schickten Mitarbeiter in das Gefängnis, das einige Stunden entfernt lag, um die Männer abzuholen und ihnen die nächtliche Busfahrt zu ersparen.

Erschöpft streifte ich durch die Hallen des Gerichtsgebäudes, während ich darauf wartete, dass ein letztes Dokument gefaxt und bewilligt wurde, um die Freilassung von Mr. Carter und Mr. Caston in Gang zu setzen. Auf den Marmorstufen des gewaltigen Foyers saß eine ältere schwarze Dame. Erschöpft blickte sie unter ihrem Sonntagshut hervor. Sie hatte glatte dunkle Haut, und ich erinnerte mich, sie bei der Urteilsverkündung von Mr. Carter im Gerichtssaal gesehen zu haben. Es kam mir sogar so vor, als hätte ich sie bei jedem meiner Besuche in New Orleans im Gerichtsgebäude gesehen. Ich nahm an, dass sie mit einem unserer Mandanten verwandt sein müsse, doch ich erinnerte mich nicht, dass die Angehörigen sie jemals erwähnt hatten. Ich muss sie wohl angestarrt haben, denn als sie meinen Blick sah, winkte sie mich zu sich.

Sie lächelte mir entgegen. »Ich bin müde und stehe nicht auf. Sie müssen sich schon zu mir herunterbeugen, damit ich Sie umarmen kann.« Sie sprach mit einem freundlichen Krächzen.

Ich erwiderte ihr Lächeln. »Ja, Madam. Ich lasse mich gern umarmen, danke.«

Sie legte ihre Arme um meinen Nacken.

»Setzen Sie sich, setzen Sie sich. Ich möchte mit Ihnen sprechen«, sagte sie.

Ich setzte mich neben Sie auf die Stufen. »Ich habe Sie hier ein paarmal gesehen. Sind Sie mit Mr. Caston oder Mr. Carter verwandt?«, fragte ich.

»Nein, nein, nein, ich bin mit niemandem hier verwandt. Jedenfalls nicht, dass ich wüsste.« Sie hatte ein freundliches Lächeln und sah mich fest an. »Ich komme nur hierher, um Leuten zu helfen. Dieser Ort ist so voller Leid, und die Leute brauchen viel Hilfe.«

»Das ist sehr freundlich von Ihnen.«

»Nein, ich muss das tun.« Sie wandte den Blick ab, dann sah sie mir wieder tief in die Augen. »Mein sechzehnjähriger Enkel ist vor 15 Jahren ermordet worden«, sagte sie. »Ich habe den Jungen mehr geliebt als alles andere auf der Welt.«

Mit dieser Antwort hatte ich nicht gerechnet. Augenblicklich war ich ernüchtert. Die Frau nahm meine Hand.

»Ich habe getrauert und getrauert und getrauert. Ich habe Gott gefragt, warum er es zulässt, dass mir jemand meinen Jungen wegnimmt. Er ist von ein paar anderen Jungen umgebracht worden. Ich bin zum Prozess ins Gericht gekommen und habe hier gesessen. Zwei Wochen lang habe ich jeden Tag geweint. Ich habe es nicht verstanden. Der Richter hat die Jungen schuldig gesprochen, weil sie meinen Enkel umgebracht haben, und er hat sie für immer ins Gefängnis geschickt. Ich habe gedacht, dass ich mich danach besser fühle, aber ich habe mich schlechter gefühlt.«

Sie fuhr fort. »Ich habe im Gerichtssaal gesessen, nachdem sie verurteilt worden sind, und habe geweint und geweint. Da ist eine Frau zu mir gekommen und hat mich in den Arm genommen. Sie hat mich gefragt, ob die Jungen, die verurteilt worden sind, meine Kinder waren. Aber ich habe ihr gesagt, nein, mein Kind war der Junge, den sie umgebracht haben.« Sie stockte. »Sie hat bestimmt zwei Stunden bei mir gesessen. Zuerst haben wir ganz lange nichts gesagt. Es war so gut, dass ich mich an jemanden anlehnen konnte. Ich habe diese Frau nie vergessen. Ich weiß nicht, wer sie war, aber sie hat mir sehr geholfen.«

»Das mit Ihrem Enkel, das tut mir sehr leid«, murmelte ich. Mehr fiel mir nicht ein.

»Von so etwas erholt man sich nie, aber man lebt weiter, man lebt weiter. Ich wusste nicht, was ich machen sollte nach dem Prozess. Deswegen bin ich ein Jahr später wieder hierhergekommen. Ich weiß auch nicht, warum. Ich habe gedacht, na ja, vielleicht kann ich jemand sein, an den sich die Leute anlehnen können, wenn sie traurig sind.« Sie hakte sich bei mir unter.

Ich lächelte sie an. »Das ist wirklich wunderbar.«

»Ja, es war wunderbar. Wie heißen Sie noch mal?«

»Bryan.«

»Es war wunderbar, Bryan. Als ich wiedergekommen bin, habe ich erst nach Leuten gesucht, die jemanden verloren hatten, weil er ermordet wurde. Aber die Traurigsten, das waren oft die Eltern oder die Kinder von denen, die angeklagt wurden. Also habe ich alle in den Arm genommen, die es gebraucht haben. So viele Kinder, die für immer ins Gefängnis gesteckt werden, so viel Trauer und Gewalt. Die

Richter werfen die Leute weg, als wären es gar keine Menschen, Leute schießen sich gegenseitig tot und tun sich weh, als wär's ihnen egal. Ich weiß nicht. Es gibt so viel Leid. Ich glaube, ich muss hier sein und ein paar von den Steinen fangen, mit denen sich die Leute bewerfen.«

Als sie dies sagte, musste ich schmunzeln. Während der Anhörungen für Walter McMillian hatte ein Prediger eine Versammlung einberufen und mich gebeten, einen Vortrag zu halten. Einige Mitglieder der schwarzen Gemeinde waren zurückhaltend in ihrer Unterstützung für Walter, nicht, weil sie ihn für einen Mörder hielten, sondern weil er die Ehe gebrochen hatte und nicht in der Gemeinde aktiv war. Während der Versammlung sprach ich vor allem über Walters Fall, doch ich erinnerte die Zuhörer auch an die biblische Geschichte der Ehebrecherin, die zu Jesus gebracht wurde. Als die Leute die Frau steinigen wollten, sagte Jesus: »Wer frei von Schuld ist, der werfe den ersten Stein.« Daraufhin zogen sich die Ankläger zurück. Jesus vergab der Frau und forderte sie auf, nicht mehr zu sündigen. Aber in unserer Selbstgerechtigkeit, unserer Angst und unserem Zorn werfen wir heute selbst als Christen Steine auf die Menschen, die gefallen sind, obwohl wir wissen, dass wir ihnen vergeben oder unser Mitgefühl entgegenbringen sollten. Ich sagte der Gemeinde, dass wir das nicht zulassen dürften. Statt Steine zu werfen, sollten wir die Steine der anderen fangen. Wir sollten Steinfänger werden.

Als ich schmunzelte, weil die Frau auf das Gleichnis anspielte, lachte sie. »Ich habe Sie heute im Gericht gehört. Ich habe Sie ein paarmal hier gesehen. Ich weiß, dass Sie auch ein Steinfänger sind.«

Ich musste herzlich lachen. »Ich tue mein Bestes.«

Sie nahm meine Hände und massierte meine Handflächen. »Das tut weh, so viele Steine zu fangen, die die Leute werfen.« Sie massierte weiter meine Hände, und ich wusste nicht, was ich sagen sollte. Von dieser Frau ging solcher Trost aus. Ich musste noch einige Dinge für Mr. Carter und Mr. Caston erledigen und hatte eine fünfstündige Heimfahrt nach Montgomery vor mir. Ich hatte noch viel zu tun, doch es war so angenehm, neben dieser Frau zu sitzen, die auf so süße und sonderbare Weise meine Hände massierte.

»Wollen Sie mich zum Weinen bringen?«, fragte ich sie. Ich versuchte zu lächeln.

Sie legte ihren Arm um mich und lächelte mich an. »Nein. Sie haben heute so viel Gutes getan. Ich habe mich so gefreut, als der Richter gesagt hat, dass der Mann nach Hause gehen kann. Ich habe Gänsehaut bekommen. Fünfzig Jahre im Gefängnis, und er kann nicht mehr sehen. Ich habe Gott gedankt, als ich das gehört habe. Sie haben keinen Grund zu weinen. Sie dürfen sich nur ein bisschen an mich lehnen, weil ich verstehe ein bisschen was vom Steinefangen.«

Sie drückte mich an sich und sagte: »Wenn Sie so weitermachen, werden Sie so wie ich, dann singen Sie Klagelieder. Wenn man das tut, was wir tun, dann lernt man, wie schön traurige Lieder sind. Ich habe mein Leben lang traurige Lieder gesungen. Mir ist gar nichts anderes übrig geblieben. Wenn man Steine fängt, dann machen einen selbst fröhliche Lieder traurig.«

Sie schwieg. Dann schmunzelte sie. »Aber singen Sie weiter. Ihre Lieder machen Sie stark. Und vielleicht sogar glücklich.«

Während wir schweigend auf den Stufen saßen, schwirrten Menschen um uns herum durch die überfüllten Gänge.

»Das machen Sie sehr gut«, sagte ich. »Ich fühle mich viel besser.«

Sie gab mir einen leisen Klaps auf den Arm. »Versuchen Sie nicht, mit mir zu flirten, junger Mann. Ihnen ist es doch gut gegangen, bevor Sie mich gesehen haben. Die Männer dürfen nach Hause und Sie sind hier froh herumgelaufen. Ich mache einfach das, was ich mache, sonst nichts.«

Schließlich musste ich mich entschuldigen. Als ich sie auf die Wange küsste und ihr sagte, dass ich noch die Entlassungspapiere unterzeichnen müsse, hielt sie mich zurück. »Warten Sie.« Sie kramte in ihrer Handtasche und fand schließlich ein Pfefferminzbonbon. »Nehmen Sie das.«

Diese Geste ließ ein unerklärliches Glücksgefühl in mir aufsteigen.

»Danke«, sagte ich, lächelte sie an und beugte mich noch einmal zu ihr hinunter, um ihr zum Abschied einen weiteren Kuss auf die Wange zu geben.

Sie winkte mir zu und lächelte. »Weiter, weiter!«

Epilog

Walter starb am 11. September 2013.

Bis zum Schluss war er gütig und charmant, trotz seiner fortschreitenden geistigen Verwirrung. Er lebte bei seiner Schwester Kate, und während der letzten beiden Jahre seines Lebens war er auf Hilfe angewiesen, wenn er die frische Luft genießen oder etwas unternehmen wollte. Eines Morgens stürzte er und brach sich die Hüfte. Die Ärzte rieten von einer Operation ab, und Walter wurde ohne Aussicht auf Heilung nach Hause geschickt. Die Sozialarbeiterin des Krankenhauses sagte mir, sie könne eine häusliche Pflege organisieren. So traurig das alles war, es war immer noch viel besser als alles, was er damals in der Todeszelle zu befürchten hatte. Nach seiner Rückkehr aus dem Krankenhaus nahm er stark ab und war immer weniger ansprechbar. Wenige Nächte später entschlief er friedlich.

Die Beisetzungsfeier fand an einem verregneten Samstagmorgen in der Zion Church von Limestone Faulk in der Nähe von Monroeville statt. Es war dieselbe Kirche, in der ich zwanzig Jahre zuvor über das Werfen und Fangen von Steinen gesprochen hatte. Es war ein sonderbares Gefühl, wieder hier zu sein. Die Kirche war bis auf den letzten Platz gefüllt, und draußen standen Dutzende weitere Trauergäste. Ich sah die zumeist armen schwarzen Landbewohner mit all ihrem unbeweinten Schmerz. Einmal hatten sie sich zu einem Begräbnis eingefunden, das durch unnötiges Leid umso tragischer wurde. Während der Arbeit an Walters Fall hatte ich oftmals das Gefühl gehabt, wenn man das Leid und den Schmerz all dieser Gebeugten und Unterdrückten in einem Gefäß sammeln könnte, dann müsste eine gewaltige Kraft davon ausgehen, mit der sich Unvorstellbares bewegen ließe. Wer weiß, was man damit alles erreichen könnte. Einen rechtschaffenen Aufstand? Eine erlösende Verwandlung? Vielleicht beides.

Neben dem Sarg hatte die Familie einen großen Bildschirm aufgestellt, auf dem vor dem Gottesdienst Dutzende Fotos von Walter gezeigt wurden. Die meisten waren am Tag seiner Freilassung aus dem Gefängnis aufgenommen worden. Auf einigen Bildern stand ich neben ihm, und ich staunte, wie glücklich wir beide aussahen. Ich saß in der Kirche, sah die Fotos und konnte kaum glauben, wie viel Zeit seither vergangen sein sollte.

Als Walter noch in der Todeszelle saß, hatte er mir einmal erzählt, wie schlecht es ihm während der Hinrichtung eines der Gefangenen aus seinem Flügel gegangen war. »Als sie den elektrischen Stuhl eingeschaltet haben, hat man das verbrannte Fleisch riechen können! Wir haben alle gegen die Gitterstäbe geschlagen, um uns besser zu fühlen, aber mir war kotzübel. Je stärker ich geschlagen habe, umso schlechter habe ich mich gefühlt.«

Dann hatte er mich gefragt: »Haben Sie schon mal dran gedacht, was es heißt zu sterben?« Für Walter war das eine ungewöhnliche Frage. »Ich habe früher nie dran gedacht. Jetzt denke ich dauernd dran.« Er hatte verstört gewirkt. »Das hier, das ist eine ganz andere Situation. Die Jungs in den Todeszellen unterhalten sich darüber, was sie machen wollen, bevor sie hingerichtet werden, und wie sie sich verhalten werden. Früher habe ich gedacht, das ist doch verrückt, sich über so was zu unterhalten. Aber ich glaube, jetzt bin ich auch so weit.«

Das Gespräch hatte mich beunruhigt. »Sie sollten lieber ans Leben denken, und daran, was Sie machen, wenn wir Sie hier rausholen.«

»Ja, das tue ich auch. Darüber denke ich oft nach. Aber es ist schwer, wenn man jemanden sieht, der hier den Gang runtergeht und umgebracht werden soll. Nach dem Zeitplan des Gerichts oder des Gefängnisses sterben, das ist einfach nicht richtig. Der Mensch soll nach dem Zeitplan Gottes sterben.«

Vor Beginn des Gottesdienstes dachte ich an die Momente, die ich mit Walter nach seiner Freilassung erlebt hatte. Dann sang der Chor, und der Prediger hielt eine bewegende Ansprache. Er erinnerte die Trauernden daran, wie Walter in der Blüte seines Lebens durch Lügen und Falschheit seiner Familie entrissen worden war. Danach sprach ich ein paar Worte. Ich erzählte den Versammelten, dass Walter wie ein Bruder für mich geworden sei und wie mutig es von ihm gewesen sei, einem jungen Menschen, wie ich es damals war, sein Leben anzuvertrauen. Wir alle waren Walter etwas schuldig, weil er bedroht und terrorisiert worden war, weil er unschuldig angeklagt und unschuldig verurteilt worden war – und trotzdem nie aufgegeben hatte. Er hatte die Demütigungen der Anschuldigungen und des Prozesses überlebt. Er hatte den Schuldspruch und die Todeszelle überlebt. Er war zwar verletzt und traumatisiert worden, doch er hatte sich seine Würde bewahrt. Walter hatte das überwunden, was Angst, Ignoranz und Falschheit mit ihm angerichtet hatten. Im Angesicht des Unrechts war er stark geblieben, und sein Freispruch hatte uns alle ein bisschen sicherer vor dem Machtmissbrauch und den falschen Anschuldigungen gemacht, die ihn beinahe das Leben gekostet hätten. Walters

Stärke, Widerstandskraft und Geduld bedeuteten einen Triumph, den wir feiern, und eine Leistung, an die wir uns erinnern sollten, rief ich den versammelten Freunden und Angehörigen zu.

Ich verspürte das Bedürfnis, den Anwesenden mitzuteilen, was ich von Walter gelernt hatte. Er hatte mir gezeigt, warum wir ein Strafrecht reformieren müssen, das die reichen Schuldigen besser behandelt als die armen Unschuldigen. Ein Strafrecht, das den Armen den nötigen Rechtsbeistand verweigert und das nicht über Schuld urteilt, sondern über Kontostand und Status. Walters Fall hatte mir gezeigt, dass Angst und Zorn die Feinde der Gerechtigkeit sind, dass sie eine Gesellschaft oder einen Staat infizieren können und dass sie uns blind, irrational und gefährlich machen. Die Masseninhaftierung hinterlässt Monumente erbarmungsloser Bestrafung und verwüstet die Gesellschaft, nur weil wir in unserer Hoffnungslosigkeit zu schnell verurteilen und die Schwächsten unter uns ausstoßen. Walters Fall hatte mir gezeigt, dass es bei der Todesstrafe nicht um die Frage ging, ob Menschen für ihre Verbrechen den Tod verdient haben. Die eigentliche Frage der Todesstrafe lautet: *Haben wir es verdient zu töten?*

Schließlich hatte ich von Walter gelernt, dass Gnade gerecht ist, wenn sie aus der Hoffnung entspringt und aus freien Stücken geschenkt wird. Gnade stärkt, befreit und verwandelt, wenn sie denen zuteilwird, die sie nicht verdienen. Die Menschen, die sie weder verdienen noch erwarten, sind die besten Empfänger unseres Mitgefühls. Walter hatte den Menschen vergeben, die falsches Zeugnis gegen ihn abgelegt hatten, die ihn verurteilt hatten, die ihn der Gnade für unwürdig befunden hatten. Am Ende war es seine gerechte Gnade gegenüber anderen, die ihm ein Leben voller Freude wiedergab. Ein Leben, das die Liebe und Freiheit wiederentdeckte, die wir uns alle wünschen. Ein Leben, das den Tod und die Verurteilung überwand, bis es Zeit war, nach Gottes Plan zu sterben.

Nach dem Gottesdienst blieb ich nicht lange. Ich ging nach draußen, blickte die Straße hinunter und musste daran denken, dass nach Walters Freilassung niemand für den Mord an Ronda Morrison verantwortlich gemacht worden war. Ich musste daran denken, welchen Kummer dies noch immer für Rondas Eltern bedeutete.

Viele Menschen sprachen mich an, weil sie in verschiedenen Fragen einen Rechtsbeistand benötigten. Weil ich meine Visitenkarten vergessen hatte, schrieb ich jedem meine Telefonnummer auf und bat ihn, mich im Büro anzurufen. Vermutlich würde ich nicht viel für sie tun können, doch die Hoffnung, dass wir dem einen oder anderen doch helfen könnten, machte die Heimfahrt weniger traurig.

Dank

Ich möchte den Hunderten angeklagten, verurteilten und inhaftierten Männern, Frauen und Kindern danken, mit denen ich gearbeitet habe und von denen ich so viel über Hoffnung, Gerechtigkeit und Gnade gelernt habe. Vor allem danke ich den Menschen, die ich in diesem Buch erwähne, Opfer und Überlebende von Gewalt und Justiz, die zu unvorstellbarem Leid verurteilt wurden und trotz allem großen Mut und Anstand unter Beweis gestellt haben. Die in diesem Buch genannten Namen sind real, mit Ausnahme einiger weniger, deren Privatsphäre und Sicherheit ich schützen musste.

Besonders danke ich Chris Jackson für seine kluge Anleitung und freundliche Unterstützung – es war ein großes Privileg, mit einem derart einfühlsamen und großzügigen Lektor zusammenzuarbeiten. Außerdem danke ich Cindy Spiegel und Julie Grau, deren Unterstützung und Feedback mich auf eine Weise beflügelt haben, die ich nicht für möglich gehalten hätte. Es war mir eine große Freude und Ehre, mit all meinen neuen Freunden bei Spiegel & Grau und Random House zusammenzuarbeiten und von ihnen zu lernen. Daneben danke ich auch Sharon Steinerman von der New York University School of Law für ihre ausgezeichnete Recherche.

Meine Arbeit wäre unmöglich ohne die außergewöhnlichen Mitarbeiter der Equal Justice Initiative, die Tag für Tag furchtlos für die Gerechtigkeit eintreten. Vor allem danke ich Aaryn Urell und Randy Susskind für ihr Feedback und ihre Korrekturen. Weiterhin danke ich Eva Ansley und Evan Parcyzh für ihre Unterstützung bei der Recherche. Und schließlich Douglas Abrams, einem außergewöhnlichen Agenten, der mich überzeugte, dieses Projekt auf mich zu nehmen. Ohne seine unschätzbare Anleitung, seinen Ansporn und seine Freundschaft wäre dieses Buch nicht möglich gewesen.

Schlussbemerkung

Angesichts der mehr als zwei Millionen Häftlinge in den Vereinigten Staaten, weiteren sechs Millionen vorzeitig oder auf Bewährung Entlassenen und geschätzten 68 Millionen Vorbestraften haben Sie schier endlose Möglichkeiten, sich für eine Strafrechtsreform zu engagieren und Gefängnisinsassen, auch ehemalige, zu unterstützen. Wenn Sie Hilfsprogramme für Gefangene, Organisationen zur Wiedereingliederung ehemaliger Häftlinge oder internationale Organisationen zur Strafrechtsreform unterstützen möchten, können Sie sich mit der Equal Justice Initiative in Montgomery, Alabama, in Verbindung setzen. Sie können unsere Website www.eji.org besuchen oder uns unter contact_us@eji.org eine E-Mail schreiben.

Anmerkungen

Prolog

1 Siehe Thomas P. Bonczar, »Prevalence of Imprisonment in the U.S. Population, 1974–2001«, Bureau of Justice Statistics (August 2003), www.bjs.gov/index.cfm?ty=pbdetail&iid=836, abgerufen am 29. April 2014.

2 Siehe Bonczar, »Prevalence of Imprisonment«; »Report of The Sentencing Project to the United Nations Human Rights Committee Regarding Racial Disparities in the United States Criminal Justice System«, The Sentencing Project (August 2013), http://sentencingproject.org/doc/publications/rd_ICCPR%20Race %20and%20Justice%20Shadow%20Report.pdf, abgerufen am 29. April 2014.

3 In 23 Bundesstaaten gibt es kein Mindestalter, ab dem Minderjährige nach Erwachsenenstrafrecht verurteilt werden können. Howard N. Snyder und Melissa Sickmund, »Juvenile Offenders and Victims: 2006 National Report«, National Center for Juvenile Justice (March 2006), www.ojjdp.gov/ojstatbb/nr2006/downloads/ NR2006.pdf, abgerufen am 29. April 2014.

4 »Fact Sheet: Trends in U.S. Corrections«, The Sentencing Project (Mai 2012), www.sentencingproject.org/doc/publications/inc_ Trends_in_Corrections_Fact_sheet.pdf, abgerufen am 29. April 2014; Marc Mauer und Ryan S. King, »A 25-Year Quagmire: The War on Drugs and Its Impact on American Society«, The Sentencing Project (September 2007), 2, www.sentencingproject.org/ doc/publications/dp_25yearquagmire.pdf, abgerufen am 29. April 2014.

5 Bundesgesetze verbieten die Zahlung von Lebensmittelhilfen an Personen, die wegen Drogenvergehen verurteilt wurden, doch die Bundesstaaten können diese Regel umgehen. Heute halten sich 32 Bundesstaaten teilweise und zehn ganz an dieses Verbot. Nach Drogenvergehen kann auch der Anspruch auf eine Sozialwohnung wegfallen. Siehe Maggie McCarty, Randy Alison Aussenberg, Gene Falk und David H. Carpenter, »Drug Testing and Crime-Related Restrictions in TANF, SNAP, and Housing Assistance«, Congressional Research Service (17. September 2013), www.fas.org/sgp/crs/misc/R42394.pdf, abgerufen am 29. April 2014.

6 Zwölf Bundesstaaten entziehen einigen oder allen verurteilten Straftätern dauerhaft das Wahlrecht. 35 Bundesstaaten schließen vorzeitig aus der Haft Entlassene vom Wahlrecht aus, 32 Bundesstaaten lassen mit Bewährungsstrafen Verurteilte nicht an Wahlen teilnehmen. Siehe The Sentencing Project, »Felony Disenfranchisement Laws in the United States« (Juni 2013), www.sentencingproject.org/doc/publications/fdFelony%20Disenfranchisement%20Laws%20in%20the%20US.pdf, abgerufen am 30. April 2014.

7 In Alabama, Mississippi und Tennessee können mehr als 10 Prozent der Afroamerikaner nicht wählen, in Florida, Kentucky und Virginia sind es mehr als 20 Prozent. Siehe Christopher Uggen, Sarah Shannon und Jeff Manza, »State-Level Estimates of Felon Disenfranchisement in the United States, 2010«, The Sentencing Project (Juli 2012), http://sentencingproject.org/doc/publications/fdStateLevelEstimatesofFelonDisen2010.pdf, abgerufen am 30. April 2014.

8 Nach Angaben des Death Penalty Information Center wurden seit 1973 144 Todeskandidaten nachträglich für unschuldig befunden und freigesprochen. »The Innocence List«, Death Penalty Information Center, www.deathpenaltyinfo.org/innocence-list-those-freed-death-row, abgerufen am 25. April 2014.

9 Nach Angaben des Innocence Project wurden 316 Verurteilte, davon 18 Todeskandidaten, nachträglich durch Gentests für unschuldig befunden. »DNA Exonerations Nationwide«, The Innocence Project, www.innocenceproject.org/Content/DNA_Exonerations_Nationwide.php, abgerufen am 25. April 2014.

10 John Lewis und Bryan Stevenson, »State of Equality and Justice in America: The Presumption of Guilt«, *Washington Post* (17. Mai 2013).

11 Im Jahr 2010, dem letzten Jahr, aus dem Statistiken vorliegen, kostete das Gefängniswesen der Vereinigten Staaten rund 80 Milliarden Dollar pro Jahr. Attorney General Eric Holder, American Bar Association Speech (12. August 2013); siehe Tracey Kyckelhahn und Tara Martin, Bureau of Justice Statistics, »Justice Expenditure and Employment Extracts, 2010 – Preliminary« (Juli 2013), www.bjs.gov/index.cfm?ty=pbdetail&iid=4679, abgerufen am 30. April 2014. Im Jahr 1980 waren es dagegen nur 6,9 Milliarden Dollar. Bureau of Justice Statistics, »Justice Expenditure and Employment Extracts – 1980 and 1981 Data from the Annual General Finance and Employment Surveys« (März 1985), www.bjs.gov/index.cfm?ty=pbdetail&iid=3527, abgerufen am 30. April 2014.

1 Im Reich der Nachtigall

1 Conner Bailey, Peter Sinclair, John Bliss und Karni Perez, »Segmented Labor Markets in Alabama's Pulp and Paper Industry«, *Rural Sociology* 61/3 (1996): 475–96.

2 *Pace & Cox v. State*, 69 Ala. 231, 233 (1882).

3 U. S. Census Office, *Fourteenth Census of Population* (Washington, D. C.: Government Printing Office, 1920).

4 Als in Virginia 1924 der Racial Integrity Act verabschiedet wurde, der die Zwangssterilisierung vermeintlich kranker oder gefährlicher schwarzer Frauen erlaubte und die Mischehe verbot, nahmen die Einwohner von Caroline County das Gesetz sehr ernst. Als sich ein paar Jahrzehnte später der weiße Richard Loving in die schwarze Mildred Jeter verliebte und Mildred schwanger wurde, beschloss das Paar zu heiraten. Weil es in Virginia unmöglich war, heirateten sie in Washington D. C., wo sie auch bleiben wollten. Doch da sie Heimweh bekamen, kehrten sie nach der Hochzeit nach Caroline County zurück, um in der Nähe ihrer Familien zu leben. Als die Eheschließung bekannt wurde, stürmten bewaffnete Polizisten mitten in der Nacht die Wohnung der beiden, um sie wegen Verstoß gegen die Rassegesetze zu verhaften. Sie wurden inhaftiert und gedemütigt und ge-

zwungen, sich schuldig zu bekennen. Um dem Gefängnis zu entgehen, mussten sie den County verlassen. Ein weiteres Mal flohen sie aus Virginia, reichten dann jedoch mit Unterstützung der American Civil Liberties Union Klage ein. Nach zahlreichen Niederlagen vor regionalen Gerichten erklärte der Oberste Gerichtshof der Vereinigten Staaten das Verbot der Mischehe 1967 für verfassungswidrig.

5 Dieses Verbot der Mischehe in Alabama ließ sich zwar nach Bundesgesetz nicht durchsetzen, blieb jedoch bis ins 21. Jahrhundert bestehen. Erst im Jahr 2000 bekamen Reformer genug Stimmen für ein Referendum zusammen, in dem sich eine Mehrheit für die Aufhebung des Verbots aussprach; immerhin 41 Prozent wollten es jedoch aufrechterhalten. In einer Umfrage, die 2011 unter Republikanern aus Mississippi durchgeführt wurde, sprachen sich 46 Prozent für ein Verbot von Mischehen aus, 40 Prozent waren dagegen, und 14 Prozent waren unentschlossen.

6 Die Namen der durch Lynchjustiz Ermordeten lauten:

13. Oktober 1892: Burrell Jones, Moses Jones/Johnson, Jim Packard und ein Bruder von Jim Packard, dessen Name nicht bekannt ist. Tuskegee University, »Record of Lynchings in Alabama from 1871 to 1920«, zusammengestellt vom Alabama Department of Archives and History, Tuskegee Normal and Industrial Institute, Alabama Dept. of Archives and History Digital Collections, http://digital.archives.alabama.gov/cdm/singleitem/collection/ voices/id/2516, abgerufen am 1. September 2009; siehe auch »Four Negroes Lynched«, *New York Times* (14. Oktober 1892); Stewart Tolnay (Hrg.), »NAACP Lynching Records«, Historical American Lynching Data Collection Project, http://people.uncw.edu/ hinese/HAL/HAL%20Web%20Page.htm#Project%20HAL, abgerufen am 30. April 2014.

30. Oktober 1892: Allen Parker. Tuskegee University Archives; Tolnay, »NAACP Lynching Records«.

30. August 1897: Jack Pharr. Tuskegee University Archives; Tolnay, »NAACP Lynching Records«.

2. September 1897: Unbekannt. Tuskegee University Archives.

23. August 1905: Oliver Latt. Tuskegee University Archives.

7. Februar 1909: Will Parker. Tuskegee University Archives.

9. August 1915: James Fox. Tuskegee University Archives; »Negro

Lynched for Attacking Officer«, *Montgomery Advertiser* (10. August 1915). Tuskegee University Archives; Tolnay, »NAACP Lynching Records«.

9. August 1943: Willie Lee Cooper. »NAACP Describes Alabama's Willie Lee Case as Lynching«, *Journal and Guide* (8. September 1943); »NAACP Claims Man Lynched in Alabama«, *Bee* (26. September 1943); »Ala. Workman ›Lynched‹ After Quitting Job«, *Afro-American* (18. September 1943). Tuskegee University Archives.

7. Mai 1954: Russell Charley. »Violence Flares in Dixie«, *Pittsburgh Courier* (5. Juni 1954); »Suspect Lynching in Ala. Town«, *Chicago Defender* (12. Juni 1954); »Hint Love Rivalry Led to Lynching«, *Chicago Defender* (19. Juni 1954); »NAACP Probes 'Bama Lynching«, *Pittsburgh Courier* (26. Juni 1954). Tuskegee University Archives.

2 Verdächtig

1 Nach Angaben des Bureau of Justice Statistics starben in den 1980ern pro Jahr einige Hundert Häftlinge durch Selbstmord, Mord und »ungeklärte Ursachen«. Siehe Christopher J. Mumola, »Suicide and Homicide in State Prisons and Local Jails«, Bureau of Justice Statistics (August 2005), www.bjs.gov/index.cfm?ty= pbdetail&iid=1126, abgerufen am 30. April 2014; Lawrence A. Greenfield, »Prisons and Prisoners in the United States«, Bureau of Justice Statistics (April 1992), www.bjs.gov/index.cfm?ty= pbdetail&iid=1392.

2 Im Jahr 1978 wurden, gemessen am Bevölkerungsanteil, achtmal so viele Schwarze wie Weiße von Polizeibeamten getötet. Siehe Jodi M. Brown und Patrick A. Langan, »Policing and Homicide, 1976 – 1998: Justifiable Homicide by Police, Police Officers Murdered by Felons«, Bureau of Justice Statistics (März 2001), www.bjs. gov/index.cfm?ty=pbdetail&iid=829, abgerufen am 30. April 2014.

3 Im Jahr 1998 wurden, gemessen am Bevölkerungsanteil, immer noch viermal so viele Schwarze wie Weiße von Polizeibeamten getötet. Brown and Langan, »Policing and Homicide, 1976 – 1998«.

4 In Staaten, die Selbstverteidigung zulassen, verdoppelte sich die Zahl der »gerechtfertigten« Morde an Schwarzen zwischen 2005 und 2011, dem Zeitraum, in dem die meisten dieser Gesetze verabschiedet wurden. Die ohnehin geringe Zahl der Morde an Wei-

ßen stieg dagegen kaum. »Shoot First: ›Stand Your Ground‹ Laws and Their Effect on Violent Crime and the Criminal Justice System«, joint press release from the National Urban League, Mayors Against Illegal Guns, and VoteVets.org (September 2013), http://nul.iamempowered.com/content/mayors-against-illegal-guns-national-urban-league-votevets-release-report-showing-stand-your, abgerufen am 30. April 2014.

3 Der Prozess

1 *McMillian v. Johnson*, Case No. 93-A-699-N, P. Exh. 12, Plaintiff's Memorandum in Opposition to Defendant's Motion for Summary Judgment (1994).

2 *Glass v. Louisiana*, 471 U.S. 1080 (1985), denying cert. to 455 So.2d 659 (La. 1984) (abweichende Meinung: J. Brennan).

3 Ruth E. Friedman, »Statistics and Death: The Conspicuous Role of Race Bias in the Administration of Death Penalty«, *Berkeley Journal of African-American Law and Policy* 4 (1999): 75. Siehe auch Danielle L. McGuire und John Dittmer, *Freedom Rights: New Perspectives on the Civil Rights Movement* (Lexington: University of Kentucky, 2011).

4 *Akins v. Texas*, 325 U.S. 398 (1945).

5 David Cole, »Judgment and Discrimination«, in *No Equal Justice: Race and Class in the American Criminal Justice System* (New York: New Press, 1999), 101 – 31.

6 *Duren v. Missouri*, 439 U.S. 357 (1979); *Taylor v. Louisiana*, 419 U.S. 522 (1975).

7 *Swain v. Alabama*, 380 U.S. 202 (1965).

8 »Illegal Racial Discrimination in Jury Selection: A Continuing Legacy«, Equal Justice Initiative (2009), www.eji.org/files/EJI%20Race%20and%20Jury20Report.pdf, abgerufen am 30. April 2014.

4 Das alte Kreuz

1 »The Death Penalty in Alabama: Judge Override«, Equal Justice Initiative (2011), 4, http://eji.org/eji/files/Override Report.pdf, abgerufen am 30. April 2014.

2 Billy Corriher, »Partisan Judicial Elections and the Distorting Influence of Campaign Cash«, Center for American Progress (25. Oktober 2012), www.americanprogress.org/issues/civil-

liberties/report/2012/10/25/42895/partisan-judicial-elections-and-the-distorting-influence-of-campaign-cash, abgerufen am 8. Juli 2013.

3 Der Oberste Gerichtshof lehnte eine Auseinandersetzung mit dem Thema ab, doch im November 2013 schrieb Verfassungsrichterin Sonia Sotomayor eine scharfe Kritik an der fortgesetzten Praxis von Richtern, das Votum der Geschworenen durch das Todesurteil zu ersetzen. Sie und ihr Amtskollege Richter Breyer erkannten gravierende verfassungsrechtliche Probleme in dieser Praxis, weil diese die Rolle der Geschworenen aushöhlte. *Woodward v. Alabama* (2013).

4 »The Death Penalty in Alabama«, 5.

5 *Harris v. Alabama*, 513 U.S. 504 (1995); *Spaziano v. Florida*, 468 U.S. 447 (1984).

6 Siehe *Penry v. Lynaugh*, 492 U.S. 302 (1989).

7 *Atkins v. Virginia*, 536 U.S. 304 (2002).

8 Peter Applebome, »2 Electric Jolts in Alabama Execution«, *New York Times* (15. Juli 1989), www.nytimes.com/1989/07/15/us/2-electric-jolts-in-alabama-execution.html, abgerufen am 30. April 2014; siehe auch »Two Attempts at Execution Kill Dunkins«, *Gadsden Times* (14. Juli 1989), http://news.google.com/newspapers?id=02cfAAAAIBAJ&sjid=3NQEAAAAIBAJ&pg=3122%2C1675665, abgerufen am 30. April 2014.

9 *Rose v. Lundy*, 455 U.S. 509 (1982).

10 *Stanford v. Kentucky*, 492 U.S. 361 (1989); *Penry*, 492 U.S. at 305; *McCleskey v. Kemp*, 481 U.S. 279 (1987).

11 Bryan Stevenson, »The Hanging Judges«, *The Nation* (14. Oktober 1996), 12.

12 *Richardson v. Thigpen*, 492 U.S. 934 (1989).

13 Applebome, »2 Electric Jolts in Alabama Execution«.

5 Die Seelen der Schwarzen

1 Monroeville und Frisco haben seither den Verkauf von alkoholischen Getränken erlaubt.

6 Verloren

1 Victor L. Streib, *Death Penalty for Juveniles* (Bloomington: Indiana University Press, 1987).

2 *Stanford v. Kentucky*, 492 U.S. 361 (1989); *Thompson v. Oklahoma*, 487 U.S. 815 (1988); *Wilkins v. Missouri* wurde mit der *Stanford*-Entscheidung zusammengelegt.

7 Gnadenlos

1 *Giglio v. United States*, 405 U.S. 150 (1972); *Mooney v. Holohan*, 294 U.S. 103 (1935).

2 Peggy M. Tobolowsky, »Victim Participation in the Criminal Justice Process: Fifteen Years after the President's Task Force on Victims of Crime«, *New England Journal on Criminal and Civil Confinement* 25 (1999): 21, http://heinonline.org/HOL/Page?handle=hein.journals/nejccc25&div=7&gsent=1&collection=journals, abgerufen am 30. April 2014.

3 *Booth v. Maryland*, 482 U.S. 496, 509n12 (1987).

4 *Booth v. Maryland*, 482 U.S. 496, 506n8 (»Wir sind besorgt, weil auf diese Weise Angeklagte, deren Opfer als Säulen der Gesellschaft galten, härter bestraft werden könnten als Angeklagte, deren Opfer als weniger wertvoll galten.«).

5 *Payne v. Tennessee*, 501 U.S. 808, 827 (1991) (»Die Staatsanwaltschaft darf zu dem Schluss kommen, dass Informationen über das Opfer und die Auswirkungen seiner Ermordung auf dessen Familie bei der Entscheidung der Geschworenen für oder gegen die Todesstrafe relevant sind.«).

6 Tobolowsky, »Victim Participation«, 48–95.

7 Michael Lawrence Goodwin, »An Eyeful for an Eye – An Argument Against Allowing the Families of Murder Victims to View Executions«, *Brandeis Journal of Family Law* 36 (1997): 585, http://heinonline.org/HOL/Page?handle=hein.journals/branlaj36&div=38&g_sent=1&collection=journals, abgerufen am 30. April 2014.

8 Scott Matson und Roxanne Lieb, »Megan's Law: A Review of State and Federal Legislation«, Washington State Institute for Public Policy (Oktober 1997), www.wsipp.wa.gov/rptfiles/meganslaw.pdf, abgerufen am 13. Juni 2013.

9 Chris Greer und Robert Reiner, »Mediated Mayhem: Media, Crime, Criminal Justice«, in *The Oxford Handbook of Criminology*, hrg. v. Mike Maguire, Rodney Morgan und Robert Reiner (New York: Oxford University Press, 2002), 245–78.

10 *McCleskey v. Kemp*, 481 U.S. 279, 286 (1987), nach David C. Baldus

u. a., »Comparative Review of Death Sentences: An Empirical Study of the Georgia Experience«, *Journal of Criminal Law and Criminology* 74 (1983): 661.

11 American Bar Association, »Evaluating Fairness and Accuracy in State Death Penalty Systems: The Alabama Death Penalty Assessment Report« (Juni 2006), www.americanbar.org/content/dam/aba/migrated/moratorium/assessmentproject/alabama/report.authcheckdam.pdf, abgerufen am 14. Juni 2013.

12 *McCleskey v. Kemp*, 481 U.S. 286–87, nach Baldus u. a., »Comparative Review«; U.S. General Accounting Office, Death Penalty Sentencing: Research Indicates Pattern of Racial Disparities, 1990, GAO/GGD-90–57 (»In 82 Prozent der untersuchten Fälle hatte die Hautfarbe des Opfers direkte Auswirkungen darauf, ob der Täter zum Tode verurteilt wurde, das heißt, jemand, der einen Weißen ermordete, wurde mit größerer Wahrscheinlichkeit hingerichtet als jemand, der einen Schwarzen ermordete.«).

8 Gotteskinder

1 Der Schulbezirk Chester Upland schneidet seit zwei Jahrzehnten in Pennsylvania am schlechtesten ab. James T. Harris III, »Success amid Crisis in Chester«, Philly.com (16. Februar 2012), http://articles.philly.com/2012-02-16/news/31067474 1 school-district-curriculum-parents-and-guardians, abgerufen am 30. April 2014.

2 Im Jahr 2012 schätzte die Volkszählungsbehörde, dass 45,6 Prozent aller Minderjährigen von Chester unter der Armutsgrenze lebten. U.S. Census Bureau, 2008–2012 American Community Survey, Chester city, Pennsylvania.

3 Siehe 50 Pennsylvania Consolidated Statutes § 7402.

4 Bis 2012 wurde in Pennsylvania auf Mord oder Totschlag automatisch lebenslange Haft ohne Möglichkeit der vorzeitigen Entlassung verhängt. 18 Pennsylvania Consolidated Statutes § 1102; 61 Pennsylvania Consolidated Statutes § 6137. Für jugendliche Täter war dieses Strafmaß möglich, aber nicht zwingend. 18 Pennsylvania Consolidated Statutes § 1102.1.

5 Liliana Segura, »Throwaway People: Teens Sent to Die in Prison Will Get a Second Chance«, *The Nation* (28. Mai 2012).

6 Segura, »Throwaway People«; *Commonwealth v. Garnett*, 485 A.2d 821 (Pa. Super. Ct. 1984).

7 Erst 2008 gab die nationale Gefängnisbehörde einen Erlass heraus, der die Fesselung schwangerer Häftlinge einschränkt. Federal Bureau of Prisons, »Program Statement: Escorted Trips, No. 5538.05« (6. Oktober 2008), www.bop.gov/policy/progstat/5538 005.pdf, abgerufen am 30. April 2014. Heute haben 24 Bundesstaaten Gesetze, die die Fixierung von Häftlingen während der Entbindung verbietet oder einschränkt. Dana Sussman, »Bound by Injustice: Challenging the Use of Shackles on Incarcerated Pregnant Women«, *Cardozo Journal of Law and Gender* 15 (2009): 477; »State Standards for Pregnancy-Related Health Care and Abortion for Women in Prison«, American Civil Liberties Union, www.aclu.org/maps/state-standards-pregnancy-related-health-care-and-abortion-women-prison-map, abgerufen am April 28, 2014.

8 *Garnett v. Kepner*, 541 F. Supp. 241 (M.D. Pa. 1982).

9 Paula Reed Ward, »Pa. Top Court Retains Terms for Juvenile Lifers«, *Pittsburgh Post-Gazette* (30. Oktober 2013); »Juvenile Life Without Parole (JLWOP) in Pennsylvania«, Juvenile Law Center, http://jlc.org/current-initiatives/promoting-airness-courts/juvenile-life-without-parole/jlwop-pennsylvania, abgerufen am 26. April 2014.

10 Meg Laughlin, »Does Separation Equal Suffering?«, *Tampa Bay Times* (17. Dezember 2006).

11 Bei der Verabschiedung des Prison Elimination Act im Jahr 2003 hielt der Kongress fest, dass Jugendliche in Erwachsenengefängnissen fünfmal so häufig Opfer von sexueller Gewalt werden. 42 U.S.C. § 15601(4).

12 Laughlin, »Does Separation Equal Suffering?«.

13 Florida hatte insgesamt 77 Minderjährige wegen Verbrechen ohne Todesfolge zu lebenslanger Haft ohne Aussicht auf vorzeitige Entlassung verurteilt. Brief of Petitioner, *Graham v. Florida*, U.S. Supreme Court (2009); Paolo G. Annino, David W. Rasmussen und Chelsea B. Rice, *Juvenile Life without Parole for Non-Homicide Offenses: Florida Compared to the Nation* (2009), 2, Tabelle A.

14 In Florida wurden zwei Dreizehnjährige, darunter Joe Sullivan, wegen Verbrechen ohne Todesfolge zu lebenslanger Haft ohne Aussicht auf vorzeitige Entlassung verurteilt. Siehe Annino, Rasmussen und Rice, *Juvenile Life without Parole for Non-Homicide Offenses*, Chart E (2009).

15 »Cruel and Unusual: Sentencing 13-and 14-Year-Old Children to Die in Prison«, Equal Justice Initiative (2008), http://eji.org/eji/files/Cruel%20and%20Unusual%202008_0.pdf, abgerufen am 30. April 2014.

16 Die Vereinigten Staaten sind das einzige Land der Welt, in dem Minderjährige wegen Verbrechen ohne Todesfolge zu lebenslanger Haft ohne Aussicht auf vorzeitige Entlassung verurteilt werden, und in Florida ist die Zahl dieser Verurteilungen höher als in jedem anderen Bundesstaat. Annino, Rasmussen und Rice, *Juvenile Life without Parole for Non-Homicide Offenses*, Schaubild E.

17 *In re Nunez*, 173 Cal.App. 4th 709, 720 (2009).

18 *In re Nunez*, 173 Cal.App. 4th 709, 720 – 21 (2009).

19 »Violent Crimes«, Florida Department of Corrections, www.dc.state.fl.us/pub/timeserv/annual/section2.html, abgerufen am 9. Januar 2014; Matthew R. Durose und Patrick A. Langan, »Felony Sentences in State Courts, 2004«, Bureau of Justice Statistics (July 2007), www.bjs.gov/content/pub/pdf/fssc04.pdf; »State Court Sentencing of Convicted Felons 2004 – Statistical Tables«, Bureau of Justice Statistics (2007), www.bjs.gov/content/pub/html/scscf04/scscf04mt.cfm, abgerufen am 10. Januar 2013.

20 James Goodman, *Stories of Scottsboro* (New York: Pantheon Books, 1994), 8.

21 David I. Bruck, »Executing Teen Killers Again: The 14-Year-Old Who, in Many Ways, Was Too Small for the Chair«, *Washington Post* (15. September 1985).

22 Bruck, »Executing Teen Killers Again«.

23 Bruck, »Executing Teen Killers Again«.

24 George Stinneys Angehörige strengen zur Zeit einen neuen Prozess an, um seine Unschuld erklären zu lassen. Im Januar 2014 wurden vor einem Gericht in South Carolina erste Anhörungen durchgeführt. Alan Blinder, »Family of South Carolina Boy Put to Death Seeks Exoneration 70 Years Later«, *New York Times* (22. Januar 2014); Eliott C. McLaughlin, »New Trial Sought for George Stinney, Executed at 14«, CNN.com (23. Januar 2014).

25 Siehe Office of Juvenile Justice and Delinquency Prevention, U.S. Department of Justice, »Juvenile Justice: A Century of Change« (1999), 4 – 5, www.ncjrs.gov/pdffiles1/ojjdp/178993.pdf, abgerufen am 30. April 2014. Siehe zum Beispiel Sacha Coupet, »What to Do

with the Sheep in Wolf's Clothing: The Role of Rhetoric and Reality About Youth Offenders in the Constructive Dismantling of the Juvenile Justice System«, *University of Pennsylvania Law Review* 148 (2000): 1303, 1307; Laura A. Bazelon, »Exploding the Superpredator Myth: Why Infancy Is the Preadolescent's Best Defense in Juvenile Court«, *New York University Law Review* 75 (2000): 159. Viele der furchterregenden Prophezeiungen waren rassistischer Natur; siehe zum Beispiel John J. DiIulio Jr., »My Black Crime Problem, and Ours«, *City Journal* (Spring 1996), www.city-journal.org/html/6_2_my_black.html, abgerufen am 30. April 2014 (»270 000 mehr junge Raubtiere auf der Straße als 1990, die in den kommenden Jahrzehnten in Wellen auf uns zukommen ... mehr als die Hälfte dieser jugendlichen Super-Raubtiere sind junge schwarze Männer«); William J. Bennett, John J. DiIulio Jr. und John P. Walters, *Body Count: Moral Poverty – And How to Win America's War Against Crime and Drugs* (New York: Simon & Schuster, 1996), 27–28.

26 John J. DiIulio Jr., »The Coming of the Super-Predators«, *Weekly Standard* (27. November 1995), 23.

27 Bennett, DiIulio und Walters, *Body Count*, 27. Siehe auch Office of Juvenile Justice and Delinquency Prevention, »Juvenile Justice«.

28 Siehe zum Beispiel Elizabeth Becker, »As Ex-Theorist on Young ›Superpredators‹, Bush Aide Has Regrets«, *New York Times* (9. Februar 2001), A19.

29 U.S. Surgeon General, Youth Violence: A Report of the Surgeon General (2001), ch. 1, www.ncbi.nlm.nih.gov/books/NBK44297/#A12312, abgerufen am 30. April 2014; Siehe auch U.S. Department of Justice, Office of Juvenile Justice and Delinquency Prevention, »Challenging the Myths« (2001), 5, www.ncjrs.gov/pdffiles1/ojjdp/178995.pdf, abgerufen am 30. April 2014.

30 »Cruel and Unusual«.

9 Ich bin da

1 *McMillian v. Alabama*, CC-87–682.60, Testimony of Ralph Myers During Rule 32 Hearing, 16. April 1992.

10 Milde

1 In diesen Jahrzehnten wurde die Zwangseinweisung in geschlossene psychiatrische Anstalten durch rechtliche Reformen erschwert. Siehe Stanley S. Herr, Stephen Arons und Richard E. Wallace Jr., *Legal Rights and Mental Health Care* (Lexington, MA: Lexington Books, 1983). Im Jahr 1978 erklärte der Oberste Gerichtshof der Vereinigten Staaten, Gerichte müssten nicht nur »Beweise«, sondern »eindeutige und überzeugende Beweise« vorlegen, um eine Person zwangsweise in eine geschlossene psychiatrische Anstalt einweisen zu können. *Addington v. Texas*, 441 U.S. 418 (1978).

2 Doris J. James und Lauren E. Glaze, »Mental Health Problems of Prison and Jail Inmates«, Special Report, Bureau of Justice Statistics (September 2006), http://bjs.gov/content/pub/pdf/mhppji.pdf, abgerufen am 2. Juli 2013. In Bundesgefängnissen sind es 45 Prozent, in den Gefängnissen der Bundesstaaten 56 Prozent und in regionalen Gefängnissen 64 Prozent, oder insgesamt 1 264 300 Häftlinge. Diese Untersuchung ist die umfassendste der letzten Jahre und stammt aus dem Jahr 2005, das heißt, die Zahlen können sich seither verändert haben. Da sich jedoch auch neuere Quellen aus den Jahren 2012 und 2013 auf diese Untersuchung beziehen, würde ich zu dem Schluss kommen, dass es sich nach wie vor um die beste Untersuchung zu diesem Thema handelt.

3 Zu schweren psychischen Störungen zählen Schizophrenie, schizotype Störung, schizoaffektive Störung, bipolare Störung, akute psychotische Störung, wahnhafte Störung und andere psychotische Störungen. Sie sind von allgemeineren psychischen Erkrankungen zu unterscheiden. E. Fuller Torrey, Aaron D. Kennard, Don Eslinger, Richard Lamb und James Pavle, »More Mentally Ill Persons Are in Jails and Prisons Than Hospitals: A Survey of the States«, Treatment Advocacy Center (Mai 2010), www.treatment advocacycenter.org/storage/documents/final_jails_v_hospitals_study.pdf, abgerufen am 2. Juli 2013.

4 Torrey u.a., »More Mentally Ill Persons«, 1.

5 Der Streit der Anwälte wird in den Berufungsverfahren erörtert. Siehe *Daniel v. State*, 459 So. 2d 944 (Ala. Crim. App. 1984); *Daniel v. Thigpen*, 742 F. Supp. 1535 (M.D. Ala. 1990).

6 *Daniel v. State*, 459 So. 2d 944 (Ala. Crim. App. 1984).

7 *Daniel v. Thigpen*, 742 F. Supp. 1535 (M.D. Ala. 1990).

8 Der Confederate Memorial Day wurde erstmals 1901 in Alabama begangen. Siehe *The World Almanac and Encyclopedia 1901* (New York: Press Publishing Co., 1901), 29; »Confederate Memorial Day«, *Encyclopedia of Alabama*, www.encyclopediaofalabama.org/face/Article.jsp?id=h-1663, abgerufen am 28. April 2014. Der Tag ist bis heute ein offizieller Feiertag. Ala. Code § 1-3-8.

9 Das Programm der »Dixiecrat party« besagte 1948 unter anderem: »Wir stehen für Rassentrennung und die Integrität jeder Rasse; das von der Verfassung garantierte Recht zur freien Wahl seiner Mitarbeiter; die freie Wahl privater Arbeitsverhältnisse ohne staatliche Einmischung; und einen rechtmäßigen Verdienst. Wir sind gegen die Abschaffung der Rassentrennung, die Legalisierung der Mischehe und die Kontrolle der privaten Anstellungsverhältnisse durch Bürokraten der Bundesregierung, wie sie die fälschlich sogenannten Bürgerrechtsprogramme verlangen.« »Platform of the States Rights Democratic Party, August 14, 1948«, The American Presidency Project, www.presidency.ucsb.edu/ws/index.php?pid=25851#axzz1iGn93BZz, abgerufen am 28. April 2014.

10 Alabama, Georgia und South Carolina hissten die Südstaatenflagge als Symbol des Protests gegen das Urteil im Fall *Brown*. Siehe James Forman Jr., »Driving Dixie Down: Removing the Confederate Flag from Southern State Capitols«, *Yale Law Journal* 101 (1991): 505.

11 Endlich frei

1 *New York Times Co. v. Sullivan*, 376 U.S. 254 (1964).

2 Einige Regionalzeitungen strichen die Anschuldigung der Sodomie heraus. Mary Lett, »McMillian Is Charged with Sodomy«, *Monroe Journal* (18. Juni 1987); »Myers Files Sodomy Charges Against McMillan [sic]«, *Evergreen Courant* (18. Juni 1987); Bob Forbish, »Accused Murderer Files Sodomy Charges Against His Accomplice«, *Brewton Standard* (13. Juni 1987).

3 Dianne Shaw, »McMillian Sentenced to Death«, *Monroe Journal* (22. September 1988).

4 An dem Tag, an dem der *Mobile Press Register* über die Anhörung berichtete, erinnerte er seine Leser in einem anderen Artikel da-

ran, dass Walter McMillian auch im Pittman-Mord angeklagt wurde. Connie Baggett, »Ronda Wasn't Only Girl Killed«, *Mobile Press Register* (5. Juli 1992). Auch das *Monroe Journal* erwähnte in seinem Artikel über die McMillian-Anhörung die Ermittlungen im Pittman-Mord. Marilyn Handley, »Tape About Murder Played at Hearing for the First Time«, *Monroe Journal* (23. April 1992).

5 »Convicted Slayer Wanted in EB Student Murder«, *Brewton Standard* (22. August 1988).

6 Connie Baggett, »Infamous Murder Leaves Questions«, *Mobile Press Register* (5. Juli 1992).

7 »›60 Minutes‹ Comes to Town«, *Monroe Journal* (25. Juni 1992).

8 Marilyn Handley, »CBS Examines Murder Case«, *Monroe Journal* (8. Juli 1992).

9 Connie Baggett, »DA: TV Account of McMillian's Conviction a ›Disgrace‹«, *Mobile Press Register* (24. November 1992).

10 Motion from State to Hold Case in Abeyance, *McMillian v. State,* 616 So. 2d 933 (Ala. Crim. App. 1993), 3. Februar 1993.

11 Václav Havel, »Never Hope Against Hope«, *Esquire* (Oktober 1993), 68.

12 Mutter

1 *State v. Colbey*, 2007 WL7268919 (Ala. Cir. Ct. 2007) (No. 2005 – 538), 824.

2 *State v. Colbey*, 2007, 1576.

3 *State v. Colbey*, 2007, 1511 – 21.

4 *State v. Colbey*, 2007, 1584.

5 »Case Summaries for Current Female Death Row Inmates.« Death Penalty Information Center, www.deathpenaltyinfo.org/case-summaries-current-female-death-row-inmates, abgerufen am 13. August 2013.

6 *State v. Colbey*, 2007, 1585.

7 *State v. Colbey*, 2007, 1129, 1133.

8 *State v. Colbey*, 2007, 1607.

9 *State v. Colbey*, 2007, 1210, 1271, 1367.

10 *State v. Colbey*, 2007, 1040, 1060.

11 Supplemental Record at *State v. Colbey*, 2007, 155.

12 John Cloud, »How the Casey Anthony Murder Case Became the Social-Media Trial of the Century«, *Time* (16. Juni 2011).

13 Diese Phänomen, dass vor allem arme und schwarze Frauen nach einer Totgeburt wegen Mordes angeklagt werden, scheint informellen Beobachtern inzwischen weit verbreitet. Siehe Michelle Oberman, »The Control of Pregnancy and the Criminalization of Femaleness«, *Berkeley Journal of Gender, Law, and Justice* 7 (2013): 1; Ada Calhoun, »The Criminalization of Bad Mothers«, *New York Times* (25. April 2012).

14 Stephanie Taylor, »Murder Charge Dismissed in 2006 Newborn Death«, *Tuscaloosa News* (9. April 2009).

15 Carla Crowder, »1,077 Days Later, Legal Tangle Ends; Woman Free«, *Birmingham News* (18. Juli 2002).

16 Ex parte Ankrom, 2013 WL 135748 (Ala. 11. Januar 2013); Ex parte Hicks, No. 1110620 (Ala. 18. April 2014).

17 Supplemental Record, *State v. Colbey*, 2007, 516 – 17, 519 – 20, 552.

18 Supplemental Record, *State v. Colbey*, 2007, 426 – 27, 649.

19 Supplemental Record, *State v. Colbey*, 2007, 674.

20 Angela Hattery und Earl Smith, *Prisoner Reentry and Social Capital: The Long Road to Reintegration* (Lanham, MD: Lexington, 2010).

14 Grausam

1 Verteidiger: Wenn du mich nicht erkennst, dann muss ich dich nicht umbringen.

Angeklagter: Wenn du mich nicht erkennst, dann bringe ich dich vielleicht nicht um.

Zeugin: Es klingt – da ist ein Klang in der Stimme, der ist fast so … Nur dass du es laut und feindselig gesagt hast.

Staatsanwalt: Können Sie sagen, dass das dieselbe Stimme ist?

Zeugin: Die Stimme hat diesen Klang, dass ich weiß, dass ist er.

Staatsanwalt: Sie sagen also, dass die Person, die eben gesprochen hat, dieselbe ist, deren Stimme Sie an diesem Tag gehört haben?

Zeugin: Die Stimme klingt so.

Staatsanwalt: Okay.

Zeugin: Es ist sechs Monate her. Es ist schwer, aber sie klingt ähnlich. Aber er hat es anders gesagt. Schauen Sie, der Ton – es hat sehr feindselig geklungen und laut.

Tr. I 86 – 88

2 Siehe *Anders v. California*, 386 U.S. 738, 744 (1967). Aus dem Be-

richt geht hervor, dass der Verteidiger keinen Anlass für eine Berufung sah.

3 Brief of Petitioner, *Sullivan v. Florida*, U.S. Supreme Court (2009). Charles Geier und Beatriz Luna, »The Maturation of Incentive Processing and Cognitive Control«, *Pharmacology, Biochemistry, and Behavior* 93 (2009): 212; siehe auch L. P. Spear, »The Adolescent Brain and Age-Related Behavioral Manifestations«, *Neuroscience and Biobehavioral Reviews* 24 (2000): 417 (»Das Jugendalter ist im Wesentlichen eine Übergangsphase«), auch 434 (Erörterung der radikalen hormonellen Veränderungen in der Pubertät). Laurence Steinberg u. a., »Age Differences in Sensation Seeking and Impulsivity as Indexed by Behavior and Self-Report«, *Developmental Psychology* 44 (2008): 1764; Laurence Steinberg, »Adolescent Development and Juvenile Justice«, *Annual Review of Clinical Psychology* 5 (2009): 459, 466.

4 Siehe B. Luna, »The Maturation of Cognitive Control and the Adolescent Brain«, in *From Attention to Goal-Directed Behavior*, hrg. v. F. Aboitiz und D. Cosmelli (New York: Springer, 2009), 249, 252–56 (Kognitive Funktionen, die Entscheidungen zugrunde liegen, sind im frühen Jugendalter unterentwickelt: Verarbeitungsgeschwindigkeit, Reaktionshemmung und Arbeitsgedächtnis sind erst etwa ab dem 15. Lebensjahr entwickelt); Elizabeth Cauffman und Laurence Steinberg, »(Im)maturity of Judgment in Adolescence: Why Adolescents May Be Less Culpable than Adults«, *Behavioral Science and Law* 18 (2000): 741, 756 (Psychosoziale Reife wird erst nach dem 16. Lebensjahr erreicht); Leon Mann u. a., »Adolescent Decision-Making«, *Journal of Adolescence* 12 (1989): 265, 267–70 (Dreizehnjährige weisen bei Entscheidungen weniger Wissen und Selbstvertrauen auf, erkennen weniger Optionen und denken weniger über Konsequenzen nach als Fünfzehnjährige); Jari-Erik Nurmi, »How Do Adolescents See Their Future? A Review of the Development of Future Orientation and Planning«, *Developmental Review* 11 (1991): 1, 12 (Planung, basierend auf Voraussicht, Definition des Problems und Wahl einer Strategie, wird bei älteren Jugendlichen häufiger beobachtet als bei jüngeren).

5 *Sullivan v. Florida*, Brief of Petitioner, 16. Juli 2009.

6 Brief of Former Juvenile Offenders Charles S. Dutton, Former

Sen. Alan K. Simpson, R. Dwayne Betts, Luis Rodriguez, Terry K. Ray, T.J. Parsell and Ishmael Beah as Amici Curiae in Support of Petitioners, *Graham v. Florida/Sullivan v. Florida*, U.S. Supreme Court (2009).

15 Zerbrochen

1 *Cochran v. Herring*, 43 F.3d 1404 (11th Cir. 1995).
2 »Facts About the Death Penalty.« Death Penalty Information Center (2. Mai 2013), www.deathpenaltyinfo.org/FactSheet.pdf, abgerufen am 31. August 2013.
3 Im Jahr 2010 wurden 46 Todesurteile vollstreckt, gegenüber 98 im Jahr 1999. »Executions by Year Since 1976«, Death Penalty Information Center, www.deathpenaltyinfo.org/executions-year, abgerufen am 29. April 2014.
4 Act of May 2, 2013, ch. 156, 2013 Maryland laws; Act of 25. April 2012, Pub. Act No. 12–5, 2012 Connecticut Acts (Reg. Sess.); 725 Illinois Comp. Stat. 5/119–1 (2011); Act of March 18, 2009, ch. 11, 2009 New Mexico laws; Act of Dezember 17, 2007, ch. 204, 2007 New Jersey laws.
5 Im Jahr 2010 wurden in Texas acht Menschen zum Tode verurteilt, in den Vorjahren waren es zwischen acht und vierzehn pro Jahr gewesen. In den Neunzigerjahren wurden in Texas dagegen regelmäßig zwischen 24 und 40 Personen zum Tode verurteilt. »Death Sentences in the United States from 1977 by State and by Year«, Death Penalty Information Center, www.deathpenalty info.org/death-sentences-united-states-1977–2008, abgerufen am 31. August 2013.
6 »Alabama's Death Sentencing and Execution Rates Continue to Be Highest in the Country«, Equal Justice Initiative (3. Februar 2011), www.eji.org/node/503, abgerufen am 31. August 2013.
7 *Nelson v. Campbell*, 541 U.S. 637 (2004).
8 Ty Alper, »Anesthetizing the Public Conscience: Lethal Injection and Animal Euthanasia«, *Fordham Urban Law Journal* 35 (2008): 817.
9 Anfang 2011 stellte Hospira, Inc., der einzige amerikanische Hersteller des für Hinrichtungen eingesetzten Barbiturats Thiopental, die Produktion ein, weil das Unternehmen Bedenken gegen diese Verwendung des Mittels hatte. Nathan Koppel, »Drug Halt

Hinders Executions in the U.S.«, *Wall Street Journal* (22. Januar 2011). Das dänische Unternehmen Lundbeck stellte den Verkauf von Pentobarbital an Gefängnisse von Bundesstaaten ein, in denen es die Todesstrafe gibt. Jeanne Whalen und Nathan Koppel, »Lundbeck Seeks to Curb Use of Drug in Executions«, *Wall Street Journal* (1. Juli 2011).

10 Kathy Lohr, »Georgia May Have Broken Law by Importing Drug«, NPR (17. März 2011), www.npr.org/2011/03/17/134604308/dea-georgia-may-have-broken-law-by-importing-lethal-injection-drug, abgerufen am 31. August 2013; Nathan Koppel, »Two States Turn Over Execution Drug to U.S.«, *Wall Street Journal* (2. April 2011), http://online.wsj.com/article/SB100014240527487038063045762 36931802889492.html, abgerufen am 31. August 2013.

11 *Baze v. Rees*, 553 U.S. 35 (2008).

16 Das Klagelied der Steinfänger

1 *Graham v. Florida*, 560 U.S. 48 (2010).

2 *Miller v. Alabama*, 132 S. Ct. 2455 (2012).

3 *Shaw v. Dwyer*, 555 F. Supp. 2d 1000 (E.D. Mo. 2008).

4 *Banyard v. State*, 47 So. 3d 676 (Miss. 2010).

5 *Evans v. State*, 109 So. 3d 1044 (Miss. 2013).

6 Alex Carp, »Walking with the Wind: Alex Carp Interviews Bryan Stevenson,« *Guernica* (17. März 2014), www.guernicamag.com/interviews/walking-with-the-wind, abgerufen am 30. April 2014.

7 *People v. Nunez*, 195 Cal.App. 4th 404 (2011).

8 *State v. Carter*, 181 So. 2d 763 (La. 1965).

Entdeckungen, Erfindungen, Eroberungen

Ian Mortimer

**Zeiten der
Erkenntnis**

Wie uns die großen historischen
Veränderungen bis heute prägen

Aus dem Englischen von
Karin Schuler
Piper, 432 Seiten
€ 25,00 [D], € 25,70 [A]*
ISBN 978-3-492-05669-4

Welches der vergangenen Jahrhunderte hat die Menschheit am weitesten vorangebracht? Das ist die Frage, die sich wie ein roter Faden durch Ian Mortimers große Geschichte des europäischen Westens zieht. War es wirklich das 20. mit all den technischen Erfindungen? Oder eher das 16. mit Buchdruck und Reformation? Nur so viel sei verraten: Mortimer kommt zu einer überraschenden Erkenntnis.

PIPER